● 国家级精品课程建设教材
● 四川省“十二五”普通高等教育本科规划教材

财务管理学

（第五版）

CAIWU GUANLIXUE

主编　郭复初

西南财经大学出版社
中国·成都

图书在版编目(CIP)数据

财务管理学/郭复初主编．—5版．—成都:西南财经大学出版社,2022.1
ISBN 978-7-5504-4746-2

Ⅰ.①财…　Ⅱ.①郭…　Ⅲ.①财务管理—教材　Ⅳ.①F275

中国版本图书馆CIP数据核字(2020)第256790号

财务管理学(第五版)

主　编:郭复初

责任编辑:王青杰　杨婧颖
责任校对:金欣蕾
封面设计:墨创文化
责任印制:朱曼丽

出版发行	西南财经大学出版社(四川省成都市光华村街55号)
网　　址	http://cbs. swufe. edu. cn
电子邮件	bookcj@ swufe. edu. cn
邮政编码	610074
电　　话	028-87353785
照　　排	四川胜翔数码印务设计有限公司
印　　刷	郫县犀浦印刷厂
成品尺寸	185mm×260mm
印　　张	19
字　　数	423千字
版　　次	2022年1月第5版
印　　次	2022年1月第1次印刷
印　　数	1— 2000册
书　　号	ISBN 978-7-5504-4746-2
定　　价	49.80元

第五版编写人员

郭复初（教授，博士生导师）	第一章
冯　建（教授，博士生导师）	第二章
舒　谨（副教授）	第三、四、九章
郑亚光（副教授）	第五章
何家明（教授）	第六、七章
彭韶兵（教授，博士生导师）	第八、十章
江　涛（副教授）	第十一章

第五版序言

为适应中国特色社会主义进入新时代的新形势，满足教学急需，在2012年已出版的国家级精品课程建设教材、四川省“十二五”普通高等教育本科规划教材《财务管理学》（第四版）的基础上，我们修订出版了《财务管理学》（第五版）。本书在内容上，按照企业资金（本金或资本）运动的内容，分为总论、资金时间价值与风险价值、筹资管理、固定资产投资管理、营运资金管理、制造成本与期间费用管理、销售收入管理、企业收益及其分配管理、外汇管理、财务评价与企业清算财务共11章，内容丰富，体系完整。本书在方法上，在总结中国财务管理实践经验的基础上，吸收了西方财务管理的有用方法，能适应现代财务管理的需要。本书修订中，为体现新时代财务管理的新观念，特补充了关于社会主义基本经济制度、财务管理以人民为中心和财务管理中既要发挥资本市场的配置资金的作用，又要发挥国家的宏观调控作用等重要理论观点，以增强本书的时代性。本书可供高等财经院校有关专业教学之用，也可作为自考、电大、函大有关专业学生、企业财会人员、银行与财政干部学习参考，同时可供有关教学和科研人员参考。

本书主编郭复初，并负责编写第一章，冯建编写第二章，舒谨编写第三、四、九章，郑亚光编写第五章，何加明编写第六、七章，彭韶兴编写第八、十章，江涛编写第十一章。

由于编著者水平有限，如有错漏之处，恳请广大读者批评指正。

编者

2021年9月

目 录

第一章 总 论

第一节 企业组织形式与理财环境

一、企业组织形式

财务是商品生产与交换的产物，商品经济越发展，财务越重要。社会主义市场经济是发达的商品经济，为财务的发展开辟了广阔的前景。

我国是最大的发展中国家，现阶段处于社会主义初级阶段，以公有制为主体、多种所有制经济共同发展和以按劳分配为主体的多种分配形式并存，社会主义市场经济体制等社会主义基本经济制度，是这一阶段的基本经济特征。我国企业按照所有制形式不同可分为国有企业、集体企业、私营企业和混合所有制企业等几类。这种企业分类方式对经济统计分析是有意义的，但随着国有企业改革和国有经济的战略调整，以股份制为主的现代企业制度的建立，以及中国加入世界贸易组织(WTO)，这种分类对财务组织已不具有决定作用。对财务组织具有重要影响的企业组织形式是按资本金组成划分的，按这一标准我国企业可划分为独资企业、股份制企业、合资企业和合作企业等法定组织形式。

独资企业，是指资本金属于某单一所有者的企业。按所有者的不同，独资企业又可分为国有独资企业、集体独资企业和私人独资企业等类。这类企业的所有者享有全部净资产权益，并对企业的债务负有全部偿还的责任，其资金筹集方式以所有者新投入、企业内部积累和信用形式为主。

股份制企业，是指资本金（股本）属于若干所有者的企业。股份制企业的形式多种多样，从我国情况看，主要包括有限责任公司、股份有限公司和股份合作企业等。其中，有限责任公司是股东以其出资额为限对公司承担责任，公司以其全部资产对公司的债务承担责任的企业法人。按照《中华人民共和国公司法》（以下简称《公司法》）设立的国有独资公司，是国家授权投资的机构或者国家授权的部门单独投资设立的有限责任公司。股份有限公司是指其全部资本分为等额股份，股东以其所持股份为限对公司承担责任，公司以其全部资产对公司的债务承担责任的企业法人。随着经济全球化和世界贸易的发展，跨国公司已成为世界经济的主干。跨国公司一般为股份有限公司，其股份由多国股东持有。股份合作企业是股东投资和投入劳动力，并将两者折合为股份的一种特殊的责任有限的股份制企业，目前已在乡镇企业中广泛存在，它是股份制和合作制结合的产物。以上三种形式均属有限责任制形式的企业，股东与企业均以出资额或企业资产承担经济责任，股东个人财产不负连带责任，同时也按出资额的多少享有净资产权益。股份制企业中也有少部分无限责任公司，股东对企业债务偿还承担无限责任。股份制公司筹资方式除原有股东新投入、公司积累、信用形式外，还可增加股票发行，吸收新股东的资金投入。

合资企业，是指资本金属于多个所有者的股权企业。合资者按出资额的多少取得股权证，按股权的多少承担有限责任和享有净资产权益。股权不能任意转让，如要转让需经其他合资者同意，并先在内部转让。合资企业还可分为中外合资经营企业和国内合资企业两种。企业集团是国内合资联营的重要形式。

合作企业，是指资本金属于多个所有者的契约式企业。合作者可以用资金、技术、场地等不同生产要素投入企业，按合作契约规定享有权益和承担责任。部分合作者的退出将导致原合作企业的解体和重组。合作企业筹资不能采用发行股票方式。合作企业还可分为中外合作经营企业和国内合作企业两种。

针对上述几类企业形式，国家按照税负公平的原则对其征收各种税收，但在不同历史条件下也从税种和税率的设置和减免上对某些企业形式给予一定的优惠，促进这些企业的发展。例如某一时期对中外合资与合作企业的某些税收减免政策有利于吸引外资，贯彻对外开放的方针；又如对国内联营与企业集团的某些税收优惠，有利用促进资金横向联合和产业结构的优化。随着中国加入 WTO，由于对国内外企业均实行国民待遇和平等竞争，某些对外资企业和企业集团的税收优惠政策将逐步取消，但对支持产业结构优化的税收优惠政策将继续存在。

由上述可见，企业组织形式对财务组织是有重要影响的。一是影响企业注册资本的筹集与结构。独资企业、股份制企业、合资企业和合作企业注册资本的出资者是不相同的。二是影响出资者对企业债务承担的责任。一般的独资企业和不具有法人资格的合作企业，其出资者对债务承担无限责任，而一般股份制企业，合资企业和具有法人资格的合作企业，其出资者对债务只负有有限责任。三是影响收益分配方式。独资企业由业主独家所有，不存在多个投资者对利润的分配问题，而其他企业组织形式都存在投资者对利润的分配问题，因而财务分配比较复杂。对于股份公司中的跨国公司，由于涉及国际投融资、国际税收和国际结算等财务问题，其财务组织与国内公司有一定差别。

二、企业理财环境

企业理财环境是财务组织的重要前提。所谓理财环境，是指企业理财进程中所面临的对企业理财活动有直接或间接影响的各种条件和因素的集合。企业理财环境一般可分为宏观理财环境与微观理财环境两个方面。对企业财务组织有重要影响的宏观环境主要有国际国内政治经济局势、社会制度与经济体制形式、税收、信贷、价格、外汇、国有资产管理、资金市场与产权市场的有关法规与管理制度等，主要包括《中华人民共和国公司法》《中华人民共和国证券法》《中华人民共和国票据法》《中华人民共和国保险法》《中华人民共和国价格法》《中华人民共和国商业银行法》《企业财务通则》和《企业国有资产监督管理暂行条例》等。对企业财务组织有重要影响的微观环境主要有企业组织形式、企业管理体制、生产经营状况、内部管理水平、领导与员工素质等。

国际国内政治经济局势直接影响筹资风险、投资风险与外汇风险，并通过对外贸与消费的影响对企业财务效益发挥作用。

我国社会制度是中国特色的社会主义制度，公有制是社会主义市场经济的主体，非公有制经济是社会主义市场经济的必要组成部分。公有制经济中的国有经济在国民经济中发挥主导作用。这一社会制度的基本特点决定着我国全部企业资本金总额中国有资本金与集体资本金占有优势比例，全部企业净资产权益总额中大部分为国家与集体所有，用于发展公有制经济，提高人民物质文化生活水平。

随着非公有制经济的迅速发展，私人资本与外商资本的比重会进一步提高，但国有资本在国民经济中的引导力、控制力和抗风险力并未改变，国有经济仍将毫不动摇地巩固和继续发展，国家财务管理只能加强，不能削弱。

我国经济管理体制的目标模式是建立社会主义市场经济体制。为了构建高水平的社会主义市场经济体制，必须充分发挥市场在资源配置中的决定性作用，更好发挥政府作用，推动有效市场和有效政府更好结合。在国家宏观政策调控下，价值规律与竞争规律决定社会生产与流通活动的主要目标是追求经济效益。但是，企业发展离不开各方面所提供的货币资本、人力资本和社会管理资本的投入，企业在追求经济效益目标的同时，还必须履行对利益相关者的社会责任目标。国家宏观调控使各微观经济主体追求经济效益的目标不损害国家社会效益目标的实现。这一经济体制决定着财务组织具有既保证企业生产经营活动的有效进行，并通过资金市场去独立从事货币经营获利的性能，又具有履行社会责任的性能。财务与各种市场发生着广泛的联系，使财务的内涵与外延有了空前的扩展。

税收制度对财务组织有重要影响。我国现行流转税（包括增值税和消费税等）与所得税并重，辅以其他税种的税收制度，使税收配合价格对企业销售与利润水平的调节作用增强。过去按不同所有制形式设置所得税税种与税率的税收制度，使按所有制标准划分企业组织形式具有特殊意义。随着税制改革的实行，不同所有制企业的所得税制度开始统一，这种划分将逐渐失去意义。在加入 WTO 后，对国内外企业的税收将逐步统一，这为企业在公平税负下开展竞争创造了条件。但各国因经济发展所需的税收政策差异，为税收筹划留下了发展空间。

信贷制度是财务组织应考虑的又一重要因素。企业贷款种类、利率与贷款条件视不同企业组织形式而有所区别。一般情况下，资本金雄厚的大公司比私人独资企业主更能享受信贷的优惠政策，因为这些大公司在信用评估中处于优势地位。银行利率变动是影响企业盈利能力和证券投资收益的强有力的杠杆。

我国价格管理在今后较长时期仍将实行市场调节价、国家指导价和国家计划价三种价格形式。随着价格改革的深入进行，国家定价的商品品种将逐渐减少，只限于对国计民生有重要影响的少数商品价格与经营性服务收费标准的定价，市场调节价格已成为主要价格形式。但在市场调节价出现暴涨暴落时，国家物价部门仍可对价格进行指导，在一定时期内对部分商品价格规定最高限价、最低保护价和提价申报制度，从而维护社会正常经济秩序。财务对价格的管理必须考虑国家价格政策的调节与导向作用。

我国外汇实行国家统一管理制度。国家各级外汇管理部门是外汇管理的行政主管部门，中国银行是外汇管理的专业银行。经国家批准有权从事对外贸易与对外经济合作的部门与企业，以及各种外商投资企业，其经常项目外汇收支可以自行进行，但必须按国家规定在外汇指定银行开立外汇账户，遵守国务院关于结汇、售汇及付汇管理的规定，不得逃汇、套汇。其他部门与企业的外汇收入必须按国家牌价卖给中国银行，在需要外汇时按国家牌价买回，这就是结汇。对于资本项目外汇收支，企业不能自行进行，需经国家外汇管理部门审查批准，按国家有关规定办理。国际外汇市场汇率的波动性及国内外汇市场价格的可变性，使企业外币业务具有风险性，对财务组织外币业务管理有深刻的影响。

社会主义市场经济的发展，要求资金市场与产权市场逐步建立与完善。随着股份制的推行与企业筹资渠道的健全，我国证券发行与交易市场以及贴现市场已逐步建立起来。为推动存量资产的合理流动与重组，促使产业结构优化，出现企业兼并、迫卖、出租等产权转让活动，产权交易市场也随之建立与发展起来。资金市场与产权市场的建立与发展，为企业筹资、投资和财务重组提供了前提。

国有资产是社会主义的重要物质基础，是发展社会生产、增强综合国力和提高人民生活的重要物质保证。我国国有资产的绝大部分为经营性国有资产，由若干国有资产经营企业所掌握运用。国家设立中央与地方各级国有资产管理部门，对非金融类企业的国有资产进行产权管理，拥有对国有资产的所有权、投资权、受益权和监督权，与企业发生投资与利润分配关系。国家目前正在研究建立和完善金融类国有资产的监管体系。对拥有国有资产的企业来说，国家关于国有资产管理的政策与制度对财务组织产生重要影响。

企业微观理财环境对财务管理的影响是直接的。企业组织形式影响筹资、偿债与收益分配。企业内部是实行集权管理、分权管理还是集权与分权相结合的管理体制，将直接影响财务管理体制的类型。企业生产经营状况将直接影响筹资需要量、投资方向与规模、成本费用水平与收益水平。企业内部管理水平与领导和员工的素质对现代财务管理方法能否采用有重要影响。

综上所述，社会主义市场经济体制为我国企业财务组织提供了广阔的活动领域，但理财环境对财务组织产生了比计划经济体制下更为巨大的影响。企业财务管理的主管人员要立足企业自身经济特点，充分考虑理财环境的影响，科学地进行财务决策，加强企业内部财务计划管理，为保证企业生产经营的顺畅进行与货币资源的充分利用，获得满意的经济效益和社会效益发挥主导作用。

第二节　企业资金及其运动规律

资金，从一般意义讲，是指国民经济中财产物资价值的货币表现。资金按其占有主体不同，可分为国家资金、企业资金和个人（或家庭）资金。

构成企业财务活动的基本元素是企业资金。研究企业资金的内容与运动规律，是进行财务科学管理的基础。

一、企业资金的概念与构成

对企业资金的考察，可分别从资金运用与资金所有两个方面去进行。

从资金运用方面考察，资金表现为企业流动资产、固定资产、无形资产、递延资产、其他资产以及对外投资所垫支的货币。资金以货币为其表现形式，不以货币作为表现形式的物品不叫资金。但是，不是一切货币都可称为资金。货币转化为资金必须以作为企业内部生产经营与外部投资的要素为前提，企业职工用于个人消费的手持货币不构成企业资金的内容。

从资金所有方面考察，资金表现为企业资本金（注册资金）、企业负债（长期负债与流动负债）、企业内部自筹资金（资本公积金、盈余公积金、未分配利润）的总和。

从任一时点考察，一定量的资金运用必属于一定的所有者所有，企业资金运用与资金所有必然对应。资金运用表现为资产，资金所有表现为负债与所有者权益的统一。资金的两面性是会计平衡方程式（资产=负债+所有者权益）的理论依据。只讲资产概念，不讲资金概念，如同只看到一枚硬币的正面而无视反面，那是片面的。综上所述，企业资金是指企业为进行内部生产经营与外部投资所垫支的货币，它又可称作企业本金或资本，它由所有者投资、企业负债与内部自筹所形成。

从资金运用方面考察资金，有利于进行投资决策，优化资金占用结构，揭示与掌握资金运用规律，提高财务经济效益。从资金所有去考察资金，有利于进行筹资决策，优化资金来源结构，揭示与掌握资金来源规律，降低资金成本，维护所有者权益，也能为提高财务经济效益创造条件。从资金所有与运用的统一进行考察，可以得出财务平衡方程式（资金运用=资金所有）的理论依据，为财务收支计划与现金流量表的编制和执行指明方向，为财务管理工作的组织打下理论基础。

二、企业资金运动过程

企业资金运动是先有资金所有，然后才有资金的运用，它依次经过筹资、投资、耗资、收入、分配等几个环节。

（1）筹资。此即资金的筹措活动，包括筹资量的确定、筹资渠道与方式的选择、资金的实际取得等过程。筹资是资金运动的起点，是投资的前提。

（2）投资。此即资金的运用活动，包括投资项目与方式选择、投资额确定、投资成果形成等过程。投资是资金运动的中心环节，它不仅对筹资提出要求，而且是决定企业未来财务经济效益的先天性条件。

(3) 耗资。此即资金在生产经营活动和外部投资活动中的消耗，表现为成本费用等。资金耗费要从未来的收入中收回，资金耗用额的多少是价值补偿的尺度。耗资是资金运动的基础环节，耗资水平是利润水平高低的决定性因素之一。

(4) 收入。此即资金投入生产经营与对外投资带来货币收入的过程，包括价格形成、收入额确定、结算方式选择与收入实现过程。收入是资金运动的关键环节，它不仅关系到耗资的补偿，更关系到投资效益的实现。收入的取得是进行财务分配的前提。

(5) 分配。此即对上一环节实现的货币收入的分配过程。分配包括成本费用补偿、企业纯收入分配和税后利润分配等多个层次。分配是资金一次运动过程的终点，同时又是下一次资金运动过程开始的前提，起着两次资金运动过程之间连接的中介作用。

考察企业资金运动过程，对揭示与掌握资金运动规律、确定财务管理内容与具体管理方法具有重要的理论与实践意义。

三、企业资金的特点

从企业资金的内容与运动过程，我们可以进一步考察企业资金的特点。

(一) 企业资金的物质性

资金从所有者投入的形态看是货币，但从运用形态看却表现为企业的各种资产，其中大部分以财产物资形态存在，一部分以暂时闲置的货币形态存在，只有对外长期投资才长期以货币形态存在。无论是财产物资形态还是货币形态的资金，从经济内容看都是形成企业的各种生产经营要素。资金在这里表现为过去已经生产出来，现在继续用于生产流通的一部分社会物质资源，是社会再生产得以进行的物质条件，这就是资金的物质性。否认资金的物质性，仅把资金视作开展经济核算的货币统一尺度的资金“外壳论”是不对的。

(二) 企业资金的周转性

资金是为形成企业内部生产经营要素与外部投资所垫支的货币。随着企业生产经营与对外投资收入的实现，原垫支的货币就重新收回，继续用作下一个生产经营与对外投资过程的垫支。资金的垫支—收回—再垫支—再收回，这一不断反复循环的过程，即为资金的周转。资金收回要以费用支出补偿为前提，只有企业生产经营与对外投资能保本或盈利时，资金周转才能顺畅进行；企业生产经营活动与对外投资如发生亏损，则一部分资金就遭受损失，原垫支的资金总量减少，迫使企业缩小生产经营与对外投资规模，甚至破产。只强调财务为生产经营活动提供资金，不强调资金的全部收回，忽视资金的周转性是片面的生产观点，对社会主义经济发展是有害的。

(三) 企业资金的增值性

垫支资金的全额收回，是投资者的最低要求。在社会主义市场经济条件下，企业作为一级投资主体，其无论是对内投资进行生产经营活动，还是对外进行投资活动，其基本动机都是为了盈利，即原垫支资金全额收回后，还要带来一个新增加的价值量，其货币表现就是企业纯收入。企业纯收入在缴纳流转税后的余额为企业利润（盈利）。投资者追逐利润的动机，是资金增值的必要性。资金增值的可能性却在于再生产过程中劳动者为社会创造的剩余产品价值量的客观存在。马克思关于剩余价值的理论是说明资金增值性的理论依据。只强调资金的物质性与周转性，忽视资金增值性的观点，实质上是只重视生产发展速度，忽视经济效益的片面观点，应当摒弃。资金的物质性、周转性和增值性是相互联系，不可分割的。

四、企业资金运动规律

企业资金运动以企业宏观经济环境为条件，以企业经济活动为基础。企业资金运动在与宏观和微观经济条件的联结中呈现出若干规律性。

（一）企业资金运动与社会资金运动相结合

企业资金运动同社会各方面的经济活动联系密切。企业资金运动与社会资金运动（包括财政、信贷和保险资金运动等）存在相互依存、相互制约的一致性。一方面，企业资金运动是社会资金运动的基础。企业资金运动的顺利进行，保证了商品价值的形成与尽快实现，为社会资金运动的顺畅进行和规模的扩大奠定了基础。只有企业收入增长，经济效益提高，财政收入才能增长，银行贷款才能及时归还，保险资金才能足额上交。另一方面，社会资金运动的规模和结构又反过来制约企业资金运动的规模和结构。财政、信贷资金的增长为企业资金的增长提供了条件。财政、信贷资金分配于固定资产投资和增加流动资金的比例，直接影响企业固定资金和流动资金的结构变动。保险资金的筹集与分配，对保证企业资金正常运动、防止意外中断也有积极作用。

企业资金运动和社会资金运动又存在一定的背离。两者因各种特定原因在数量变化与时间占用上呈现某些反向变动，企业资金运动具有相对独立性。例如，当国民经济资金总量一定时，企业资金占用量与社会资金占用量存在此增彼减的关系；当企业向证券市场筹集资金、投资或内部积累资金时自行冲减财产损失时（股份公司减股），企业资金发生增减，而社会资金却不一定会发生增减；企业占用应缴未缴款的时间拉长，归还银行贷款的期限延长，引起社会占用资金时间缩短等。

企业资金运动和社会资金运动的一致性，源于社会主义市场经济条件下国家宏观调控的职能。国家作为国民经济的社会行政管理者，其有权运用各种经济杠杆（如财政、信贷、保险等），参与社会产品与国民收入的分配与再分配，从而引起资金在企业与社会有关资金部门之间发生各种形式的对流。企业资金运动和社会资金运动的背离性，源于企业作为自主经营、自负盈亏的经济法人地位。企业为了独立进行生产经营活动，不仅要从社会资金部门筹措资金，而且要从税后利润中自行积累一部分资金，引起企业资金单独增减变动。这一规律，决定着企业财务既与财政、信贷、保险相联系，又与它们相区别、相互独立而存在。一方面，其要求企业资金和财政资金、信贷资金、保险资金相互综合平衡，要求国家加强对企业资金的宏观调控；另一方面，国家也应尊重企业自主经营的财权，维护企业的正当利益，不能乱加干预。

（二）资金运动与物资运动相结合

企业生产经营过程是物资运动和资金运动的统一，物资运动和资金运动存在着一致性。首先，物资运动是资金运动的基础，一般来说，物资运动的存在决定了资金运动的存在。这是由于商品使用价值是价值的物质承担者，一定量的资金总是依附于一定数量的物资而存在的。如材料物资的购销、固定资产的购建与增减变动引起资金的投入、收回和形态变化。物资运动状况的好坏，基本上决定着资金运动状况的好坏。只有材料物资采购及时、储存合理、销售迅速，才能使企业资金周转加速；否则，就会出现资金运动受阻，周转不灵。物资运动规模在客观上有可能扩大才会对企业资金运动规模的扩大提出要求。其次，资金运动又反映了物资运动，并反过来制约物资运动的规模和结构。这是由于企业货币资金作为购买手段和支付手段，它的筹集常常是先于物资的取得，成为物资运动的前导。企业资金的分配比例，也就制约各种生产经营要素（如材料物资、设备、劳动力等）的形成与结构。企业资金运动规模的扩大，反过来为物资运动规模的扩大提供了条件。并且，企业资金运动速度的快慢是物资运动状况好坏的灵敏反应器。检查与分析资金运动状况，可以揭示物资运动在供、产、销各环节存在的问题，从而合理进行物资的管理与使用，提高企业经济效益。

企业资金运动和物资运动又存在一定的背离，两者会因各种原因在时间先后和数量变动上显示出不一致性。首先，从企业内部生产经营活动考察，由于商业信用手段的广泛利用，当采用合法的赊销、预付方式时，常出现物资运动先于或后于资金运动的情况；由于固定资产价值转移与实物更新的时间上的分离，会出现资金运动在一定时间内脱离物资运动的现象；企业纯收入的分配与上缴财政，从企业来看则是有资金运动而无物资运动；由于各种主客观原因而发生财产物资损失，财务上未做处理时，就会出现虚有资金而无物资的现象。其次，从企业参与资金市场活动考察，资金市场活动是单纯的货币资金筹集或投资活动，有资金运动而无物资运动。资金运动与物资运动的背离，是财务管理作为一项独立性的职能管理而存在的客观依据之一。财务管理通过合理利用各种背离，趋利避害，发挥独立的职能作用。

企业资金运动与物资运动的一致性是由于商品使用价值和价值的统一性所决定的，两者的背离性是由价值具有相对独立运动的特点所决定的。这一规律，要求财务组织上既要贯彻“发展经济、保障供给”的方针，保证企业生产经营与对外投资活动的资金需要，又要厉行节约，合理调度资金，发挥财务对生产经营与对外投资活动的调节与控制作用，充分利用货币资源，全面提高企业经济效益。

（三）资金运动的内部综合平衡

企业资金运动是一种复杂的经济机制，资金运动是否顺畅，能否取得良好效益，要受到机制内部各部分之间是否协调平衡的制约。从资金所有看，企业资本金、借入资金和内部积累资金之间要有恰当的比例关系，才能使筹资成本与筹资风险较好地统一。从资金运用看，对内投资与对外投资之间、长期投资与短期投资之间、固定资金与流动资金之间都必须保持恰当比例。只有这样，才能做到既保证企业内部生产经营活动的资金需要，又能充分利用暂时闲置的货币资源在资本市场上获利，也能保证企业内部各生产经营要素的合理形成。必须指出，企业不能将生产经营正常运转的资金用于资本市场上去“炒股”，发生脱离实体经济而走向虚拟经济的“脱实向虚”的错误行为。从资金所有与运用的综合平衡看，资金的收入与支出必须在时间上和数额上协调平衡，使一次资金循环的终点和下一次资金循环的起点紧密衔接。

企业资金运动的综合平衡，是由企业对内投资与对外投资之间、企业各生产经营要素之间、生产经营过程各环节之间彼此协调平衡的客观要求所决定的。这一规律，一方面，要求资金运动以企业购、产、销活动和对外投资活动的内部协调平衡为基础；另一方面，要求财务通过组织资金运动的综合平衡，去促进企业内部生产经营活动和对外投资活动各方面的协调，发挥其综合调控作用。这一规律是正确进行财务决策的重要依据。综合平衡法是财务决策的基本方法之一。

（四）资金运动的连续并存性

企业资金（包括固定资金和流动资金）作为整体，其是在时间上同时、在空间上并列地处在企业经营活动的各个不同阶段上，以不同的资金占用形态表现出来。资金的每一占用形态又都不断地依次由上一阶段过渡到下一阶段，由一种形态转化为另一种形态。从企业内部生产经营活动看，资金最初以货币资金形态处在购置阶段的起点，经过购置转变为生产经营物资的价值形态（如固定资产、材料物资等），经过生产阶段转变为商品的价值形态，经过销售阶段又回复到货币资金形态。从企业对外投资活动看，资金通过购买证券由货币形态转化为证券形态，通过出售证券再转化为货币形态。固定资金和流动资金由于固定资产和流动资产价值周转方式的不同，在资金运动的连续并存性方面也显示出各自的特点。流动资金运动具有价值一次性转移、耗费与补偿的特点，在一个再生产过程中完成一次周转；固定资金运动具有价值逐次性转移、耗费与补偿的特点，要在若干个再生产过程才能完成周转。尽管固定资金与流动资金运动的具体方式有别，但各种资金形态在空间上的并存性和时间上的连续性却是相同的。资金运动的并存性和连续性互为存在的前提。一方面，由于各种资金形态的同时并存，每一部分资金才有相互转化的可能；另一方面，并列存在的本身又是相互转化的结果，资金运动的连续性一旦中断，下一阶段的资金形态就不复存在。

企业资金运动的连续并存性，是由企业生产经营活动本身的连续性与阶段性的特点所决定的。生产经营活动的连续进行，各种生产经营要素的不断形成、耗费与转化为生产经营成果，最后通过销售实现其价值，必然使垫支在生产经营要素上的资金不断发生形态转化，运动不能中断。生产经营活动的阶段性，使各阶段占用的资金在空间上处于并列存在的状况。企业资金运动的这一规律，要求财务组织既要不断筹措资金，又要分阶段按各占用形态的资金占用结构及其变化情况合理配置资金，并不断采取措施，保证资金正常循环周转，加快资金周转速度，改善资金利用效果。

上述各项资金运动规律，是从资金运动的总体考察的。各种不同的资金在不同运动阶段和领域，还具有各自的规律性，在本书以后各章具体加以考察。企业资金运动规律，对确定财务管理原则与方法具有重要的理论与实践意义。全面研究企业资金运动规律，是建设财务学科的基本点。

第三节　财务本质与职能

一、财务的本质

企业资金运动即企业财务活动。企业筹资、投资、耗资、收入与分配形成财务活动的客观经济内容。从这几个方面的内容看，企业筹资、投资与耗资三项，可概括为资金（本金或资本）的投入、企业的收入与分配两项，可概括为资金（本金）的产出（收益）。企业财务活动就是企业资金（本金或资本）投入与产出（收益）的经济活动，可概括为财务经济活动。于是，企业经济活动按运动形态可划分为生产技术经济活动和财务经济活动两个方面。生产技术经济活动是生产经营要素（劳动资料、劳动对象、劳动力等）的投入与生产经营成果（商品）的产出。企业再生产是生产经营的投入与产出和财务资金的投入与产出的统一。这两个方面的关系，就是前述物资运动与资金运动相结合的关系。财务经济活动不仅是生产技术经济活动的前导、反映和控制手段，而且通过资金市场进行货币资源的独立投入与产出（收益）的活动，取得特有的财务投资效益。总之，财务活动就是企业资金（本金或资本）投入与产出（收益）活动，构成企业经济活动的独立方面，即财务经济活动方面。

财务经济活动是在商品经济条件下人与人之间的相互联结中存在的，因此，财务具有社会性，即体现生产关系的性质与特征。在财务活动中所形成的各种经济关系，被称为财务关系。在社会主义市场经济条件下，财务关系的客观内容有下述几个方面：

（1）生产资料所有者与经营组织（企业或公司）之间的财务关系。在生产资料所有权与经营权相分离的条件下，所有者以资金投入经营组织，凭借其资金所有权，对重大财务活动做出决策（重要筹资、投资决策与分配决策），对经营组织执行这些决策的情况进行监督，并获取资产的产权收益。经营组织在执行所有者重大财务决策的前提下，有权对一般性财务问题做出决策，有权独立组织财务活动，具体处理与各方面的财务关系。生产资料所有者与经营组织之间财务关系的基本内容，包括资金所有关系、资金使用关系和收益分配关系等。在股份公司内，这些关系具体表现为股东、董事会与公司作为经营组织之间的财务关系。在国有独资与租赁制企业中，这些关系表现为国有资产产权代表机构（如国家资产管理部门或资产投资、运营公司）与企业之间的财务关系。

（2）经营组织相互之间的财务关系。这一类财务关系是作为独立经济法人，各经营组织之间由于相互交换商品、提供劳务与作业或提供商业信用而发生的财务关系。专业银行与企业之间的信用关系，也应列入这类财务关系。这类财务关系包括收入结算关系和资金借贷关系。如果相互发生货币投资的财务活动，则还有资金所有与收益分配关系，这种情况在企业之间发生联营或股份投资时，尤为明显。

（3）所有者与经营者的财务关系。生产资料所有者按自己的要求选择经营者，对经营组织进行管理。经营者（如公司经理、企业厂长等）按照所有者确定的总体经营方针与目标进行经营活动，在财务上行使资金的支配使用权、费用开支权和商品定价权，并按经营业绩获取报酬。这时，所有者与经营者的财务关系包括了财权分割关系、财务责任划分关系和劳动报酬分配关系。在经营者同时还以知识产权（人力资本）投入企业的情况下，两者还有按资分配关系。

（4）经营组织与劳动者之间的财务关系。经营组织按照经营活动的要求选聘劳动者，并按劳动者的业绩支付劳动报酬，对劳动者进行必要的财务监督。于是，经营组织与劳动者之间发生了资产使用中的权责关系与按劳付酬的分配关系。国有企业职工具有劳动力所有者和生产资料间接所有者的双重身份，因而对经济组织的产权代表与经营者有进行财务监督的关系。

（5）经营组织内部各单位之间的财务关系。在实行内部经济责任制的条件下，经营组织内部各单位之间产生了关于资金使用的权责关系、内部结算与利益分配关系等。对于股份公司而言，这类关系更为复杂，常表现为总公司、分公司、子公司、直属分厂与车间等相互复杂的财权分割、财责划分与利益分配关系。

（6）经营组织与国家社会行政管理者的财务关系。这主要表现为企业或公司按国家税法规定向财税部门缴纳各种税收与规费的企业纯收入分配关系。

财务关系反映社会主义初级阶段我国生产关系的特点。正确认识和处理财务关系，对促进生产力的发展有重要意义。

财务是财务活动与财务关系的统一。财务在实质上是企业资金（本金或资本）投入与产出（收益）活动及其所形成的经济关系，构成企业经济活动与经济关系的独立方面。正确认识财务经济活动的独立存在性，是发展社会主义市场经济的要求。

二、财务的职能

财务的本质决定财务的职能。财务的职能是指财务本身所具有的特有功能。财务职能是确定财务管理任务与作用的客观依据。它表现在：

（1）筹资职能。财务首先是一种企业资金的投入活动。由于企业再生产过程是不断进行的，资金在再生产过程中不断投入与周转。企业资金投入的数额是由生产经营要素形成的规模与资金周转速度所决定的。这就要求财务必须不断筹集投入所需的资金，使财务具有筹资职能。筹资职能的内容主要包括筹资量的确定、筹资渠道的选择以及相联系的资金所有结构的优化。在社会主义市场经济条件下，筹资渠道与方式是多种多样的。发挥财务筹资职能，是进行财务组织的前提，也是企业再生产过程进行的前提。随着企业再生产规模的扩大，财务筹资的规模也要扩大，筹资职能更显重要。

（2）调节职能。财务作为企业资金的投入活动，资金投入的规模与方向，一方面受制于生产经营要素形成的规模与结构，另一方面当资金筹集量（可供量）一定时，为执行资产所有者调整结构的决策或贯彻国家有关宏观调控政策措施，通过资金投向与投量的调整，调整企业原有的生产规模与经济结构（技术结构、产品结构等），这是财务调节职能的主要内容。在生产经营成果的形成与实现方面，财务作为企业资金的投入活动，其通过优化资金配置，进而调节资源配置，达到提高经济效率与效益的目标，这也是财务调节职能的重要内容。发挥财务调节职能，是调整企业经济行为并使之合理化的重要手段，也是国家宏观政策作用于企业的重要连接装置。财务调节职能通过资金投入结构与方向的调控，实现对企业产品结构与技术结构的调控，从而实现供给侧结构改革及国民经济的良性循环。

（3）分配职能。财务作为企业资金的产出（收益）活动，当取得货币收入后，要按照上交流转税、补偿成本、缴纳所得税、提取公积金与公益金、向投资者分配利润等顺序进行收入分配，这就是财务分配职能的基本内容。财务分配的对象是企业在一定时期内实现的全部商品价值的货币表现额（$C+V+M$）。由此可见，财务分配不仅是资产保值、保证简单再生产的手段，同时也是资产增值、实现扩大再生产的工具。财务分配还是满足国家政治职能与组织经济职能的需要，处理所有者、经营者、劳动者等几个方面物质利益关系的基本手段。财政分配、信用分配、保险分配与企业的关系，是以财务分配为纽带来连接的。财务分配职能是使财务范畴与其他经济范畴相区别的又一重要特征之一。

（4）财务监督职能。财务作为企业资金的投入产出（收益）活动，其对企业生产经营与对外投资活动具有综合反映性。一方面，财务活动反映生产经营要素的形成、资源的利用与生产经营及对外投资的成果，揭示企业各项管理工作的问题；另一方面，财务关系集中反映国家行政管理者、所有者、经营者和劳动者之间的物质利益关系，揭示在这些关系处理中存在的问题。为了合理组织财务活动，正确处理财务关系，国家制定了有关财税、金融、财务方面的法规，所有者与经营者也制定了各种财务决策方略与内部管理制度。财务管理必须按国家与所有者及经营者的有关规定实施财务监督，使这些规定得以执行，这就是财务监督职能的基本内容。财务监督是保证企业财务活动组织的有效性和财务关系处理合理性的重要手段，是国家财税监督、信用监督和其他宏观经济监督措施得以落实到企业的重要桥梁。财务监督职能是贯彻国家财经法规与反对腐败斗争的重要手段。

正确认识财务职能，充分发挥财务的作用，促使企业经济活动的良性循环，实现企业经济发展速度与效益相结合，是财务管理的基本任务。

第四节　财务管理概念、目标与原则

一、财务管理的概念与内容

财务是商品货币经济条件下客观存在的经济范畴，对社会再生产过程的运行具有重要的作用。运用财务范畴为社会再生产过程服务，就形成了财务管理。我国企业财务管理就是依据企业资金运动规律和国家与企业投资者的要求，正确组织财务活动与合理处理财务关系的一项经济管理工作。财务管理是企业管理的重要组成部分。企业整个经济活动可分为生产技术经济活动和财务经济活动两方面，这是由商品的二重性所决定的。财务经济活动在实质上是商品价值的形成与实现过程中所产生的资金（本金或资本）投入与产出（收益）活动，所以财务管理在企业管理中是一种价值管理，而生产技术经济活动方面的管理则是对使用价值的生产与交换的管理。由于资金（本金或资本）的投入与产出（收益）是生产技术经济活动得以正常进行的必要条件，并对生产技术经济活动的进行发挥着调节、分配与监督职能，所以财务管理在企业管理中处于综合管理的地位，即主导地位。

财务管理的内容取决于财务活动的内容。财务活动包括资金（本金或资本）的投入与产出（收益）两个方面，而资金的投入又包括资金筹集、投资、耗资三个环节。资金的产出（收益）包括资金投入后所取得的收入与分配两个环节，所以财务管理的内容包括筹资管理、投资管理（又分为长期投资管理与短期投资管理）、耗资管理（成本与费用管理）、销售收入管理、分配管理等基本组成部分。外汇收支与企业清算过程中的财务收支从性质上看属于收入与分配管理，因其特殊性而可以形成单独的两项管理。财务评价的管理则是上述各项财务管理的综合反映。除上述一般财务管理内容外，当企业之间发生合并、兼并、收购等情况时，财务重组又构成财务管理的特殊内容。

二、财务管理目标

财务管理目标取决于财务的本质职能和企业管理的总体目标。企业管理的总目标是生产与销售尽可能多的符合社会需要的商品，并获取最大经济效益。财务作为企业资金（本金或资本）的投入与产出（收益）活动，其具有筹资、调节、分配与监督职能。财务管理着眼于商品价值方面的管理，其目标是以尽可能少的资金运用与资金耗费，获取尽可能多的利润并不断扩大本金，即人们常说的追求利润满意化和本金扩大的目标。这符合经济管理中少投入、多产出的基本要求。因此，财务管理是企业获取最大经济效益的基本手段。

财务管理为实现利润满意化和本金的扩大，要求以较低的筹资成本筹足企业生产经营与对外投资活动所需的资金；通过财务调节实现生产经营要素的最佳组合和对外投资结构的优化，努力降低成本费用，取得尽可能多的商品销售利润与对外投资利润；通过财务分配，合理形成补偿基金、积累基金与消费基金，为企业生存与发展提供财务条件，为进一步提高利润水平与扩大本金创造条件；通过财务监督，保证企业生产销售活动与财务活动符合国家法规要求和企业制度管理要求，防止盲目生产与建设，减少浪费，为实现利润满意化和本金扩大的目标服务。

目前国内外财务学界关于财务管理的目标还有利润最大化、股东财富最大化、企业价值最大化和利益相关者价值最大化等不同见解。但就财务直接追求的目标而言，概括为实现利润满意化和本金的扩大比较合适。

三、财务管理一般原则

在社会主义市场经济条件下，企业财务活动与财务关系非常复杂。为了使财务管理工作能有秩序地有效进行，实现财务管理目标，我们必须确定开展财务管理工作应遵守的基本规则，即财务管理原则。下面就各项财务管理应遵守的一般性原则加以论述。至于各项财务管理应遵守的特殊性原则，将结合本书以后各章内容进行论述。

（一）坚持以人民为中心的原则

中国特色社会主义制度和基本经济制度，决定国民经济各项管理都必须贯彻以人民为中心的原则，坚持人民主体地位，坚持共同富裕方向，发展依靠人民，发展成果与人民共享，维护人民根本利益，激发全体人民积极性、主动性、创造性，促进社会公平，增进民生福祉，不断实现人民对美好生活的向往。企业在财务管理工作中，必须把以人民为中心的原则贯穿到财务管理的全部工作内容。在筹资管理方面，企业应合理选择筹资渠道和筹资方式，维护股民权益，杜绝非法集资，降低筹资风险；在投资方面，企业要优化资金配置的地区结构、产品结构和技术结构，促进贫困地区经济发展，防止脱贫后再出现返贫现象，并为人民提供高品质的消费品；在成本管理方面，企业要在保证产品质量的前提下降低成本，为人民提供价廉物美的产品；在收入分配管理方面，企业要把工人工资发放、各种有关工人的保险金与公积金上交放在首位，维护职工利益。无论是国有企业、集体企业、私营企业，还是外商投资企业，其财务管理工作中，都必须贯彻以人民为中心的原则，遵守中国法律和各项财务规章制度，绝不允许侵犯企业职工和广大消费者的权益。国家有关部门对违反中国法律和各项财务规章制度，侵犯人民利益的企业和个人都将给予严惩。

（二）计划性原则

社会主义市场经济是发达的商品经济，企业之间生产经营活动日趋专业化与协作化。企业为实现发展生产、提高效益的经营目标，必须全面开展市场预测，科学地组织生产经营与对外投资活动。从企业内部资源的分配看，一个企业必须由企业经营者及其职能机构掌握并决定内部各单位为生产经营产品或劳务所需用的与可使用的资源数量。企业内部不能按自由价格制度分配资源，因为内部各单位之间的讨价还价只会妨碍统一指挥，造成资源浪费。因此，企业内部经济活动的调节主要依靠计划调节，有计划地分配和使用企业的人力、物力与财力资源，生产与经营符合市场需要的商品和进行符合社会需要的对外投资。当然，在进行计划调节时，企业也可以配合运用内部经济杠杆。企业计划调节包括生产、销售与财务等各个方面。对财务活动的计划调节，即对资金的筹集、投资、耗资、收入与分配活动各个方面进行全面的计划管理，认真编制与执行财务计划，并以计划目标为依据进行财务控制、分析与考核。财务计划主要包括筹资计划、投资计划、资金周转计划、成本费用计划、销售收入计划和利润计划等项。

财务计划管理不仅必要，而且可能。财务计划管理的可能性取决于企业资金运动的规律性。前述企业资金运动与社会资金运动相结合、资金运动与物资运动相结合、资金运动的内部综合平衡和资金运动的连续并存性等规律的存在与作用的发挥，使企业资金占用量与社会资金占用量之间、企业资金占用量与生产流通规模之间、各部分资金占用量之间，在一定经济条件下存在一定的比例关系或相关关系，使企业资金需要量与筹资量、筹资渠道的计划以及投资计划成为可能。同时，上述规律还使物资耗费与资金耗费之间、收入与利润之间、资金周转与利润之间、成本费用与利润之间存在一定的比例关系或相关关系，使企业成本费用计划、销售收入计划和利润计划的编制与执行成为可能。

计划性原则是财务管理的重要原则，对保证财务活动的有序性与有效性有重要意义。有一种观点认为随着计划经济体制向社会主义市场经济体制转换，财务计划管理已不再重要。这一看法混淆了社会资源配置与企业内部资源分配之间的界限，是不科学的，对财务管理也是有害的，应当纠正。

（三）真实性原则

财务管理贯彻真实性原则，是指财务核算（会计核算）与财务报告、财务评价资料必须真实地反映企业财务状况。财务状况是企业财务活动的基本情况。对财务状况的考察，可以从不同角度去进行：从资金运动过程考察，包括资金筹集状况、运用状况、耗费状况、收入状况、分配状况；从财务能力考察，包括盈利能力状况、支付能力状况、偿债能力状况与经营能力状况。财务状况是企业生产经营和对外投资状况的综合反映，是国家有关部门、投资者、经营者和劳动者最关心的问题。对国家财税部门而言，盈利能力状况和支付能力状况直接关系着税收的多少与能否及时上交；对银行和其他债权人来讲，企业的偿债能力至关重要；对国有资产管理部门和企业其他投资者而言，企业盈利能力和经营能力直接关系着投资收益水平的高低；对经营者来说，上述各种财务状况为经营决策提供了资料；对劳动者而言，企业盈利状况关系着工资水平的提高。总之，真实的财务状况资料，是正确进行企业经营决策和财务分配的依据。财务管理贯彻真实性原则，对微观经济管理与宏观经济管理均有重要意义。

财务管理工作中贯彻真实性原则，要求财务部门严格按照国家颁发的《企业财务通则》与《企业会计准则》的有关规定，进行财务核算，及时而真实地编写财务报告与财务评价资料，详细写出财务情况说明书，满足各方面的需要。财会人员要有职业道德，敢于反对与抵制企图在财务资料上弄虚作假，欺骗国家与投资者，以图牟取某些小团体或个人私利的不法行为，从而维护人民的根本利益。企业产权代表与经营者应当对财务资料的真实性承担法律责任，不得以虚假财务信息牟取私利。

（四）责任性原则

企业资金的物质性与周转性特点，决定着财务活动贯穿于企业生产经营活动的全过程。企业财务活动涉及面宽，对企业生产经营活动影响程度大。财务活动组织得合理，财务关系处理得恰当，能全面促进企业经济发展，提高经济效益；相反，财务管理如果出现混乱状况，必然导致企业经营失败，甚至破产。因此，财务管理必须按照企业资金的运动过程与阶段，将有关财务指标分解落实到对该项指标应直接承担责任的单位和个人，建立财务活动横向责任部门（如各职能部门）与纵向责任单位（如公司、分厂、车间、班组等）相互交织的管理责任制，即通常所讲的财务指标归口分级管理责任制。只有这样，才能使各项财务指标的完成具有牢固的群众基础，才能做到专业管理与群众管理相结合。要建立财务管理责任制，还必须赋予财务管理责任单位相适应的财权（如资金运用、费用开支权等），并按照履行财务责任的情况给予应有的物质利益（如与工资、奖金相联系），建立一套以财务责任为中心，财务责、权、利相结合的内部财务管理制度。实践证明，贯彻责任制原则是搞好财务管理的组织保证。

建立企业内部财务管理责任制，必须要认真做好财务管理的基础工作，为财务责任指标的分解与核算提供条件。财务管理基础工作包括原始记录、消耗定额、工时定额、财产清查等。只有做到各种原始记录及时、准确，各项定额先进合理，财产物资盘点准确，账实、账账、账表相符，才能正确确定各责任单位所分管的资金定额、费用限额、收入目标、内部利润目标等财务指标，正确核算和考核这些指标，使财务管理责任制切实执行。因此，在社会主义市场经济条件下，我国过去财务管理工作中行之有效的内部经济核算制、内部银行制、内部承包制等各种管理制度，仍然有着强大的生命力，应当继续坚持与发展。有的观点认为财务管理应主要转向对资本市场财务活动的管理，企业内部财务管理已降到次要地位，这种看法是片面的，正确的看法是两者并重。从我国的实际情况来看，相当长的一段时间内还应以加强企业内部财务管理为主。

（五）权益性原则

企业全部资产减去全部负债后的余额，为企业净资产，它属于企业所有者（投资者）的权益。按照《企业财务通则》与《企业会计准则》的规定，所有者权益包括投入资本金、资本公积金、盈余公积金、投资者分配利润与未分配利润等项。按照所有权决定受益权的原理，上述权益应归所有者所占有，其他任何组织与个人不得侵犯，应当受到法律的保护。这就是权益性原则的基本内容。随着合资、联营、股份制等企业组织形式的建立与完善，保护投资者权益不受侵犯，在财务管理中贯彻权益性原则更加重要。

权益性原则要求在财务管理工作中，要认真执行资本金制度，保证资本金的完整性；要从财务角度全面管理好各项资产，及时清偿债务，防止资产损失；要按国家法规要求并结合企业实际合理分配税后利润，处理好公积金、公益金提取与投资者利润分配的关系，保护投资者利益。只有认真贯彻权益性原则，才能增强国内外投资者向企业投资的积极性，促进资金市场与产权市场的发展，使社会主义市场经济体制的建立和完善有扎实的经济基础。

财务管理各项原则是一个既相联系，又相区别的有机统一体，它们分别从财务管理手段、财务核算要求、财务组织方式与财务利益归属几个方面做出了基本规范。财务管理原则是建设财务管理制度体系的依据，是做好各项财务管理工作的指南。

第五节　财务管理方法体系

在财务管理工作中，为了能正确组织各种复杂的财务活动，处理好各种财务关系，实现财务管理目标，企业必须采取一系列科学的财务管理方法。财务管理方法是按照企业管理的基本要求，依据企业资金运动规律性和财务管理原则来加以确定的。因此，不同的财务活动，由于具体的规律性与管理原则不同，采用的具体管理方法也有一定区别。但是，企业管理的一般要求、企业资金运动的一般规律与财务管理的一般原则，决定了各项财务管理具有某些共同的财务管理方法，即财务管理的一般方法。财务管理的一般方法与特殊方法相互联结，构成财务管理的方法体系。各项财务管理的特殊方法，将在以后各章介绍，本章就财务管理的一般方法加以概述。

一、财务预测与决策

企业现代化管理要求企业财务管理工作由过去的事后反映与监督为主，转向事前预测与决策为主。财务预测与决策，是决定企业财务活动方向、调节企业经营活动、提高经营管理水平的关键环节。只有正确进行财务预测与决策，才能事先估计各种有利与不利因素，趋利避害，克服财务与其他经济活动的盲目性，增强自觉性，为提高企业经济效益提供前提条件。财务预测与决策是加强财务计划管理的前提。通过财务预测与决策，确定财务目标与相应的实施方案，为财务计划的编制与执行打下基础。财务预测与决策也是实行企业内部经济核算制的重要条件。因为企业内部经济核算制的建立，要求正确确定内部经济责任指标（主要是财务指标），核定各责任单位的资金占用定额、费用开支限额、确定内部分配方案等，这些都要通过财务预测与决策来进行。财务预测与决策还为确定企业生产经营规模与对外投资规模及其方向提供依据。财务预测与决策在企业财务管理体系中处于核心地位。

财务预测，主要是对企业计划期财务指标的测算，它是在过去与现在财务资料的基础上，对未来的财务状况与财务指标所做的估计。财务预测的内容一般包括流动资产需用量与短期性投资预测、固定资产需用量与长期性投资预测、成本费用预测、商品价格与销售收入预测、现金流量预测、利润总额与分配指标预测等。财务预测是在占有大量财务与其他经济活动资料的基础上，运用科学计算方法来进行的。进行财务预测所依据的主要资料有：①企业基期（或历史上）的各种财务与会计资料；②企业计划期各种业务经营活动指标与措施；③国内外同行业企业财务活动与其他业务经营活动的有关资料；④国家现行政策与制度；⑤国际政治经济环境；⑥国内外市场情况（主要有商品劳务市场、资金市场、产权市场等）的变化等。财务预测采用的主要方法，从我国目前适用的来说，一般有直接计算法、因素分析法、量本利分析法、比例法、期末余额法、回归分析法、线性规划预测法等。财务预测是财务决策的前提。

财务决策，是根据企业经营目标与战略的要求和国家宏观经济政策的要求，从提高经济效益获取满意利润和扩大本金的总目标出发，确定各项具体财务奋斗目标，并从两个以上的财务方案中选定一个达到某一财务奋斗目标的合适方案之过程。简单讲，财务决策就是决定财务目标和实施方案的过程。财务决策主要包括价格决策、利润决策、成本费用决策、资金占用决策、投资决策和筹资决策等。财务决策，一般分为确定财务目标、提出财务实施方案和选择财务实施方案三个基本步骤。财务决策是在财务预测的基础上来进行的，其主要依据是：①财务预测资料；②企业基期（或历史上）的财务与其他经济活动的分析资料；③同行业企业的财务与其他经济活动分析资料；④国家公布的有关统计资料；⑤国家经济预测资料；⑥国家经济政策与宏观控制措施；⑦国际理财环境变化等。财务决策采用的主要方法通常有综合平衡法、图表决策法和树型决策法以及最大最小收益法（小中取大法）和最小最大后悔值法（即大中取小法）等①。财务决策是财务计划的前提。

二、财务计划

财务管理计划性原则要求认真编制财务计划。企业财务计划规定了企业计划期内的利润、收入、成本费用、资金占用水平、投资与筹资规模，反映了企业与有关各方面的财务关系，是组织企业财务活动的纲领。财务计划的内容取决于财务管理的内容，主要包括筹资计划、短期性投资计划、流动资金计划、长期性投资计划、固定资金计划、成本费用计划、销售收入计划、利润计划等。财务计划编制的主要依据资料有：①财务决策资料；②企业各种经济与技术定额资料；③企业各种生产经营计划资料；④国家关于财务报告与评价的表格编制规定等。

企业财务计划有各种不同的形式，按其时间长短来分，有长期（3 年以上）、中期（1~3 年）和短期（1 年以内）计划三种；按照影响程度来分，有战略性财务计划（影响面大、时间长）和战术性财务计划（影响面小、时间短）两种；按照计划期是否固定来分，有定期计划（计划期固定不变）和滚动计划（计划期划分为滚动期和展望期，一个滚动期完后，展望期相应往后延展，计划期不固定）两种；按照计划数字是否固定来分，有固定型计划（只有一套计划数字）和弹性型计划（同一指标有几套计划数字，或者计划指标有一定幅度）两种。上述各种财务计划形式，各有不同的适用范围，在财务管理中常常配合使用。财务计划常为财务控制、分析与考核提供依据。财务计划编制方法主要有平衡法（时期数或时点数平衡）、余额法和定额（或限额）法等。

三、财务控制

财务计划的执行要依靠财务控制。企业财务控制，就是根据企业财务计划目标（或定额、预算等）、财务制度和国家有关法规，对实际（或预计）的财务活动开展情况进行对比、检查，发现偏差并及时加以纠正，使之符合财务目标与制度要求的

① 吴水澎．财务管理的理论与方法［M］．成都：西南财经大学出版社，1989：112-117.

管理过程。简单地讲，财务控制就是依据财务目标，发现实际偏差与纠正偏差的过程。财务控制是财务管理的经常性工作，是实现财务计划、执行财务制度的基本手段。财务控制，能使财务计划与制度对财务活动发挥其规范与组织作用，使资金占用与费用水平控制在达到预定利润目标的范围之内，保证企业经济效益的提高。离开财务控制，财务活动就可能盲目进行，各种问题也难以及时发现与纠正，使财务计划管理流于形式，甚至使财务活动偏离正确的方向。

财务控制的主要内容包括确定控制目标、建立控制系统、做好信息传递与反馈和纠正偏差等项。财务控制目标，一般可以财务计划指标为依据加以确定。为便于具体控制，还应对一些综合性财务目标按责任单位或个人岗位进行分解，使之成为可以具体掌握的小目标（可控目标）。例如，将制造成本指标按材料消耗、工资、间接费用等进行分解；将流动资金中的存货指标按采购、储存和销售各阶段进行分解；将商品销售收入指标按销售组、推销员进行分解等。建立财务控制系统，就是要按责任制原则的要求，落实财务目标控制的责任单位和个人，形成从上到下、从左到右纵横交错的控制组织。确定财务目标控制的单位或个人，应按照财务活动直接发生的地点与相联系的对象来划分，贯彻“谁用谁管”的原则。也就是说，这些责任单位或个人必须是对某项（或几项）财务指标可控制的单位或个人。对不可控目标，不宜分解落实，应由企业财务部门总管。财务信息的传递与反馈，是将各责任单位的经济核算资料与财务部门的财务核算（会计核算）资料进行分类、整理，编制成快报或定期财务报告，再传送给企业主管人员（如董事长、总经理、财务副总经理）、各财务目标分管部门与单位，使他们及时了解财务活动实际情况与原定目标的偏差。纠正偏差，就是根据信息反馈，及时发现实际脱离计划的情况，分析原因，采取措施加以纠正，以保证财务计划的完成。由此可见，财务控制的几项内容是紧密联系的有机体，只有各环节工作都做好，才能搞好财务控制。

财务控制的方式是多种多样的：按时间不同可分为事前控制、事中控制和事后控制；按具体方式不同可分为定额控制、预算控制和开支标准控制等；按指标不同可分为绝对数控制和相对数控制等。财务控制必须按照财务活动的不同情况，分别采取不同的形式，才能收到好的效果。

四、财务分析

财务分析，是以财务的实际和计划资料为依据，结合业务经营活动情况，对造成财务偏差的主观和客观因素进行揭示，并测定各影响因素对分析对象的影响程度，提出纠正偏差对策的过程。财务分析对加强财务管理有很重要的作用。分析财务历史资料与预计资料，为财务计划的制订与调整提供依据；分析财务计划执行情况与影响因素，可以及时揭露问题，采取控制措施，保证财务计划的实现；分析财务活动过程及其结果，可以检查企业内部、行业与国家有关财务制度的执行情况，正确处理企业与各方面的财务关系；财务分析还可以研究和掌握企业财务活动的规律性，增强财务管理的自觉性。总之，财务分析能充分检查企业的财务计划的执行与完成情况及企业遵守财务制度的情况，也能促使企业挖掘潜力，改善经营管理，提高经济效益等。

财务分析的一般程序，包括揭示差距、测定各影响因素的影响程度和提出对策几个方面。财务分析的形式是多种多样的：按时间来分，有定期分析与不定期分析；按范围大小来分，有全面分析、专题分析和小分析等。定期分析，一般根据财务报告或其他资料，按年度、季度和月度对财务活动进行分析。不定期分析，一般是针对财务计划执行中的某些问题，随时进行分析。全面分析，是对企业财务活动的各个方面进行系统分析，它通常根据财务报告资料去进行。所以，全面分析常常是定期分析。专题分析一般是针对计划执行过程中发现的主要问题组织分析，寻求解决关键问题的措施。小分析是针对财务控制中某些指标完成情况进行分析。专题分析和小分析常常是不定期分析。上述各种财务分析形式，各有不同的用途。定期的全面分析，通常是企业财务部门采用，向投资者、企业经营者和国家有关部门提供全面财务情况。不定期的专题分析，适合于财务指标分管部门采用，以便解决主要问题。企业财务部门也可运用这种形式，为企业经营者出谋献策。经常进行小分析，适合于财务指标基层分管单位（如工厂的车间、班组，商店的柜、组），以保证各项小指标的完成。

财务分析的方法是多种多样的。企业目前常用的方法主要有对比法、比率法、连环替代法、差额分析法、杜邦分析法、平衡分析法、平均分析法等。

五、财务考核

财务考核，是将报告期财务指标实际完成数与规定的考核指标进行对比，确定有关责任单位与个人是否完成任务的过程。财务考核与物质奖惩紧密联系，是贯彻责任制原则的要求。财务考核主要在企业内部进行，对某些仍实行承包制的国有企业，除企业内部考核外，还有出包方对承包者的考核。财务考核指标，应是责任单位或个人应承担指标是否完成责任的可控制性指标，一般根据所分管的财务责任指标进行考核，使财务责任指标成为强有力的制约手段与鼓励措施。因此，财务考核是促使企业全面完成财务计划、监督有关单位与个人遵守财务制度、落实企业内部经济核算制的手段。企业通过财务考核，可以正确贯彻按劳分配原则，克服平均主义，促使企业加强基础管理工作，提高企业素质。

财务考核的形式是多种多样的：①绝对指标考核，这种形式适合于某些固定性费用开支和财务成果指标的考核，如制造成本中的某些间接费用、期间费用中的某些固定费用指标以及利润额；②相对指标考核，这种形式适合于变动性较大，而又有一定变化规律的财务指标考核，如运用销售资金率（或产值资金率）考核流动资金占用额，运用变动费用率考核变动费用支出额等；③按指标完成百分比考核，这种形式适合于某些在基期的基础上要求降低多少或增加多少的财务指标考核，如按费用降低率、流动资金周转加速率等指标考核等；④评分考核，这种方式适合于对多种财务指标进行综合性考核的情况，这种方式有利于进行综合评价。财务考核采用何种形式，应根据企业的具体情况加以确定。各种形式可以单独运用，也可以配合使用。

上述财务管理的一般方法是密切联系的有机体。其中，预测与决策是前提，计划是纲领，控制与分析是保证，考核是归宿。各种方法应配合使用，形成科学的财务管理方法体系。

第六节　财务管理制度体系

在社会主义市场经济条件下，企业财务活动的组织与财务关系的处理都十分复杂。为了适应我国社会主义市场经济发展的需要，规范企业财务行为，有利于企业之间的公平竞争和加强企业内部的财务管理与经济核算，提高经济效益，应由国家与企业制定若干财务管理制度，作为进行财务管理的根据。财务管理制度按范围不同可分为财务管理体制、财务通则、行业财务制度和企业财务制度等。下面对各种财务制度的内容与基本要求做一概述。

一、财务管理体制

进行财务管理，首先要明确采取何种财务管理模式，即管理体制。财务管理体制是关于在总体上如何规范财务权限分割、财务责任划分和利益分配关系的基本制度，或者说是关于财务权、责、利关系结合基本形式的规定。财务管理体制形式取决于经济管理体制形式。我国经济管理体制由过去的计划经济体制转换为社会主义市场经济体制，财务管理体制也由过去的国家统负盈亏制转换为企业自负盈亏制。

国家统负盈亏制的基本内容是：从财权分割看，资金筹集权与投资权、成本开支审批权、工资总额决策权、产品定价权和利润分配权等均集中于国家有关部门（财政、计经委、银行、企业主管部门），企业财权很小；从财务责任划分看，资金供应责任、资产损失报销责任、债务偿还责任和亏损弥补责任均由国家承担，企业负责完成国家有关财务考核指标（如资金周转、成本降低、工资总额、利润额等方面的指标），但不承担筹资、报损和补亏责任；从利益分配看，国家集中企业绝大部分纯收入（常在90%以上），企业留用的利润很少（通常不超过纯收入的10%），对留用利润的分配还要按国家规定的各种基金提取比例进行，企业支配权很小。工资总额的增加由国家统一调资，不与企业效益联系。国家统负盈亏制在新中国成立初期对集中财力保证重点建设起过一定的作用，但它在财务主体上不承认企业是主体而使企业丧失活力，在财务决策上因决策链条过长和信息不对称而缺乏效率，在资金分配与成本开支上常与企业生产经营活动脱节，在工资分配与留用利润分配上采取平均主义政策，影响企业与职工增收节支的积极性。随着计划经济体制向社会主义市场经济体制的转换，这种适合于计划经济的财务管理体制必然会阻碍企业成为自主经营、自负盈亏、自我发展、自我约束的经济实体（经济法人），因此，应从根本上加以改革，建立适合社会主义市场经济体制的企业自负盈亏的财务管理体制。

企业自负盈亏制的基本内容是：从财权分割看，在符合国家宏观调控要求和投资者重大决策要求的前提下，企业拥有进行自主经营所必需的筹资权、投资权、成本开支权、工资决定权、定价权和税后利润分配权等，企业财权大为扩大；从财务责任划分看，企业要承担筹资责任、固定资产与流动资产因经营不善而造成损失的报损责任（资产盘亏直接冲减损益）、弥补亏损责任和清偿债务责任（以法人财产承担有限责任）；从利益分配看，企业除按国家税法纳税外，税后利润由企业分配（按国家规定分配顺序）。企业在遵守国家关于工资增长的宏观控制政策条件下，自行决定工资总额与工资形式，工资增长与劳动生产率提高和经济效益提高相联系。企业自负盈亏制使企业拥有作为市场主体应有的财权和应承担的财务责任以及在履行财务责任后应享有的物质利益，可以适应社会主义市场经济发展对财务管理的基本要求，克服过去存在的企业财务责任与财务权限脱节和分配上搞平均主义的弊病，充分调动了企业与职工增收节支的积极性，促进了生产力的发展。

建立自负盈亏的财务管理体制，必须按照财务管理责任制原则的要求，做到财务责、权、利相结合。对采取不同经营形式的企业，财务管理体制的具体形式还应有一定的特色，如承包制、租赁制和股份制的财务管理体制的基本内容虽然相同，但财务责、权、利划分的具体形式应有所区别。

财务管理体制是制定其他财务管理制度的基本依据。财务通则、行业财务制度与企业财务制度，都必须符合财务管理体制的要求。

二、企业财务通则

企业财务通则是设立在我国境内的各类企业（不同行业、不同所有制、不同经营形式企业）的财务活动必须遵循的原则和规范，是财务制度体系中的基本制度。财务通则的制定与实施是社会主义市场经济发展的需要，也是贯彻改革开放方针，使我国财务制度与国际通行财务制度相衔接的需要。

财务通则从内容体系上看，它是在明确划分出资者和经营者财务管理职责的前提下，以资金运动过程为纲（资金筹集、投资、耗资、收入、分配），以财务要素（资产、负债、费用、营业收入、利润等）为目所构成的，其基本内容包括总则、企业财务管理体制、资金筹集、资金营运、成本控制、收益分配、重组清算、信息管理、财务监督和附则等。其中与旧财务制度相比在内容上有重大变革的主要有设立资本金、计提坏账准备金、实行加速折旧、无形资产价值评估与摊销、制造成本与期间费用区分、确定税后利润分配顺序、确定企业当期损益增减项目、汇兑损益处理、确定企业债务清偿顺序与实行有限责任制、统一财务报告与评价内容等若干方面的制度规定。财务通则的各项内容体现了以企业为市场主体，真正做到自主经营、自负盈亏、自我发展、自我制约的管理要求，它全面反映了我国现代企业自负盈亏的财务管理体制的精神，并与国际财务惯例相衔接，是在社会主义市场经济体制下进行企业财务管理的基本依据。

财务通则是制定行业财务制度和企业财务制度的根据。各行业财务制度和企业财务制度要在财务通则确定的共同原则与规范的基础上，结合行业与企业特点，制定出实施财务通则的具体原则与规范，在基本精神上不能违反财务通则的规定。

三、行业财务制度

企业财务通则是我国各类企业进行财务活动所必须遵守的原则和规范，反映国家对各类企业进行财务活动最一般的要求。但是，不同行业的企业，在资金筹集、资产占用、成本与费用开支、营业收入与利润构成等方面有着某些不同的特点。要使财务通则的规定能全面贯彻，政府还必须结合各行业特点，制定若干具体的财务规定，企业才能据以贯彻执行。这些行业的财务规定，即行业财务制度。由此可见，行业财务制度是财务通则的原则规定与各行业财务经济特点相结合的产物，是整个财务制度体系中的基础性法规。

行业财务制度的基本内容，从大的方面看，应按照财务通则的结构体系分为基本原则与任务和资金筹集等 12 个部分，使行业财务制度与财务通则确定的基本原则与规范保持一致。但是，在各部分制度的具体内容方面，应在不违背财务通则的原则和规范的前提下，充分体现各行业的特点与管理要求。例如，工业与商业在流动资产组成内容、费用项目内容、价格构成内容、利润计算等方面都各有特点，在行业财务制度中应做明确规定。

制定行业财务制度，要以行业的正确划分为依据。根据我国实际情况，国民经济行业可划分为工业、运输、邮电、流通、服务、金融、建筑、农业、对外经济合作等若干个行业，行业财务制度也应分别按这些行业制定。由于财务通则的制定权在财政部，行业财务制度也应由财政部制定，保持财务通则与行业财务制度的一致性。为便于论述，本书以后各章所讲制度内容与管理方法，均以工业行业为主。行业财务制度是确定企业内部财务制度的依据。必须指出，随着企业集团和跨国公司等企业组织形式的发展，同一企业经营活动涉及多个行业的经济现象已大量存在，是否还要制定行业财务制度已在学术界引起争论。这一问题如何看待，还要通过进行深入的理论研究和实践才能得出结论。

四、企业内部财务制度

财务通则和行业财务制度是企业财务管理必须遵守的规则。但是，同一行业内各不同企业在生产技术与经营上又各有自己的特点。例如，工业行业内机械加工企业、造纸企业、化工企业、采矿企业相互之间在生产过程、材料耗用、固定资产构成、产品形成等方面均有一定区别。这就影响到财务管理上，在建立企业内部经济核算制时的内部核算单位划分与核算指标设置均应有所区别。因此，企业为了建立内部经济核算制，进行具体的财务管理，还必须在遵守财务通则与行业财务制度的统一规定的前提下，结合企业自身特点，建立健全企业内部财务制度。企业内部财务制度，全面规定企业内部各部门、各单位与职工在进行财务活动时必须遵守的具体原则与规范，是处理企业内部在财务方面责、权、利关系的财务规章。只有建立健全企业内部财务制度，才能使财务通则与行业财务制度的要求在企业内部具体落实，才能使企业财务工作按章办事、有条不紊。因此，企业内部财务制度是整个财务制度体系中的操作性财务制度，有着独立存在的意义。

企业内部财务制度，一般包括贯彻执行财务通则与行业财务制度的各种具体规定，以及适合企业特定要求的各种资产管理的内部责任制度、成本和费用开支的内部审批制度、工资管理制度、营业收入管理制度、税后利润的内部分配制度、各种评价企业财务状况与经营成果的财务指标的内部分解与归口分管制度等。

财务管理体制、企业财务通则、行业财务制度和企业内部财务制度构成我国财务管理制度体系。其中，财务管理体制是制定其他几部分财务制度的前提；财务通则是基本财务制度，它体现财务管理体制的要求，是制定行业财务制度和企业内部财务制度的根据；行业财务制度是基础性财务制度，是联结财务通则与企业内部财务制度的桥梁；企业内部财务制度是操作性财务制度，是进行具体财务管理的依据。建设既与国际惯例基本相衔接，又体现中国特色的财务制度体系，是搞好我国财务管理工作的重要保证。

第二章 资金时间价值与风险价值

第一节 资金时间价值

一、资金时间价值的客观基础

（一）资金时间价值的概念

资金时间价值是指一定量的资金在不同时点上价值量的差额。它是资金随时间的推移所发生的增值，时间越长增值越多。例如，今天你将100元钱存入银行，假定利率为5%，那么一年后的今天，你可得到105元。其中100元是本金，5元是利息，这个利息就是资金的时间价值。

资金时间价值是商品经济中客观存在的经济范畴。任何企业的财务及其管理活动都是在特定的时空中进行的，离开了资金时间价值这一范畴，就无法正确计算不同时期的财务收支，也无法对企业盈亏进行正确的分析和评价。资金时间价值原理正确地揭示了不同时点上资金之间的换算关系，它是现代企业财务管理与决策的基本依据。

资金时间价值在西方也常被称为货币的时间价值。西方经济学家和财务管理学家普遍认为，投资者进行投资就必须推迟消费，对投资者推迟消费的耐心应当给以报酬，这种报酬的量应与推迟的时间成正比。单位时间的这种报酬对投资额的百分率称为货币的时间价值。西方学者的这种解释只是说明了一些表面现象，并没有说明资金时间价值的真正来源及其本质。

是不是所有的资金都具有时间价值呢？不是。资金要具有时间价值需要一个条件，就是必须将资金有目的地进行投资，即将资金直接或间接地作为资本投入生产过程，因为资金时间价值是在生产经营过程中产生的。例如，有一笔200万元的资金，如果把它锁在箱子里，无论经过多少年，它还是200万元。如果把这200万元资金存入银行，情况就完全不同了。假设银行存款的年利率为10%，一年后，可以连本带息拿到220万元；如果用这200万元做商业买卖，假设商业年利润率为15%，则一年后可连本带利共获得230万元；如果用这笔资金投资办一个企业，假设工业年利润率为20%，则一年后就可以拥有240万元资金。这就说明，如果把这笔钱放到保险柜里，就会失去得到差额价值的机会。资金只有及时使用，才能增加其价值。

只有以使用资金作为前提，时间因素才会对资金的价值发生影响。马克思指出："作为资本的货币的流通本身就是目的，因为只是在这个不断更新的运动中才会有价值的增值。"① "如果把它从流通中取出来，那它就凝固为贮藏货币，即使藏到世界末日，也不会增加分毫。"② 我们认为，资金时间价值的实质是资金周转使用后的价值增值额中的一部分。使用的时间越长，得到的增值额越大。

（二）资金时间价值产生的条件和来源

资金时间价值产生的条件是商品经济的不断发展和借贷关系的普遍存在。

在商品经济条件下，资金的本质特征是在运动过程中实现价值的增值。马克思在论述资本的本质特征时指出："资本在某种意义上，可以称为处于运动过程中的价值。"③ 又说："资本作为自行增值的价值，……它是一种运动，……它只能理解为运动，而不能理解为静止物。"④ "作为资本的货币的流通本身就是目的，因为只是在这个不断更新的运动中才有价值的增值。"⑤ 如果我们把资本所体现的独特的经济关系去掉，其一般属性完全适用于社会主义资金。在社会主义商品经济条件下，资金仍然是一种处于运动过程中的价值，并在运动过程中实现价值的增值。以工业企业为例，资金的运动也要依顺序地经过供、产、销三个阶段，并依次表现为货币资金、生产资金、成品资金等几种形式。资金运动的全过程同样表现为：$G—W\cdots P\cdots W'—G'$。处于终点的 G' 大于始点的 G，其差额即价值增值额。从资金运动的全过程可以看出，资金通过供、产、销各个阶段是按时间顺序进行的。处于每一个阶段上的价值形态，总是要花费一定的时间才能完成其所担负的职能，然后向下一个阶段顺利过渡。当顺利通过三个阶段之后，便完成了一次资金的周转，实现了从 G 到 G' 的变化。根据马克思对资本周转的分析，"通过周转时间的缩短，能用较少的货币资本推动同一的生产资本，或者能用同一货币资本推动较多的生产资本"⑥。因此，缩短资金的周转时间便能获得更多的价值增值额，这种更多的价值增值额中有一部分就是时间价值。

在社会主义条件下，任何一个经济组织都必须拥有一定数量的货币资金，并使其处于不间断的运动之中，才能创造出满足社会需要的各种新的物质财富，实现资金的增值。但是，在广泛存在商品生产和商品交换的社会中，并不是每一个经济组织从事生产经营活动的资金都是靠自身积累起来的自有资金，而可能部分甚至较大部分来自各种借贷方式，如银行借款或高利贷等。从商品经济发展的历史进程看，随着借贷关系的产生和发展，货币所有者和货币使用者发生了分离。这种分离在资

---

① 马克思，恩格斯. 马克思恩格斯全集：第 23 卷［M］. 中共中央马克思恩格斯列宁斯大林著作编译局，译. 北京：人民出版社，1972：173-174.

② 同①.

③ 马克思，恩格斯. 马克思恩格斯全集：第 25 卷［M］. 中共中央马克思恩格斯列宁斯大林著作编译局，译. 北京：人民出版社，1972：147.

④ 马克思，恩格斯. 马克思恩格斯全集：第 24 卷［M］. 中共中央马克思恩格斯列宁斯大林著作编译局，译. 北京：人民出版社，1972：122.

⑤ 同①.

⑥ 马克思，恩格斯. 马克思恩格斯全集：第 24 卷［M］. 中共中央马克思恩格斯列宁斯大林著作编译局，译. 北京：人民出版社，1972：395.

本主义条件下表现为资本分化为借贷资本和经营资本。这时，资金的时间价值便以利息的形式在经济生活中广泛地发生作用。资本的所有者把货币的使用权让渡给经营者，经营者用以购置生产要素进行生产，使价值增值而获得利润，这就需要从利润中分出一部分给资本所有者作为报酬。这种报酬就是利息。让渡的时间越长，利息量就越大。一定时间内利息量同借贷资本量的比率，就是利息率。按照一定的利息率获取或支付报酬，便成为借贷资本家和经营资本家之间让渡或获得货币使用权的重要条件。当这种经济关系普遍存在的时候，资金的时间价值便作为普遍适用的观念在经济生活中广泛应用了。在社会主义条件下，借贷资金由国家以及国家批准成立的金融机构经营，于是利息成为金融机构经营货币的一种必要手段。企业要从这些金融机构获得资金的使用权，必须按一定的利息率支付利息，借用的时间越长，支付的利息就越多。

根据上述可以看出，资金的时间价值作为价值运动中形成的一种客观属性，它必然会客观地存在于社会主义资金运动过程之中。只要有商品经济和借贷关系的存在，它就必然存在并广泛发生作用。资金时间价值的基本表现形式是利息。

既然资金具有时间价值，随着时间的推移，资金在其运动过程中会不断增值，那么，这种增值产生的来源何在呢？根据马克思的劳动价值理论，资金的时间价值本质上是劳动者的劳动所创造的剩余产品价值的一部分，是作为生产资料形成要素的资金同劳动力相结合的产物。因此，我们要把价值增值过程同劳动过程联系起来进行考察，才能真正弄清资金时间价值产生的根源。

在发达的商品经济条件下，商品流通的变化形态是 $G—W—G'$。这一运动过程的始点和终点都是货币，没有质的区别。马克思指出：“$G—W—G'$过程所以有内容，不是因为两极有质的区别，而只是因为它们有量的不同。最后从流通中取出的货币，多于起初投入的货币……因此，这个过程的完整形式是 $G—W—G'$。其中的 $G'=G+\Delta G$，即等于原预付货币额加上一个增值额。我把这个增值额或超过原价值的余额叫做剩余价值。可见，原预付价值不仅在流通中保存下来，而且在流通中改变了自己的价值量，加上了一个剩余价值，或者说增值了。”① 如果我们把生产过程和流通过程结合起来分析，资金运动的全过程则是：$G—W\cdots P\cdots W'—G'$。由此可见，处于终点的 G'，是由 W'实现的结果，而 W'即包含着价值增值额在内的全部价值是在生产过程中形成的，其中，增值部分即工人创造的剩余价值。马克思还进一步深刻地指出：“作为劳动过程和价值形成过程的统一，生产过程是商品生产过程；作为劳动过程和价值增值过程的统一，生产过程是资本主义生产过程，是商品生产的资本主义形式。”② 因此，我们认为，资金时间价值只能由工人的劳动创造，即资金时间价值的真正来源是工人创造的剩余价值。

马克思曾经设想社会主义社会不再存在商品货币关系，但由于生产力发展水平的制约以及其他原因，社会主义条件下不仅要保留而且还要大力发展商品经济，而

---

① 马克思，恩格斯. 马克思恩格斯全集：第 23 卷［M］. 中共中央马克思恩格斯列宁斯大林著作编译局，译. 北京：人民出版社，1972：172.

② 马克思. 资本论：第一卷［M］. 郭大力，王亚南，译. 北京：人民出版社，1975：223.

且是扩大的或发达的商品经济。作为扩大的商品经济，也必须是劳动过程和价值增值过程的统一。如果社会主义条件下的商品经济不是劳动过程和价值增值过程的统一，那么社会主义就不会有扩大再生产，共产主义也永远不能实现。所谓一般劳动过程，就是劳动者和生产资料相结合创造使用价值的过程。所谓价值增值过程，就是超过一定点而延长了的价值形成过程。新产品的价值包括三个组成部分：①体现在生产资料中的价值 C；②体现在作为工资的生活资料的价值 V；③剩余产品价值 M。简单地说，即 $C+V+M$。M 是劳动者的辛勤劳动所创造的价值增值额，是作为生产资料形成要素的资金同劳动力相结合的产物。无论有多大数量的货币，如果不投入规模扩大的商品生产过程，不与劳动力相结合，就不可能实现价值增值，也就谈不上资金的时间价值。因为资金的时间价值只是剩余产品价值 M 的一部分，是企业向银行等金融机构贷款从事生产经营活动所支付的利息。如果没有规模扩大的商品生产和价值增值，资金时间价值就失去了存在的基础。

（三）资金时间价值的意义

资金时间价值是商品经济的产物，在商品经济高度发达的市场经济条件下，它不仅依然存在，而且其作用和影响的范围进一步扩大，深度进一步增加。资金时间价值作为与商品经济相联系的经济范畴，在我国现阶段的市场经济体制下，体现了社会主义社会的生产关系。利息是社会纯收入的一部分，而社会纯收入则是物资生产领域的劳动者在剩余劳动时间内为社会创造的价值，反映了社会主义生产关系的规定性。随着科学的发展，现代企业的资金在企业生产经营过程中的作用也越来越重要，没有足够的资金，要想创造更多的社会产品和更多的剩余产品几乎是不可能的事情。这就说明在其他条件相同的情况下，剩余产品价值量，即纯收入的大小，取决于垫支资金的多少与资金垫支时间的长短。社会主义建设实践表明，利息作为一个重要的经济杠杆，在宏观方面可以动员社会闲置资金用于扩大再生产，促进资源的合理配置；在微观方面，可以刺激企业合理地使用资金，加速资金周转，提高资金的使用效率。因此财务管理人员必须正视社会主义市场经济的现实，正确认识资金的时间价值，在财务管理中确立资金时间价值观念。资金时间价值观的确立，有利于现代企业财务管理重视利息在财务决策中的作用，有利于现代企业财务管理自觉运用货币时间价值这一客观尺度，按照经济上的合理性和可能性的要求，进行最优方案的选择。在财务管理活动中，树立正确的资金时间价值观念，要求我们必须做到以下几点：节约资金使用，加速资金周转，以减少闲置资金的时间价值损失；以现值观念来确定未来资金流量；以资金时间价值或资金利润率来研究各种闲置资产的机会成本；以资金时间价值为基础来研究资金成本和投资收益率的组成；以资金时间价值来研究成本和投资收益率的高低；必须十分重视资金成本的计量的利用等。其实践意义具体表现在以下几个方面：

（1）时间价值是进行筹资决策、评价筹资效益的重要依据。筹资是企业资本运动的起点。在筹资活动中，时间价值是进行筹资决策、评价筹资效益的重要依据。首先，筹资时机的选择要考虑货币时间价值。筹资时机的选择就是根据资本市场上利率的变化情况和企业的现实条件，确定筹资的最佳时间。一般而言，筹资时间和投资时间是紧密衔接的，即在资本投放之前不久筹集资本，才能使筹集的资本及时地加以运用，避免资本的闲置浪费。但是受筹资环境等因素的影响，筹资时间和投资时间有时并不完全一致，因此，企业必须综合考虑各项因素，树立时间价值观念，尽可能使筹资时间与投资时间保持一致。其次，举债期限的选择要考虑货币的时间价值。举债期限的选择就是根据资本需求时间和有关举债的条件，确定最佳的举债期限。举债期限选择的一般原则是，长期占用的资本用长期债务解决，短期占用的资本用短期债务来解决。如果缺乏时间价值观念，举借长期债务来解决短期资本的需要，势必造成资本的闲置浪费，加重企业的财务负担，影响企业的经济效益。最后，时间价值是确定资本成本、进行资本结构决策的重要基础。企业取得和使用资本必须付出代价——资本成本。资本成本的一个重要性质在于它是时间价值和风险价值的统一，即时间价值构成资本成本的一部分，而建立在时间价值基础上的资本成本，又是资本结构决策必须考虑的一个关键因素。所以，没有时间价值观念，就不能正确确定资本成本，也无法做出正确的资本结构决策。

（2）时间价值是进行投资决策、评价投资效益的重要依据。投资是企业重要的财务活动之一。在投资活动中，树立时间价值观念也具有重要的意义。首先，利用资金时间价值能正确进行投资项目的可行性研究，对投资项目的不同方案进行正确的比较和科学论证。因为利用时间价值原理，能够从动态上比较投资项目的各种方案在不同时期的投资成本、投资报酬，避免从静态上简单地进行比较，从而提高投资决策的正确性。其次，树立时间价值观念，能够使投资者有意识地加强投资经营管理，降低投资成本，争取更大的货币时间价值。最后，树立时间价值观念，有利于缩短投资项目建设期，早日投产，从时间上为项目投产后的经营争取更大的效益。目前，世界各国都重视投资中的时间因素，采用复利公式计算投资效益。在我国，过去由于人们缺乏时间观念，忽视资金使用的时间因素，评价投资效益没有采用复利法。现在，为了适应社会主义市场经济的需要，必须准确地评价投资效益，这就必须重视资金使用的时间因素，为正确进行投资决策提供重要依据。

（3）时间价值是企业进行生产经营决策的重要依据。时间价值不仅对于筹资决策、投资决策具有重要意义，而且对于企业的生产经营决策也同样具有重要影响，例如，分期付款销售的定价决策，商品发运结算时间的决策，积压物资的降价处理决策以及流动资本周转速度的决策等，都必须考虑时间价值。

二、资金时间价值的计算

（一）资金时间价值的计算依据

资金时间价值是以利息为依据计算的，利息又有单利制和复利制两种制度。单利制是当期利息不计入下期本金，从而不改变计息基础，各期利息不变。复利制是指当期未被支取的利息计入下期本金，改变计息基础，使每期利息额递增，利上生利。在扩大再生产条件下，企业运用资金获取的收益要部分地追加投入生产经营过程中进行周转，至少要存入银行参加社会资金周转运行，避免闲置。这一行为过程与复利制原理一致，所以按复利制计算、分析和评价企业资金时间价值比使用单利制要相对准确一些。各市场经济发达国家的企业财务管理、国际金融和国际贸易惯例中，也按复利制计算资金时间价值，以反映资金不断运动周转、不断增值的规律。因此，在企业财务管理工作中，特别是在制定长期投资决策考虑时间价值因素时，必须按复利制计算有关财务经济指标。

反映资金时间价值的指标，一般可以用两种形式来表示：①资金的现值（简称现值，用 V_0 表示），就是在一定利率条件下以后年份一定量资金的现在价值，如前面所说的 200 万元，就是资金的现值；②资金的终值（简称终值，用 V_n 表示），就是在一定利率条件下一定数量的资金使用若干时间后的价值，前面的 230 万元、240 万元、220 万元就是 200 万元资金使用一年后的终值。

（二）单利终值和现值的计算

单利是指只对本金计算利息，而不将以前计算期的利息累加到本金中去，即利息不再生息。单利终值是指资金在未来某个时点的价值，是投入资金和资金时间价值之和，通常称为本利和。

例 2-1 将 100 元现金存入银行，假设年利息率为 10%，那么，从第 1 年到第 5 年每年年末的终值（即本利和）应分别计算如下：

1 年后的终值：100×（1+10%×1）＝110（元）

2 年后的终值：100×（1+10%×2）＝120（元）

3 年后的终值：100×（1+10%×3）＝130（元）

4 年后的终值：100×（1+10%×4）＝140（元）

5 年后的终值：100×（1+10%×5）＝150（元）

可见，单利终值的一般计算公式为

$$V_n=V_0(1+i\cdot n)$$

式中：V_n——终值（本利和）；

V_0——现值（本金）；

i——利息率或利润率，如果资金投放到银行，则 i 为利息率；如果资金投放到工业或商业部门，则 i 为利润率；

n——计息期数（月、季、年数）。

例 2-2 将 5 000 元现金存入银行，假设月息为 2‰，半年后该笔资金的终值应是多少？

根据题意可知：

$V_0=5\ 000$　　$i=2‰$　　$n=6$

代入上述单利终值计算公式 $V_n=V_0(1+i\cdot n)=5\ 000\times(1+2‰\times6)=5\ 060$（元），即 5 000 元现值的资金，如果存入银行，按单利月利息率 2‰计算，半年后它的终值为 5 060 元。

这里必须注意：所采用的利息率应与期数的时间要求一致，如果期数 n 采用月，那么就应采用月利率；如果期数 n 采用年，则应采用年利率。

现值是指资金原来的初始价值，也是以后年份收到或付出资金的现在价值。现值可用倒求本金的方法计算。由终值倒求现值，叫作贴现。单利现值的一般计算公式为

$$V_o = V_n \times \frac{1}{1+i \cdot n}$$

例 2-3　某企业经营了一个项目，5 年后其资金价值（终值）是 2 000 000 元，已知年资金利润率为 20%，该项目投资时的初始价值（现值）是多少？

根据题意可知：

V_n = 2 000 000 元　　i = 20%　　n = 5

将有关数据代入上述单利现值的计算公式 $V_o = V_n \times \frac{1}{(1+i \cdot n)} = 2\ 000\ 000 \times \frac{1}{1+20\% \times 5} = 1\ 000\ 000$（元），即该项目 5 年前投入的资金是 1 000 000 元，5 年后增加为 2 000 000 元了，或者说，5 年后的 2 000 000 元的现值为 1 000 000 元。

单利终值与现值在财务管理中运用较少，一般采用复利的终值与现值。

（三）复利终值和现值的计算

复利是指利息不按规定期限取出，与本金合在一起在以后的计息期限里作为计算利息的基础，即利生利。

例 2-4　将 100 元现金存入银行，假设年利率为 10%，那么，从第 1 年到第 5 年各年年末的终值（本利和）应分别计算如下：

1 年后的终值：$100 \times (1+10\%) = 110$（元）

2 年后的终值：$110 \times (1+10\%) = 100 \times (1+10\%)(1+10\%)$

$= 100 \times (1+10\%)^2 = 121$（元）

3 年后的终值：$121 \times (1+10\%) = 100 \times (1+10\%)^2 \times (1+10\%)$

$= 100 \times (1+10\%)^3 = 133.1$（元）

4 年后的终值：$133.1 \times (1+10\%) = 100 \times (1+10\%)^3 \times (1+10\%)$

$= 100 \times (1+10\%)^4 = 146.4$（元）

5 年后的终值：$146.4 \times (1+10\%) = 100 \times (1+10\%)^4 \times (1+10\%)$

$= 100 \times (1+10\%)^5 = 162.5$（元）

可见，复利终值的一般计算公式为

$$V_n = V_0 \times (1+i)^n$$

式中：V_n——终值，即第 n 年年末的价值（本利和）；

V_0——现值，即第 0 年（第 1 年初）的价值；

i——利息率（或利润率）；

n——计息期数（月、季、年数）。

例 2-5　将现金 5 000 元存入银行，假设银行存款月利率为 2%，在复利条件下，半年后该笔资金的终值（本利和）是多少？

根据题意可知：

V_0 = 5 000 元　　i = 2%　　n = 6

将有关数据代入上述复利终值计算公式，得出半年后该笔资金的终值 $V_6 = V_0(1+i)^6 = 5\ 000 \times (1+2\%)^6 = 5\ 630$（元），即 5 000 元现值的资金存入银行，按复利月利率2%计息，半年后它的终值为5 630元。

在上述公式中，$(1+i)^n$ 称为1元复利终值系数。在实际工作中，其数值可以查阅按不同利率和计息期数编制成的“1元复利终值系数表”（见附表1）。

如前例可查表计算如下：

$V_6=5\ 000\times1.126=5\ 630$（元）

复利现值是指以后年份收到或付出资金的现在价值。复利现值的计算可由复利终值的计算公式导出：

$\because V_n=V_o\times(1+i)^n$

$\therefore V_o=\dfrac{V_n}{(1+i)^n}=V_n\times\dfrac{1}{(1+i)^n}$

例2-6 某企业经营了一个项目，4年后其资金价值（终值）是20万元，年资金利润率为8%，原来投资时的初始价值（现值）是多少？

根据题意可知：

$V_n=20$ 万元　　$i=8\%$　　$n=4$

将它们代入复利现值的计算公式，得出该项目投资时的现值 $V_o=V_4\times\dfrac{1}{(1+i)^n}=20\times\dfrac{1}{(1+8\%)^4}=14.7$（万元），即4年前投下的资金是14.7万元，4年后增加为20万元。

在上述公式中，$\dfrac{1}{(1+i)^n}$称为1元复利现值系数。在实际工作中，其数值可从按不同利率和不同计息期数编制成的“1元复利现值系数表”（见附表2）中查阅。

如前例可查表计算如下：

$V_o=20\times0.735=14.7$（万元）

（四）年金终值和现值的计算①

年金是指一定期间内每期金额相等的收付款项。如折旧、租金、利息、保险金、养老金的计提或支付通常都采用年金的形式。年金按其收入或支出的时点不同，一般可分为以下四种形式：普通年金或后付年金、预付年金或即付年金、递延年金、永续年金。

1. 普通年金终值与现值的计算

普通年金是指一定时期内每期期末等额收付的系列款项，又称后付年金。

（1）普通年金终值的计算。

普通年金终值是一定时期内每期期末收付款项的复利终值之和，如银行零存整取存款的本利和。

年金终值犹如零存整取的本利和，它是一定时期内每期期末收付款项的复利终值之和。其计算办法如图2-1所示。

① 全国会计专业技术资格考试领导小组办公室．财务管理．北京：中国财政经济出版社，1998

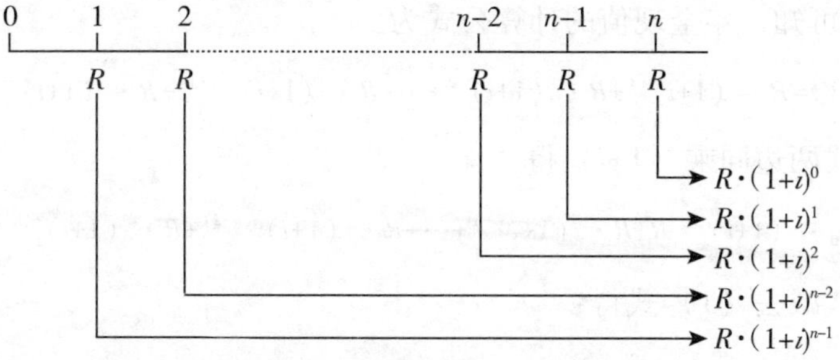

图 2-1 普通年金终值计算示意图

由图 2-1 可知，年金终值的计算公式为

$$V_n=R\cdot(1+i)^0+R\cdot(1+i)^1+R\cdot(1+i)^2+\cdots+R\cdot(1+i)^{n-2}+R\cdot(1+i)^{n-1} \quad (1)$$

将（1）式两边同时乘上（1+i）得

$$V_n\cdot(1+i)=R\cdot(1+i)^1+R\cdot(1+i)^2+R\cdot(1+i)^3+\cdots+R\cdot(1+i)^{n-1}+R\cdot(1+i)^n \quad (2)$$

将（2）式减去（1）式得

$$V_n\cdot i=R\cdot(1+i)^n-R$$

$$V_n\cdot i=R\cdot[(1+i)^n-1]$$

$$V_n=R\cdot\frac{(1+i)^n-1}{i}$$

式中方括号中的数值通常称作“年金终值系数”，记作（V_n/R，i，n），可直接查阅 1 元年金终值系数表（见附表 3）。上式也可写作：$V_n=R\cdot(V_n/R, i, n)$。

例 2-7 假设某项目在 5 年建设期内每年年末向银行借款 100 万元，借款年利率为 10%，该项目竣工时应付本息的总额是多少？

$$V_n=100\times\left[\frac{(1+10\%)^5-1}{10\%}\right]=100\times(V_n/R, 10\%, 5)$$

$$=100\times6.1051=610.51\text{（万元）}$$

（2）普通年金现值的计算。

普通年金现值是指一定时期内每期期末收付款项的复利现值之和。其计算办法如图 2-2 所示。

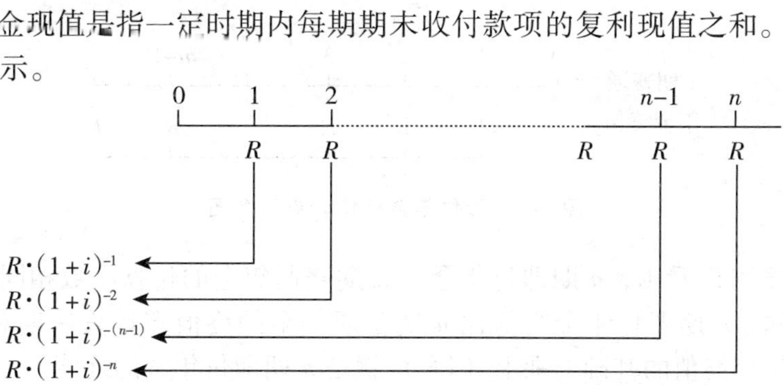

图 2-2 普通年金现值计算示意图

由图 2-2 可知，年金现值的计算公式为

$$V_0=R\cdot(1+i)^{-1}+R\cdot(1+i)^{-2}+\cdots+R\cdot(1+i)^{-(n-1)}+R\cdot(1+i)^{-n} \quad (1)$$

将（1）式两边同乘（1+i）得

$$V_0\cdot(1+i)=R+R\cdot(1+i)^{-1}+\cdots+R\cdot(1+i)^{-(n-2)}+R\cdot(1+i)^{-(n-1)} \quad (2)$$

将（2）式减去（1）式得

$$V_0\cdot i=R-R\cdot(1+i)^{-n}$$

$$V_0\cdot i=R\cdot[1-(1+i)^{-n}]$$

$$V_0=R\cdot\frac{1-(1+i)^{-n}}{i}$$

式中方括号内的数值称作“年金现值系数”，记作（V_0/R，i，n），可直接查阅“1 元年金现值系数表”（见附表 4）。上式也可以写作：$V_0=R\cdot(V_0/R, i, n)$。

例 2-8　租入某设备，每年年末需要交付租金 120 元，年复利率为 10%，5 年内应支付的租金总额的现值是多少？

$$V_0=120\times\frac{1-(1+10\%)^{-5}}{10\%}=120\times(V_0/R, 10\%, 5)$$

$$=120\times3.790\ 8\approx455\text{（元）}$$

2. 即付年金的终值与现值的计算

即付年金是指一定时期内每期期初等额收付的系列款项，又称先付年金。即付年金与普通年金的区别仅在于付款时间的不同。

（1）即付年金终值的计算。

即付年金的终值是其最后一期期末时的本利和，是各期收付款项的复利终值之和。

n 期即付年金终值与 n 期普通年金终值之间的关系可以用图 2-3 加以说明：

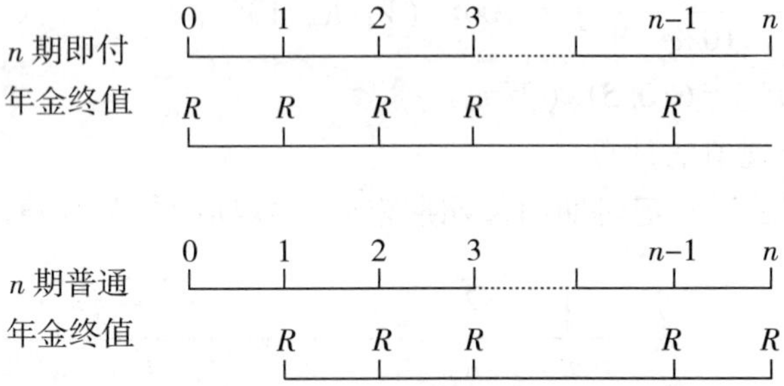

图 2-3　即付年金终值计算示意图

从图 2-3 可以看出，n 期即付年金与 n 期普通年金的付款次数相同，但由于其付款时间不同，n 期即付年金终值比 n 期普通年金的终值多计算一期利息。因此，在 n 期普通年金终值的基础上乘上（1+i）就是 n 期即付年金的终值。

$$V_n = R \cdot \left[\frac{(1+i)^n - 1}{i}\right] \cdot (1+i)$$

$$= R \cdot \left[\frac{(1+i)^{n+1} - (1+i)}{i}\right]$$

$$F = R \cdot \left[\frac{(1+i)^{n+1} - 1}{i} - 1\right]$$

式中方括号内的数值称作“即付年金终值系数”，它是在普通年金终值系数的基础上，期数加 1、系数减 1 所得的结果。通常记作 $[(V_n/R, i, n+1) - 1]$。这样，通过查阅“1 元年金终值系数表”得 $(n+1)$ 期的值，然后减去 1 便可得对应的即付年金系数的值。这时可用如下公式计算即付年金的终值：

$$V_n = R \cdot [(V_n/R, i, n+1) - 1]$$

例 2-9　某公司决定连续 5 年于每年年初存入 100 万元作为住房基金，银行存款利率为 10%，该公司在第 5 年末能一次取出本利和多少钱？

$V_n = R \cdot [(V_n/R, i, n+1) - 1]$

$= 100 \times [(V_n/R, 10\%, 6) - 1]$

$= 100 \times (7.7156 - 11) \approx 672$（万元）

（2）即付年金现值的计算

n 期即付年金现值与 n 期普通年金现值之间的关系可用图 2-4 加以说明。

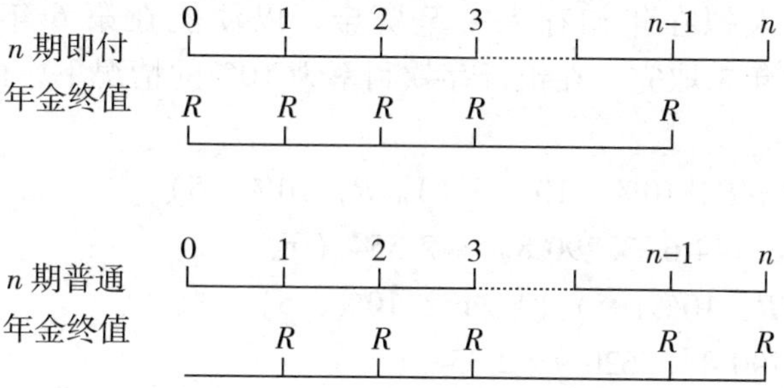

图 2-4　即付年金现值计算示意图

从图 2-4 可以看出，n 期即付年金现值与 n 期普通年金现值的期限相同，但由于其付款时间不同，n 期即付年金现值比 n 期普通年金现值少折现一期。因此，在 n 期普通年金现值的基础上乘以 $(1+i)$，便可求出 n 期即付年金的现值。

$$V_0 = R \cdot \left[\frac{1 - (1+i)^{-n}}{i}\right] \cdot (1+i)$$

$$= R \cdot \left[\frac{(1+i) - (1+i)^{-(n-1)}}{i}\right]$$

$$V_0 = R \cdot \left[\frac{1 - (1+i)^{-(n-1)}}{i} + 1\right]$$

式中方括号内的数值称作“即付年金现值系数”，它是在普通年金系数的基础上期数减 1、系数加 1 所得的结果，通常记作 $[(V_0/R, i, n-1) + 1]$。这样，通过查阅“1元年金现值系数表”得（$n-1$）期的值，然后加1，便可得出对应的即付年金现值系数的值。这时可用如下公式计算即付年金的现值：

$$V_0=R\cdot[(V_0/R,\ i,\ n-1)+1]$$

3. 递延年金现值的计算

递延年金是指第一次收付款发生时间不在第一期期末，而是隔若干期后才开始发生的系列等额收付款项。它是普通年金的特殊形式，凡不是从第一期开始的普通年金都是递延年金。递延年金的现值是自若干时期后开始发生的每期款项的现值之和。其计算公式为

$$V_0=R\cdot\left[\frac{1-(1+i)^{-(m+n)}}{i}-\frac{1-(1+i)^{-m}}{i}\right]$$

$$=R\cdot[(V_0/R,\ i,\ m+n)-(V_0/R,\ i,\ m)] \quad (1)$$

或

$$V_0=R\cdot\frac{1-(1+i)^{-n}}{i}\cdot(1+i)^{-m}$$

$$=R\cdot(V_0/R,\ i,\ n)\cdot(V_0/R,\ i,\ m) \quad (2)$$

上述（1）式是先计算出 $m+n$ 期的普通年金现值，然后减去前 m 期的普通年金现值，即得递延年金的现值；公式（2）是先将此递延年金视为 n 期普通年金，求出在第 $m+1$ 期期初的现值，然后再折算到第一期期初。

例2-10 某人拟在年初存入一笔资金，以便能在第6年年末起每年取出1 000元，至第10年末取完。在银行存款利率为10%的情况下，此人应在最初一次存入银行多少钱?

$V_0=R\cdot[(V_0/R,\ 10\%,\ 10)-(V_0/R,\ 10\%,\ 5)]$

$=1\ 000\times(6.144\ 6-3.790\ 8)\approx2\ 354$（元）

或 $V_0=R\cdot(V_0/R,\ 10\%,\ 5)(V_0/V_n,\ 10\%,\ 5)$

$=1\ 000\times3.790\ 8\times0.620\ 9\approx2\ 354$（元）

4. 永续年金现值的计算

永续年金是指无限期等额收（付）的特种年金，可视为普通年金的特殊形式，即期限趋于无穷的普通年金。存本取息可视为永续年金的例子。此外，也可将利率较高、持续期限较长的年金视同永续年金计算。

永续年金持续期无限，没有终止的时间，因此没有终值，只有现值。通过普通年金现值计算可推导出永续年金现值的计算公式为

$$V_0=R/i$$

例2-11 某人持有的某公司优先股，每年每股股利为2元，若此人想长期持有，在利率为10%的情况下，请对该项股票投资进行估价。

这是一个求永续年金现值的问题，即假设该优先股每年股利固定且持续较长时期，计算出这些股利的现值之和，即为该股票的估价。

$V_0=R/i=2/10\%=20$（元）

（五）折现率、期间和利率的推算

1. 折现率（利息率）的推算

对于一次性收付款项，根据其复利终值（或现值）的计算公式可得折现率的计算公式为

$$i=(V_n/V_0)^{1/n}-1$$

若已知 V_n，V_0，n，不用查表便可直接计算出一次性收付款项的折现率（利息率）i。

永续年金折现率（利息率）i 的计算也很方便。若 V_0，R 已知，则根据公式 $V_0=R/i$，变形即得 i 的计算公式为

$$i=R/V_0$$

普通年金折现率（利息率）的推算比较复杂，无法直接套用公式，而必须利用有关的系数表，有时还会牵涉到内插法的运用。下面着重对此加以介绍。

普通年金终值 V_n，现值 V_0 的计算公式分别为

$$V_n=R\cdot(V_n/R,\ i,\ n) \tag{1}$$

$$V_0=R\cdot(V_0/R,\ i,\ n) \tag{2}$$

将（1）、（2）式变形得相应的（3）、（4）式

$$V_n/R=(V_n/R,\ i,\ n) \tag{3}$$

$$V_0/R=(V_0/R,\ i,\ n) \tag{4}$$

从（3）、（4）两式可看出，两式右边分别为普通年金终值系数和普通年金现值系数。若 V_n，R，n 已知，则可利用（3）式，查普通年金终值系数表，找出系数值为 V_n/R 的对应的 i 即可；若 V_0，R，n 已知，则可利用（4）式，查普通年金现值系数表，找出系数值为 V_0/R 的对应的 i 即可。若找不到完全对应的 i，则可运用内插法求得。

可见，利用（3）或（4）式求 i 的基本原理和步骤是一致的。现以（4）式为例，即已知 V_0，R，n，说明求 i 的基本方法。

若 V_0，R，n 已知，则可按以下步骤推算 i：

（1）计算出 V_0/R 的值，假设 $V_0/R=\alpha$。

（2）查普通年金现值系数表。沿着已知 n 所在的列纵向查找，若恰好能找到某一系数值等于 α，则该系数值所在的行相对应的利率便为所求的 i 值。

（3）若无法找到恰好等于 α 的系数值，就应在表中 n 列上找与 α 最接近的两个上下临界系数值，设为 β_1，β_2（$\beta_1>\alpha>\beta_2$，或 $\beta_1<\alpha<\beta_2$），读出 β_1，β_2 所对应的临界利率，然后进一步运用内插法。

（4）在内插法下，假定利率 i 同相关的系数在较小范围内线性相关，因而可根据临界系数 β_1，β_2 和临界利率 i_1，i_2 计算出 i。其公式为

$$i=i_1+\frac{\beta_1-\alpha}{\beta_1-\beta_2}\cdot(i_2-i_1)$$

例 2-12 某公司于第一年年初借款 20 000 元，每年年末还本付息额均为 4 000 元，连续 9 年还清。借款利率为多少？

根据题意已知：

$V_0=20\ 000$ $R=4\ 000$ $n=9$

则

$V_0/R=20\ 000/4\ 000=5=\alpha$

即 $\alpha=5=(V_0/R,\ i,\ 9)$

查 $n=9$ 的普通年金现值系数表。在 $n=9$ 一行上无法找到恰好为 α（$\alpha=5$）的系数值，于是找大于和小于 5 的临界系数值，分别为：$\beta_1=5.328\ 2>5$，$\beta_2=4.916\ 4<5$；同时读出临界利率为 $i=12\%$，$i=14\%$。则

$$\begin{aligned} i &=i_1+\frac{\beta_1-\alpha}{\beta_1-\beta_2}\cdot(i_2-i_1) \\ &=12\%+\frac{5.328\ 2-5}{5.328\ 2-4.916\ 4}\times(14\%-12\%) \\ &=13.59\% \end{aligned}$$

按照上述方法，若利用（3）式，则计算出 V_n/R 的值，设为 a，然后查普通年金终值系数表求 i。

对于一次性收付款项，若应用查表法求 i，可先计算出 V_n/V_0 的值，设其值为 α，然后查复利终值系数表；或先计算出 V_0/V_n 的值，设其为 α，然后查复利现值系数表。

对于即付年金利率 i 的推算，同样可遵照上述方法。先求 V_n/R 的值，令 $\alpha=V_n/R+1$，然后沿（$n+1$）所在的列纵向在普通年金终值系数表中查找，若恰好找到系数值等于 α，则该系数值所在行所对应的利率便为要求的 i，否则便查找临界系数值和对应的临界利率，应用内插法求出利率 i。

2. 期间的推算

期间 n 的推算其原理和步骤同折现率（利息率）i 的推算是一样的。

现以普通年金为例，说明在 V_0，R 和 i 已知情况下，推算期间 n 的基本步骤。

（1）计算出 V_0/R，设为 α。

（2）查普通年金现值系数表，沿着已知 i 所在行横向查找，若能找到恰好等于 α 的系数值，其对应的 n 值即为所求的期间值。

（3）若找不到恰好为 α 的系数值，则查找最为接近 α 值的左右临界系数 β_1，β_2 以及对应的临界期间 n_1，n_2，然后应用内插法求 n，公式为

$$n=n_1+\frac{\beta_1-\alpha}{\beta_1-\beta_2}\cdot(n_2-n_1)$$

例 2-13 某企业拟购买一台柴油机，更新目前的汽油机。柴油机价格较汽油机高出 2 000 元，但每年可节约燃料费用 500 元。若利率为 10%，则柴油机应至少使

用多少年对企业而言才有利？

根据题意已知：

$V_0=2\ 000\quad R=500\quad i=10\%$

则

$V_0/R=2\ 000/500=4=\alpha$

即　$(V_0/R,\ 10\%,\ n)=\alpha=4$

查普通年金现值系数表。在 $i=10\%$ 的列上纵向查找，无法找到恰好为 α（$\alpha=4$）的系数值，于是查找大于和小于 4 的临界系数值：$\beta_1=4.355\ 26>4$，$\beta_2=3.790\ 79<4$，对应的临界期间为 $n_1=6$，$n_2=5$。则：

$$n=n_1+\frac{\beta_1-\alpha}{\beta_1-\beta_2}\cdot(n_2-n_1)$$

$$=6+\frac{4.355\ 26-4}{4.355\ 26-3.790\ 79}\times(5-6)$$

$$=5.4\text{（年）}$$

3. 名义利率与实际利率的换算

上面讨论的有关计算均假定利率为年利率，每年复利一次。但实际上，复利的计息不一定是一年，有可能是季度、月份或日。比如某些债券半年计息一次；有的抵押贷款每月计息一次；银行之间拆借资金均为每天计息一次。当每年复利次数超过一次时，这样的年利率叫作名义利率，而每年只复利一次的利率才是实际利率。

对于一年内多次复利的情况，可采取两种方法计算时间价值。

第一种方法是按如下公式将名义利率调整为实际利率，然后按实际利率计算时间价值。

$$i=(1+r/m)^m-1$$

式中：i——实际利率；

r——名义利率；

m——每年复利次数。

例 2-14　某企业于年初存入 10 万元，在年利率为 10%，半年复利一次的情况下，到第 10 年年末，该企业能得本利和为多少？

根据题意可知：

$V_0=10\quad r=10\%\quad m=2\quad n=10$

则

$i=(1+r/m)^m-1=(1+10\%/2)^2-1=10.25\%$

$V_n=V_0\cdot(1+i)^n=10\times(1+10.25\%)^{10}=26.53$（万元）

因此，企业于第 10 年年末可得本利和 26.53 万元。

这种方法的缺点是调整后的实际利率往往带有小数点，不利于查表。

第二种方法是不计算实际利率，而是相应调整有关指标，即利率变为 r/m，期数相应变为 $m\cdot n$。

例 2-15　利用例 2-14 中的有关数据，用第二种方法计算本利和。

$$V_n = V_0\ (1+r/m)^{m \cdot n} = 10\times\ (1+10\%/2)^{2\times 10}$$
$$= 10\times\ (V_n/V_0,\ 5\%,\ 20) = 26.53\ （万元）$$

第二节　资金风险价值

一、财务风险及其特征

风险是市场经济的必然产物，财务风险形成的原因可以归咎于现代企业财务活动本身的复杂性和客观环境的复杂性，以及人们认识的局限性。从财务管理的角度，风险是现代企业在组织财务活动中，由于不确定因素的作用，使实际财务收益与预期财务收益发生偏差的可能性。

随着市场体系的完善和市场经济的进一步发展，现代企业在资金筹集、资金投放、资金运营、收益取得等方面的风险日趋明显。在资金筹集过程中，筹资渠道的多元化和筹资方式的多样化，使不同的资金具有不同的成本和偿还期限，从而引起资金筹集方面的风险；在资金投放过程中，由于投资项目不同以及投资回收期、投资报酬不同，从而引起投资方面的风险；在资金运营过程中，由于占有资金的各项资产的比重不同，因受市场情况的变化和资金时间价值的作用，也存在遭受损失的可能性；在收益方面，企业要想获得预期收益，尤其是预期有更大的收益时，就必须承担更大的风险。

从企业的外部环境来看，政治经济形势、市场供求关系、价格水平、财政信贷政策、宏观管理制度等因素的变化，都会给企业带来风险。

从企业内部环境看，管理水平、产品或服务质量、经营条件、工作效率、员工素质等也会给企业财务管理活动带来风险。

因此，企业管理者必须在财务管理中树立风险观念，通过风险回避、风险接受、风险转嫁、风险分散等手段，对企业财务活动的风险加以控制，以正确有效地实施财务决策。

企业财务风险主要有以下几个特征：

（1）客观性。这是指财务风险不以人的意志为转移而客观存在。企业财务活动存在两种可能的结果，即实现预期目标和无法实现预期目标。这就意味着无法实现预期目标的风险客观存在。

（2）全面性。这是指财务风险存在于企业财务管理的全过程并体现在多种财务关系上。资金筹集、资金运用、资金积累分配等财务活动，均会产生财务风险。

（3）共存性。这是指风险与收益并存且呈正比关系，一般来说，财务活动的风险越大，收益也就越高。如风险投资存在较大的风险，同时也会因投资而取得风险报酬。

（4）不确定性。这是指财务风险虽然可以事前加以估计和控制，但由于影响财务活动结果的各种因素不断发生变化，事前不能准确地确定财务风险的大小。

（5）激励性。这是指财务风险的客观存在会促使企业采取措施防范财务风险，加强财务管理，提高经济效益。

二、财务风险产生的原因

（1）企业财务管理系统不能适应复杂多变的宏观环境。企业财务管理的宏观环境复杂多变是企业产生财务风险的外部原因。财务管理的宏观环境包括经济环境、法律环境、市场环境、社会文化环境、资源环境等。这些因素存在于企业之外，但会对企业财务管理产生重大的影响。宏观环境的变化对企业来说，是难以准确预见和无法改变的。宏观环境的不利变化必然给企业带来财务风险。目前，我国许多企业建立的财务管理系统，由于机构设置不尽合理，管理人员素质不高，财务管理规章制度不够健全，管理基础工作不够完善等，导致企业财务管理系统缺乏对外部环境变化的适应能力和应变能力。具体表现在对外部环境不利变化不能进行科学的预见，反应滞后，措施不力，由此产生财务风险。

（2）财务决策缺乏科学性。财务决策失误是产生财务风险的又一重要原因。避免财务决策失误的前提是财务决策科学化。目前，我国企业的财务决策普遍存在经验决策及主观决策的现象，由此而导致的决策失误经常发生，从而产生财务风险。特别是固定资产投资和对外投资决策过程中，由于企业对投资项目的可行性缺乏周密系统的分析和研究，加之决策所依据的经济信息不全面、不真实以及决策者决策能力低下等原因，导致投资决策失误频繁发生。决策失误使投资项目不能获得预期的收益，投资无法按期收回，为企业带来巨大的财务风险。

（3）企业资产流动性变弱。当由于意外变故，使现金的净收入减少时，为了防止破产，公司必然立即变卖其资产。各种资产的变现能力是不同的，库存现金最强，固定资产最弱。这样，公司资本结构的不同，即各类资产在总资产中所占比重与公司的财务风险关系甚大。当企业资本结构中变现能力强的资产较多时，其财务风险较小；相反，当企业资本结构中变现能力弱的资产较多时，财务风险较大。很多企业的破产，不是因为没有资产，而是因为其资产不能在短期内变现。由于不能按时偿还债务，只好宣布破产。

（4）企业内部财务关系混乱。企业内部财务关系混乱是我国企业产生财务风险的又一重要原因。企业与内部各部门之间及企业与上级企业之间，在资金管理及使用、利润分配等方面存在权责不明、管理混乱的现象，造成企业资金结构不合理，负债资金比例过高，对外投资决策失误，导致大量投资损失，企业赊销比重大，应收账款失控，使资金使用效率低下，资金流失严重，资金的安全性、完整性无法得到保证。

三、财务风险的内容

（1）筹资风险。企业举债经营，全部资金中除自有资金外还有一部分借入资金，这会对自有资金的盈利能力造成影响；同时，借入资金需还本付息，一旦无力偿付到期债务，企业便会陷入财务困境甚至破产。当企业息税前资金利润率高于借入资金利息率时，使用借入资金获得的利润除了补偿利息外还有剩余，因而使自有资金利润率提高。但是，若企业息税前资金利润率低于借入资金利息率，这时，使用借入资金获得的利润还不够支付利息，还需动用自有资金的一部分利润来支付利息，从而使自有资金利润率降低。如果企业息税前利润还不够支付利息，就要用自有资金来支付，使企业发生亏损，导致企业财务状况恶化；如果企业丧失支付能力，就会出现无法还本付息甚至破产的危险。由于许多因素的影响，企业息税前资金利润率和借入资金利息率差额具有不确定性，从而引起自有资金利润率的高低变化，这种风险即筹资风险。这种风险程度的大小受借入资金对自有资金比例的影响，借入资金比例越大，风险程度随之增加；借入资金比例越小，风险程度也随之降低。

（2）投资风险。从财务管理角度看，筹资与投资是对立统一的关系。筹资的目的是投资，有效的筹资能为企业的投资提供保证。同样，效益好的投资能大大提高资本的增值能力，为企业更广泛有效地筹资开辟广阔的途径。投资就会有风险，特别是投资决策涉及的时间比较长，投资支出、每年的现金流量、回收年限都是预测和估算的，任何预计数，通常总有可能实现和不可能实现两种情况，总带有某种程度的不确定性。如果一个投资项目不确定因素较强，而投资决策是根据这种不确定情况做出的话，一旦发生变动，就会造成投资决策的失误，给企业带来严重不利的影响。因此在决策前，要充分考虑各种不确定因素，预计未来可能出现的各种情况，分析各个不确定因素对经济评价指标的影响，以预测项目可能承担的风险，确定项目在经济上的可靠性。

（3）用资风险。用资表现为企业配置不同种类的资产。实际上不同的资产种类对企业会形成不同的风险。一般而言，流动资产、短期资产（或者说流动性或变现能力强的资产），因其能在短期内完成周转，实现其价值，所以，企业对这类资产的市场预期往往较容易；而且，短期内市场的变动也很少，也就较少出现市场预期与市场变动不一致的情况，这就为有效地经营资产提供了可能，自然，这类资产的风险相对较小。并且，流动资产依流动性大小、短期资产依占用时间的长短，风险逐渐由小到大。另外，有形资产因其有实物价值作为基础，其风险相对没有实物价值作为基础的无形资产要小得多。

（4）收益分配风险。收益分配的主要内容是股利政策问题。股利政策与股票市价有较大的相关性。股利的支付受诸多因素的制约，在各种因素不确定的情况下，投资者最为关心的是用什么形式（股利收入或是股票涨价）取得自己的投资回报。一般来说，投资者比较倾向于现实，因此对于股利的收益与资本收益的选择是以可靠性为前提的。从投资者的角度看，眼前的股利收益显然要比由留存收益转作投资而在将来产生资本收益更为可靠，因此，在其他情况相同的条件下，投资者宁愿以较高价格购买那种在近期就能提供较高股利的股票。换言之，公司适时支付股利，有利于消除投资者对投资收益获取的不确定感，因而投资者总是喜欢近期有确定收入的股利，而不喜欢远期并不确定的资本收益。

四、财务风险的衡量

由于风险和概率有着直接的联系，所以资金风险程度可以用概率的方法来计算。

概率以 Pi 表示。概率要符合 $0\leq P_i\leq 1$ 和 $\sum_{i=1}^{n}P_i=1$ 两个原则，即指每一个随机变量的概率最小为零，最大为 1，不可能小于零，也不可能大于 1；全部概率之和必须等于 1（100%）。n 表示可能出现结果的个数。

运用概率方法计算资金风险程度，一般计算期望报酬率、标准离差、标准离差率、风险收益率等指标。其具体步骤和计算公式如下：

（一）期望报酬率

根据预测的主要数据先分析各种可能结果的概率和可能获得的报酬额或报酬率，据此计算出期望报酬率。期望报酬率是各种可能的报酬率按其概率进行加权平均得到的报酬率，表示在所有各种风险条件下，期望可能得到的平均报酬率，是反映集中趋势的一种量度。其计算公式为

$$\bar{K}=\sum_{i=1}^{n}(K_iP_i)$$

式中：K——期望报酬率；

K_i——第 i 种可能结果的报酬率；

P_i——第 i 种可能结果的概率；

n——可能结果的个数。

（二）标准离差

标准离差是指各种可能的报酬率对期望报酬率的偏离程度。其偏离程度，主要是由各种可能值（随机变量）与期望值之间的差距所决定的。它们之间的差距越大，说明各种可能值（随机变量）与期望值的偏离程度越大，意味着风险越大；相反，它们之间的差距越小，说明各种可能值（随机变量）与期望值的偏离程度越小，意味着风险越小。因此，标准离差的大小，是资金风险程度大小的具体标志，标准离差与风险程度大小呈正比例关系。标准离差的计算公式为

$$\delta=\sqrt{\sum_{i=1}^{n}(K_i-\bar{K})^2\cdot P_i}$$

式中：δ——期望报酬率的标准离差；

$\bar{K}$——期望报酬率；

K_i——第 i 种可能结果的报酬率；

P_i——第 i 种结果的概率；

n——可能结果的个数。

（三）标准离差率

标准离差率是标准离差同期望报酬率的比值。上面计算出的标准离差是一个绝对值，而不是一个相对量，只能用来比较期望报酬率相同的各项投资的风险程度，如果期望报酬率不相同时，则必须计算标准离差率才能对比风险程度。标准离差率越大，表示风险程度越大；反之，则越小。标准离差率的计算公式为

$$V=\frac{\delta}{\bar{K}}\times 100\%$$

式中：V——标准离差率；

δ——标准离差；

$\bar{K}$——期望报酬率。

例 2-16 某公司持有甲、乙两家公司股份，两公司的报酬率及其概率如表 2-1 所示。

表 2-1 甲、乙公司的报酬率及其概率

经济状况	甲公司		乙公司	
	报酬率/%	概率	报酬率/%	概率
衰退	20	0.2	0	0.2
正常	30	0.6	30	0.6
繁荣	40	0.2	60	0.2

期望报酬率：

$\bar{K}_{甲}=20\%\times0.2+30\%\times0.6+40\%\times0.2=30\%$

$\bar{K}_{乙}=0\%\times0.2+30\%\times0.6+60\%\times0.2=30\%$

虽然两者的期望报酬率均为 30%，但甲公司在 20%~40%，相对集中，乙公司在 20%~60%，相对分散，因此，甲公司风险小于乙公司。

标准离差：

$$\delta_{甲}=\sqrt{(20\%-30\%)^2\times0.2+(30\%-30\%)^2\times0.6+(40\%-30\%)^2\times0.2}=6.32\%$$

$$\delta_{乙}=\sqrt{(0\%-30\%)^2\times0.2+(30\%-30\%)^2\times0.6+(60\%-30\%)^2\times0.2}=18.97\%$$

$\delta_{甲}$ 小于 $\delta_{乙}$，所以甲公司风险小于乙公司。

标准离差率：

$$V_{甲}=\frac{6.32\%}{30\%}\times100\%=21.07\%$$

$$V_{乙}=\frac{18.97\%}{30\%}\times100\%=63.23\%$$

$V_{甲}$ 小于 $V_{乙}$，所以甲公司风险小于乙公司。

五、财务风险管理

（一）风险管理的目的

风险既可能使企业获得收益，也可能使企业遭受损失。风险管理就是预先确定一系列的政策、措施，将那些可能导致利润减少的可能性降低到最小的程度，从而保证企业经营活动按预计的目标进行。由于风险的大小与风险价值率是成正比例的，因此，风险管理的目的不在于一味地追求降低风险，而在于在收益和风险之间做出恰当的选择。

（二）风险管理的程序

（1）确定风险。企业应明确可能发生的风险性质和风险类型，并确定风险发生的可能性。

（2）设立目标。企业应对可能发生的风险进行分析研究，分析其对企业财务活动的影响程度和影响范围，在此基础上设立风险管理的目标。

（3）制定策略。为了保证风险管理的目标得以实现，企业应针对风险的性质、种类及其对企业财务活动的影响，制定相应的风险管理策略，以避免可能出现的各种损失。

（4）实施评价。将制定的风险管理策略付诸实施，在实施中，企业应对照风险管理的目标，定期或经常地进行检查，并对风险管理工作的绩效进行评价和考核。

（三）风险管理的策略

（1）回避风险策略。这是一种保守的风险管理策略。对于那些厌恶风险的决策者来说，他们总是以无风险或低风险作为衡量各种备选方案优劣的标准，把那些可能发生风险的备选方案拒之于外。这种策略尽管较为稳健简便易行，但并不经常采用，因为风险总是和收益联系在一起的，没有风险也就没有丰厚的收益。一个成功的经营者往往很少采用这种策略。

（2）减少风险策略。减少风险策略是指在风险管理中，采取相应的措施，减少因发生风险可能给企业带来的损失，也称为控制风险策略。这种策略在实践中经常采用。减少风险策略还可做进一步分类。按控制风险的目的可分为预防性控制和抑制性控制。前者是指预先确定可能发生的损失，提出相应的措施，防止损失的实际发生；后者是指对可能发生的损失，采用相应的措施，尽量降低损失的程度，缩减损失的延续性。按控制风险的方式可分为技术控制和行为控制。前者是指用相应的工程技术措施，减少可能发生的风险；后者是通过强化对有关人员的行为管理，减少可能发生的风险。

（3）接受风险策略。这种策略是指对可能发生的风险，提前做好准备，以应付风险带来的损失。企业中的风险有些是不可避免的，如赊销商品的坏账风险、市场波动引起的库存风险等。对于这些风险，企业应采取自我保护的接受风险策略，即每期提存一笔准备金，用作将来发生风险给企业带来损失的补偿。如实践中的提取坏账准备、长期财产保值都是这种策略的具体运用。

（4）转移风险策略。这种策略是指对某些可能发生风险损失的财产或项目，用转移的方式转出企业，并交换回较为保险的财产或项目。例如，用转手承包的形式把有风险的项目转包给他人；以参加保险的形式，通过支付保险费，把风险转移给保险公司；把风险大的股票抛出购回风险小的股票等。

第三章
筹资管理

第一节　筹资管理目标

一、筹资管理目标

资金筹集是企业资金运动的起点。企业筹资管理目标是指企业根据生产经营需要预测一定期间内企业的财务变动状况，确定资金需要量及其特性，权衡筹资成本与筹资风险，选择筹资适当的渠道和方式，合理筹集资金。筹资是企业设立、生存和持续发展的必然要求。

（一）企业筹资目的

（1）企业作为商品生产者和经营者，要求自主筹措资金。企业作为自主生产经营的商品生产者，为适应市场经济的需求，抓住盈利的机会，要不断调整产品品种结构，推出新产品，因此有灵活多变的资金需求。作为现代商品生产者，企业要不断扩充和发展，也要求投入巨额资金。

（2）企业筹资是由资金运动与物资运动的背离关系所决定的。在商品生产与流通过程中，资金运动与物资运动可以适当分离，正是由于这种背离关系，导致在商品生产和流通的不同时空出现企业资金的短缺与游离，因此，企业间资金的短缺与闲置不可避免，为了各自的经济利益，企业间必然会发生直接融资关系。

（3）企业负债经营是商品经济的客观要求。财务管理的目标是使企业自有资产尽快增值，进行适当的负债经营，以发挥财务杠杆的正向作用，是企业增加财富的有效途径，这也是国内外众多企业的成功经验所证明了的。

（二）企业筹资原则

企业筹措资金的原则是为组织筹资活动，处理好筹资过程中的财务关系而必须遵守的财务准则。其基本原则有：

（1）以需定筹原则。这要求企业按照生产经营活动的实际需要进行资金筹集，对其所需的资金从量上和期限上以及性质上加以正确确定，既满足资金需要，又节约使用资金。

（2）讲求经济效益原则。这要求企业必须对其资金投放项目进行较为准确的投资效益预测，正确评估其还款能力，进行资金成本与筹资风险的分析，选择恰当的筹资方式，以较小的代价筹措资金。

（3）遵守国家有关筹资的各项法规的原则。这要求企业在筹资程序，资金投向，股息、红利、利息的分配与支付等方面要符合国家规定，企业必须掌握国家有关筹资的法规，如公司法、证券法和其他法规等，保证筹资的合法性。在筹资管理工作中，要向出资者提供企业真实的财务信息，不许用虚假财务信息误导出资者向企业出资。

二、筹资渠道与筹资方式

（一）企业资金筹集渠道

筹资渠道即企业募集资金的来源，通常分为内部资金来源和外部资金来源，这些来源主要有：

（1）企业内部资金来源包括企业提取的公积金、折旧、出售固定资产的收入、保留盈余等。

（2）外部资金来源，主要有：①财政资金；②银行信贷资金；③非银行金融机构资金；④其他企业资金；⑤职工资金和民间资金；⑥外资。

（二）企业资金筹集方式

筹资方式是指企业取得资金的具体形式。企业在筹集资金时，必须对各种筹资方式有所了解，才能选择恰当的筹资方式。从企业资金占用时间长短分，企业资金需求可分为短期资金需求和长期资金需求。因此，企业筹资方式可分为短期筹资方式和长期筹资方式。

第二节　筹资需求预测

筹资需求预测是指对企业未来的筹资需求量进行估计。筹资需求量是企业筹措资金的数量依据，科学合理地预测筹资需求量，是进行筹资决策的前提。预测筹资需求量的常用方法有销售百分比法和线性回归分析法。

一、销售百分比法

销售百分比法是假设销售收入与资产负债表有关项目之间存在稳定的百分比关系，根据预计销售额和相应的销售百分比预计资产、负债和所有者权益，再用会计等式确定融资需求的一种方法。

销售百分比法的假设条件是运用销售百分比法预测企业资金需用量的基本依据。运用销售百分比法预测企业资金需用量时，必须从资产负债表中找出与销售收入存在比例关系的相关项目，这种项目称之为敏感项目；有些项目基本上与销售收入无关，称为不敏感项目。敏感项目包括现金、应收账款、存货、固定资产净值、应付账款、应付费用。不敏感项目包括预付费用、对外投资、短期借款应付票据、长期负债、实收资本。

具体计算方法有两种：一是先根据预计销售总额预计资产、负债和所有者权益总额，然后确定融资需求；二是根据预计销售的增加额预计资产、负债和所有者权益的增加额，然后确定融资需求。

例 3-1 LG 公司 2020 年实际资产负债表如表 3-1 所示。LG 公司 2002 年的销售收入为 30 000 000 元，现在还有剩余生产能力，假定销售净利率为 1.8%，若该企业 2021 年预计销售收入为 36 000 000 元，税后利润的留用比例为 50%，那么需要从外部筹措多少资金？

表 3-1 2020 年实际资产负债表 单位：元

项目	金额
资产：	
现金	150 000
应收账款	4 800 000
存货	5 220 000
预付费用	20 000
固定资产净值	570 000
资产总额	10 760 000
负债及所有者权益：	
短期借款	1 000 000
应付账款	5 280 000
应付费用	210 000
长期负债	110 000
负债合计	6 600 000
实收资本	500 000
留用利润	3 660 000
所有者权益合计	4 160 000
负债及所有者权益总额	10 760 000

（一）根据销售总额确定融资需求

第一步：将资产负债表中预计随销售变动而变动的项目分离出来，根据基年实际资产负债表，计算敏感项目的销售百分比，见表 3-2。

表 3-2 LG 公司销售百分比表

项目	占销售收入/%
资产：	
现金	0.5
应收账款	16.0
存货	17.4
预付费用	*N*
固定资产净值	1.9

表3-2(续)

项　　目	占销售收入/%
资产总额	35.8
负债及所有者权益：	
短期借款	N
应付账款	17.6
应付费用	0.7
长期负债	N
负债合计	18.3
实收资本	N
留用利润	N
所有者权益合计	
负债及所有者权益总额	

第二步：计算预计销售额下的资产和负债额。

资产（负债）= $\sum$ 不敏感资产（负债）项目 + 预计销售额 × $\sum$ 各敏感项目销售百分比

预计总资产=20 000+36 000 000×35.8%=12 908 000（元）

预计总负债=1 000 000+110 000+36 000 000×18.3%=7 698 000（元）

第三步：预计留存收益增加额。

留存收益增加额=预计销售额×销售净利率×税后利润留用比例

留存收益增加额=36 000 000×1.8%×50%=324 000（元）

第四步：计算外部融资需求。

外部融资需求=预计总资产-预计总负债-预计所有者权益

外部融资需求=12 908 000-7 698 000-（4 160 000+324 000）

=726 000（元）

（二）根据销售增加量确定融资需求

通过前面的计算可知，由于资产负债表中敏感项目随着销售额的增加而增加，而非敏感项目将保持不变，根据会计等式，我们可以通过预计销售额的增加量来确定融资需求，即

外部融资额=资产增加-负债自然增加-留存收益增加

=资产销售百分比×新增销售额-负债销售百分比×新增销售额-预计销售额×销售净利率×税后利润留用比例

根据例3-1的资料，LG公司外部融资额为：

35.8%×6 000 000-18.3%×6 000 000-36 000 000×1.8%×50%

=726 000（元）

销售百分比法的主要优点是简单实用，可以作为复杂方法的补充或检验，但其局限性是其假设条件，若有关销售百分比的假定与实际不符，据以进行预测就会出现错误的结果。为了改进预测的质量，有时需要使用更精确的方法。

二、线性回归分析法

线性回归分析法又称资金习性预测法，是假定资金需要量与产销量之间存在着线性关系，建立产销量与资金需用量之间的数学模型，根据有关历史资料，用回归直线方程确定参数来预测资金需用量的方法。

资金习性是指资金的变动与产销量变动之间的依存关系。根据资金习性，资金可分为不变资金和变动资金。

不变资金是指在一定的产销量范围内不随产销量变动而变动的资金，主要包括为维持营业而需要的最低数额的现金、原材料的保险储备、必要的成品或商品储备以及固定资产占用的资金。变动资金是指随着产销量变动而同比例变动的资金，包括直接构成产品实体的原材料、外购件等占用的资金以及在最低储备以外的现金、存货、应收账款等所占用的资金。

设产销量为自变量 X，资金占用量为因变量 Y，a 为不变资金，b 为单位产销量所需的变动资金，在假定资金需要量与产销量之间存在线性关系的条件下，资金需用量预测模型为：

$$Y=a+bX$$

可见，只要求出 a 和 b，并知道预测期的产销量，就可用上述公式测算出资金需用量。a 和 b 可用回归直线方程求出。

例 3-2 某公司 2016—2020 年的产销量和资金需用量如表 3-3 所示。2021 年预计产销量为 156 000 件，试预测 2021 年的资金需用量。

表 3-3 产销量与资金需要量表

年度	产销量（X）/万件	资金需要量（Y）/万元
2016	12	1 000
2017	11	950
2018	10	900
2019	13	1 040
2020	14	1 100

预测过程如下：

（1）根据表 3-3 的资料，计算整理出表 3-4 的数据如下：

表 3-4 回归直线方程数据计算表

年度	产销量 X/万件	资金需要量 Y/万元	$X \cdot Y$	X^2
2016	12	1 000	12 000	144
2017	11	950	10 450	121
2018	10	900	9 000	100
2019	13	1 040	13 520	169
2020	14	1 100	15 400	196
$n=5$	$\sum X = 60$	$\sum Y = 4\,990$	$\sum (X \cdot Y) = 60\,370$	$\sum (X^2) = 730$

（2）将表3-4的数据代入下列联立方程组：

$$\begin{cases}\sum Y = na + b\sum X \\ \sum (X \cdot Y) = a\sum X + b\sum (X^2)\end{cases}$$

得 $\begin{cases}4\ 990=5a+60b \\ 60\ 370=60a+730b\end{cases}$

解上列方程组得 $\begin{cases}a=4\ 100\ 000\text{（元）} \\ b=49\text{（元）}\end{cases}$

（3）将 $a=4\ 100\ 000$，$b=49$ 代入 $Y=a+bX$，得

$Y=4\ 100\ 000+49X$

（4）将2021年预计产销量156 000件代入 $Y=4\ 100\ 000+49X$，测得2021年资金需求量为：4 100 000+49×156 000=11 744 000（元）。

线性回归分析法考虑到了资金需用量与产销量之间的变动关系，是一种比较简单而又准确的预测方法。

运用线性回归分析法还须注意以下问题：①对资金需用量与产销量之间线性关系的假定应符合实际情况；②计算 a，b 值时，应利用预测年度前连续若干年的历史资料，一般要有三年以上的资料；③应考虑价格等因素的变动情况。

第三节　长期筹资方式

一、普通股筹资

普通股是股份有限公司发行的标准股份，它代表其拥有者对公司财产占有一定比例的所有权，它构成公司权益资本的主体和基础。

（一）普通股股东的基本权利

（1）表决权和控制权。普通股股东对公司重大事项有表决权，有权选举公司的董事会和监事会。董事会代表股东对企业进行控制，有权修改公司章程和规定，审定公司的重大决策，有义务将重大变动如实向公司股东报告。监事会负责监督和检查公司状况，并定期向股东汇报。因此，普通股股东对公司的经营管理有一定的发言权。

（2）公司盈余和剩余财产的分配权。盈余分配权是指普通股股东在利润分配上有最终的剩余所有权。在正常经营条件下，公司利润首先要支付债务利息，其次要纳所得税，然后支付优先股股息，最后剩余部分归普通股股东。普通股股东经董事会决定有从公司净利润中分取股息和红利的权利。剩余财产分配权是指在公司破产清算时有分配公司剩余财产的权利。

（3）优先认股权。公司在发行新股票时，普通股股东有优先按比例认购新股的权利，以保证其对公司的表决权和控制权不被稀释，使原有股东持有的股票价值不致因发行新股而降低。

（二）普通股票筹资的利弊

（1）普通股票筹资的好处有：公司不需对普通股股东支付固定股息，对企业生产经营、财务运转非常有益；增发普通股可降低公司财务风险，对企业具有分散风险的作用，可提高企业债务的信用程度；普通股没有到期日，发行普通股票筹资可以使公司获得永久性资本，有利于企业生产经营活动的开展；普通股票比债券容易销售，可以使企业迅速筹集到所需的资本金。

（2）普通股票筹资的弊端有：普通股的筹资成本较高；增发普通股可能会削弱原有股东对公司的控制权；增发新股可能被投资者视为消极的信号，从而导致股票价格下跌。

二、优先股筹资

（一）优先股概述

优先股是股份有限公司发行的较之普通股具有特别权利的股票。这种特权也叫作优先权，与普通股相比优先股具有股息分配优先和剩余财产分配优先的权利。

优先股是一种具有股票和债券双重特征的混合型证券，它有如下的特征：优先股有固定的股息率，优先股股东有比普通股股东优先分配公司收益的权利；当公司解散或破产清算时，优先股股东有比普通股股东优先获得清偿的权利；优先股股东不享有公司经营参与权，只在优先股股票所保障的股东权益受到损害时，优先股才有相应的表决权；优先股股东不能要求退股，但优先股股票附有赎回条款时，发行公司有赎回股票的权利。

根据优先股所含权利的差别，优先股可分为以下种类：

（1）累计优先股和非累计优先股。累计优先股是指公司在经营状况欠佳时，可以把未发或未发足的股息累积起来，待公司经营状况好转时再补发未付的累积股。非累计优先股是指股息发放只限于当年度，对于未发或未发足的股息部分以后不再补发。

（2）可转换优先股和不可转换优先股。可转换优先股是指在一定条件下可转换成普通股的优先股。不可转换优先股是指在任何时候、任何条件下都不可能转换成普通股的优先股。

（3）参加优先股和非参加优先股。参加优先股是指优先股除可以按约定股息率取得股息外，在公司经营利润增加较多的情况下，还可以和普通股一样参加公司盈余的分配，获得额外的股息。非参加优先股是指无论公司经营利润有多高，都只能按约定的股息率领取股息。

（二）发行优先股的动机

股份有限公司发行优先股筹集自有资本只是其目的之一。由于优先股的特性，公司发行优先股往往还有其他的动机：防止公司股权分散化；调剂现金余缺；改善公司的资本结构；维持举债能力。

（三）优先股筹资的利弊

优先股筹资的好处是：与债券相比，支付优先股股利的款项不具有契约性质，在公司盈余不足，无法支付股息时，优先股股东不能要求公司破产；出售优先股股票可使公司避免发行普通股股票时普通股权的稀释；优先股没有明确的到期日，优先股股票的发行可避免债务发行归还本金时的现金流出。

优先股筹资的主要弊端有：优先股筹资成本高于债券筹资成本；虽然优先股股利能被免除，但只要条件允许，投资者总希望能支付股息，公司也力图支付股利。因此，优先股股利实际上是一个固定开支，这样，优先股的发行也会增加公司的财务风险，由此会增加公司全部筹资成本。

三、公司债券筹资

（一）公司债券概述

公司债券是由公司发行的一种长期债券，它规定借款人必须按约定条件向债权人还本付息。

公司债券是一种长期的债务契约，契约实际就是债券发行公司与放款人之间的合同。契约一般包括下列条款：详细说明债券的性质；指定本金偿还方式；列出放款人对公司的所有限制；提前赎回。此条款赋予发行公司在债券到期前赎回债券的权利，但同时还规定公司必须按大于面值的金额支付，这称为提前赎回溢价。

契约表明持有人拥有对债券发行人的债权，并在规定时间内有对利息和本金的索偿权，如果公司没按时按数偿还，债权人可以按照契约采取各种催收活动。债券发行人有责任在约定的时间内向债权人支付足额的利息及本金，从而明确借贷双方的权利、义务和责任。

债券的基本要素有债券面值、债券期限和票面利率。

（二）公司债券的种类

公司债券的种类较多，这里介绍几种重要的公司债。

（1）抵押债券。这类债券是指公司发行的以某种不动产留置权作为向债券持有人按期支付利息和偿还本金保证的债券。如果发生延迟支付利息、本金的情况，债券持有人有权占有所指定的资产，并且出售这些资产来抵消债务。公司发行其他债券再用该财产做抵押时就会受到限制，后来发行的债券是二级抵押债券。作为抵押品的资产必须易于变现，其价值必须大于债券的票面价值，且通常要高出债券票面价值的30%。抵押债券通常由拥有大量固定资产的企业发行，诸如铁路公司和公用事业公司。

（2）信用债券。信用债券是指公司发行的不指定任何担保物，也没有第三者担保承诺的债券。信用债券的索赔权不是由抵押品保证的，而是由发行人的财产做保证的。信用债券的发行主要是由公司资产的性质和一般信用强度决定的，因而这类债券的质量完全取决于公司的信用程度。财务状况良好的大公司都发行这类债券。

（3）收入债券。收入债券是指债券发行人赚到大于或等于利息费用的收益时才支付利息的债券。这种债券类似于优先股股票，只有当债券发行公司有了足够的盈利后才支付利息，否则没有付息的责任，即使公司不能付清利息、本金，也不致破产。这种债券的债权顺序只排在优先股之前，从投资者的角度来看，这种债券的风险大于其他债券。公司很少发行这种债券，往往在公司重组时才发行。

（4）可转换债券。可转换债券是指根据公司债券募集办法的规定，持有人可根据自己的意愿，在一定时间内，按规定价格转换成普通股股票的债券。

（5）零息票债券。零息票债券是指在债券存续期内不付利息的债券。它以低于债券票面价值的折扣价发行。这种债券对于发行公司来说有利有弊，其利在于：公司在债券到期之前没有利息和本金的现金流出；折价部分作为财务费用，在债券存续期内按年摊销，使公司可以得到减税节余，这就相当于在债券到期期限内以减税节余的形式为公司提供了正的现金流入量。其弊在于：由于公司必须以面值赎回债券，公司在债券未到期前不可能中途赎回债券，如果市场利率下降，公司也不能发新债抵旧债，这样，发行零息债券的公司在债券到期日将面临一笔巨大的、不能扣减的现金流出。

（三）公司债券的发行

1. 发行债券的资格和条件

根据我国《公司法》的规定，股份有限公司、国有独资公司、两个以上的国有企业或者两个以上的国有投资主体投资设立的有限责任公司具有发行债券的资格。发行公司债券的具体条件如下：

（1）股份有限公司的净资产额不低于人民币 3 000 万元，有限责任公司的净资产不低于人民币 6 000 万元；

（2）累计债券总额不超过公司净资产的 40%；

（3）最近三年平均可分配利润足以支付公司债券一年的利息；

（4）筹集资金的投向符合国家产业政策；

（5）债券的利率不得超过国务院限定的利率水平；

（6）国务院规定的其他条件。

2. 债券发行方式

公司债券的发行方式一般有公募发行和私募发行两种：

（1）公募发行。公募发行是指向不特定的投资者广泛募集资金的债券发行方式。债券以公募方式发行，涉及社会众多投资者，社会影响大。为保证投资者的利益，许多国家对债券的公募发行都做了严格规定，主要有：公司必须向主管机构提交债券发行注册申报书，公开其内部财务状况，接受证券评级机构的资信评定，有时还要求公司提供抵押或担保。因为公募公司债券的发行经过了严格的审查，信用程度高且可以上市转让，所以公募公司债的利率比私募公司的利率低。大部分公司债券的发行采用公募方式。公募发行范围广，社会影响大，可以为公司筹集到巨额资金，同时可以提高公司的知名度。如果公司债券发行量大，就要采用公募方式发行。按照我国有关法律、法规的要求，发行公司债应采用公募方式。

（2）私募发行。私募发行是指公司向特定的少数投资者募集资金的一种债券发行方式。由于私募发行的对象少，投资者对公司的资信度比较了解，公司不必向证券主管部门申报批准，也不必进行资信评定，不必委托有关机构推销，不必公开其财务状况，这样提高了发行的时效性，减少了发行成本，还可以使不具备公募发行资格的公司通过发行债券筹集资金。私募债券不能上市流通，利率一般比公募债券利率高。

3. 发行价格

在公司发行债券时首先应确定所发行债券的面值、票面利率和期限等基本要素，这些基本要素是确定债券价格的基本因素。这些要素确定后，我们还不能确定债券的价格，债券的价格须在这些要素的基础上，根据市场利率来加以确定。由于从债券面值等要素的制定到债券的发行，中间有一段较长的时间间隔，到企业发行债券时，债券的票面利率与市场利率可能出现三种情况：①票面利率高于市场利率；②票面利率低于市场利率；③票面利率等于市场利率。基于市场利率的变化，公司债券的发行就分为溢价发行、折价发行和面值发行三种。这是因为债券的价格是由其价值所决定的，债券的价值是指债券未来所有现金收入的现值，即债券到期时，债券持有人收回的本金及利息的现值之和，因此，债券的发行价格即为债券持有人收回的本金现值和各期按票面利率计算的利息的现值之和，计算公式如下：

$$V = \sum_{t=1}^{n} \frac{I}{(1+K)^t} + \frac{P}{(1+K)^n}$$

式中：t——付息次数；

n——债券到期期数；

I——债券每年利息；

K——市场利率；

P——债券票面价值。

（四）债券等级评定

1. 债券等级标准

穆迪公司和标准普尔公司是目前世界上两家最具权威和影响力的债券评级机构，其等级评定标准如表 3-5 所示。

表 3-5　债券信用等级评定标准

穆迪	
Aaa	质量最好，风险程度最小，本金和利息的偿付是有保证的。
Aa	和 Aaa 级债券一样，都属于上等债券。保护程度不及 Aaa 级强，而且其中的某些因素可能使其远期风险略大于 Aaa。
A	债券具有有利的投资特性，属于中上等债券，但未来易受风险影响
Baa	属于中等级债券。支付利息以及担保偿还本金的保护措施在近期内看来还算适当，但远期的保护性因素就不太可靠。
Ba	这种债券担保偿付利息、本金的措施似乎还可以，但有其他不确定因素，前景难测。
B	一般缺乏合乎需要的投资特点；支付保证可能小。
Caa	属于低等级债券，本金和利息的支付会延迟，甚至还有危及支付本金的因素。
Ca	是一种投机性很大的债券，推迟偿付本金的情况时常发生，或者还有其他明显的问题。
C	是最次的债券。从实际投资需求看，这种债券前途暗淡。

标准普尔	
AAA	属于最高信用等级，借款者偿债能力极强。
AA	借款者偿债能力强，比最高级债券的偿还能力稍弱。
A	偿还能力强，但借款者在环境和经济条件变化时易受不利影响。
BBB	具有适当的偿还能力，但当情况发生变化或经济条件变坏时，其偿付能力就易于削弱。
BB、B 级、CCC 级、CC 级以 C 级，都被看作投机性债券。其中 BB 级投机程度最低，C 级的投机程度最高。这类债券的风险性以及不确定性远远大于其保护性因素。	

CI：专门用于评定不支付利息的收入债券。

D：在规定的日期没有支付利息或本金，即使该债券仍在到期后延长的宽限期内，也会被评为 D 级。除非标准普尔公司相信在宽限期内利息和本金会如数偿付。另外，如果公司因申请破产而危害偿还债务的能力，该公司的债券也评为 D 级。

标准普尔公司对 AA 到 CCC 级的债券附加“+”或“-”号，以对同一等级内质量略有差异的债券加以区别。而穆迪公司则用 1，2，3 这三个数字，对 Aa 到 B 级的债券略加区别。

除了上述等级债券外，还有一种“垃圾债券”。这种债券出自财务状况不佳的公司，它以高利率诱惑投资者购买，而实际上这种债券的风险很大。凡被穆迪公司评为 Ba 级以下以及被标准普尔公司评为 BB 级以下的债券，都属于“垃圾债券”。

2. 评定债券等级标准的依据

尽管债券等级的评定加入了许多主观的判断，但债券等级的评定仍然是基于被评级等公司的一些基本资料来分析的，从质和量两方面来判断，主要考察的因素有负债比率、偿债能力指标、抵押条款、保证条款、偿债基金、到期期限和发行债券公司销售与盈余的稳定性等因素。此外，评级机构在评定债券等级时，要考虑种种其他因素，包括利息保证金、资产保护措施、财务灵活性、发行者所属的行业、竞争地位以及无形资产评定等。

3. 债券等级评定的重要性

债券等级对公司和投资人都非常重要。首先，债券等级是其风险的指标，因此，债券等级的高低直接影响到债券的利率及公司负债的成本；其次，大部分债券的投资者是机构投资人而非个人投资者，这些机构为避免较大的投资风险，只购买较高等级的债券。因此，如果公司债券跌落到 BBB 以下，推销新债券将十分困难。

（五）公司债券筹资的利弊

从发行公司的角度看，长期债券筹资的主要好处有：

（1）公司债券筹资的成本比发行股票筹资的成本低。对债券投资人而言，债券的投资风险比股票的投资风险小，债券的利息一般比股票的股息和红利少，同时债券利息还具有“抵税”的作用。

（2）当使用债券筹资时，公司原所有人不会损失其对公司的控制权。

（3）债券筹资在资金的运用上具有较强的灵活性。企业在发行债券前，可以根据自己对资金的需要量和用资时间来决定债券的发行量和期限，为避免过多地占用闲置资金而支付利息的情况，企业还可以在资金过剩时提前偿债，以减少企业的债务负担和资金占用。

对公司不利的方面有：

（1）给公司带来财务风险。债券有固定的到期日，要定期支付利息，到期还本，在企业经营不佳收入减少时，也需向债券持有人支付本息，就可能导致企业无法满足本金利息的支付，而引起企业破产。

（2）发行债券筹资会增加公司的风险，因而会增大负债和权益成本。

（3）公司债券的契约条款比短期负债和发行普通股筹资的限制条件更为严格。

（4）筹资规模受限制。发行公司债券筹资一般要受到一定额度的筹资限制。例如我国《公司法》规定：累计债券总额不得超过公司净资产的40%。

四、长期借款筹资

长期借款指企业向银行或其他非银行金融机构借入的使用期超过一年的借款。长期借款主要用于购建固定资产和满足长期流动资金占用的需要。

（一）长期借款种类

按不同的标准划分，长期借款可分为以下种类：

（1）按用途分为固定资产投资借款、更新改造借款和新产品试制借款等。

（2）按提供借款的机构分为政策性银行借款、商业银行借款和其他金融机构借款。

（3）按有无抵押品作担保分为抵押借款和信用借款。

（二）取得长期借款的条件

企业申请银行贷款应具备的条件主要有：具有法人资格；生产经营方向和业务范围符合国家政策，且贷款用途符合银行贷款办法规定的范围；借款企业具有一定的物资和财产保证，或担保单位具有相应的经济实力；具有还贷能力；财务管理和经济核算制度健全，资金使用效益及企业经济效益良好；在银行开立有账户，办理结算。

（三）长期借款的保护性条款

对于债权人而言，由于长期性贷款的期限长，风险大，债权人通常在借款合同中要附加各种保护性条款，以保证贷款的安全性。保护性条款一般有三类。

（1）一般性保护条款。一般性保护条款是对贷款企业资产的流动性及偿债能力等方面的要求条款，这类条款应用于大多数借款合同。这类条款主要有：规定企业必须保持最低营运资本净值和最低流动比率；限制企业支付现金股利等；限制企业资本性支出规模；限制企业再举债规模；限制企业的投资。

（2）例行性保护条款。这类条款作为例行常规，其在大多数借款合同中都会出现，用以弥补因一般性条款规定不够完善而遗留的漏洞。这类条款主要有：向债权人提交财务报表；不准在正常情况下出售较多的非产成品存货；如期清偿应缴纳的税金和其他到期债务；不准以任何资产作为其他承诺的担保或抵押；不准贴现应收票据或出售应收账款；限制借款方租赁固定资产的规模；做好固定资产的维修保护工作。

（3）特殊性保护条款。这类条款是针对某些特殊情况而出现在部分借款合同中的条款，主要有：要求企业领导人购买人身保险；专款专用等。

（四）长期借款利率

通常长期借款的利率要高于短期借款利率。长期借款的利率通常分为固定利率和变动利率。

固定利率是指长期借款利率在借款期限内不变的利率。固定利率的确定，通常是借贷双方找出一家风险类似于借款企业的其他企业，再以这家企业发行的期限与长期借款期限相同的长期债券的利率作为参照，来确定长期借款利率。

变动利率是指长期借款利率在借款期限内可以调整的利率。其主要有以下三种：

（1）分期调整利率。这是借贷双方根据协商，在贷款协议中规定可分期调整的利率。一般在基准利率的基础上，根据资金市场的情况每半年或一年调整一次利率，借款企业未偿还的本金按调整后的利率计算利息。

（2）浮动利率。浮动利率是指借贷双方根据协商，在贷款协议中规定其利率可根据资金市场的变动情况而随时调整的利率。

（3）期货利率。这是指借贷双方在贷款协议中规定到期的借款利率按期货业务的利率来计算。借款到期或在借款期内规定的付息日到期时，应按当时期货市场利率计算付息额，到期按面值还本。

（五）长期借款偿还方式

长期借款偿还方式主要有：定期付息本金到期偿还方式；定期等额偿还本金和利息方式；平时逐期偿还小额本金和利息，到期偿还余下部分方式。

企业以长期借款方式筹资时，应根据具体情况运用不同的利率策略，选择对企业最有利的利率形式和还款方式。

（六）长期借款融资的利弊

长期借款融资的优点是：

（1）筹资速度快。手续简单，所费时间较短。

（2）借款弹性较大。借款前后，企业可根据当时的财务状况变化，就借款数量、时间、条件或偿还等事宜与贷款机构进行协商。

（3）借款成本较低，一般低于长期债券成本，筹资的取得成本较低，利息可节税。

长期借款融资的弊端是：

（1）财务风险较高。长期借款到期不能归还，可能会导致企业破产。

（2）限制性条款较多，如前面的保护性条款，对企业的某些财务决策会产生影响。

（3）筹资数额有限。长期借款的数额往往受到贷款机构资本实力的制约，不可能像发行债券股票那样一次筹集到大笔资本，无法满足企业大规模融资的需要。

五、租赁筹资

（一）租赁概述

租赁是指承租人为使用资产，必须连续支付租金给出租人的一种不可取消的契约承诺。租赁一般可分为经营性租赁和融资性租赁两种。

经营性租赁又称服务性租赁，是指出租者向承租人在短期内提供租赁物，并负责租赁物的维修、保养与保险等服务性业务的租赁。它具有三个特点：其一，租赁时间一般低于租赁物的使用寿命；其二，租金中包含了维修和保险费用；其三，租赁契约中一般都含有一个解约条款，该条款赋予承租人在基本租赁协议到期以前停止租赁的权利。因此，经营性租赁成本较低、风险小。

融资租赁又称资本租赁，是指租赁公司按承租人要求出资购买设备，在较长的契约或合同期内提供给承租人使用的信用业务。融资租赁的主要特征是：第一，融资与融物相结合，主要目的是融资。出租方和承租方均需通过资金方能达到各自的目的，出租方筹措资金或利用自有资金为承租方购置设备，承租方则通过出租方融物的形式达到其融资的目的。第二，承租人对设备和供商有选择的权利，对设备的性能、外形、适用性负责，同时应承担设备老化、过时等风险。第三，融资租赁包括两个或两个以上的合同。一个是出租方与承租方签订的租赁合同，规定有关租赁条件、租金等。另一个是出租方与供货方签订的供货合同，保证设备能按时交到承租方手中，以履行租赁合同。两个合同相互依存，同时订立。第四，融资租赁的租金等于出租设备的全部成本加上投资收益。第五，承租人在承租期间要负责租赁物的维修、保养、保险等，同时承租人将设备视同自己的资产计提折旧，支付租金。

融资租赁有四种形式：

（1）直接租赁。它是指出租方应承租方的要求，出资购买设备，直接租给承租方使用的一种方式。出租人提供购买租赁资产的全部资金，它是融资租赁中最常见的一种方式。

（2）出售回租。它是指企业将所拥有的资产出售给出租方，然后再租回使用的一种租赁方式。这种方式可以使企业既保留设备的使用权，又可以将设备占用的资金变为可利用的资金。

（3）杠杆租赁。杠杆租赁在概念上与非杠杆租赁相似，承租人以同样方式选择设备和谈判租赁条件。采用杠杆租赁时，出租方自筹相当于租赁设备价款20%~40%的资金，其余资金由出租方将待购设备做贷款抵押，以转让收取租金的权利作为附加担保，从银行或其他金融机构取得贷款。杠杆租赁涉及的当事人主要有：出租方、承租方、长期贷款方和供货商。杠杆租赁主要用于价格高的大型设备的长期融资租赁业务。

（4）转租赁。转租赁是指租赁公司同时兼备承租人与出租人双重身份的一种租赁形式。出租方根据承租方的需要，先从其他租赁公司租入设备，然后再转租给承租方使用，或者出租方根据承租方的需要向供货商订购设备，并将订购合同提交其他租赁公司付款购买，然后由出租方将设备转租给承租方使用的一种融资方式。一般用于从国外引进设备。

融资租赁与经营性租赁的区别：第一，目的不同。融资租赁是承租人筹集长期性债务资本的重要形式，而经营性租赁则是承租人为了获取资产的短期使用权以及出租人提供的专门技术服务。第二，租赁期不同。融资租赁合同不能被撤销，是长期性的，而经营性租赁是短期性的，合同可提前解除。第三，出租方与承租方承担的责任不同。融资租赁的承租人必须负责资产的维修、保养、保险，并承担过时风险，经营性租赁的承租人则不承担这些责任。第四，租赁期满后对资产的处置不同。融资租赁资产在租赁期满后可按租赁合同约定的方式处置资产，承租人可退回资产，也可按较低租金续租或者作价买下。

（二）租金的构成

在融资租赁方式下，租金主要包括以下几个构成要素：

（1）租赁资产的购置成本。它是指出租人购买设备所支付的全部费用，包括设备价款、合同公证费、关税、运输费和途中保险费。

（2）利息费用。它包括出租人为购买设备所筹资金的利息和相应的风险报酬。这是因为出租人在签订租赁合同以后的几个月或间隔更长的时间才对外支付货款，出租人要承担签约至付款期内市场利率上升的风险，签约日到付款日的间隔时间越长，风险越大。因此出租人要求对其所承担的风险予以补偿，即在其融资成本上加一定的风险补偿报酬率。如果双方同意，也可以在付款日根据出租人的实际筹资成本来确定租赁利率。

（3）手续费用。它是指出租人在租赁项目实施过程中花费的全部必要支出以及盈利，包括办公费、差旅费、工资、邮电费用以及必要的利润。我国租赁公司的手续费率一般为总价的1%~3%，计算基数可以是租赁资产的到岸价，也可以是概算成本或租金总额。可以在签订租赁合同时一次收回，也可计入租金总额中，随各期租金的收回而收回。

除了上述要素外，租赁期限、付租间隔期、租金支付方式以及保证金的支付数额和结算方式因素也将会对租金总额产生影响。

第四节　短期筹资方式

企业所需的长期资金可通过长期筹资渠道筹集，而临时性或季节性资金需求由于需求时间不稳定，占用时间较短，通常在一年以内，可以通过短期融资方式取得。

一、银行短期贷款

银行短期贷款指银行或其他隶属银行的信用机构，按照偿还性原则，以收取利息为条件，将货币资金的使用权在短期内转让给客户，并约期归还的一种信用活动。银行短期贷款主要有周转贷款、临时贷款和结算贷款等。

（一）银行短期贷款信用条件

银行在发放短期性贷款时，按照国际通行做法，在贷款合同中一般规定有以下信用条件：

1. 信贷限额

它是银行对借款人规定的无担保贷款的最高额。它是一种非正式的协议，允许企业在订明的最高限额以内向银行借款。企业需要资金时可提取完信贷限额，当企业有多余资金时就偿还贷款余额。虽然，这并不意味着银行有提供全部信贷限额的法定义务，但银行几乎经常这样做，除非银行或企业遇到财务困难。信用限额的有效期一般为一年。

2. 周转信贷协定

它是银行具有法律义务承诺提供不超过某一最高限额的贷款协定。在协定有效期内，只要企业的借款总额未超过最高限额，银行必须满足企业任何时候提出的借款要求。企业享有周转协定，通常要对贷款限额的未使用部分付给银行一笔承诺费。这是因为银行已按协定筹措了贷款资金，随时供给企业使用，而企业未足额使用这笔贷款限额，因此应适当向银行补偿已筹未用资金的部分利息损失。承诺费按未使用贷款限额的一定比率提取，通常为 0.5%以下。例如，某周转信贷额为3 000万元，承诺费为 0.4%，借款企业年度内使用了 2 500 万元，则借款企业该年度要向银行支付承诺费 2 万元。周转信用限额与信用限额的区别在于：前者是银行与企业确立一种法律关系，银行享有贷款使用承诺费，保证企业对规定贷款额度以内资金的需求；后者没有法律约束，当企业财务状况恶化时，银行可以取消信用限额。

3. 补偿性存款

它是银行要求企业在银行中保持的最低存款余额，其额度一般按贷款限额或实际借用额的一定百分比来计算。这个余额一般为短期贷款余额的 10%~20%。对银行而言，补偿性余额可降低贷款风险；对企业而言，补偿性余额提高了借款的实际利率。

4. 借款抵押

银行向财务风险较大的企业或对其信誉不太有把握的企业发放贷款时，有时需要有抵押品做担保。

5. 其他承诺

银行有时还要求企业为取得借款而做出其他承诺，如及时提供财务报表、保持适当的财务水平等。如企业违背承诺，银行可要求企业立即偿还全部贷款。

（二）银行贷款利率

短期贷款利息的支付方法一般有三种：收款法、贴现法和加息法。贷款利息的支付方法对贷款的实际利率会产生影响，付息方法不同，影响程度也不同。同时有补偿余额条件的贷款也不对实际利率产生影响。

1. 收款法付息的利率

收款法付息是指在借款到期时向银行支付利息的方法，在这种付息方法下，贷款的实际利率与名义利率一致。贷款利率通常以年利率计算。实际利率可由下面的公式计算：

$$\text{实际利率}=\left(1+\frac{K}{n}\right)^{n}-1$$

式中：K——名义利率；

n——每年贷款次数或利息支付次数。

2. 贴现法付息的利率

贴现法是银行向企业了放贷款时，先从本金中扣除利息部分，而到期时借款企业则要向银行偿还贷款全部本金的付息方法。在这种付息方法下，企业可利用的贷款额只有本金扣除利息部分后的余额，借款人实际能够使用的资金数额少于银行的贷款额，因此，贷款的实际利率高于名义利率。其实际利率的计算公式如下：

$$实际利率=\frac{I}{M-I}$$

式中：I——贷款利息；

M—贷款本金；

$M-I$——借款人实际得到的资金数额。

例 3-3 某企业从银行取得借款 100 万元，期限一年，利率 10%，采用贴现法付息，银行预先扣除利息 10 万元（100 万元×10%），企业实际可利用的贷款为 90 万元，该项贷款的实际利率为：

100 万元÷90 万元＝11. 11%

如果贴现法付息的期限小于一年，则贷款的实际利率为

$$实际利率=\left(1+\frac{I}{M-I}\right)^{n}-1$$

式中：n——1 年内贷款次数或付息次数。

3. 加息法付息的利率

加息法付息是银行发放分期等额偿还贷款时采用的一种利息收取方法。在分期等额偿还贷款的情况下，银行要将根据名义利率计算的利息加到贷款本金上计算出贷款的本息和，要求企业在贷款期内分期偿还本金和利息之和的金额。随着时间的推移，借款人在整个贷款期间可使用的贷款等额递减，而利息却是按贷款初期的全额计算的，这样企业所负担的实际利率则要高于名义利率。其实际利率的计算方法是：

$$实际利率=\frac{2\times(360/T)\times I}{M(n+1)}$$

式中：T——每期还款的天数；

I——贷款利息；

M——贷款本金；

n——贷款期内的还款次数。

例 3-4 某企业向银行贷款 200 万元，期限一年，利率 10%，全年利息 20 万元，每 60 天等额偿还本金及应计利息 36. 666 7 万元［（200+20）÷（360÷60）］。

这笔贷款的实际利率是：

$$实际利率=\frac{2\times(360/60)\times 20}{200\times(6+1)}=17.14\%$$

4. 有补偿性存款条件贷款的利率

有补偿余额条件的贷款，由于借款人在其账户内必须保持一定比率的余额，借款人实际可利用的贷款额减少，这样会提高企业所负担的利息。其实际利率的计算如下：

$$实际利率=\frac{I}{M\ (1-C)}$$

式中：M——贷款额；

C——补偿余额。

上述情况表明，银行贷款利息的支付方法以及银行对借款人的某些信用条件均会对借款的实际利率产生影响，往往实际利率会高于名义利率，这样会加大企业的借款成本。同时，不同的还款方式也将会对企业的财务状况产生影响，如第一种方法虽然名义利率与实际利率一致，但会加大企业借款到期时的还款压力，第二种方法虽然可以减轻一次性还款的财务压力，但会提高企业使用贷款的实际利率，因此，企业在进行银行贷款决策时，应尽可能地考虑多方面的因素，对各种因素加以综合分析比较，结合企业的实际情况，做出对企业最为有利的决策。

（三）银行贷款利弊

对银行来说，短期性贷款风险较小，资金调度方便，专业银行一般欢迎企业申请短期借款。对企业来说，短期借款利率较低，可减轻资金运营成本，企业较易申请到短期借款，同时，通过银行借入的贷款是现款，用途更广。但是，银行对借款的申请审查很严，不符合条件的就贷不到款，如果每次借款都要办理申请审查手续，既耽误时间，又增添工作量。

二、短期融资债券

企业发行的短期融资债券亦叫作短期融资票据。企业发行短期融资债券主要是为融通季节性、临时性资金需要。企业短期融资债券的数量受到几个因素的制约。一是经济增长状况，在经济增长时期，它会呈现急速增加之势；反之，会迅速下降。二是短期融资债券的利率与银行短期优惠贷款利率的差异是决定短期融资债券增减的主要依据。如果优惠的短期贷款利率低于短期融资债券利率，企业便会增加银行借款，减少短期债券的发行，反之，便增加短期融资债券的发行。短期融资债券的发行人主要是信用优良业绩较好的大型工商企业，短期融资债券的购买者，主要是银行、保险公司等，期限一般为 90 天到 180 天。短期融资债券发行后，一般较少转让，如果投资者感到有流动性压力，发行者便可提前买回债券。

短期债券的优点，对于发行人来说，是筹资利率较低，手续简便，避免了借款的麻烦，发行时无须任何抵押，筹资金额比较灵活；同时，企业能取得短期债券发行资格，也是该企业的光荣，有利于提高企业的信誉，借以扩张业务。对投资者来说，短期债券一般无多大风险，而且可以随时变现。

三、商业信用

商业信用是指商品交易中由于延期付款或预收货款所形成的企业间借贷关系。

商业信用的具体形式有应付账款、应付票据和预收账款等。

（一）应付账款

应付账款是企业购买货物暂未付款而欠对方的账款。应付账款来源于一般性商业贸易，是自发性的短期融资。例如，ABC公司由其供应商每天供应1 000元货物，双方商定30天内付款。在这种情况下，该公司为了最大限度地利用供应商的资金，当然选择在第30天付款最有利。这样，该公司在30天内将保持30 0000（30×1 000）元的应付账款。如果，这时ABC公司由于销售额的增长，要求供应商的供货量增加一倍，供应商同意增加供货一倍且付款期仍为30天，则该公司的应付账款增加为60 000元。如果信用期限延长为40天，则应付账款增加为80 000元，但是，如果信用期限缩短为20天，则应付账款减少为40 000元。如果供应商提出“2/10，n/30”的信用条件，意思就是买方如在购货发票日算起的10天以内付款，可以享受2%的现金折扣，10天之后至30天内付款，无折扣；同时还表示，付款期限最长为30天。这里30天称为信用期限，10天称为折扣期限。这时公司就要考虑是在10天以内付款合算，还是在第30天付款合算。由此可以看出，应付账款的数额大小与信用条件有关。

与应收账款相对应，应付账款也有付款期限、现金折扣等信用条件。因此，应付账款可以分为三种信用形式：①免费信用，即买方企业在规定的折扣期限内享受折扣而获得的信用，即将折扣后的货款免费借用了折扣期这么多天数。②有代价信用，即折扣期限后、信用期限前买方企业放弃折扣付款而获得的信用，借款数额为货款全额，借款期限为信用期限减去折扣期限。这种借款是有代价的，即丧失了折扣金额。③展期信用是指买方企业超过规定的信用期推迟付款而强制获得的信用。这种信用也属于有代价信用，由于期限延长，资本成本比合法的有代价信用成本低。但是，展期信用违反常规，常会受罚或丧失卖方信任，以后只能以现金付款。

1. 应付账款成本

企业放弃折扣付款而付出的代价称为放弃折扣的成本。由于现金折扣的存在，放弃现金折扣就意味着增加了成本，即企业因放弃折扣而造成的隐含利息成本。这个成本的近似计算公式如下：

$$放弃现金折扣的成本=\frac{折扣百分比}{1-折扣百分比}\times\frac{360}{信用期-折扣期}$$

公式表明，放弃现金折扣的成本与折扣百分比的大小、折扣期的长短同方向变化，与信用期的长短反方向变化。

例3-5　ABC公司在“2/10，*n*/30”信用条件下购进原料，信用额为全部货款，如果该公司在10天以后，30天内付款，该公司放弃折扣的成本是多少？

$$放弃折扣成本=\frac{2\%}{1-2\%}\times\frac{360}{30-10}=36.73\%$$

2. 利用现金折扣的决策

在附有信用条件的情况下，因获得不同信用要负担不同的代价，买方企业便要在利用哪种信用之间做出决策。

（1）如果能以低于放弃折扣的隐含利息成本的利率借入资金，便应在现金折扣内用借款支付货款，享受现金折扣。

（2）如果在折扣期内将应付账款用于短期投资，所得的投资收益率高于放弃折扣的隐含利息成本，则应放弃折扣而去追求更高的收益。

（3）如果企业因缺乏资金而欲展延付款期，则需在降低了的放弃折扣与展延付款而带来的损失之间做出选择。

（4）如果面对两家以上提供不同信用条件的卖方，应通过衡量放弃折扣成本的大小，选择信用成本最小的一家。

（二）应付票据

应付票据是企业进行延期付款商品交易时开具的反映债权债务关系的票据。应付票据必须在其票面记载收款人和付款人名称、金额、期限和其他委托事项，并且必须经过承兑才能生效。根据承兑人的不同，应付票据分为两种，一是商业承兑汇票，指由销货方对购货方签发的，经购货方在汇票上签章，承认到期支付的票据；二是银行承兑汇票，指付款单位承兑后，向银行提出承兑申请，由银行在其汇票上签名盖章，承认到期付款的票据。

签发商业汇票的单位，必须是在银行开立账户的法人，非法商品交易不准签发汇票。汇票签发后，承兑人负有到期无条件交款的责任。商业汇票到期必须通过银行办理转账结算。商业汇票期限由交易双方商定，一般是3~6个月，特殊情况可适当延长，但最长不得超过9个月。

这两种承兑汇票用途很广，凡是先货后款、分期付款的商品交易结算，租赁业务的分期付款以及清理拖欠货款等均可使用。运用它可促使挂账方式票据化。在财务上商业汇票作为应付票据或应收票据处理。对于购货方，它也是一种短期筹资方式。

应付票据可以带息，也可以不带息。应付票据的利率一般比银行借款利率低，且不用保持相应的补偿余额和支付协议费，所以应付票据的筹资成本低于银行借款成本，但应付票据到期必须归还，如延期便要交付罚金，因而风险较大。

（三）预收账款

预收账款是卖方企业在交付货物之前向买方预先收取部分或全部货款的信用形式。对于卖方而言，预收账款相当于向买方借用资金后用货物抵偿。预收账款一般用于生产周期长、资金需要量大而市场供不应求的货物销售。

（四）商业信用的特点

（1）好处：容易取得。

（2）不利：期限较短；放弃现金折扣时所付出的成本较高。

第五节　资本成本

一、资本成本的含义及在企业财务管理中的地位

资本成本是指企业取得和使用资本必须付出的代价。它包括筹资费用和资金占用费。筹资费用指取得资金而发生的费用，如企业发行债券和股票所发生的申请、登记、印刷以及向承销机构支付的手续费等与发行有关的费用。资金占用费是指企业取得所需资金并在一定时间内占用这部分资金而必须支付给资金所有者的报酬，如利息、股息等。

资本成本在财务管理中具有重要的作用：

（1）资本成本是企业进行筹资决策的基本依据。企业在筹措资本时，面对众多的资金来源渠道与筹资方式，在如何做出筹资决策，取得所需资金这个决策过程中，除了考虑各种筹资来源及方式的可适用性、负债比率等因素外，资本成本是一个十分重要的因素。如果仅就筹资方式进行比较，在其他条件基本相同的情况下，应选择资本成本最低的筹资方式。如果更进一步分析比较，不同资本的数量及其成本的大小会影响企业总资本成本的大小，因此，在筹资决策中必须考察所选择的筹资方式对企业总资本成本的影响，只有使企业总资本成本最小的筹资方案才是最佳筹资方案。

（2）资本成本是企业进行投资决策的基本依据。企业在进行投资决策时，要从所设计的众多投资方案中，选择最经济、最有效的投资方案，从而合理分配投资资金。因为资本成本是某项投资项目必须挣得的最低报酬率，这一报酬率对投资方案的选择至关重要，所以，资本成本就成为衡量投资方案取舍的客观标准之一。

二、资本成本的估算

（一）负债成本的估算

企业长期负债包括公司债券和银行贷款等。如果债务资本为银行贷款时，在银行贷款合同中，银行往往要求企业在借款期内保持借款余额一定百分比的存款余额，企业实际可使用的金额要比借款金额低，可企业却须按借款金额支付利息，银行贷款无发行费用，银行贷款成本为

$$K_c=\frac{M\times I\times(1-T)}{C}$$

式中：I——银行年贷款利率；

M——贷款总金额；

C——企业实际可使用的金额；

T——所得税率。

例 3-6　某企业向银行借款 2 000 000 元，银行年借款利率 6%，银行要求企业保持借款额的 5% 的存款余额。假定企业原计划需保持的最低现金存款余额为

50 000 元，所得税率为 30%。则

$$K_c = \frac{2\ 000\ 000 \times 6\% \times (1-30\%)}{2\ 000\ 000 - 50\ 000} \times 100\% = 4.31\%$$

如果企业的长期负债来自企业发行的债券，债券成本为

$$K_b = \frac{I_b(1-T)}{B(1-F_b)}$$

式中：K_b——债券资本成本；

B——债券发行价格；

F_b——发行成本；

I_b——每期利息，$I_b = P \times R_b$；

n——计息期数；

P——票面价值；

R_b——债券利率。

（二）优先股成本的估算

优先股的股息是固定的，且股息由税后净利润支付，发行时要支付发行费用，根据股息固定的股票估价公式，优先股成本 K_p 可用以下公式计算：

$$K_p = \frac{D_p}{P_p(1-f)}$$

式中：D_p——年支付优先股股利；

P_p——优先股票价格；

f——发行费用率。

例 3-7 某公司发行的优先股每股发行价格 100 元，年股息 12%，发行费用率为发行价格的 2.5%，求优先股成本。

$$K_p = \frac{100 \times 12\%}{100 \times (1-2.5\%)} \times 100\% = 12.3\%$$

（三）普通股成本的估算

普通股可以通过两种方式取得，一是将未分配净收益（留存收益）转为股本，二是发行新的普通股票。在计算普通股成本时，既要计算新增普通股的成本，也要考虑留存收益的资本成本。

为什么对留存收益也要考虑其资本成本？因为留存收益是公司原应发放给股东而没有分配的股利，应归属于公司普通股股东，公司普通股股东因此而放弃了应属于自己的投资机会，如果将这些未分配净收益分配给股东，股东将转而把它们投到别的可以获取报酬的地方，股东对这部分留存收益也要求给予其应得的报酬，所以来源于留存收益的资本成本应该是股东的机会成本。它的计算方法与普通股成本的计算方法相同，但无发行费用。

普通股股东所承担的风险较大，股东们所要求的报酬也较高，普通股报酬随企业生产经营状况的变化而变化，普通股收益不固定，与负债成本和优先股成本的估算相比，普通股成本的估算较为复杂，仅靠某一种方法难以做出较为准确的估算。

在计算普通股成本时，通常用三种方法进行计算，然后再根据具体情况对每一种方法采用的数据的有效性进行正确的判断，以此为基础确定最终的估算结果。下面分别介绍这三种普通股成本估算方法。

1. 资本资产定价模型

根据资本资产定价模式，假定普通股股东的相关风险只是市场风险，那么投资者所期求的风险报酬就取决于股票的 β 系数和市场风险报酬，普通股股东对某种股票的期望收益率 K_s 可用以下公式表示：

$$K_s = K_{RF} + \beta\ (K_M - K_{RF})$$

K_{RF}是无风险收益率，一般采用政府长期公债的收益率。在现代经济生活中，实际不存在所谓的无风险投资，但比较而言，政府长期公债基本上无风险，因此，计算普通股成本采用的无风险收益率用政府长期公债的收益率。β 是某种股票风险的度量系数，即某种股票相对于市场平均风险的波动倍数，例如 $\beta = 0.5$，说明这种股票所构成的投资组合的风险只是平均股票投资组合风险的一半。K_M 是指期望的市场投资收益率，$(K_M - K_{RF})$ 是指对市场平均风险的补偿报酬率。K_M 和 β 值由股票市场的数据统计得出。不同的机构对同一种股票的 β 值的计算可能会采用不同的方法进行估算，这样会导致不同的 β 系数，加之在估算 K_M 和 β 值时一般用的是历史数据，用历史数据分析得出的 K_M 和 β 值往往与未来的预期存在差异，因此，用资本资产定价模型计算的普通股成本仅是一个估算值。

2. 折现现金流量法

普通股每股的市场价值 P_0 是一系列期望股利现金流量序列的现值之和，即

$$P_0 = \frac{D_1}{(1+K_S)} + \frac{D_2}{(1+K_S)^2} + \frac{D_3}{(1+K_S)^3} + \cdots + \frac{D_\infty}{(1+K_S)^\infty}$$

上式可表示为

$$P_0 = \sum_{t=1}^{\infty} \frac{D_t}{(1+K_S)^t}$$

若给定该股票的市场价格和期望的股利，就可求出普通股的期望收益率 K_S。如果该股票的预期股利是按某一固定的比率 g 增长，则上式可改写为

$$P_0 = \frac{D_1}{K_S - g}$$

故

$$K_S = \frac{D_1}{P_0} + g$$

运用折现现金流量法估算 K_S 时，P_0 和 D_1 较易确定，而未来较长时期的股利增长率 g 却难以准确预测，因此，用这种方法计算的 K_S 也不是一个精确的值，仅是一个估算范围。

企业留存收益的资本成本不存在发行费用，可直接用上述公式计算，而对于新

发行的普通股由于发生了发行成本，其资本成本的计算要考虑发行成本f，新增普通股资本成本的计算公式为

$$K_S' = \frac{D_1}{P_0 - f} + g$$

3. 债券收益加风险报酬法

这是指采用在公司债券收益率基础上加上风险报酬率来计算 K_S 的方法，即

$$K_S = 债券收益率 + 风险报酬率$$

公式中的债券收益率可由公司发行的债券收益率确定，如果公司没有公开发行债券，则可用公司的平均债务成本确定，或通过投资银行取得。而风险补偿报酬率可根据市场的平均风险报酬率来确定，如果公司的风险报酬率在一个较稳定的范围，则可采用平均的历史风险报酬率作为风险补偿报酬率。需要指出的是风险报酬率并非一成不变，在用此方法计算 K_S 时，最好采用本期的风险报酬率。

下面用一个例子来说明普通股资本成本的估算过程。

例 3-8　某企业股票市场价格为 25 元，下一期股利预计为 1.75 元，预期未来股利将按 9%的速率增长。此时市场平均股票收益率 $K_m = 18\%$，政府 3 年期国库券的利率为 11%，企业股票的β值为 0.95。企业债券收益率 $K_d = 13\%$。求该企业普通股资本成本。

按资本资产定价模型计算：$K_s = 11\% + 0.95 \times (18\% - 11\%) = 17.65\%$。

按折现现金流量法：$K_s = 1.75/25 + 9\% = 16\%$。

按债券收益率加风险报酬率法：据统计，大部分股票投资者要求相对于公司债券，股票的风险报酬率在 2%～4%。本例取风险报酬为 4%，$K_s = 13\% + 4\% = 17\%$。

综合三种方法计算的结果可知，该企业普通股资本成本在 16%～17.65%，通常可取其算术平均值：$K_s = (17.65\% + 16\% + 17\%)/3 \approx 17\%$。

（四）加权平均资本成本

企业从不同来源以不同筹资方式取得资金，每种资本的成本有高有低，总的筹资成本应按加权平均资本成本，它是依据各个个别资本成本和该资本占全部长期资本的比重，通过加权平均方法计算的，即如果构成企业资本结构的要素有 n 个，其占资本结构的权数分别为 W_1，W_2，W_3，…，W_n，而它们的个别成本分别为 K_1，K_2，K_3，…，K_n，则加权平均资本成本可用下列公式求得.

$$K_a = \sum_{i=1}^{n} W_i K_i$$

式中：K_a——加权平均资本成本；

W_i——第 i 种资本在全部资本中的比重；

K_i——第 i 种资本的税后资本成本。

例 3-9　企业普通股成本、优先股成本、债务成本分别为 17%，13.5%，6.17%，普通股、优先股、债务分别占总资本的比重为 50%，10%，40%，则 K_w 可计算如下：

$K_w = 17\% \times 50\% + 13.5\% \times 10\% + 6.17\% \times 40\% = 12.318\%$

企业按上面的资本成本所筹的资本是500万元。

这里所有的资本价值都应是市场价值，而不是账面价值或资产负债表上所列示的价值，若市场价值无法得到或资本的市场价值与账面价值接近，可按资产负债表上资本的账面价值计算。

三、边际资本成本

（一）边际成本概念

边际成本是企业新增筹资的资本成本。企业筹措新的资本用于投资，新资本增加时，每获得一元新资本所花费的代价称为边际资本成本。

（二）边际资本成本的计算

边际资本成本实际上就是追加筹资的加权平均资本成本。计算公式为

$$K_w' = \sum K_i' W_i'$$

式中：K_w'——边际资本成本；

K_i'——第 i 种追加筹资的个别资本成本；

W_i'——第 i 种追加筹资在全部追加筹资中的比重，$\sum_{i=1}^{n} W_i' = 1$；

n——追加筹资的种类数。

为什么要引入边际资本成本概念？企业无法以某一固定的资本成本筹措无限的资金，当其所筹集的资金超过一定限度时如前例的500万元，再要新增筹资，即使保持原有的资本结构，也会使企业各类资本成本增加，从而引起企业新增筹资的边际资本成本上升。

承前例按上例所计算的加权平均资本成本，该企业所能筹集的资本是500万元。超过500万元后，企业再要筹措新资本至1 200万元，各类资本的成本将会上升，如表3-6所示。

表3-6　新增筹资边际成本计算表

资本类别	资本成本/%	资本权重/%	加权平均资本成本/%
债务	7.05	40	2.82
优先股	14.8	10	1.48
普通股	18	50	9
			$K = 13.3\%$

所以企业新增资本从500万元增至1 200万元时，其边际资本成本为13.3%。

新增筹资为什么会引起各类资本成本的增加？因为随着新资本增加，企业经营规模扩大，经营风险增加，若企业的债务在原有规模上不断增加，新债权人考虑到风险，必定会提高贷款或债券的利率，使债务成本增加。同样的，股东也会考虑到风险，要求提高投资报酬率，以此来补偿增加的风险，股本成本也会上升。

企业筹集新资本都按一定的数额批量进行，企业在追加筹资时，需要知道在什

么数额上便会引起资本成本的变化，因此，企业在追加筹资的决策中，必须预先计算边际资本成本随追加筹资总额及其资本结构的变化情况。这样，在确定追加筹资总额及其资本结构时，就能充分利用边际资本成本阶跃（突破点）前的充裕量，尽量避免边际资本成本刚刚跃过突破点。

第六节　长期筹资方式的决策

一、财务杠杆与财务风险

（一）财务杠杆

财务杠杆是指企业的负债对企业的权益资本的比率，即财务杠杆率。财务杠杆可以理解为狭义的资本结构，有的书直接把负债对权益资本的比例称为资本结构。如果企业总资本收益率大于借款利息率，则企业的权益资本收益率高于企业资本收益率，说明借债可以提高企业权益资本的收益率。由于借款利率一般是固定的，在企业的总资本收益率高于借款利息率的前提下，财务杠杆率越大，企业权益资本收益率越高，表明企业获得了财务杠杆利益。

但是企业在获得财务杠杆利益的同时，企业权益资本却承担了新增加的风险，即财务风险，从上式中我们可以看到，如果企业总资本收益率小于借款利息率时，企业权资本收益率会低于总资本收益率，随着财务杠杆率的提高，企业权益资本收益率将会加速降低。

为了衡量财务杠杆作用的大小，我们引入财务杠杆系数概念。财务杠杆系数是指企业每股收益 EPS 的变动对利税前收益 EBIT 的波动的反映程度，其计算公式为

$$DFL=\frac{\text{EPS 变动百分比}}{\text{EBIT 变动百分比}}=\frac{\Delta EPS/EPS}{\Delta EBIT/EBIT}$$

为便于简化计算，在不考虑优先股股利时，财务杠杆系数也可用下列公式计算：①

$$\text{财务杠杆系数}=\frac{EBIT}{EBIT-I}$$

式中：EBIT——息前税前利润；

I——债务利息额。

财务杠杆系数的经济含义是指一定的 EBIT 变动百分比引起的每股净收益变动的百分比。

（二）财务杠杆与财务风险

财务风险是指当企业有负债、租赁和优先股时，债务利息、租金和优先股股息等固定支出将会影响企业的税后利润，使普通股的每股收益发生变化。

企业在有负债的情况下借助于财务杠杆的作用，可能增加权益资本的收益，但

① 公式推导参见：王化成．企业财务学［M］．北京：中国人民大学出版社，1994：427.

却使企业承担财务风险，这种风险是因为企业有负债时，由于要支付固定的利息，而企业总资产收益率不确定，可能使企业权益资本收益率发生变动而给企业带来的风险。这就是说财务风险的产生是因负债而产生，并且风险的大小与财务杠杆率（负债权益比率）的大小有关。

二、长期筹资方式的决策

不同的筹资方式各有其利弊，企业在筹措长期资金时应根据自身的需求，比较不同筹资方式的风险、成本以及财务杠杆利益，确定适当的资本结构进行筹资决策。筹资决策的方法有许多，常用的方法有：

（一）企业筹资的 EPS-EBIT 分析

财务杠杆的有利性是通过它对普通股股东每股收益的影响来判断的。因此，下面我们将讨论在不同筹资方案（不同资本结构）下每股收益（EPS）和营业利润（EBIT）的相互关系并确定这些可选方案之间的无差别点。

1. EPS-EBIT 无差别点的定义

EPS-EBIT 无差别点是指可使两种（或多种）不同的筹资方案每股收益（EPS）都相同的营业利润（EBIT）的水平。

2. 企业筹资的无差别点的计算

$$EPS=\frac{(EBIT-I)(1-T)-D_p}{N}$$

式中：N——普通股股数；

I——债务利息；

D_p——优先股股息。

根据无差别点的定义，两种融资方案间的无差别点可以用数学方法来确定。以下标 1 和 2 分别是表示两种不同的筹资方案的 EPS，则有：

$$\frac{(EBIT-I_1)(1-T)-D_{p1}}{N_1}=\frac{(EBIT-I_2)(1-T)-D_{p2}}{N_2}$$

能使上述公式成立的息税前收益为每股收益无差别点的息税前收益。

例 3-10 假设某企业现有债务 400 万元，年利率 10%，普通股 200 万股，每股 20 元。目前企业因上新项目需筹集资金 2 000 万元，有两种筹资方案：发行 100 万普通股，每股价格 20 元；发行 2 000 万元债券，利率 12%。发行成本均忽略不计。新项目建成后，企业的利税前收益为 1 200 万元，进行无差别分析。

第一步，列表计算两种筹资方式下的 EPS，见表 3-7。

表 3-7 两种不同筹资方式 EPS 计算表

筹资方案 / 项目	普通股筹资	债券筹资
EBIT（万元）	1 200	1 200

表3-7(续)

项目 \ 筹资方案	普通股筹资	债券筹资
I（万元）	40	280
税前收益（万元）	1 160	920
税金（T=40%）（万元）	464	368
税后净收益（万元）	696	552
普通股股数（万股）	300	200
EPS（元）	2.32	2.76

表中：280=400×10%+2 000×12%

企业的 EBIT=1 200 万元时，用债券筹资的每股收益为 2.76 元，高于普通股筹资的 2.32 元。但债务比率增大后，财务风险增加。若 EBIT 减少，EPS 将大幅度下降。

第二步，计算无差别点。

根据无差别点计算公式及资料可建立下列等式：

$$\frac{(EBIT^{*}-40)(1-0.4)}{300}=\frac{(EBIT^{*}-280)(1-0.4)}{200}$$

解上式得 $EBIT^{*}=760$（万元），此时 EPS=1.44（元）。

第三步，描绘出两种不同筹资方式 EPS-EBIT 的关系图，见图 3-1。

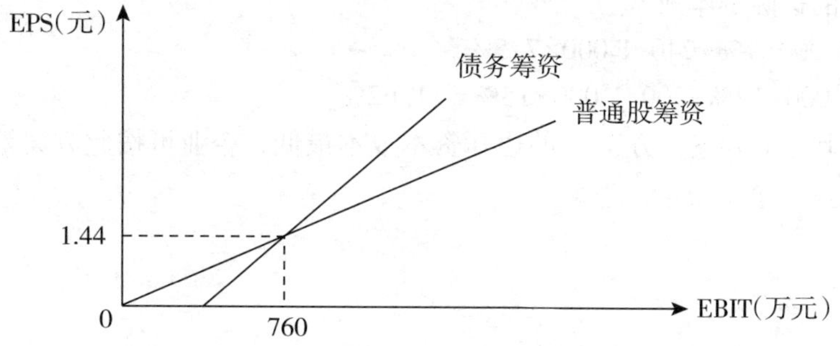

图 3-1 每股收益和利税前收益 EPS-EBIT 关系图

从图 3-1 中可看出，若新项目投入运营后企业的 EBIT>760 万元，新资本2 000 万元应采用债务筹资。若 EBIT<760 万元，则应发行普通股筹资。图 3-1 中债务筹资的 EPS-EBIT 线的斜率大于普通股筹资的斜率，说明债务筹资的财务杠杆大于普通股筹资的杠杆，因此，EPS 对 EBIT 的变化较为敏感。当企业的EBIT<760 万元时，债务筹资的 EPS 小于普通股筹资时的 EPS，财务杠杆的负效应产生，这时应放弃债务筹资方案。

（二）企业筹资的边际成本分析

企业筹资的边际成本分析法就是计算不同筹资方案的边际成本，比较不同筹资方案的边际资本成本，选择边际资本成本最低的筹资方案的决策方法。

例 3-12 某企业需筹集 1 000 万元长期资金，设计了三个筹资方案可供选择，有关测算资料列入表 3-8。

表 3-8 筹资方案的有关资料表

筹资方式	筹资方案 A		筹资方案 B		筹资方案 C	
	筹资额/万元	资金成本/%	筹资额/万元	资金成本/%	筹资额/万元	资金成本/%
长期借款	80	6	100	6.5	160	7
债券	200	7	300	8	240	7.5
优先股	120	12	200	12	100	12
普通股	600	15	400	15	500	15
合计	1 000	—	1 000	—	1 000	—

根据上述资料，进行筹资方案选择。

方案 A 的边际资本成本

$=80/1\ 000\times6\%+200/1\ 000\times7\%$

$+120/1\ 000\times12\%+600/1\ 000\times15\%=12.36\%$

方案 B 的边际资本成本

$=100/1\ 000\times6.5\%+300/1\ 000\times8\%$

$+200/1\ 000\times12\%+400/1\ 000\times15\%=11.45\%$

方案 C 的边际资本成本

$=160/1\ 000\times7\%+240/1\ 000\times7.5\%$

$+100/1\ 000\times12\%+500/1\ 000\times15\%=11.62\%$

比较以上三个方案，方案 B 的边际资本成本最低，企业可按此方案筹资。

第四章
固定资产投资管理

企业固定资产管理的很大一部分职责由使用这些资产的生产经理承担。企业的财务经理主要对固定资产投资事宜进行管理。

第一节　固定资产投资管理概述

固定资产投资是指以货币资金或实物等投入固定资产购建更新的投资活动。具体投资形式包括外购固定资产投资、融资租入固定资产投资、自行建造固定资产投资、其他单位或个人投资转入固定资产投资、固定资产大修理投资等。

固定资产投资的特点：①固定资产建设过程基本决定了它未来可能的经济效益；②回收速度较慢；③金额较大，对企业财务状况影响较大。

一、固定资产投资管理的原则

为了适应固定资产投资的特点要求，企业应制定固定资产投资管理的基本原则，据以指导投资活动的顺利进行。

（一）讲求效益

讲求经济效益是企业投资管理的核心问题。固定资产投资金额较多，回收时间较长，对企业经济效益影响较大，因此，在投资进行之前，企业就必须建立严密的投资决策程度，进行投资可行性分析。

投资可行性分析是工程项目建设开始前的一个重要工作阶段。其主要任务是对投资项目技术上的可行性和经济上的有效性进行论证，运用各种方法测算出科学的数据为投资决策提供参考。进行投资可行性分析，是避免投资决策失误、保证企业投资项目经济效益和生产经营资金使用效益的重要手段。财务管理部门是资金管理专职机构，财务人员必须参与投资项目可行性论证，从资金角度提出决策建议。

（二）及时足额筹集资金，保证投资项目的资金供应

固定资产投资项目投资金额大、建设工期长、工程量大，一旦开工就必须有足额资金供应，否则，就会使工程建设中途停工，出现所谓“胡子工程”“半截子工程”，使原有的投资项目可行性论效益难以实现，甚至亏损。在我国的基建工作中是有过不少这种教训的，今后应该加强管理。同时，我们必须认识到，有些固定资

产投资项目还需要相应配套的流动资产投资。在筹集固定资产投资项目资金时，应综合全面考虑以上因素。

（三）加强工程预算管理，实施有效的投资控制

投资项目工程预算是对投资项目总投资中各工程项目以及所包含的单位工程与分步工程造价进行控制的财务计划。固定资产投资项目建设周期较长，为保证投资的有效合理使用，可以按工程进度和单位工程、分步工程完成情况逐步进行资金拨付结算。这样一方面可以防止施工企业盲目使用资金，突破资金预算；另一方面可以配合分阶段工程验收，把工程质量控制与财务控制结合起来。在投资项目建设完工以后，财务人员通过进行工程决算，全面清点新增固定资产数额，排除各种不应列入工程造价的费用，使投资总额控制目标顺利实现。

（四）优化投资区域结构，重视环境保护配套投资

企业不仅要重视在经济条件好的地区投资，也要响应国家号召，到经济欠发达地区投资，使贫困地区人民尽快脱贫，并防止返贫。有条件的大型企业，还要配合国家“一带一路”举措，开展国外投资，促进世界经济发展。对某些环境有污染的项目，一定要安排好治理污染的配套项目投资，保护人民的身体健康。

总之，固定资产投资是对企业影响重大的投资活动，应紧紧围绕投资经济效益做好管理工作。

二、固定资产投资的可行性分析

固定资产投资可行性分析是在固定资产投资之前，运用专门方法论证投资项目技术上的先进性与经济上的合理性，为投资决策提供可靠依据的管理工作。进行固定资产投资可行性分析，是投资管理的中心工作，有利于正确预计投资的有利与不利因素，趋利避害，克服经济活动的盲目性，为正确进行投资决策、提高企业经济效益提供条件。

企业进行投资可行性分析，首先，要全面分析影响投资活动的各种因素，分析它们之间的经济数量关系；其次，广泛搜集和整理有关财务数据与资料，包括企业内部和外部资料、财务与生产技术资料及计划统计资料等，对其进行加工整理，得到财务可行性分析的基础数据；最后，根据研究对象特点选用科学的计算指标与方法，对投资方案进行经济技术论证，确定最佳投资方案，为企业投资决策提供依据。

固定资产投资可行性分析也是对企业一系列相互联系、影响的经济因素分析做出的。主要内容包括固定资产投资数额与时间预计、固定资产投资收益数额与时间预计、固定资产投资风险程度、资金成本等因素。现对各影响因素简介如下：

（1）现金流量。现金流量直接反映了固定资产投资项目的收入、支出情况，以收抵支可以反映投资项目的经济效益。因此，现金流量是固定资产投资预测决策的重要依据。

（2）资金时间价值。企业在固定资产投资预测决策中，必须严格审核现金流量所处时间，按照资金时间价值要求计算出资金现值、终值，以便正确计算投资效益。

（3）资金成本。资金成本是固定资产投资决策的最低标准。只有当投资利润率

高于资金成本率时，固定资产投资项目才是有利可图的；如果投资利润率小于或等于资金成本率，则投资项目从经济上不可行。因此，资金成本是影响固定资产投资预测的重要因素。

（4）投资风险。风险在现代商业活动中无处不在、无时不有。固定资产投资跨越时间较长，受经济环境不确定性影响更大，风险程度较高，在进行固定资产投资预测决策时，应注重考虑投资风险对投资收益、投资额回收的影响。

此外，固定资产经济寿命期、技术上的可行性等也是影响固定资产投资预测决策的重要因素。

三、固定资产投资决策程序

固定资产投资决策是对企业未来时期投资活动进行科学预计和测算，用一定方法对比投资方案，对技术可行性进行论证，综合各种因素选择最佳方案的经济过程。正确做出投资决策，是关系到企业投资效益和企业经营目标实现的关键环节。

固定资产投资预测决策必须按照严密的程序进行，以保证其科学性和正确性。投资管理程序因企业性质和决策对象不同而不尽相同。但从一般情况来看，投资预测决策要经历以下五个步骤：

（一）拟定投资方案

固定资产投资一般由企业各级领导人员发起，可以是企业最高行政领导，也可以是各业务部门和各级单位主管，最高行政领导发起的一般是对企业发展前途影响重大的战略性投资；而各级业务主管发起设计的通常是战术性投资。此外，科研院所负责人根据科研成果，也可发起战略性投资设计，如开发新产品等。

发起设计的中心在于提出合理的投资方案。投资方案内容主要应包括以下内容：

（1）投资方案目的。

（2）估算投资方案的现金流量及其时间。这是计算投资行为引起的全部货币收支，并在考虑时间价值基础上预测投资方案的经济效果。

（3）估算投资方案预期收益与风险程度，为正确决策提供依据。

（4）发起设计人员把所有考虑过的投资方案或可能的投资方案一并附上，从中对比提出最佳可行方案，并说明理由依据供领导决策参考。

（二）财务审核

负责人提出投资方案后，应首先提交财务部门领导进行财务审核。财务审核着重考核以下内容：

（1）投资方案的现金流量、投资成本预测是否正确，预期收益预测是否合理，进行该项投资是否会引起更大投资等。

（2）进行该项投资的资金来源是否有保证，财务部门筹款计划能否实现。

投资方案通过财务审核后，提交上级领导机构决策审批。

（三）决策

在决策阶段，审批机构要对投资方案的技术先进性、经济合理性、风险程度和社会效益等进行全面分析，做出正确的投资决策。决策一般有三种情况：

（1）批准投资项目，采纳建议；

（2）否决投资项目；

（3）提出问题，进一步调查研究。

（四）执行

投资方案批准后就进入执行阶段。在此阶段，要对施工进度、工程质量和投资成本开支进行控制，保证投资工程如期完成，严禁支出超过预算。

（五）再审核

在执行投资方案过程中，管理人员应继续审查投资决策的正确性，确定在企业外部、内部条件发生变化时，该项决策是否仍然正确。如果情况发生变化而使原有决策错误，就应中止原有投资方案的执行。这样做可能会带来一些投资损失，但可以避免决策错误造成更大损失。

第二节　固定资产投资方案现金流量估算

一、固定资产投资方案现金流量

固定资产投资方案现金流量是指从投资开始直至固定资产寿命终结为止这一期间内，固定资产带来的一定时间序列的现金流入与流出的增量。

现金流量分为现金流出量与现金流入量两个方向。增加资本、增加负债和减少非现金资产，会带来现金流入；减少资本、减少负债和增加非现金资产，会带来现金流出。一定时期内的现金流入量减去包括税金在内的现金流出量，称为净现金流量（或税后现金流量）。

（一）现金流出量

在投资决策中，一个方案的现金流出量是指在实施此方案的整个过程中所需投入的资金。它主要包括：

（1）固定资产原始投资额，如设备价款、运杂费、安装费等。

（2）与固定资产配套的需要增加的净营运资本。净营运资本=流动资产-流动负债，这部分资本需要由长期资本来补充，应计入投资支出。在投资分析时，假定开始投资时筹措的净营运资金在项目结束时收回。

（3）项目投产后增加的付现成本、所得税等。

（二）现金流入量

在投资决策中，一个方案的现金流入量是指投资方案所引起的企业现金收入的增加额，主要包括：

（1）投资项目带来的经营收入。

（2）固定资产折旧。固定资产折旧虽然要计入成本，但并不会引起现金的流出，而作为固定资产投资回收随经营收入的取得而收回，故将其作为一项现金流入。

（3）项目终结时固定资产报废时残值收入。

（4）收回追加的流动资产投资。

（5）其他。

二、固定资产投资方案现金流量估算

（一）现金流量估算应注意的问题

1. 增量现金流量

增量现金流量是指那些直接来自投资项目的现金流量，即接受或拒绝某个投资项目后，企业总现金流量因此而发生的增减变动。只有那些由于采纳某个项目引起的现金支出增加额，才是该项目的现金流出，如引进一个新项目，带来了 5 万元的付现成本；只有那些由于采纳某个项目引起的现金流入增加额，才是该项目的现金流入，如引进一个新项目，带来了 100 万元的经营收入。因此，只有增量现金流量才是与项目相关的现金流量。

2. 相关成本与无关成本

相关成本分析评价时必须加以考虑的成本叫相关成本，如机会成本。分析评价时不必加以考虑的成本叫无关成本，如沉没成本。

3. 折旧对现金流量的影响

折旧是对固定资产在使用过程中损耗的价值补偿。折旧将固定资产的原始价值在规定的使用年限内转化为费用计入成本，它并不是企业实际的现金支出，不能作为现金流出从流入的销售额中减去，而作为固定资产投资回收随经营收入的取得而收回，故将其作为一项现金流入。但在应税收入中应减去折旧费用，故折旧是免税的。项目折旧费的大小和所得税率的高低直接影响项目净经营现金流量的大小。

如果经营活动中使用的某项已折旧资产出售后获得的收入大于其账面折余价值，任何超过账面价值但小于该资产的折旧基数（原始价值）部分所实现的价值，都应缴纳企业所得税。如果出售资产的收入后低于账面价值，资产收入与账面价值的这部分差额被允许免征所得税。

（二）固定资产投资方案现金流量估算

现金流量估算就是计算固定资产从投资开始到寿命终结时各年末的净现金流量。

1. 固定资产投资现金流量的三个组成部分

项目从投资开始到寿命终结要经历建设期、经营期、寿命终结期三个阶段，进行现金流量估算时，把项目现金流量按这三个时间段分成三个组成部分，分别估算，最后再按时间序列列出。

项目现金流量的三个组成部分是：

（1）初始净现金流量。固定资产投资支出，如在固定资产和流动资产上的投资，一般为流出量。

（2）经营期间净现金流量。这是指固定资产投入使用后，在整个寿命周期内由于生产营业所带来的现金流入量与现金流出量的差额。此类现金流量应按年计算。其值等于经营现金收入减去经营现金支出和税金后的差额。在销售收入等于经营现金收入，付现成本（不包括折旧）等于经营现金支出的条件下，经营现金流量等于税后净利加折旧。

（3）终结时的现金流量。这是指固定资产经济寿命终结时发生的现金流量，如固定资产变价收入或残值变价收入、原垫支的流动资本的回收、停止使用的土地市价等，其值为正。

2. 固定资产投资方案现金流量的估算举例

投资方案现金流量估算可采用全额分析法进行，即依据现金流量组成内容，详尽计算投资方案经济寿命周期全部支出与收入，亦可用差额分析法，计算两个投资方案差异现金流量。固定资产投资一般有两种情形：①购置新的固定资产；②以新的固定资产代替旧的固定资产。现举两例分别介绍其方法的运用。

（1）购置新固定资产现金流量的估算。

例 4-1 H公司计划新建一个车间，厂房、设备共需投资 11 000 万元，需 1 年建成，使用寿命为 5 年，采用直线折旧法，第 6 年年末的残值为 1 000 万元。此外，需要追加流动资本 2 500 万元。所用的是原有的一块土地，该地市价为 3 000 万元。投资后预期每年可得销售收入 8 000 万元（假设均于当年收到现金），第 1 年付现成本为 3 200 万元（均于当年付出现金），以后随着设备逐渐陈旧，修理费逐年增加 300 万元。所得税税率为 25%，试估算现金流量。

第一，年折旧额=（11 000-1 000）/5=2 000（万元）。

第二，列表计算营业现金流量。

表 4-1 营业现金流量计算表 单位：万元

年份（t）	2	3	4	5	6
销售收入（1）	8 000	8 000	8 000	8 000	8 000
付现成本（2）	3 200	3 500	3 800	4 100	4 400
折旧（3）	2 000	2 000	2 000	2 000	2 000
税前净利（4）=（1）-（2）-（3）	2 800	2 500	2 200	1 900	1 600
所得税（5）=（4）×25%	700	625	550	475	400
税后净利（6）=（4）-（5）	2 100	1 875	1 650	1 425	1 200
营业现金流量 （7）=（1）-（2）-（5）=（6）+（3）	4 100	3 875	3 650	3 425	3 200

第三，列出该项目的现金流量表。

表 4-2 现金流量计算表 单位：万元

年份（t）	0	2	3	4	5	6
厂房、设备投资	-11 000					
土地投资	-3 000					
追加流动资本	-2 500					
营业现金流量		4 100	3 875	3 650	3 425	3 200
厂房、设备残值						1 000
土地回收						3 000
流动资本回收						2 500
现金流量合计	-16 500	4 100	3 875	3 650	3 425	9 700

表 4-2 中，$t=0$ 代表第 1 年年初，$t=1$ 代表第 1 年年末，$t=2$ 代表第 2 年年末，以此类推。为简化计算，把各年的投资看作是各年的年初一次发生的，把各年的营业现金额看作是各年的年末一次发生的，把终结现金流量看作是最后一年的年末发生的。

（2）以新的固定资产取代旧的固定资产现金流量的估算。

例 4-2 E 公司考虑用一台新设备来替换旧设备，以降低每年的生产成本。旧设备原值为 97 000 元，年折旧额为 10 000 元，已提折旧 50 000 元，估计还可再用 5 年，5 年后的残值为 7 000 元，第 5 年不提折旧，如果现在出售，可得价款 47 000 元。新设备的买价、运费和安装费共需 110 000 元，可用 5 年，年折旧额为 20 000 元，第 5 年末的残值为 10 000 元。用新设备时每年付现成本可下降 28 000 元，年销售收入不变，所得税税率为 25%。

站在使用新设备的立场上，计算比用旧设备增减的现金流量。

第一，计算 Δ 初始投资和 Δ 年折旧额。

Δ 初始投资＝−110 000+47 000＝−63 000（元）

1~4 年：Δ 年折旧额＝+20 000−10 000＝10 000（元）

第 5 年：Δ 年折旧额＝20 000（元）

第二，列表计算各年的 Δ 营业现金流量。

表 4-3 营业现金流量计算表

单位:元

年份(t)	1~4	5
Δ 付现成本(1)	−28 000	−28 000
Δ 折旧(2)	+10 000	+20 000
Δ 税前净利(3)＝0−(1)−(2)	+18 000	+8 000
Δ 所得税(4)＝(3)×25%	+4 500	+2 000
Δ 税后净利(5)＝(3)−(4)	+13 500	+6 000
Δ 营业现金流量(6)＝0−(1)−(4)＝(5)+(2)	+23 500	+26 000

第三，计算 Δ 终结现金流量＝+10 000−7 000＝+3 000（元）。

第四，计算全部的 Δ 现金流量。

表 4-4 现金流量计算表

单位：元

年份（t）	0	1~4	5
Δ 初始投资	−63 000		
Δ 营业现金流量		+23 500	+26 000
Δ 终结现金流量			+3 000
Δ 现金流量	−63 000	+23 500	+29 000

第三节　固定资产投资决策的基本方法

当确定了投资方案决策所必要的相关现金流量信息后，我们需要评估考虑中的各个投资方案的可行性，进行投资方案的选择。在这部分，我们将介绍四种项目评估和选择的方法。

一、投资回收期法

所谓投资回收期，是指一定量投资按项目投产后每年收回的净现金流量计算所能收回全部投资的时间。投资回收期法是依据投资回收期长短做出投资决策的一种方法。显然，其决策原则是投资回收期最短的方案为最佳方案。其计算公式为

$$投资回收期=\frac{投资总额}{项目投产后每年的净现金流量}$$

$$=\frac{投资总额}{项目投产后每年税后利润+每年提取折旧费}$$

假定某公司计划一项长期性投资方案，预计投资总额为 15 000 元，预计项目投产后每年可获税后利润 2 000 元，年均折旧费为 1 500 元，则该投资方案投资回收期为：

$$投资回收期=\frac{15\ 000}{2\ 000+1\ 500}=4.29（年）$$

如果投资方案投产后每年净现金流量不等，则可运用下列公式计算投资回收期。

$$投资总额=\sum_{t=1}^{n}第\ t\ 年净现金流量$$

式中：n——投资回收期；

t——投资年数。

例 4-3　假定某公司实行一项投资方案，预计投资额为 15 000 元，项目投产后每年净现金流量如表 4-5 所示。

表 4-5　项目投产后每年净现金流量　　单位：元

年份（t）	0	1	2	3	4	5	6
净现金流量	-15 000	3 000	3 500	4 000	3 500	2 000	3 000

$$15\ 000=3\ 000+3\ 500+4\ 000+3\ 500+\frac{2\ 000}{2}$$

$$\therefore n=4\frac{1}{2}（年）$$

投资回收期法的优点是简便易懂，但它也存在较大缺陷。其具体表现在：投资回收期法没有考虑货币时间价值要求，没有计算各年净现金流量的现值，并且没有

考虑投资方案总的使用年限和可能提供的全部收益，经济观点不强。因此，投资回收期法一般只用于小额投资决策。

二、净现值法

（一）净现值含义及计算

净现值是指投资项目从投资开始直到寿命终结时各年净现金流量现值的代数和。净现值的表达方式为

$$净现值=\sum_{t=0}^{n}\frac{NCF_t}{(1+k)^t}$$

式中：n——开始投资至项目寿命终结时的年数；

NCF_t——第 t 年的净现金流量；

k——预定的贴现率。

例 4-4 假定某公司有一投资项目，净现金流量如表 4-6 所示。

表 4-6 净现金流量 单位：万元

年份（t）	0	1~10
NCF	-12 000	2 500

预定的贴现率为 10%，则

$$NPV=-12\ 000-\sum_{t=0}^{10}\frac{2\ 500}{(1+10\%)^t}$$

$$=-12\ 000-2\ 500\times\frac{1-(1+10\%)^{-10}}{10\%}$$

$$=3\ 363.3\text{（万元）}$$

净现值的经济意义在于，如果预计投资项目的净现值大于 0，说明该项目所带来的现金流入量补偿了一切成本，净现值数额为股东净赚的钱。在前例中，如果公司实施了该项目，股东财富将增加 3 363.3 万元，如果资本成本选择正确，那么股东财富将会增加，这时公司股票价格将上升。如果预计投资项目的净现值等于 0，说明该项目所带来的现金流入量刚好补偿了一切成本，这时该项目没有为股东带来增量财富，这时，公司的股价不会变化。如果预计投资项目的净现值小于 0，说明该项目所带来的现金流入量不能补偿所付出的一切成本项目的出现净亏损，该项目将不会被接受。

（二）运用净现值进行投资决策

如果项目为独立项目，其决策标准为：

NPV≥0 采纳；

NPV<0 拒绝。

如果项目为互斥项目，其决策分为两种情况，一是互斥项目寿命相同，直接比较项目的 NPV，选择 NPV 大的项目。

例 4-5 有 C、D 两个互斥项目，它们的预计现金流量如表 4-7 所示。

表 4-7　C、D 两个互斥项目的预计现金流量　　单位：万元

年份（t）	0	1	2	3	4
NCF_C	-11 000	7 000	3 000	3 000	3 000
NCF_D	-11 000	3 000	3 000	3 000	7 500

预定的贴现率为 12%，则

NCF_C=1 686（万元）

NCF_D=976（万元）

可见，项目 D 的现金流入量比项目 C 的现金流入量多 500 万元，但由于它的大额现金流入量（7 500 万元）发生在第 4 年，而项目 C 的大额现金流入量（7 000 万元）却发生在第 1 年，所以项目 D 的 NPV 反而小于项目 C。

结论：选择项目 C。

二是如果互斥项目寿命不等，寿命长的项目 NPV 大，寿命短的项目 NPV 小时，就很难用 NPV 辨别优劣。这时，应该把各项目的 NPV 通过资本回收系数分别换算成以每年年末为时点的平均净收益，即年均净收益。这种方法叫等值年金法，即将互斥项目的 NPV 按资本成本等额分摊到每年，求出每个项目的等值年金进行比较。由于都转化成年金，项目在时间上是可比的，而且从 NPV 转化为年金只是做了资金时间价值的一种等值变换。

例 4-6　设有 E、F 两个互斥项目，它们的初始投资额相等，但寿命不同，资本成本为 10%，现金流量如表 4-8 所示。

表 4-8　E、F 两互斥项目的现金流量　　单位：万元

年份（t）	0	1	2	3
NCF_E	-12 000	7 700	7 700	
NCF_F	-12 000	5 500	5 500	5 500

第一，分别计算待选项目的 NPV。

NPV_E=1 367.2（万元）

NPV_F=1 678.5（万元）

第二，分别计算待选项目的年均净收益。

$$NPV_E=A_E\times\frac{1-(1+10\%)^{-10}}{10\%}$$

$$1\ 367.2=A_E\times\frac{1-(1+10\%)^{-10}}{10\%}$$

A_E=788（万元）

$$NPV_F=A_F\times\frac{1-(1+10\%)^{-10}}{10\%}$$

$$1\ 678.5=A_F\times\frac{1-(1+10\%)^{-10}}{10\%}$$

$A_F = 675$（万元）

结论：选项目 E。

（三）对净现值的评价

净现值法的优点在于：考虑了时间价值，并且反映了投资项目在寿命期内可提供的全部经济效益；考虑了风险，因为 K 是随风险大小调整的，每个方案都有一个 K；其接受标准符合财务管理的目标。其不足之处在于：现金流量不容易预测，尤其是远期现金流量预测并不容易；包括风险的 K 不易审订，尤其在金融市场利率每天都在变化，而方案一做就是长期的，不容易做到准确。

三、现值指数法

（一）现值指数含义及计算

现值指数是指项目经营期间以及寿命终结时各年净现金流入量现值与项目投资额现值之比。

其表达式为

$$PI = \frac{\sum_{t=1}^{n} \frac{NCF_t}{(1+K)^t}}{\text{投资额现值}(NCF_0)}$$

现值指数经济含义：反映单位投资的收益，表示了项目的相对盈利性。有人把初始投资看作投资成本，把未来现金流量的现值看作收益，所以现值指数也叫成本收益率，也有人把它叫作一元支出回收的现值。

（二）运用现值指数进行投资决策

在独立项目决策，应遵循如下规则：

期望现值指数≥1　　采纳；

期望现值指数<1　　拒绝。

在互斥项目决策中，在投资规模相同的互斥项目的选择中，净现值与现值指数总能取得一致的结论，应该在期望现值指数超过 1 的投资项目中选择其最高者。但在投资规模不同的互斥项目的选择中，则有可能得出不同的结论，当净现值与现值指数做出不同结论时，应该以净现值为准。

（三）对现值指数的评价

现值指数的优点是：考虑了时间价值，并且反映了投资项目在寿命期内可提供的全部经济效益；考虑了风险，因为 K 是随风险大小调整的，每个方案都有一个 K；可以进行独立投资项目获利能力的比较。

现值指数的不足之处是：指数只能说明项目的相对盈利性，不能具体体现项目对股东财富的经济贡献，并且计算现值所需要的信息与净现值一样，所以不如用净现值好。在投资规模不同的互斥项目决策时，往往会选到投资规模小的项目。

四、内部报酬率法

（一）内部报酬率的定义及一般计算公式

内部报酬率是能使投资项目未来净现金流入量的现值等于项目净现金流出量现值的贴现率，也就是项目本身可以达到的报酬率。

项目净现金流入量的现值=项目净现金流出量的现值，即项目净现金流入量的现值-项目净现金流出量的现值=0，这时项目的净现值正好等于0，因此，内部报酬率也可定义为使投资项目净现值等于0的贴现率，用公式表式为

$$\sum_{t=0}^{n} \frac{NCF_t}{(1+IRR)^t} = 0$$

式中：n——开始投资至项目寿命终结时的年数；

NCF_t——第t年的净现金流量；

IRR——内部报酬率。

（二）内部报酬率的计算

计算投资方案内部报酬率的具体方法有三种：①查表倒求法；②插值法；③试算法。

1. 查表倒求法

查表倒求法首先是根据公式计算出内部报酬率的年金现值系数数值，然后通过查年金现值系数表得到内部报酬率。

例4-7 公司有一投资项目，净现金流量如表4-9所示。

表4-9 净现金流量 单位：万元

年份（t）	0	1	2	3	4	5
净现金流量	-6 000	2 000	2 000	2 000	2 000	2 000

则

$$\frac{-6\,000}{(1+IRR)^0}+\frac{2\,000}{(1+IRR)^1}+\frac{2\,000}{(1+IRR)^2}+\frac{2\,000}{(1+IRR)^3}+\frac{2\,000}{(1+IRR)^4}+\frac{2\,000}{(1+IRR)^5}=0$$

或

$$\frac{-6\,000}{(1+IRR)^0}+2\,000\times\frac{1-(1+IRR)^{-5}}{IRR}=0$$

则

$$\frac{1-(1+IRR)^{-5}}{IRR}=-3$$

查找年金现值系数表可知，5年期20%贴现率的年金现值为2.991，十分接近3，因此，IRR=20%。

2. 插值法

插值法是按相邻近的两个贴现率和对应的两个年金现值系数，求出介于两个贴现率之间的内部报酬率的方法。插值法适合于查表得到的年金现值系数与已知数差

距过大时运用。

例 4-8　假定公司有一投资项目净现金流量如表 4-10 所示。

表 4-10　净现金流量　　　单位：万元

年份（t）	0	1	2	3	4	5
净现金流量	-8 000	2 000	2 000	2 000	2 000	2 000

则

$$\frac{-8\ 000}{(1+\mathrm{IRR})^0}+\frac{2\ 000}{(1+\mathrm{IRR})^1}+\frac{2\ 000}{(1+\mathrm{IRR})^2}+\frac{2\ 000}{(1+\mathrm{IRR})^3}+\frac{2\ 000}{(1+\mathrm{IRR})^4}+\frac{2\ 000}{(1+\mathrm{IRR})^5}=0$$

或

$$\frac{-8\ 000}{(1+\mathrm{IRR})^0}+2\ 000\times\frac{1-(1+\mathrm{IRR})^{-5}}{\mathrm{IRR}}=0$$

则

$$\frac{1-(1+\mathrm{IRR})^{-5}}{\mathrm{IRR}}=4$$

通过查年金现值系数表，可知年金现值系数数值与之不符。邻近两个年金现值系数数值和对应的贴现率如下：

$$\begin{array}{ll}
\text{贴现率} & \text{年金现值系数值} \\
7\% & 4.100 \\
\mathrm{IRR} & 4.000 \\
8\% & 3.993
\end{array}$$

（7% 与 IRR 之差为 $x\%$，7% 与 8% 之差为 1%；4.100 与 4.000 之差为 0.1，4.100 与 3.993 之差为 0.107）

$$\frac{x\%}{1\%}=\frac{0.1}{0.107}$$

$x\%=0.93\%$

$\mathrm{IRR}=7\%+0.93\%+7.93\%$

3. 试算法

试算法是依据公式主观选定贴现率，反复试算，找到使投资方案净现值为零或逼近零的内部报酬率。如果需要精确结果，还可配合插值法计算。试算法适用于投资方案各年净现金流量不等时的内部报酬率计算。

例 4-9　假定某公司的投资方案净现金流量如表 4-11 所示。

表 4-11　净现金流量　　　单位：元

年份（t）	0	1	2	3
净现金流量	-10 000	3 000	5 000	6 000

$$\frac{-10\ 000}{(1+\mathrm{IRR})^0}+\frac{3\ 000}{(1+\mathrm{IRR})^1}+\frac{5\ 000}{(1+\mathrm{IRR})^2}+\frac{6\ 000}{(1+\mathrm{IRR})^3}=0$$

设 IRR 为 17%时

$-10\ 000+3\ 000\times0.855+5\ 000\times0.731+6\ 000\times0.624=-36$

设 IRR 为 16. 5%时

$-10\ 000+3\ 000\times0.858+5\ 000\times0.737+6\ 000\times0.633=57$

可见，IRR 在 16. 5%~17%，下面运用插值法计算内部报酬率准确结果。

$$内部报酬率=低贴现率+高低两个贴现率的差额\times\frac{低贴现率计算的净现值}{两个贴现计算的净现值的绝对值之和}$$

$$内部报酬率=16.5\%+（17\%-16.5\%）\times\frac{57}{57+36}=16.8\%$$

内部报酬率法反映了货币时间价值要求，可以使投资方案能够直接与资金成本比较，是一种好的决策方法。但是，这种方法计算较复杂。

上述长期性投资决策方法从不同角度测算投资方案经济效益，各有所长，在实际运用时可配合使用，相互参照，以便做出科学决策。

（三）用 IRR 进行投资决策

在独立项目决策，应遵循如下规则：

IRR≥K（资本成本）　　采纳；

IRR<K　　　　　　　　拒绝。

在互斥项目决策中，一般应该选择期望 IRR 超过 K 最多的项目，但要格外小心。

（四）对内部报酬率法的评价

内部报酬率的优点：反映了资金的时间价值，并且反映了投资项目在寿命期内可提供的全部经济效益；反映了项目自身的报酬率，可直接与企业的筹资成本比较，受到财务经理喜欢。其不足之处：现金流量不容易预测；运用 IRR 决策时可能使决策者陷入内部报酬率的陷阱。

第四节　固定资产投资的风险分析

前面讨论投资决策时，假定投资项目的现金流量是确定的，但天有不测风云，人有旦夕祸福，市场变化莫测，投资项目所引起的现金流量一般是不确定的，不确定就意味着风险。现将固定资产投资决策扩展到现金流量不确定的决策。

在这里我们将固定资产投资风险定义为：固定资产投资现金流量的不确定性。在进行固定资产资产投资决策时，如何将固定资产投资风险考虑进去？一般采用的是两种方法，一种是风险调整贴现率法，一种是肯定当量法。下面分别介绍这两种方法。

一、风险调整贴现率法

风险调整贴现率法的基本原理是按风险与收益相匹配的原则调整投资方案的贴现率。风险越大，要求的报酬越高；反之越小。

（一）什么是风险调整贴现率法

企业将投资项目因现金流量不确定的风险按与该项目的风险程度相匹配的风险

报酬率计入资本成本或企业要求达到的报酬率，形成一个新的贴现率，这个贴现率就叫按风险调整的贴现率，并据以进行投资决策分析的方法叫风险调整贴现率法。风险调整贴现率法的核心就是如何按风险程度确定项目的贴现率。

（二）风险调整贴现率的确定

风险调整贴现率可以通过三种途径加以确定：一是按资本资产定价模型，根据项目的β值，计算项目的贴现率；二是有的公司为经常遇到的某些类型的风险项目，预先根据经验按风险的大小规定了高低不等的贴现率，以供决策分析所需；三是根据本书第二章介绍的公式 $k=i+bQ$ 计算贴现率，k 为风险调整贴现率，i 为无风险贴现率，b 为风险报酬斜率，Q 为风险程度（变异系数）。

不论通过上述哪种途径，按风险调整的贴现率一旦确定，便可作为资本成本或要求达到的报酬率，用以判断风险投资项目的优劣和可取性。

如果采用净现值指标进行评价，则可按下列公式计算项目的期望净现值：

$$\overline{\text{NPV}} = \sum_{t=0}^{n} \frac{E_t}{(1+k)^t}$$

式中：$\overline{\text{NPV}}$——项目预期的净现值；

E_t——第 t 年期望现金流量；

k——风险调整贴现率。

例 4-10　某项投资的期初一次性投资额为 10 000 元，无风险报酬率为 6%，各年现金流量的金额及概率见表 4-12。

表 4-12　各年现金流量的金额及概率　　单位：元

年份（t）	NCF_t	P_i
0	10 000	1
1	6 000 4 000 2 000	0.25 0.5 0.25
2	8 000 6 000 4 000	0.2 0.6 0.2
3	5 000 4 000 3 000	0.3 0.4 0.3

要求根据上述资料计算项目的期望净现值。

1. 风险程度的计算

第一，计算项目各年现金流量的预期值 E_t。

$E_1=6\ 000\times0.25+4\ 000\times0.5+2\ 000\times0.25=4\ 000$（元）

$E_2=8\ 000\times0.2+6\ 000\times0.6+4\ 000\times0.2=6\ 000$（元）

$E_3=5\ 000\times0.3+4\ 000\times0.4+3\ 000\times0.3=4\ 000$（元）

第二，计算项目各年现金流量的标准差。

d_1 = [$(6\,000-4\,000)^2\times0.25+(4\,000-4\,000)^2\times0.5+(2\,000-4\,000)^2\times0.25]^{0.5}$

= 1 414.21（元）

d_2 = [$(8\,000-6\,000)^2\times0.2+(6\,000-6\,000)^2\times0.6+(4\,000-6\,000)^2\times0.2]^{0.5}$

= 1 264.91（元）

d_3 = [$(5\,000-4\,000)^2\times0.3+(4\,000-4\,000)^2\times0.6+(3\,000-4\,000)^2\times0.3]^{0.5}$

= 774.60（元）

第三，计算项目 3 年现金流量的综合标准差。

$$D=\sqrt{\sum_{t=1}^{n}\frac{d_1^2}{(1+i)^{2t}}}$$

$$=\sqrt{\frac{(1\,414.21)^2}{(1.06)^2}+\frac{(1\,264.9)^2}{(1.06)^4}+\frac{(774.60)^2}{(1.06)^6}}$$

= 1 862.87（元）

第四，计算综合变异系数 Q。

对于各年现金流量不确定的方案的风险程度（变异系数）的计算，按综合变异系数计数。这时有

$$Q=\text{综合标准差}/\text{现金流量预期现值}=D/\text{EPV}$$

$$\text{EPV}=\frac{4\,000}{1.06}+\frac{6\,000}{(1.06)^2}+\frac{4\,000}{(1.06)^3}=12\,472.08\text{（元）}$$

$$Q=\frac{1\,862.87}{12\,472.08}=0.15$$

2. 确定风险报酬斜率风险报酬斜率 b

可以参照以往中等风险程度的同类型项目的历史数据，运用 $k=i+b\cdot Q$ 公式计算确定。

假设公司中等风险程度的项目 $Q=0.5$，$K=11\%$，$i=6\%$，

则 $11\%=6\%+0.5b$，$b=0.1$。

3. 计算项目的风险调整贴现率

$$k=i+b\cdot Q$$

$k=6\%+0.1\times0.15=7.5\%$

4. 计算项目的期望净现值

$$\text{NPV}=\frac{4\,000}{1.075}+\frac{6\,000}{(1.075)^2}+\frac{4\,000}{(1.075)^3}-10\,000=2\,123.87\text{（元）}$$

（三）对风险调整贴现率法的评价

风险调整贴现率法优点是在按风险调整贴率中，对风险较大的项目采用较高的贴现率，对风险较小的项目采用较低的贴现率，简单明了，符合逻辑。但是，这种方法把风险报酬与时间价值混在一起，并依此进行现金流量的贴现。不论第 t 年为哪一年，第 $t+1$ 年的复利现值系数总是小于第 t 年的复利现值系数。这里其中既有按时间价值贴现的因素（这是合理的），也有按风险报酬贴现的因素（这是不合理

的)，这意味着风险必然随着时间的推延而被人为地逐年增大。这样处理常常与实际情况相悖，例如就旅馆、饭店、果园等很多行业的投资来说，往往对前几年的现金流量没有把握而对以后的现金流量反而较有把握。

二、肯定当量法

（一）肯定当量法的一般概念

风险调整贴现率法由于将风险因素放到贴现率中去考虑而产生了风险计量不准的缺点，于是有人提出一种能够避免这一缺点的方法，即肯定当量法。

肯定当量法，就是将投资项目各年不确定的期望现金流量按肯定当量系数折算为肯定的现金流量，然后用无风险贴现率来进行投资项目的决策分析方法。

如果采用净现值指标进行评价，则可按下列公式计算项目的期望净现值：

$$\overline{\mathrm{NPV}}=\sum_{t=0}^{n}\frac{a_tE_t}{(1+i)^t}$$

式中：a_t——肯定当量系数；

i——无风险的贴现率。

肯定当量法的核心就是估算投资项目各年现金流量的当量系数。

（二）肯定当量系数的估算

肯定当量系数将不肯定的期望现金流量折合为肯定的现金流量的一个折扣率，它可以把各年不肯定的现金流量换算成肯定的现金流量。即

a_t×第 t 年不肯定的现金流量期望值=第 t 年肯定的现金流量

a_t=第 t 年肯定的现金流量/第 t 年不肯定的现金流量期望值

肯定当量系数大小与项目的风险程度有关，变异系数与肯定当量系数的经验关系如表 4-13 所示。

表 4-13　变异系数与肯定当量系数的经验关系

变异系数	肯定当量系数
0. 00~0. 07	1
0. 08~0. 15	0. 9
0. 16~0. 23	0. 8
0. 24~0. 32	0. 7
0. 33~0. 42	0. 6
0. 43~0. 54	0. 5
0. 55~0. 70	0. 4

例 4-11　根据例 4-10 的资料，运用肯定当量法，计算项目的净现值。

1. 计算各年现金流量的变异系数

第一，计算项目各年现金流量的预期值 E_t。

E_1=4 000（元）

E_2=6 000（元）

E_3=4 000（元）

第二，计算项目各年现金流量的标准差。

$d_1 = 1\ 414.21$（元）

$d_2 = 1\ 264.91$（元）

$d_3 = 774.6$（元）

第三，计算项目各年现金流量的变异系数。

$q_1 = d_1/E_1 = 1\ 414.21/4\ 000 = 0.35$

$q_2 = d_2/E_2 = 1\ 264.91/6\ 000 = 0.21$

$q_3 = d_3/E_3 = 774.6/4\ 000 = 0.19$

第四，查表计算各年现金流量的当量系数。

$a_1 = 0.6$

$a_2 = 0.8$

$a_3 = 0.8$

2. 计算项目的净现值

$$\mathrm{NPV} = \frac{0.6 \times 4\ 000}{1.06} + \frac{0.8 \times 6\ 000}{(1.06)^2} + \frac{0.8 \times 4\ 000}{(1.06)^3} - 10\ 000 = -777 \text{（元）}$$

（三）对肯定当量法的评价

由上述可见，按风险贴现率法用调整净现值公式分母中的贴现率的办法来考虑风险，而肯定当量法则用调整该公司分子中的期望现金流量的办法来考虑风险。这是这两种方法的根本区别。

肯定当量法可以反映投资项目各年现金流量原有的风险程度，使投资项目各年现金流量的不因时间的推延而被人为地夸大。这种方法的缺点是不如风险调整贴现率法那样直观，而且要为投资项目每年的现金流量确定一个肯定当量系数也较费事。

第五节　固定资产投资敏感性分析

投资敏感性分析是指测算投资方案相关因素变动对投资方案现金流量和投资决策指标的影响程度，或测算投资方案相关因素可以允许的变动幅度，以保证投资决策正确性的技术方法。

我们知道，企业任何固定资产投资决策都是建立在对投资决策相关因素（如资金成本、现金流量、项目经济寿命等）的预测基础之上的，决策是否正确直接取决于相关因素测算是否准确。由于现代经济生活的复杂性和不确定性，投资方案相关因素很难准确预测，即使运用线性规划、概率、微积分等数学方法和电子计算机技术，也难以准确定量。如市场需求变化、销售、价格波动、股市走向及其经济发展前景、投资者心理变化、宏观经济政治措施出台与国际环境变化等，皆是如此。投资方案相关因素的变化会直接影响投资方案及经济效益，使投资行为偏离预期的投资目标，严重的会使投资方案出现亏损，导致投资决策失败。因此，进行投资敏感性分析，是提高投资决策正确性、保证投资效果的重要工作。

投资敏感性分析可以通过以下两种方法具体测算下列指标：一是测算相关因素

变动对投资方案决策指标的影响程度；二是测算投资相关因素可允许的变动范围与变动幅度。投资敏感性分析测定出了敏感性强的因素后，投资决策者应对此进行深入分析，充分论证在因素变动后投资方案的经济效果，重新做出投资决策。即使经过论证重新选定原有投资方案，仍然应在投资方案执行中加强监测敏感性强的相关因素的变化，做出相应的管理对策。

一、测算相关因素变动对投资方案决策指标的影响程度

影响固定资产投资方案决策指标的因素很多，如售价变动、成本变动、销售量变动、税率变动、项目经济寿命变动等。现举例说明具体测定方法。

例题 4-12　某企业计划实施一项投资方案。固定资产投资 100 000 元，流动资产投资 20 000 元。设备使用寿命为 10 年，假定设备报废时残值为零，用直线法折旧，则设备年折旧额为 10 000 元；设备投产后每年预计生产销售产品 3 000 件，每件售价 20 元，每年销售收入为 60 000 元（假设均于当年收现），每年付现成本为 30 000元，所得税税率为 25%。

（1）投资方案每年净现金流量 = 年折旧额+税后利润 = 10 000+15 000 = 25 000（元）；

其中：税后利润 = （60 000−30 000−10 000）×（1−25%）= 15 000（元）

（2）假定产品售价、付现成本向不利方向变化 5%，则两项相关因素影响投资方案净现金流量数据、程度计算如下：

①产品售价降低 5%，减少投资方案净现金流量数额

（−5%×20×3 000）×（1−25%）= −2 250（元）

售价降低影响投资方案净现金流量数额

$$=\frac{\text{因素影响投资方案净现金流量数额}}{\text{因素变动前投资方案净现金流量}}\times 100\%=\frac{-2\ 250}{25\ 000}\times 100\%=-9\%$$

②付现成本上长升 5%减少投资方案净现金流量数额

（−5%×30 000）×（1−25%）= −1 125（元）

$$\text{产品单位变动成本上升影响投资方案净现金流量程度}=\frac{-1\ 125}{25\ 000}\times 100\%=-4.5\%$$

根据上面投资敏感性分析可知，在投资方案相关因素中，产品售价敏感性最强，产品售价下降 5%，净现金流量减少 2 250 元，减少幅度 9%；付现成本敏感性相对较弱，付现成本上长升 5%，净现金流量减少 1 125 元，减少幅度为 4.5%。

（3）假定投资方案经济寿命周期为 9 年，投产后每年（1～9 年）净现金流量（年折旧额+税后利润）为 20 000 元时，要求测算经济寿命周期和年净现金流量这两项相关因素影响投资方案的净现值程度。

①投资方案原有净现值的计算如表 4-14 所示（选定贴现率为 10%）。

表 4-14 投资方案原有净现值的计算

年数	0	1-9	10
净现金流量/元	-120 000	25 000	45 000

净现值=-120 000+25 000×5. 759+45 000×0. 386=41 345（元）

②投资方案项目寿命为 9 年，投资方案净现值的计算如表 4-15 所示。

表 4-15 投资方案净现值的计算

年数	0	1-8	9
净现金流量/元	-120 000	25 000	45 000

净现值=-120 000+25 000×5. 335+45 000×0. 424=32 455（元）

投资方案项目寿命减少而减少投资方案净现值=32 455-41 345=-8 890（元）

影响程度$=\dfrac{-8\ 890}{41\ 345}\times100\%=-21.5\%$

③投资方案投产后每年（1~9 年）净现金流量减少为 20 000 元时，投资净现值=-120 000+20 000×5. 759+40 000×0. 386=10 620（元）

投资方案投产后净现金流量减少而减少投资方案净现值

10 620-41 345=-30 725（元）

影响程度$=\dfrac{-30\ 725}{41\ 345}\times100\%=-74.31\%$

根据上述分析可知，投资净现金流量是敏感性强的因素，净现金流量减少 20%（$\dfrac{25\ 000-20\ 000}{25\ 000}\times100\%$），减少投资方案净现值 30 725 元，减少幅度为 74. 31%；项目寿命每减少 10%（$\dfrac{9-10}{10}\times100\%$），减少投资方案净现值 8 890 元，减少幅度为 21. 5%，敏感性较弱。

二、测算投资相关因素可允许的变动范围和变动幅度

这种方法是测定在保证投资方案可取的条件下，投资方案相关因素的变动范围与变动幅度。下面举例说明投资现金流量和项目寿命两项因素的具体计算过程。

（一）测定投资净现金流量的可允许变动范围

（1）测算投资净现金流量的下限。在其他因素不变的情况下，投资方案净现金流量的下限是使投资方案净现值为零的净现金流量，即

$$\sum_{t=1}^{n}\frac{C_{\text{下}}}{(1+i)^{t}}-\text{投资额现值}=0$$

其中：$C_{\text{下}}$ 为投产后每年净现值流量现值的下限数额；i 为贴现率；n 为项目寿命。

例 4-13 某公司进行固定资产投资活动，需一次性投入资金 50 000 元，项目寿

命为5年，项目寿命期内每年预计净现金流量为18 000元，年贴现率为16%。

$$\sum_{t=1}^{n}\frac{C_{下}}{(1+16\%)^{t}}-50\ 000=0$$

$$C_{下}=\frac{50\ 000}{3.274}=15\ 272\text{（元）}$$

（2）确定投资方案净现金流量的上限 $C_{上}$。

由题意可知，$C_{上}=18\ 000$（元）

（3）确定投资净现金流量变动范围。

投资方案净现金流量可允许变动范围为15 272～18 000元，可允许变动率为 $\frac{15\ 272-18\ 000}{18\ 000}\times100\%=-15.16\%$。

（二）测算投资项目寿命可允许变动范围

（1）测算投资项目寿命的下限。

假定其他条件不变，能使投资方案净现值为零的投资项目寿命即为其下限，即

$$\sum_{t=1}^{n}\frac{\text{投产后每年净现金流量}}{(1+i)^{t}}-\text{投资额现值}=0$$

引用例4-12数据可知：

$$\sum_{t=1}^{n}\frac{18\ 000}{(1+16\%)^{t}}-50\ 000=0$$

经过移项计算，期限为 m，贴现率为16%的一元年金复利现值系数值为2.778。

查年金复利现值系数表可知：

$ADF_{0.163}=2.246$，　$ADF_{0.164}=2.798$

运用插值法可得，$m=3.964$（年）

（2）确定投资项目寿命上限为5年。

（3）确定投资项目寿命可允许变动范围为3.964～5年，可允许变动幅度为 $\frac{3.964-5}{5}\times100\%=-20.72\%$。

根据上面测算可知，两个相关因素中以投资净现金流量为敏感性强的因素，其可允许变动范围小于项目寿命可允许变动范围（15.16%<20.58%），投资决策者应予以充分重视。

上述投资敏感性分析指标应综合使用，相互参照，以保证做出正确的投资决策。

第五章
营运资金管理

第一节 营运资金管理概述

一、营运资金的意义

营运资金又称营运资本，是指企业维持正常营运活动，满足支付和周转需要占用的资金，在数量上等于流动资产减去流动负债的差额。流动资产是指可以在一年或者超过一年的一个营业周期内变现或耗用的资产，主要包括现金、有价证券、应收账款和存货等。流动负债是指在一年或者超过一年的一个营业周期内必须清偿的债务，主要包括短期借款、应付账款、应付票据、预收账款、应计费用等。营运资金管理，也就是现金、有价证券、应收款项和存货资产等流动资产的运行管理，以及为维持这些流动资产而进行的融资活动管理。

营运资金因其较强的流动性而成为企业日常生产经营活动的润滑剂和基础，在客观存在现金流入量与流出量不同步和不确定的现实情况下，企业持有一定量营运资金十分重要。企业应控制营运资金的持有数量，既要防止营运资金不足，也要避免营运资金过多。这是因为企业营运资金越多，风险越小，但收益率也越低；相反，营运资金越少，风险越大，但收益率也越高。企业需要在风险和收益率之间进行权衡，从而将营运资金的数量控制在一定范围之内。

二、营运资金的特点

营运资金的特点需从流动资产和流动负债两个方面予以说明。

（一）流动资产的特点

流动资产与非流动资产相比，有如下特点：

（1）投资回收期短。投资于流动资产的资金一般在一年或一个营业周期内收回，对企业影响的时间比较短。因此，流动资产投资所需要的资金一般可通过商业信用、短期银行借款等加以解决。

（2）流动性强。流动资产在循环周转过程中，经过供、产、销三个阶段，其占用形态不断变化，即按现金—材料—在产品—产成品—应收账款—现金的顺序转化。这种转化循环往复。流动资产的流动性与其变现能力相关，如遇意外情况，可迅速变卖流动资产，以获取现金。这对于财务上满足临时性资金需求具有重要意义。

（3）并存性。在流动资产的周转过程中，每天不断有资金流入，也有资金流出，流入和流出总要占用一定的时间，从供、产、销的某一瞬间看，各种不同形态的流动资产同时存在。因此合理地配置流动资产各项目的比例，是保证流动资产得以顺利周转的必要条件。

（4）波动性。流动资产上占用的资金并非一个常数，随着供、产、销的变化，其资金占用时高时低，起伏不定，季节性企业如此，非季节性企业也如此。随着流动资产占用量的变化，流动负债的数量也会相应变化。

（二）流动负债的特点

与长期负债筹资相比，流动负债筹资具有如下特点：

（1）速度快。申请短期借款往往比申请长期借款更容易，更便捷，通常在较短时间内便可获得。长期借款的借贷时间长，货款方风险大，贷款人需要对企业的财务状况评估后方能做出决定。因此，当企业急需资金时，往往首先寻求短期借款。

（2）弹性大。与长期债务相比，短期贷款给债务人更大的灵活性。长期债务债权人为了保护自己的利益，往往要在债务契约中对债务人的行为加以种种限制。而短期借款契约中的限制条款比较少，企业有更多的行动自由。对于季节性企业，短期借款比长期借款具有更多的灵活性。

（3）成本低。在正常情况下，短期负债筹资所发生的利息支出低于长期负债筹资的利息支出，而某些“自然融资”（如应付税金等）则没有利息负担。

（4）风险大。尽管短期债务的成本低于长期债务，但其风险却大于长期债务。这主要表现在两个方面：一方面，长期债务的利息相对比较稳定，相当长一段时间内保持不变，而短期债务的借款利率则随市场利率的变化而变化，时高时低，使企业难以适应。另一方面，如果企业过多筹措短期债务，当债务到期时，企业不得不在短期内筹措大量资金还债，这极易导致企业财务状况恶化，甚至会因无法及时还债而破产。

营运资金是流动资产与流动负债的差额，有关流动负债管理的内容已在本书第三章中述及，故本章重点介绍流动资产的管理和营运资金政策。

第二节　现金和有价证券管理

一、现金及其管理意义

现金是指在生产过程中暂时停留在货币形态的资金，包括库存现金、银行存款、其他货币资金。有价证券是企业现金的一种转换形式，变现能力强，可以随时兑换成现金。企业有多余现金时，常将现金兑换成有价证券。现金流出量高于流入量需要补充现金时，再出让有价证券换回现金。在这种情况下，有价证券就成了现金的替代品，获得收益和保持流动性是有价证券管理的基本目的，有价证券投资的收益和风险分析已在前面研究过，这里讨论有价证券是将其视为现金的替代品，是“现金”的一部分。

现金是变现能力最强的资产，其主要特点是具有高度的流动性和普遍的可接受性，可以用来满足生产经营开支的各种需要，也是还本付息和履行纳税义务的保证。拥有足够的现金对降低企业风险、增强资产的流动性和债务的可清偿性具有重要意义。但是，现金属于非营利性资产，即使是银行存款，其盈利能力也非常低，现金持有量过多，它所提供的流动性边际效益会随之下降，进而导致企业整体收益水平降低。因此，企业必须合理确定现金持有量，使现金收支不但在数量上，而且在时间上相互衔接，以便在保证企业经营活动所需现金的同时，尽量减少企业闲置的现金数量。企业现金管理的目的，就是在资产的流动性和营利性之间权衡选择，以获取最大的长期利润。

二、现金的持有动机与成本

（一）现金的持有动机

企业持有现金的原因，主要是满足交易性需求、预防性需求和投机性需求。

1. 交易性需求

交易性需求指企业需要持有一定数量的现金以满足生产经营活动的需要，如购买原材料、支付工资、交纳税款、偿还到期债务、派发现金股利等。正常的生产经营活动中，企业销售产品、提供劳务形成收入，成本费用的发生形成支出。但由于现金收支在时间上和数量上很难同步等量，企业持有现金以保持日常生产经营活动的正常进行是必要的，这也是企业持有现金的根本动机。一般说来，企业为交易性需求所持有的现金余额取决于企业产销业务量水平，企业生产销售扩大，所需要的现金余额也随之增加。

2. 预防性需求

预防性需求指企业需要持有现金以满足由于意外事件而产生的特殊需求。由于市场环境的变化和其他各种不确定因素的存在，企业必须持有超过交易性需求的现金余额。一般而言，为预防性需要所持有的现金余额主要取决于三个因素：一是企业愿意承担风险的程度；二是企业临时举债能力的强弱；三是企业对现金流量预测的可靠程度。

3. 投机性需求

投机性需求指企业持有现金用于把握低价购买机会。例如，遇有廉价原材料或其他资产供应的机会、证券市场大幅度跌落后的投资机会等。当然，除金融和投资企业外，一般工商企业专为投机性需求持有的现金不多，遇有低价购买机会，也常设法临时融资，但拥有相当数量的现金确实为把握低价购买机会提供了方便。

企业除了以上三种原因持有现金外，也会基于满足将来某一特定要求或者因为在银行维持补偿性余额等其他原因而持有现金。企业在确定现金余额时，一般应综合考虑各方面的持有动机，但应当注意，由于各种动机所需现金可以调节使用，企业持有的现金总额并不等于各种动机所需现金总额的简单相加，前者通常小于后者。另外，上述多种动机所需保持的现金并不要求必须是货币形态，也可以是能够随时兑换的有价证券以及能够随时转化为现金的其他资金形态。

(二) 现金的成本

为满足各种需求动机，企业必须持有一定数量的现金，但企业现金并非越多越好，因为企业持有现金会带来一系列成本。具体说来，现金成本主要包括持有成本、转换成本和短缺成本。

1. 持有成本

现金的持有成本是指企业因保留一定现金余额而增加的管理费用和机会成本。企业持有现金，对现金进行管理，会发生一定的管理费用，如管理人员工资福利费、管理设备折旧及安全措施费用，这些费用是现金的管理成本。管理成本具有固定成本性质，在一定范围内与现金持有量关系不大，是决策无关成本。

企业持有现金而不能用于有价证券或其他项目的投资，或者企业持有的现金来源于向银行或其他债权人的融资，必然放弃再投资收益或者支付融资成本。这是企业持有现金的机会成本。例如，某企业平均持有现金 50 万元，市场利率为 10%，则该企业持有现金的机会成本为 5 万元，现金持有量与持有现金的机会成本呈正比例关系，现金持有量越大，机会成本越高。机会成本具有变动成本性质，是决策相关成本。

2. 转换成本

转换成本指企业用现金购入有价证券或者转让有价证券换取现金支付的交易成本，如证券交易印花税、手续费等。严格地讲，转换成本并不都是固定费用，有的具有变动成本性质，但在证券总额既定条件下，无论转换次数如何变动，所需支付的交易费用是相同的。因此，那些依据委托成交额计算的转换成本与证券转换次数关系不大。这样，与证券变现次数相关的转换成本便只包括其中的固定性交易费用，固定性转换成本与现金持有量呈反比例关系。

3. 短缺成本

现金的短缺成本指现金持有量不足而又无法及时通过有价证券变现加以补充而给企业造成的损失。短缺成本不考虑企业其他资产的变现能力，仅就不能以充足的现金满足各种现金需求而言，其内容主要包括丧失购买机会造成的生产中断损失，到期支付不能导致的信用损失以及放弃的现金折扣等。其中失去信用的损失难以准确计量但其影响却很大，甚至可能导致供应商拒绝或延迟供货、债权人要求清算等。显然，现金短缺成本与现金持有量呈反方向变动。

三、最佳现金持有量

基于交易性需求、预防性需求和投机性需求，企业必须保持一定数量的现金余额，而且现金持有量越大，越能满足各种需求。但企业持有现金又会产生一系列成本，现金持有量越大，相关成本越大。考虑这两方面的因素，企业必须合理确定企业的现金持有量，这就涉及最佳现金持有量问题。确定企业最佳现金持有量的方法主要有成本分析模式、存货模式和随机模式等。

(一) 成本分析模式

成本分析模式是分析持有现金的相关成本，分析预测其相关总成本最低时现金持有量的一种方法。运用成本分析模式确定现金最佳持有量，只考虑因持有一定量现金而产生的机会成本和短缺成本，而不考虑管理费用和转换成本。机会成本与现金持有量呈正比例变化，短缺成本与现金持有量呈反方向变化。这些成本与现金持有量之间的关系如图 5-1 所示。

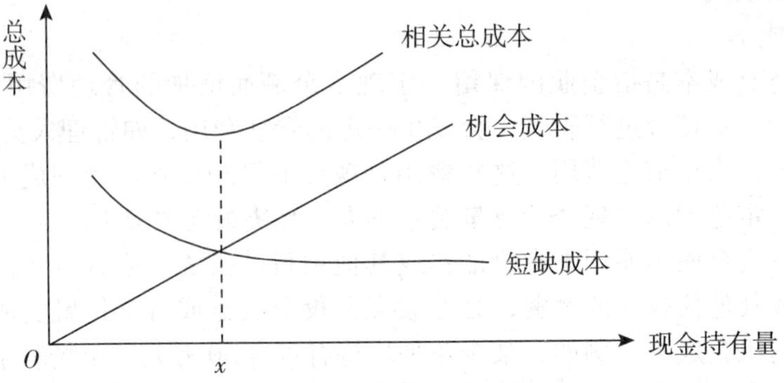

图 5-1　成本与现金持有量的关系

从图 5-1 中可见，由于各项成本同现金持有量的变动关系不同使得相关总成本呈开口向上的抛物线，抛物线的最低点即为相关总成本最低点，该点对应的现金持有量 x 就是最佳现金持有量。

成本分析模式下，最佳现金持有量就是持有现金而产生的机会成本与短缺成本之和最小时的现金持有量。实际工作中运用该模式确立最佳现金持有量的具体步骤为：

（1）根据不同现金持有量测算并确定有关成本数值；

（2）按照不同现金持有量及其相关成本资料编制最佳现金持有量测算表；

（3）在测算表中找出相关总成本最低时的现金持有量，那就是最佳现金持有量。

例 5-1　某企业现有 A、B、C、D 四种现金持有方案，有关成本资料如表 5-1 所示。

表 5-1　现金持有量备选方案

方案	A	B	C	D
现金持有量/万元	100	200	300	400
机会成本率/%	8	9	10	11
机会成本/万元	8	18	30	4.4
短缺成本/万元	25	10	5	0
相关总成本/万元	33	28	35	44

可见 B 方案相关总成本最低，为 28 万元，因此企业的最佳现金持有量为 200 万元。

（二）存货模式

存货模式又称鲍莫模式（baumol mode），它由美国财务经济学家（William

Baumol）首先提出。他认为企业现金持有量在许多方面与存货批量类似，存货经济批量模型可用于确定企业最佳现金持有量。

运用存货模式确定最佳现金持有量，需要建立如下假设前提：

（1）企业预算期内现金需求量可以预测。

（2）企业现金流量相对稳定，波动较小，而且每当现金余额降至零时，均可能通过部分证券变现得以补足，且证券变现风险很小。

（3）证券利率及每次固定交易费用可以获悉。

（4）不允许出现现金短缺成本。

在这些假设存在的前提下，企业现金流转模式如图 5-2 所示。

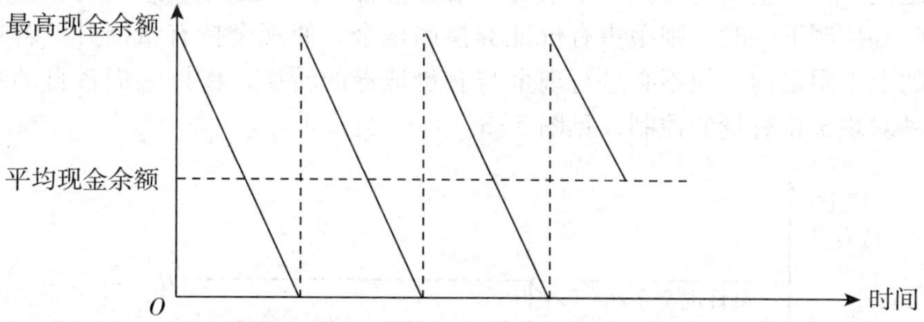

图 5-2　企业现金流转模式

存货模式的着眼点也是持有现金相关总成本最低，只不过此时研究的相关成本指持有现金的机会成本和转换成本。能够使企业持有现金机会成本与转换成本之和保持最低的现金持有量，即最佳现金持有量。

设 D 为一个周期内现金总需求量，K 为每次转换有价证券的成本，Q 为现金持有量（每次证券转换的数量），i 为有价证券利率（机会成本），TC 为持有现金的相关总成本，则

$$\mathrm{TC}=i\cdot\frac{Q}{2}+\frac{D}{Q}\cdot K$$

对上式求导

$$\mathrm{TC}'=\left(i\cdot\frac{Q}{2}+\frac{D}{Q}\cdot K\right)'=0$$

得

$$Q=\sqrt{2D\cdot K/i}$$

$$\mathrm{TC}\ (Q')=\sqrt{2D\cdot K\cdot i}$$

例 5-2　某企业现金收支稳定，预计全年需要现金 36 000 元，现金与有价证券转换成本为每次 200 元，有价证券年利率 10%，则

最佳现金持有量 $Q'=\sqrt{2\times 36\,000\times 200/10\%}=12\,000$（元）

最佳现金持有量 Q' 相关总成本 $\mathrm{TC}\ (Q')=\sqrt{2\times 36\,000\times 200\times 10\%}$

$=1\,200$（元）

其中：转换成本 $\frac{D}{Q}\cdot K=\frac{36\,000}{12\,000}\times 200=600$（元）

持有机会成本$\frac{Q}{2}\cdot i=\frac{12\ 000}{2}\times 10\%=600$（元）

有价证券转换次数$D/Q=\frac{36\ 000}{12\ 000}=3$（次）

有价证券转换间隔期＝360÷3＝120（天）

（三）随机模式

随机模式是在现金需求最难以预知的情况下进行现金持有量控制的方法。企业现金需求量往往波动大且难以预知，但企业可以根据历史经验和现实需要，测算出一个现金持有量的控制范围，即制定出现金持有量的上限和下限，将现金量控制在上下限之内。当现金量达到控制上限时，用现金购入有价证券，使现金持有量下降；当现金降到控制下限时，则抛售有价证券换回现金，使现金持有量回升。若现金量在控制的上下限之内，便不必进行现金与有价证券的转换，保持它们各自的现有存量。这种对现金持有量的控制，见图 5-3。

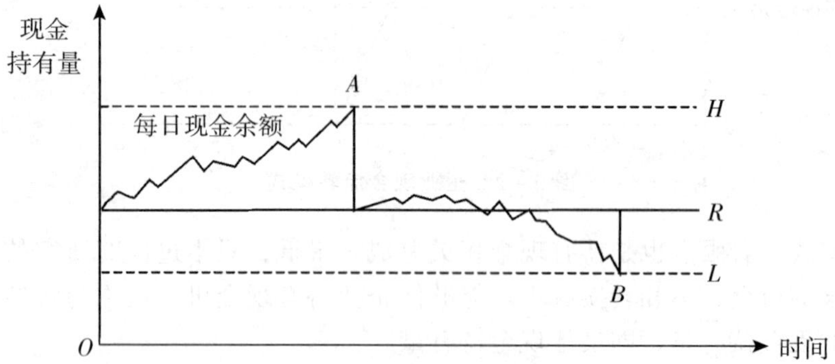

图 5－3　随机模式下的现金控制

图 5-3 中，虚线 H 为现金存量的上限，虚线 L 为现金存量的下限，实线 R 为最优现金返回线。从图中可以看到，企业的现金存量（表现为现金每日余额）是随机波动的，当其达到 A 点时，即达到了现金控制的上限，企业应用现金购买有价证券，使现金量回落到现金返回线（R 线）的水平；当现金存量降至 B 点时，即达到了现金返回线的水平。现金存量在上下限之间的波动属控制范围内的变化，是合理的，不予理会。

以上关系中的上限 H、现金返回线 R 可按下列公式计算：

$$R=\sqrt[3]{\frac{3b\delta^2}{4i}}+L$$

$$H=3R-2L$$

式中：b——每次有价证券的固定转换成本；

i——有价证券的日利息率；

δ——预期每日现金余额变化的标准差（可根据历史资料测算）。

下限的确定，则要受到企业每日的最低现金需要、管理人员的风险承受倾向等因素的影响。

例 5-3 假定某企业有价证券的年利率为9%，每次固定转换成本为100元，企业认为任何时候其银行活期存款及现金余额均不能低于10 000元，又根据以往经验测算出现金余额波动的标准差为1 000元。最优现金返回线 R、现金控制上限 H 的计算为：

有价证券日利率＝9%÷360＝0.025%

$$R=\sqrt[3]{\frac{3b\delta^2}{4i}}+L=\sqrt[3]{\frac{3\times100\times1\ 000^2}{4\times0.025\%}}+10\ 000=16\ 695\text{（元）}$$

$$H=3R-2L=3\times16\ 695-2\times10\ 000=40\ 085\text{（元）}$$

四、现金日常控制和管理

企业在确定了最佳现金持有量后，还应建立健全各项内控制度，遵守国家相关制度法规，采取各种措施，加强现金的日常控制管理，以保证现金的安全、完整，最大限度地发挥其效用，实现企业财务的目标。

（一）现金和银行存款管理制度

按照现行制度，国家有关部门对企业使用现金有如下规定：

（1）规定了现金的使用范围。这里的现金仅指人民币现钞，是最狭义的现金概念。企业用现钞从事交易，只能在一定范围内进行，具体而言包括：①支付职工工资、津贴；②支付给个人的劳务报酬；③根据国家规定颁发给个人的科学技术、文化艺术、体育等各种奖金；④支付各种劳保、福利费用以及国家规定对个人的其他支出；⑤向个人收购农副产品和其他物资的价款；⑥出差人员必须随身携带的差旅费；⑦结算起点（1 000元）以下的零星支出；⑧中国人民银行确定需要支付现金的其他支出。

（2）规定库存现金限额。企业库存现钞，由其开户行根据企业的实际需要核定限额，一般以3~5天的零星开支为限；企业不得坐支现金，即企业不得从本单位的人民币现钞收入中直接支付交易款项，现钞收入应于当日终了送存开户银行。

（3）规定了现金管理责任制度。企业应由专门人员（出纳）负责现金的收支和管理，并登记好现金日记账，出纳人员以外的人员不得经管现金。

（4）规定了现金收支的凭证手续制度。现金收支都必须以合法的原始凭证为依据，并要加强审核。现金收支要加强内部牵制和稽核制度，审核、收支、记账要分管，不得由一人兼任。

银行存款管理制度包括银行账户管理办法和银行存款日常核算和管理制度，银行账户管理办法的主要内容包括：

（1）独立核算的企业和其他单位只能根据自愿选择的原则在银行开立一个基本存款账户，不得多头开立基本账户。银行存款账户包括基本存款账户、一般存款账户、临时存款账户和专用存款账户。基本存款账户指存款人办理日常转账结算和现金收付的账户，存款人的工资、奖金等的支取只能通过基本存款账户办理；一般存款账户指存款人在基本存款账户外的银行借款转存，与基本存款账户的存款人不在同一地点的附属非独立核算单位开立的账户，存款人可以通过本账户办理转账结算和现金缴存，但不能办理现金支取；临时存款账户指存款人因临时经营活动需要开立的账户，存款人可以通过该账户办理转账结算和根据国家现金管理规定办理现金收付；专用存款账户指存款人用于特定用途需开立的账户，特定用途资金范围包括基本建设资金、更新改造资金以及特定用途专户管理的资金。

（2）企业在银行开立的账户只供本企业业务经营范围内的资金收付使用，不准出租、出借或转让给其他单位或个人使用。

（3）各种收支款项凭证必须如实填写款项的来源和用途，不得巧立名目套取现金和银行信用，严禁利用账户进行非法活动。

（4）各单位在银行的账户必须有足够的资金保证其支付的需要，不得签发空头支款凭证，不准签发远期支款凭证。

（5）不得持有账外公款，包括不得将公款以个人名义存入银行和保存账外现钞等各种形式的账外公款。

银行存款的日常管理核算和管理工作应该做到：①严格审核银行存款的收支凭证，保证银行存款收支的合理合法性。②管好待用现金支票和转账支票，按照结算制度和纪律办理结算，合理选择结算方式。③配备专职的银行存款出纳人员，做好银行存款收支凭证的传递和银行日记账的登记和保管工作，并定期与银行对账单进行核对。

（二）现金日常收支管理

1. 现金的回收管理

为了提高现金的使用效率，加速现金周转，企业应尽量加速账款的收回。一般来说，企业账款的收回需要经过四个时点，即客户开出付款票据、企业收到票据、票据交存银行和企业收到现金。这个过程如图 5-4 所示。

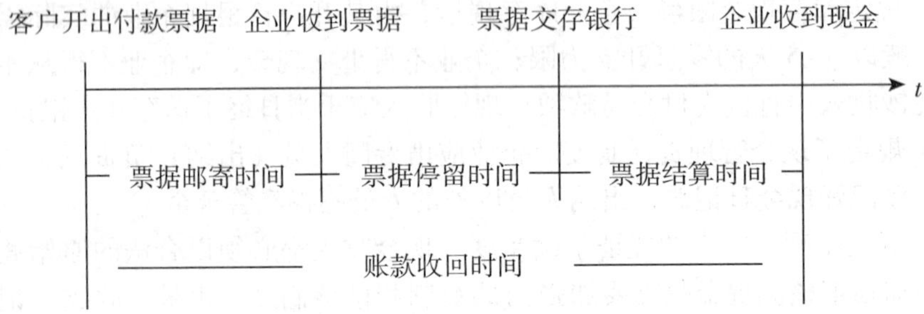

图 5-4　企业账款的回收过程

企业账款收回的时间包括票据邮寄时间、票据在企业停留时间以及票据结算的时间。前两个阶段所需时间的长短不但与客户、企业、银行之间的距离有关，而且与收款的效率有关。在实际工作中，缩短这两段时间的方法一般有邮政信箱法、银行业务集中法等。

（1）邮政信箱法。邮政信箱法又称锁箱法，是西方企业加速现金流转的一种常用方法。企业可以在各主要城市租用专门的邮政信箱，并开立银行存款户，授权当地银行每日开启信箱，在取得客户票据后立即予以结算，并通过电汇再将货款拨给企业所在地银行。在锁箱法下，客户将票据寄给客户所在地的邮箱而不是企业总部，不但缩短了票据邮寄时间，还免除了企业办理收账、货款存入银行等手续，因而缩短了票据邮寄以及在企业的停留时间。但采用这种方法成本较高，因为被授权开启邮政信箱的当地银行除了要求扣除相应的补偿性余额外，还要收取办理额外服务的劳务费，导致现金成本增加。因此，是否采用邮政信箱法，需视提前回笼现金产生的收益与增加的成本的大小而定。

（2）银行业务集中法。这是一种通过建立多个收款中心来加速现金流转的方法。在这种方法下，企业指定一个主要开户行（通常是总部所在地）为集中银行，并在收款额较集中的若干地区设立若干个收款中心，客户收到账单后直接汇给当地收款中心，中心收款后立即存入当地银行；当地银行在进行票据交换后立即转给企业总部所在银行。这种方法可以缩短客户邮寄票据所需时间和票据托收所需时间，也就缩短了现金从客户到企业的中间周转时间。但是，采用这种方法须在多处设立收账中心，从而增加了相应的费用支出。因此，企业应在权衡利弊得失的基础上做出是否采用银行业务集中法的决策，这需要计算分散收账收益净额。

分散收账收益净额=（分散收账前应收账款投资额-分散收账后应收账款投资额）×企业综合资金成本率-因增设收账中心每年增加费用额

2. 现金支出管理

与现金收入的管理相反，现金支出管理的主要任务是尽可能延缓现金的支出时间。当然这种延缓必须是合理合法的，否则企业延期支付账款所得到的收益将远远低于由此而遭受的损失。延期支付账款的方法一般有以下几种：

（1）合理利用“浮游量”。所谓现金的浮游量是指企业账户上现金余额与银行账户上所示的存款余额之间的差额。有时，企业账户上的现金余额已为零或负数，而银行账上的该企业的现金余额还有很多，这是因为有些企业已经开出的付款票据尚处在传递过程中，银行尚未付款出账。如果能正确预测浮游量并加以利用，可节约大量现金。

（2）推迟支付应付款。企业可在不影响信誉的情况下，尽可能推迟应付款的支付期。

（3）采用汇票付款。在使用支票付款时，只要受票人将支票存入银行，付款人就要无条件地付款。但汇票不是“见票即付”的付款方式，在受票人将汇票送达银行后，银行要将汇票送交付款人承兑，并由付款人将一笔相当于汇票金额的资金存入银行，银行才会付款给受票人，这样就有可能合法地延期付款。

3. 力争现金流量同步

如果企业能尽量保持现金流入和现金流出在规模和时间上趋于一致，就可以使其所持现金金额降到最低水平，这就是所谓的现金流量同步。为保持现金流量的同步协调，必须对企业现金流量进行预测，在此基础上，合理编制现金预算，根据现金预算实施现金流量的控制管理是力争现金流量同步的重要手段。

第三节　应收账款管理

一、应收账款及其管理的意义

应收账款是企业因对外赊销产品、材料、提供劳务等应向购货方或接受劳务的单位收取的款项。企业的应收款项包括应收账款、应收票据、其他应收款和预付账款等，但通常以应收账款作为研究对象。

商品与劳务的赊销与赊供，在强化企业市场竞争能力、扩大销售、增加收益、节约存货资金占用以及降低存货管理成本方面具有其他任何结算方式都无法比拟的优势。但相对于现销方式，赊销商品毕竟意味着应计现金流入量与实际现金流入量时间上的不一致，所以产生拖欠甚至坏账损失的可能性自然也比较大。不仅如此，应收账款的增长还会造成资金成本和管理费用的增加。因此，企业应在发挥应收账款强化竞争、扩大销货功能的同时，尽可能降低应收账款投资的机会成本，减少坏账损失与收账费用。

二、应收账款的功能与成本

（一）应收账款的功能

应收账款的功能是指它在企业生产经营中所具有的作用。概括起来，主要有两项功能：

1. 促进销售

除少数企业可预收款销售外，通常企业销售产品时可以采取两种基本方式，即现销方式与赊销方式。现销方式最大的优点是应计现金流入量与实际现金流入量完全吻合，既能避免坏账损失，又能及时地将收回的款项投入再增值过程，因而是企业期望的一种销售结算方式。然而，在竞争激烈的市场经济条件下，完全依赖现销方式往往是不现实的。赊销方式下，企业在销售产品的同时，向买方提供了可以在一定期限内无偿使用的资金，即商业信用资金，其数额等同于商品的售价，这对于购买方而言具有极大的吸引力。因此，赊销是一种重要的促销手段，对企业销售产品、开拓并占领市场具有重要意义。在企业产品销售不畅、市场萎缩、竞争不力的情况下，或者在企业试销新产品、开拓新市场时，为适应市场竞争的需要，适时地采取各种有效的赊销方式，就显得尤为必要。

2. 减少存货

赊销可以加速产品销售的实现，加快产成品向销售收入的转化速度，从而可以降低存货中的产成品存货的管理费用、仓储费用和保险费用等各方面的支出。因此，当产成品存货较多时，企业可以采用较为优惠的信用条件进行赊销，尽快地实现产成品存货向销售收入的转化，变持有产成品存货为持有应收账款，以节约各项存货支出。

（二）应收账款的成本

企业在采取赊销方式促进销售的同时，会因持有应收账款而付出一定代价，这种代价就是应收账款的成本，其内容包括：

1. 机会成本

应收账款的机会成本是指应收账款占用资金的应计利息，其计算公式为

$$应收账款机会成本=应收账款占用资金\times资本成本$$

$$应收账款占用资金=应收账款平均余额\times销售成本率$$

$$应收账款平均余额=日销售额\times平均收款期$$

例 5-4 某企业预测年度赊销收入 3 600 万元，应收账款平均收账天数 60 天。销售成本率 60%，资本成本 10%，则

$$应收账款平均余额=\frac{3\ 600}{360}\times60=600\text{（万元）}$$

$$应收账款占用资金=600\times60\%=360\text{（万元）}$$

$$应收账款机会成本=360\times10\%=36\text{（万元）}$$

2. 管理成本

应收账款的管理成本是指企业对应收账款进行管理而发生的耗费，主要包括对客户的资信调查费用、收账费用等。

3. 坏账成本

应收账款主要是因为商业信用而产生，存在无法收回的可能性，由此而造成的坏账损失即坏账成本。坏账成本一般与应收账款数量和收现期同方向变化，即应收账款越多，收现期越长，坏账成本就越大。为避免发生坏账成本给企业生产经营活动稳定性带来的不利影响，企业应合理计提坏账准备。

三、应收账款信用政策

信用政策指企业对商业信用进行规划和控制而确定的基本原则和行为规范，包括信用标准、信用条件和收账政策三方面的内容。制定合理信用政策是企业加强应收账款管理、提高应收账款投资效益的重要前提。

（一）信用标准

信用标准是客户获得企业商业信用所应具备的最低条件，通常以预期的坏账损失率表示。如果企业把信用标准定得过高，将使许多客户因信用品质达不到所设的标准而被企业拒之门外，其结果尽管有利于降低违约风险及收账费用，但不利于企业市场竞争能力的提高和销售收入的增加。相反，如果企业接受较低的信用标准，虽然有利于企业扩大销售，提高市场竞争力和产品占有率，但同时也会导致坏账损失风险加大和收账费用增加。

1. 影响信用标准的因素分析

企业在信用标准的确定上，面临着两难的选择，其实这也是风险、收益、成本的对称性关系在企业信用标准制定方面的客观反映，因此，必须对影响信用标准的因素进行定性分析。企业在制定或选择信用标准时，应考虑三个基本因素：其一，同行业竞争对手的情况。面对竞争对手，企业首先考虑的是如何在竞争中处于优势地位，保持并不断扩大市场占有率。如果对手实力很强，企业欲取得或保持优势地

位，就需采取较低（相对于竞争对手）的信用标准；反之，其信用标准可以相应严格一些。其二，企业承担违约风险的能力。企业承担违约风险能力的强弱，对信用标准的选择也有着重要的影响。当企业具有较强的违约风险承担能力时，就可以以较低的信用标准提高竞争力，争取客户，扩大销售；相反，如果企业承担违约风险的能力比较弱，就只能选择严格的信用标准以尽可能降低违约风险的程度。其三，客户的资信程度。企业在制定信用标准时，必须对客户的资信程度进行调查、分析，然后在此基础上判断客户的信用等级并决定是否给予客户信用优惠。客户资信程度的高低通常决定于五个方面，即客户的信用品质（character）、偿付能力（capacity）、资本（capital）、抵押品（collateral）、经济状况（conditions）等，简称“5C”系统。

（1）信用品质。信用品质是指客户履约或赖账的可能性，这是决定是否给予客户信用的首要因素，主要通过了解客户以往的付款履约记录进行评价。

（2）偿付能力。客户偿付能力的高低取决于资产特别是流动资产的数量、质量（变现能力）及其与流动负债的比率关系。一般而言，企业流动资产的数量越多，流动比率越大，表明其偿付债务的物质保证越雄厚，反之，则偿债能力越差。当然，对客户偿付能力的判断，还需要注意对其资产质量以及负债的流动性进行分析。资产的变现能力越强，企业的偿债能力就越强；相反，负债的流动性越大，企业的偿债能力也就越弱。

（3）资本。资本反映了客户的经济实力与财务状况的优劣，是客户偿付债务的最终保证。

（4）抵押品。抵押品即客户提供的可作为资信安全保证的资产。能够作为信用担保的抵押财产，必须为客户实际所有，并且应具有较高的市场性，即变现能力。对于不知底细或信用状况有争议的客户，只要能够提供足够的高质量的抵押财产（最好经过投保），就可以向他们提供相应的商业信用。

（5）经济状况。这是指不利经济环境对客户偿付能力的影响及客户是否具有较强的应变能力。

上述各种信息资料主要通过下列渠道取得：①商业代理机构或资信调查机构所提供的客户信息资料及信用等级标准资料；②委托往来银行信用部门向与客户有关联业务的银行索取信用资料；③与同一客户有信用关系的其他企业相互交换该客户的信用资料；④客户的财务报告资料；⑤企业自身的经验与其他可取得的资料等。

2. 确立信用标准的定量分析

对信用标准进行定量分析，旨在解决两个问题：一是确定客户拒付账款的风险，即坏账损失率；二是具体确定客户的信用等级，以作为给予或拒绝信用的依据。这主要通过以下三个步骤来完成：

（1）设定信用等级的评价标准。此即根据对客户信用资料的调查分析，确定评价信用优劣的数量标准，以一组具有代表性、能够说明付款能力和财务状况的若干比率（如流动比率、速动比率、应收账款平均收账天数、存货周转率、产权比率或资产负债率、赊购付款履约情况等）作为信用风险指标，根据数年内最坏年景的情况，分别找出信用好和信用差两类顾客的上述比率的平均值，依此作为比较其他顾客的信用标准。

例 5-5　按照上述方法确定的信用标准如表 5-2 所示。

表 5-2　信用标准一览表

指标	信用标准	
	信用好	信用差
流动比率	2.5∶1	1.6∶1
速动比率	1.1∶1	0.8∶1
现金比率	0.4∶1	0.2∶1
产权比率	1.8∶1	4∶1
已获利息倍数	3.2∶1	1.6∶1
有形净值负债率	1.5∶1	2.9∶1
应收账款平均收账天数/天	26	40
存货周转率/次	6	4
总资产报酬率/%	35	20
赊购付款履约情况	及时	拖欠

（2）利用既有或潜在客户的财务报表数据，计算各自的指标值，并与上述标准比较。比较的方法是：若某客户的某项指标值等于或低于差的信用标准，则该客户的拒付风险系数（坏账损失率）增加 10 个百分点；若客户的某项指标值介于好与差的信用标准之间，则该客户的拒付风险系数（坏账损失率）增加 5 个百分点；当客户的某项指标值等于或高于好的信用标准时，则视该客户的这一指标无拒付风险。最后，将客户的各项指标的拒付风险系数累加，作为该客户发生坏账损失的总比率。

例 5-6　甲客户的各项指标值及累计风险系数如表 5-3 所示。

表 5-3　甲客户信用状况评价表

指标	指标值	拒付风险系数/%
流动比率	2.6∶1	0
速动比率	1.2∶1	0
现金比率	0.3∶1	5
产权比率	1.7∶1	0
已获利息倍数	3.2∶1	0
有形净值负债率	2.3∶1	5
应收账款平均收账天数/天	36	5
存货周转率/次	7	0
总资产报酬率/%	35	0
赊购付款履约情况	及时	0
累计拒付风险系数		15

在表 5-3 中，甲客户的流动比率、速动比率、产权比率、已获利息倍数、存货

周转率、总资产报酬率、赊购付款履约情况等指标均等于或高于好的信用标准值，因此，此指标产生拒付风险的系数为0；而现金比率、有形净值负债率、应收账款平均收账天数三项指标值则介于信用好与信用差标准值之间，各自发生拒付风险的系数为5%，累计15%。这样即可认为该客户预期可能发生的坏账损失率为15%。

当然，企业为了能够更详尽地对客户的拒付风险做出准确的判断，也可以设置并分析更多的指标数值，如增为20项，各项最高的坏账损失率为5%，介于信用好与信用差之间的，每项增加2.5%的风险系数。

（3）进行风险排队，并确定各有关客户的信用等级。依据上述风险系数的分析数据，按照客户累计风险系数由小到大进行排序。然后，结合企业承受违约风险的能力及市场竞争的需要，具体划分客户的信用等级，如累计拒付风险系数，在5%以内的为A级客户，在5%与10%之间的为B级客户等。对于不同信用等级的客户，分别采取不同的信用对策，包括拒绝或接受客户信用订单、给予不同的信用优惠条件或附加某些限制条款等。

对信用标准进行定量分析，有利于企业改善应收账款投资决策的效果。但由于实际情况错综复杂，不同企业的同一指标往往存在很大差异，难以按照统一的标准进行衡量。因此，要求企业财务决策者必须在更加深入地考察各指标内在质量的基础上，结合以往的经验，对各项指标进行具体的分析、判断。

（二）信用条件

信用标准是企业评价客户等级、决定给予或拒绝客户信用的依据。一旦企业决定给予客户信用优惠时，就需要考虑具体的信用条件。因此，所谓信用条件就是指企业接受客户信用订单时所提出的付款要求，主要包括信用期间和现金折扣政策。信用条件的基本表现方式如“2/10，*n*/60”，意思是：若客户能够在发票开出后的10日内付款，可以享受2%的现金折扣；如果放弃折扣优惠，则全部款项必须在60日内付清。在此，60天为信用期间，2%为现金折扣率。

1. 信用期间

信用期间是指企业允许客户从购货到支付货款的时间间隔。企业产品销售量与信用期间之间存在一定的依存关系。通常，延长信用期间，可以在一定程度上扩大销售量，从而增加毛利。但不适当地延长信用期间，会给企业带来不良后果：一是使平均收账期延长，占用在应收账款上的资金相应增加，引起机会成本增加；二是引起坏账损失和收账费用的增加。因此，企业是否给客户延长信用期间，应视延长信用期间增加的边际收入是否大于增加的边际成本而定。

例5-7 某企业现采用30天按发票金额付款的信用政策，拟将信用期放宽至90天，仍按发票额付款，该企业的资金成本为10%，有关数据如表5-4所示。

表5-4 采用不同信用期的有关数据比较

项目	信用期	
	30天	90天
销售量/件	100 000	110 000

表5-4(续)

项目	信用期	
	30 天	90 天
销售单价/（元·件）	5	5
销售收入/元	500 000	55 0000
单位变动成本/元	4	4
变动成本/元	400 000	440 000
固定成本/元	50 000	50 000
毛利/元	50 000	60 000
可能发生的收账费用/元	5 000	6 000
可能发生的坏账损失/元	5 000	6 000
应收账款的机会成本/元	500 000/360×30×4/5×10% = 3 333	550 000/360×90×4/5×10% = 11 000
边际收入/元	36 667	37 000

2. 现金折扣政策

延长信用期限会增加应收账款占用的时间和金额。许多企业为了加速资金周转、及时收回货款、减少坏账损失，往往在延长信用期限的同时，采用一定的优惠措施，即在规定的时间内提前偿付货款的客户可按销售额的一定比率享受折扣。向客户提供现金折扣，主要目的在于吸引顾客为享受优惠而提前付款，缩短应收账款的平均收款期。另外，现金折扣也能招揽一些视折扣为减价出售的客户前来购货，借此扩大产销业务量。现金折扣实际上是对现金收入的扣减，企业决定是否提供以及提供多大幅度的现金折扣，应权衡提供现金折扣后所得的收益和现金折扣成本。

例 5-8　某企业预测 20×1 年度赊销额为 2 460 万元，其信用条件为 *n*/60，变动成本率 65%，资本成本 20%，坏账损失率 3%，收账费用 40 万元。企业为了加速收款，拟将信用条件调整为“2/10，1/20，*n*/60”，估计约有 60%的客户（按赊销额计算）会利用 2%的折扣，15%的客户将利用 1%的折扣，坏账损失率降为 2%，收账费用下降 10 万元。根据上述资料，有关指标计算如表 5-5 所示。

表 5-5　有关指标的计算　　单位：万元

项目	信用条件	
	n/60（改变前）	2/10，1/20，*n*/60（改变后）
年赊销额	2 460.00	2 460.00
减：现金折扣	—	2 460×（2%×60%+1%×15%）= 33.21
年赊销净额	2 460.00	2 426.79
减：变动成本	1 599.00	1 599.00
净收益	861.00	827.79

表5-5(续)

项目	信用条件	
	n/60 （改变前）	2/10，1/20，n/60 （改变后）
减：信用成本 应收账款机会成本 坏账损失 收账费用 小计	 2 460/360×60×65%×20%=53.30 2 460×3%=73.80 40.00 167.1	 2 460/360×30×65%×20%=26.65 2 460×2%=49.20 30.00 105.85
信用成本后收益	693.90	721.94

应收账款平均收账天数=60%×10+15%×20+（1-60%-15%）×60=30（天）

计算结果表明，实行现金折扣以后，企业的收益增加28.04万元，因此，企业最终应选择改变后的信用条件（2/10，1/20，n/60）作为最佳方案。

（三）收账政策

收账政策是指当客户违反信用条件、拖欠甚至拒付账款时企业所采取的收账策略与措施。

企业向客户提供商业信用时，必须考虑：①客户是否会拖欠或拒付账款，程度如何；②怎样最大限度地防止客户拖欠账款；③一旦账款遭到拖欠甚至拒付，企业应采取怎样的对策。第①、②两个问题主要靠信用调查和严格信用审批制度；第三个问题则必须通过制定完善的收账方针，采取有效的收账措施予以解决。

履约付款是客户不容置疑的责任与义务，债权企业有权通过法律途径要求客户履约付款。但如果企业对所有客户拖欠或拒付账款的行为均付诸法律解决，往往并不是最有效的办法，因为企业解决与客户账款纠纷的目的主要不是争论谁是谁非，而在于怎样最有成效地将账款收回。实际上，各个客户拖欠或拒付账款的原因是不尽相同的，许多信用品质良好的客户也可能因为某些原因而无法如期付款。此时，如果企业直接向法院起诉，不仅需要花费相当数额的诉讼费，而且除非法院裁决客户破产，否则效果往往也不很理想。所以，通过法院强行收回账款一般是企业不得已而为之的最后的办法。基于这种考虑，企业如果能够同客户商量个折中的方案，也许能够将大部分账款收回。

通常的步骤是：当账款被客户拖欠或拒付时，企业应当首先分析现有的信用标准及信用审批制度是否存在纰漏，然后重新对违约客户的资信等级进行调查、评价，将信用品质恶劣的客户从信用名单中删除，对其所拖欠的款项可先通过信函、电信或者派员前往等方式进行催收，态度可以渐加强硬，并提出警告。当这些措施无效时，可考虑通过法院裁决。为了改善诉讼效果，可以与其他经常被该客户拖欠或拒付账款的企业联合向法院起诉，以增强该客户信用品质不佳的证据力。对于信用记录一向正常的客户，在去电、去函的基础上，不妨派人与客户直接进行协商，彼此沟通意见，达成谅解妥协，既可密切相互间的关系，又有助于较为理想地解决账款拖欠问题，并且一旦将来彼此关系置换时，也有一个缓冲的余地。当然，如果双方无法取得谅解，也只能付诸法律进行最后裁决。

除上述收账政策外，有些国家还兴起了一种新的收账代理业务，即企业可以委托代理机构催收账款。但由于委托手续费往往较高，许多企业，尤其是那些资账较小、经济效益差的企业很难采用。

企业对拖欠的应收账款，无论采用何种方式进行催收，都需要付出一定的代价，即收账费用，如收账所花的邮电通信费、派专人收款的差旅费和不得已时的法律诉讼费等。通常，企业为了扩大销售，增强竞争能力，往往对客户的预期未付款项规定一个允许的拖欠期限，超过规定的期限，企业就应采取各种形式的措施进行催收。如果企业制定的收款政策过宽，会导致逾期未付款项的客户拖延时间更长，对企业不利；收账政策过严，催收过急，又可能伤害无意拖欠的客户，影响企业未来的销售和利润。因此，企业在制定收账政策时，要权衡利弊，掌握好宽严界限。

一般而言，企业加强收账管理，及早收回货款，可以减少坏账损失和应收账款上的资金占用，但会增加收账费用。因此，制定收账政策就是要在增加收账费用与减少坏账损失、减少应收账款机会成本之间进行权衡，若前者小于后者，则说明制定的收账政策是可取的。

影响企业信用标准、信用条件及收账政策的因素很多，如销售额、赊销期限、收账期限、现金折扣、坏账损失、过剩生产能力、信用部门成本、机会成本、存货投资等的变化。这就使得信用政策的制定更为复杂，一般来说，理想的信用政策就是企业采取或松或紧的信用政策时所带来的收益最大的政策。

四、应收账款日常管理

对于已经发生的应收账款，企业还应进一步强化日常工作，采取有力的措施进行分析、控制，及时发现问题，提前采取对策。这些措施主要包括应收账款追踪分析、应收账款账龄分析、应收账款收现保证率分析和建立应收账款坏账准备制度。

（一）应收账款追踪分析

应收账款一旦为客户所欠，赊销企业就必须考虑如何按期足额收回的问题。要达到这一目的，赊销企业就有必要在收账款之前，对该项应收账款的运行过程进行追踪分析。既然应收账款是存货变现过程的中间环节，对应收账款实施追踪分析的重点应放在赊销商品的销售与变现方面。客户以赊购方式购入商品后，迫于获利和付款信誉的动力与压力，必然期望迅速地实现销售并收回账款。如果这一期望能够顺利地实现，而客户又具有良好的信用品质，则赊销企业如期足额地收回客户欠款一般不会有多大的问题。然而，市场供求关系所具有的瞬变性使得客户所赊购的商品不能顺利地销售与变现，经常出现的情形有两种：积压或赊销。但无论属于其中的哪种情形，对客户而言，都意味着与应付账款相对的现金支付能力匮乏。在这种情况下，客户能否严格履行赊销企业的信用条件，取决于两个因素：其一，客户的信用品质；其二，客户现金的持有量与调剂程度（如现金用途的约束性、其他短期债务偿还对现金的要求等）。如果客户的信用品质良好，持有一定的现金余额，且现金支出的约束性较小，可调剂程度较大，客户大多是不愿以损失市场信誉为代价而拖欠赊销企业账款的。如果客户信用品质不佳，或者现金匮乏，或者现金的可调剂程度低下，那么，赊销企业的账款遭受拖欠也就在所难免。

（二）应收账款账龄分析

企业已发生的应收账款时间长短不一，有的尚未超过信用期，有的则已逾期拖欠。一般来讲，逾期拖欠时间越长，账款催收的难度越大，成为坏账的可能性也就越大。因此，进行账龄分析，密切注意应收账款的回收情况，是提高应收账款收现效率的重要环节。

应收账款账龄分析就是考察研究应收账款的账龄结构。所谓应收账款的账龄结构，是指各账龄应收账款的余额占应收账款总计余额的比重。

表 5-6　应收账款账龄分析表

应收账款账龄	账户数量/个	金额/万元	百分比/%
信用期内	100	6 000	60
超过信用期 1 月内	50	1 500	15
超过信用期 3 月内	30	1 000	10
超过信用期 6 月内	30	1 000	10
超过信用期 6 月以上	5	500	5
合计	215	10 000	100

利用账龄分析表，企业可以了解如下信息：

（1）有多少欠款尚在信用期内。表 5-6 显示有 6 000 万元应收账款在信用期内，占全部应收账款的 60%，这些款项尚在信用期内，欠款是正常的，但到期后能否收回，要待时而定。因此，及时的监督仍然必要。

（2）有多少欠款超过了信用期，超过时间长短的数额比重多大，有多少欠款会因拖欠时间太久而成为坏账。表 5-6 显示有 4 000 万元的应收账款已超过了信用期，占全部应收账款的 40%，其中，1 个月内的有 1 500 万元，占全部应收账款的 15%，这部分欠款收回的可能性较大；拖欠时间较长（1~6 个月）的有 2 000 万元，占全部应收账款的 20%，这部分欠款回收有一定难度；拖欠时间很长（6 个月以上）的有 500 万元，占全部账款的 5%，这部分欠款很可能成为坏账。企业对于逾期应收账款进行分析时，还应进一步分析逾期账款具体属于哪些客户，这些客户是否经常发生拖欠情况，发生拖欠原因何在。一般而言，账款的逾期时间越短，收回的可能性越大，亦即发生坏账损失的程度相对越小；反之，收账的难度及发生坏账损失的可能性也就越大。因此，对不同拖欠时间的账款及不同信用品质的客户，企业应采取不同的收账方法，制定出经济可行的不同收账政策及收账方案。对可能发生的坏账损失，需提前有所准备，充分估计这一因素对企业损益的影响。对尚未过期的应收账款，也不能放松管理与监督，以防发生新的拖欠。

企业通过应收账款账龄分析，不仅能提示财务管理人员应把过期款项视为工作重点，而且有助于促进企业进一步研究与制定新的信用政策。

（三）应收账款收现保证率分析

由于企业当期现金支付需要量与当期应收账款收现额之间存在非对称性矛盾，并呈现出预付性与滞后的差异特征（如企业必须用现金支付与赊销收入有关的增值税和所得税，弥补应收账款资金占用等），这就决定了企业必须对应收账款收现水平制定一个必要的控制标准，即应收账款收现保证率。

应收账款收现保证率是为适应企业现金收支匹配关系的需要所确定出的有效收现的账款应占全部应收账款的百分比，是两者应当保持的最低比例。公式为：

$$\text{应收账款收现保证率}=\frac{\text{当期必要现金支付总额}-\text{当期其他稳定可靠的现金流入总额}}{\text{当期应收账款总计总额}}$$

式中的其他稳定可靠现金流入总额是指从应收账款收现以外的途径可以取得的各种稳定可靠的现金流入数额，包括短期有价证券变现净额、可随时取得的银行贷款额等。

应收账款收现保证率指标反映了企业既定会计期间预期现金支付数量扣除各种可靠、稳定来源后的差额，必须通过应收款项有效收现予以弥补的最低保证程度。其意义在于：应收款项未来是否可能发生坏账损失对企业并非最为重要的，更为关键的是实际收现的账项能否满足同期必需的现金支付要求，特别是满足具有刚性约束的纳税债务及偿付不得展期或调换的到期债务的需要。

企业应定期计算应收账款实际收现率，看其是否达到了既定的控制标准，如果发现实际收现率低于应收账款收现保证率，应查明原因，采取相应措施，确保企业有足够的现金满足同期必需的现金支付要求。

（四）建立应收账款坏账准备制度

无论企业采取怎样严格的信用政策，只要存在商业信用行为，坏账损失的发生总是不可避免的。一般说来，确定坏账损失的标准主要有两条：

（1）因债务人破产或死亡，以其破产财产或遗产清偿后仍不能收回应收款项；

（2）债务人逾期未履行偿债义务，且有明显特征表明无法收回。

企业的应收账款只要符合上述任何一个条件，均可作为坏账损失处理。需要注意的是，当企业的应收账款按照第二个条件已经作为坏账损失处理后，并非意味着企业放弃了对该项应收账款的索取权。实际上，企业仍然拥有继续收款的法定权利，企业与欠款人之间的债权债务关系不会因为企业已做坏账处理而解除。

既然应收账款的坏账损失无法避免，因此，遵循谨慎性原则，对坏账损失的可能性预先进行估计，并建立弥补坏账损失的准备制度即提取坏账准备金就显得极为必要。

第四节 存货管理

一、存货及其管理的意义

存货是指企业在日常生产经营过程中为生产或销售而储备的物资，包括材料、燃料、在产品、半成品、产成品、委托加工协作件、外购商品、包装物和低值易耗品等。

企业持有充足的存货，不仅有利于生产过程的顺利进行，节约采购费用与生产时间，而且能够迅速地满足客户各种订货的需要，从而为企业的生产与销售提供较大的机动性，避免因存货不足带来机会损失。然而，存货的增加必然要占用更多的资金，将使企业付出更大的持有成本（存货的机会成本），而且存货的储存与管理费用也会增加，影响企业获利能力的提高。因此，如何在存货的功能（收益）与成本之间进行利弊权衡，在充分发挥存货功能的同时降低成本、增加收益、实现它们的最佳组合，成为存货管理的基本目标。

二、存货的功能与成本

（一）存货的功能

存货功能是指存货在企业生产经营过程中所具有的作用，主要表现在以下几方面：

（1）防止停工待料。适量的原材料存货和在制品、半成品存货是企业生产正常进行的前提和保障。就企业外部而言，供货方的生产和销售往往会因某些原因而暂停或推迟，从而影响企业材料的及时采购、入库和投产。就企业内部而言，有适量的半成品储备，能使各生产环节的生产调度更加合理，各生产工序步调更为协调，联系更为紧密，不至于因等待半成品而影响生产。可见，适量的存货能有效防止停工待料事件的发生，维持生产的连续性。

（2）适应市场变化。存货储备能增强企业在生产和销售方面的机动性以及适应市场变化的能力。企业有了足够的库存产成品，能有效地供应市场，满足顾客的需要。相反，若某种畅销产品库存不足，将会坐失目前的或未来的推销良机，并有可能因此而失去顾客。在通货膨胀时，适当地储存原材料存货，能使企业获得因市场物价上涨而带来的好处。

（3）降低进货成本。很多企业为扩大销售规模，对购货方提供较优厚的商业折扣待遇，即购货达到一定数量时，便在价格上给予相应的折扣优惠。企业采取批量集中进货，可获得较多的商业折扣。此外，通过增加每次购货数量，减少购货次数，可以降低采购费用支出。即便在推崇以零存货为管理目标的今天，仍有不少企业采取大批量购货方式，原因就在于这种方式有助于降低购货成本，只要购货成本的降低额大于因存货增加而导致的储存等各项费用的增加额，便是可行的。

（4）维持均衡生产。对于那些所生产产品属于季节性产品，生产所需材料的供应具有季节性的企业，为实行均衡生产，降低生产成本，就必须适当储备一定数量的半成品存货或保持一定的原材料存货。

（二）储备存货的有关成本

为充分发挥存货的功能，企业必须储备一定的存货，但也会因此而发生各项支出。企业为储备存货而发生的有关成本主要有：

1. 取得成本

取得成本指为取得某种存货而支出的成本，通常用 TC_a 来表示。取得成本又分为进货成本和购置成本。

（1）进货成本。进货成本指取得订单的成本，如办公费、差旅费、邮资、电话费等支出。进货成本中有一部分与进货次数无关，如常设采购机构的基本开支等，称为进货的固定成本，用 F_1 表示；另一部分与进货次数有关，如差旅费、邮资等，称为进货的变动成本。每次进货的变动成本用 K 表示；进货次数等于存货年需要量 D 与每次进货量 Q 之商。进货成本的计算公式为

$$进货成本=F_1+\frac{D}{Q}\cdot K$$

（2）购置成本。购置成本指存货本身的价值，经常用数量与单价的乘积来确定。年需要量用 D 表示，单价用 U 表示，于是购置成本为 DU。进货成本加上购置成本，就等于存货的取得成本。其公式可表达为

取得成本=进货成本+购置成本=进货固定成本+进货变动成本+购置成本

$$TC_a=F_1+\frac{D}{Q}\cdot K+D\cdot U$$

2. 储存成本

储存成本指为保存存货而发生的成本，包括存货占用资金所应计的利息（若企业用现有现金购买存货，便失去了现金存放银行或投资于证券本应取得的利息，是为“放弃利息”；若企业借款购买存货，便要支付利息费用，是为“付出利息”）、仓库费用、保险费用、存货破损和变质损失等，通常用 TCc 来表示。

储存成本也分为固定成本和变动成本。固定成本与存货数量的多少无关，如仓库折旧、仓库职工的固定月工资等，常用 F_2 表示。变动成本与存货的数量有关，如存货资金的应计利息、存货的破损和变质损失、存货的保险费用等，单位成本用 Kc 来表示。用公式表达的储存成本为

储存成本=储存固定成本+储存变动成本

$$TC_C=F_2+K_C\cdot\frac{Q}{2}$$

3. 缺货成本

缺货成本指由于存货供应中断而造成的损失，包括材料供应中断造成的停工损失、产成品库存缺货造成的拖欠发货损失和丧失销售机会的损失（还应包括需要主观估计的商誉损失）；如果生产企业以紧急采购代用材料解决库存材料中断之急，那么缺货成本表现为紧急额外购入成本（紧急额外购入的开支大于正常采购的开支）。缺货成本用 TC_s 表示。

缺货成本能否作为决策的相关成本，应视企业是否允许出现存货短缺的不同情形而定。若允许缺货，则缺货成本便与存货数量反向相关，即属于决策相关成本；相反，若企业不允许发生缺货情形，此时缺货成本为零，也就无需加以考虑。如果

以 TC 来表示储备存货的总成本，它的计算公式为

$$TC=TC_a+TC_c+TC_s=F_1+\frac{D}{Q}\cdot K+D\cdot U+F_2+K_c\cdot\frac{Q}{2}+TC_s$$

三、存货经济批量模型

（一）存货经济批量的含义

存货经济批量是指能够使一定时期存货的相关总成本达到最低点的存货数量。存货决策通常涉及四项内容，即决定进货项目、选择供应商、确定进货数量和进货时间，前两项是企业营销和生产技术部门的职责，后两项是企业财务部门的职责。通过对存货成本的分析可知，决定存货经济进货数量的成本因素主要包括变动性进货成本、变动性储存成本（简称储存成本）以及允许缺货时的缺货成本。不同的成本项目与进货批量呈现着不同的变动关系。减少进货批量，增加进货次数，在影响储存成本降低的同时，也会导致进货费用与缺货成本的提高；相反，增加进货批量，减少进货次数，尽管有利于降低进货费用与缺货成本，但同时会影响储存成本的提高。因此，如何协调各项成本间的关系，使其总和保持最低水平，是企业组织进货过程需解决的主要问题。

（二）经济进货批量基本模式

经济进货批量基本模式以如下假设为前提：①企业一定时期的进货总量可以较为准确地予以预测，即 D 为常数；②存货的耗用或者销售比较均衡；③存货价格稳定，且不存在销售折扣和现金折扣，即 U 为常数；④企业能够及时补充存货，即需要进货时便可以立即取得存货，进货交易时间为零；⑤存货一次入库，而不是陆续入库，即送货时间为零；⑥企业现金充足不会因现金短缺而影响进货，也不因仓储条件而影响储存存货；⑦要素市场完善，存货供应充足，不会因买不到所需存货而影响其他方面；⑧不允许缺货，即无缺货成本，TCs 为零。

在满足以上假设后，存货流转模型如图 5-5 所示。

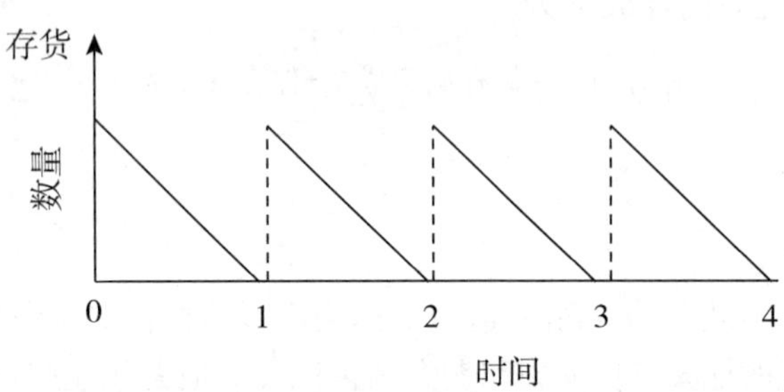

图 5-5　存货流转模型

此时与存货进货批量相关的成本只有变动进货成本和变动储存成本，即

$$TC(Q)=\frac{D}{Q}\cdot K+K_C\cdot\frac{Q}{2}$$

对上式求导，得　　$Q'=\sqrt{2K\cdot D/K_C}$

这一公式称为存货经济进货量基本模型，根据存货进货经济批量 Q′可求得

$$TC(Q')=\frac{K\cdot D}{\sqrt{2K\cdot D/K_C}}+\frac{\sqrt{2K\cdot D/K_C}}{2}K_C=\sqrt{2K\cdot D\cdot K_C}$$

例 5-9　某企业每年耗用甲材料 3 600 千克，该材料单价 100 元，单位存储成本 2 元，一次进货成本 25 元，企业资本成本 10%。则

$Q'=\sqrt{2K\cdot D/K_C}=\sqrt{\frac{2\times3\ 600\times25}{2}}=300$（千克）

相关总成本 TC（Q）$=\sqrt{2K\cdot D\cdot K_C}=\sqrt{2\times25\times3\ 600\times2}=600$（元）

每年最佳订货次数 $=D/Q'=\frac{3\ 600}{300}=12$（次）

每次进货间隔期 $=\frac{360}{12}=30$（天）

存货占用资金的机会成本 $=\frac{Q'}{2}\cdot U\cdot I=\frac{300}{2}\times100\times10\%=1\ 500$（元）

（三）基本模型的扩展

经济订货量的基本模型是在前述各假设条件下建立的，但现实生活中能够满足这些假设条件的情况十分罕见。为使模型更接近于实际情况，具有较强的可用性，需逐一放宽假设，同时改进模型。

1. 进货提前期

在基本模型中，假定存货进货交易时间为零，即企业能够及时补充存货，但一般情况下，企业的存货不能做到随用随时补充，因此不能等存货用光再去进货，而需要在没有用完时提前进货。在提前进货的情况下，企业再次发出进货单时，尚有存货的库存量，称为再进货点，用 R 来表示。它的数量等于交货时间（L）和每日平均需用量（d）的乘积：$R=L\cdot d$。

例 5-10　如果企业进货日至到货期的时间为 10 天，每日存货需用量 10 千克，那么：

$R=L\cdot d=10\times10=100$（千克）

即企业在尚存 100 千克存货时，就应当再次进货，等到下批进货到达时（再次发出订货单 10 天后），原有库存刚好用完。此时，有关存货的每次进货批量、进货次数、进货间隔时间等并无变化，与瞬时补充时相同。进货提前期的情形见图 5-6。这就是说，进货提前期对经济进货量并无影响，可仍以原来瞬时补充情况下的 300 千克为进货批量，只不过在达到再进货点（库存 100 千克）时即发了进货单罢了。

2. 存货陆续供应和使用

在建立基本模型时，假设存货一次全部入库，故存货增加时存货变化为一条垂直的直线。事实上，各批存货可能陆续入库，使存量陆续增加。尤其是产成品入库和在产品转移，几乎总是陆续供应和陆续耗用的。在这种情况下，需要对基本模型做一些修改。

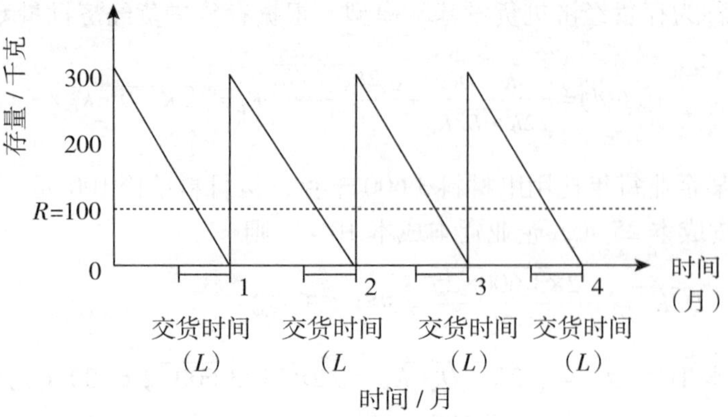

图 5－6 进货提前期模型

例 5-11 某零件年需用量（D）为 3 600 件，每日送货量（P）为 30 件，每日耗用量（d）为 10 件，单价（U）为 10 元，一次订货成本（生产准备成本）（K）为 25 元，单位储存变动成本（K_c）为 2 元。存货数量的变动见图 5-7。

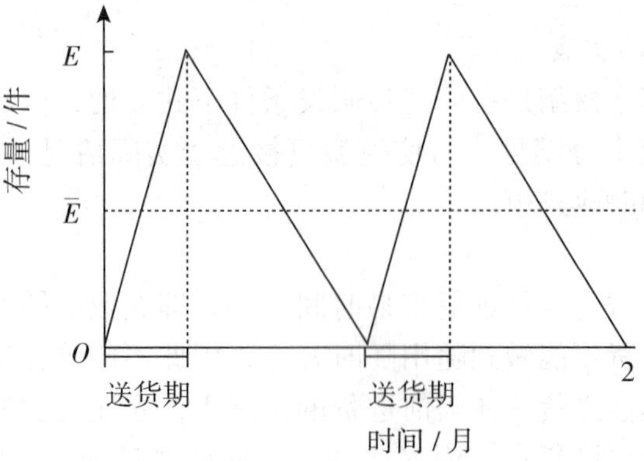

图 5－7 存货数量变动图

设每批进货数为 Q。由于每日送货量为 P，则该批货全部送达所需日数则为 Q/P，称之为送货期。

因零件每日耗用量为 d，故送货期内的全部耗用量为：$\frac{Q}{P}\cdot d$

由于零件边送边用，所以每批送完时，最高库存量为：$Q-\frac{Q}{P}\cdot d$

平均存量则为：$\frac{1}{2}\left(Q-\frac{Q}{P}\cdot d\right)$

图 5-7 中的 E 表示最高库存量，$\bar{E}$ 表示平均库存量。这样，与批量有关的总成本为

$$TC(Q)=\frac{D}{Q}\cdot K+\frac{1}{2}\left(Q-\frac{Q}{P}\cdot d\right)=\frac{D}{Q}\cdot K+\frac{Q}{2}\left(1-\frac{d}{P}\right)\cdot K$$

在进货变动成本与储存变动成本相等时，TC（Q）有最小值，故存货陆续供应

和使用的经济进货量公式为

$$\frac{D}{Q}\cdot K=\frac{Q}{2}\left(1-\frac{d}{P}\right)\cdot K$$

$$Q^*=\sqrt{\frac{2K\cdot D}{K_c}\cdot\frac{P}{P-d}}$$

将这一公式代入上述 TC（Q）′公式，可得出存货陆续供应和使用的经济订货量总成本公式：

$$TC（Q）'=\sqrt{2K\cdot D\cdot K_c\cdot\left(1-\frac{d}{P}\right)}$$

将上述例题数据代入，则：

$$Q^*=\sqrt{\frac{2\times25\times3\ 600}{2}\times\frac{30}{30-10}}=367（件）$$

$$TC（Q^*）=\sqrt{2\times25\times3\ 600\times2\left(1-\frac{10}{30}\right)}=490（元）$$

陆续供应和使用的经济订货量模型，还可以用于自制和外购的选择决策。自制零件属于边送边用的情况，单位成本可能较低，但每批零件投产的生产准备成本比一次外购进货成本可能高出许多。外购零件的单位成本可能较高，但进货成本可能比较低。要在自制零件和外购零件之间做出选择，需要全面衡量它们各自的总成本，才能得出正确的结论。这时，就可借用陆续供应或瞬时补充的模型。

例 5-12　某生产企业使用 A 零件，可以外购，也可以自制。如果外购，单价 4 元，一次订货成本 10 元；如果自制，单位成本 3 元，每次生产准备成本 600 元，每日产量 50 件。零件全年需求量为 3 600 件，储存变动成本为零件价值的 20%，每日平均需求量为 10 件。

下面分别计算零件外购和自制的总成本，以选择较优的方案。

（1）外购零件：

$$Q^*=\sqrt{\frac{2K\cdot D}{K_c}}=\sqrt{\frac{2\times10\times3\ 600}{4\times0.2}}=300（件）$$

$$TC（Q^*）=\sqrt{2K\cdot D\cdot K_c}=\sqrt{2\times10\times3\ 600\times4\times0.2}=240（元）$$

$$TC=D\cdot U+TC（Q^*）=3\ 600\times4+240=14\ 640（元）$$

（2）自制零件：

$$Q'=\sqrt{\frac{2K\cdot D}{K_c}\cdot\frac{P}{P-d}}=\sqrt{\frac{2\times600\times3\ 600}{3\times0.2}\times\frac{50}{50-10}}=3\ 000（件）$$

$$TC（Q'）=\sqrt{2K\cdot D\cdot K_c\cdot\left(1-\frac{d}{P}\right)}$$

$$=\sqrt{2\times600\times3\ 600\times3\times0.2\times\left(1-\frac{10}{50}\right)}=1\ 440（元）$$

$$TC=D\cdot U+TC（Q'）=3\ 600\times3+1\ 440=12\ 240（元）$$

由于自制的总成本（12 240 元）低于外购的总成本（14 640 元），故以自制为宜。

3. 保险储备

前面讨论假定存货的供需稳定且确知，即每日需求量不变，交货时间也固定不变。实际上，每日需求量可能变化，交货时间也可能变化。按照某一进货批量（如经济进货批量）和再进货点发出订单后，如果需求增大或送货延迟，就会发生缺货或供货中断。为防止由此造成的损失，就需要多储备一些存货以备应急之需，这些存货称为保险储备（安全存量）。这些存货在正常情况下不动用，只有当存货过量使用或送货延迟时才动用。保险储备如图 5-8 所示。

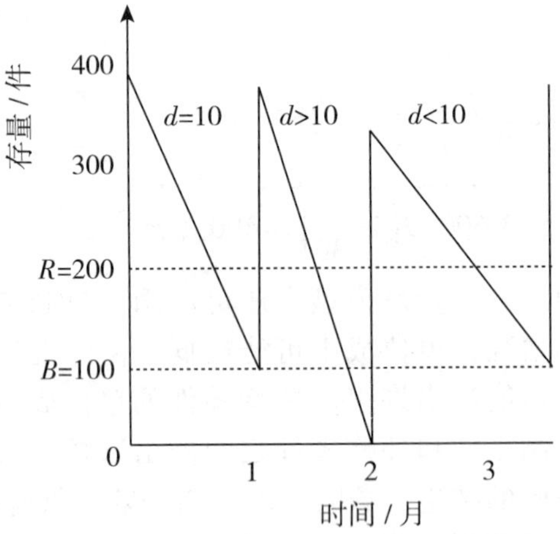

图 5－8　保险储备模型

图 5-8 中，年需用量（D）为 3 600 件，已计算出经济订货量为 300 件，每年订货 12 次。又知全年平均日需求量（d）为 10 件，平均每次交货时间（L）为 10 天。为防止需求变化引起缺货损失，设保险储备量（B）为 100 件，再订货点 R 由此而相应提高为：

R = 交货时间×平均日需求+保险储备 = $L \cdot d + B = 10 \times 10 + 100 = 200$（件）

在第一个订货周期里，$d = 10$，不需要动用保险储备；在第二个订货周期内，$d>10$，需求量大于供货量，需要动用保险储备；在第三个订货周期，$d<10$，不仅不需动用保险储备，正常储备亦未用完，下次存货即已送到。

建立保险储备固然可以使企业避免缺货或供应中断造成的损失，但存货平均储备量加大却会使储备成本升高。研究保险储备的目的，就是要找出合理的保险储备量，使缺货或供应中断损失和储备成本之和最小。方法上可以先计算出各不同保险储备量的总成本，然后再对总成本进行比较，选定其中最低的。

如果设与此有关的总成本为 TC（S、B），年订货次数为 N，保险储备量为 B，单位存货成本为 K_c，则：TC（S、B）= $C_S + C_B$。

设单位缺货成本为 K_u，一次订货缺货量为 S，年订货次数为 N，保险储备量为 B，单位存货成本为 K_C，则

$$C_S = K_u \cdot S \cdot N$$

$$C_B = B \cdot K_C$$

$$\mathrm{TC}\,(S、B) = K_u \cdot S \cdot N + B \cdot K_C$$

现实中，缺货量 S 具有概率性，其概率可根据历史经验估计得出；保险储备量 B 可选择而定。

例 5-13　假定某存货的年需要量 $D=3\ 600$ 件，单位储存变动成本 $K_C=2$ 元，单位缺货成本 $K_U=4$ 元，交货时间 $L=10$ 天；已经计算出经济订货量 $Q=300$ 件，每年订货次数 $N=12$ 次。交货期内的存货需要量及其概率分布见表 5-7。

表 5-7　交货期内的存货需要量及其概率分布

需要量（$10\times d$）	70	80	90	100	110	120	130
概率（P_1）	0.01	0.04	0.20	0.50	0.20	0.04	0.01

先计算不同保险储备的总成本。

（1）不设置保险储备量。令 $B=0$，且以 100 件为再订货点。此种情况下，当需求量为 100 件或以下时，不会发生缺货，其概率为 0.75（0.01+0.04+0.20+0.50）；当需求量为 110 件时，缺货 10 件（110−100），其概率为 0.20；当需求量为 120 件时，缺货 20 件（120−100），其概率为 0.04；当需求量为 130 时，缺货 30 件（130−100），其概率为 0.01。因此，$B=0$ 时缺货的期望值 S_0、总成本 TC（S、B）可计算如下：

$S_0=(110-100)\times0.2+(120-100)\times0.04+(130-100)\times0.01$

$=3.1$（件）

TC（S、B）$=K_U\cdot S_0\cdot N+B\cdot K_C=4\times3.1\times12+0\times2=148.8$（元）

（2）保险储备量为 10 件，此即 $B=10$ 件，以 110 件为再订货点。此种情况下，当需求量为 110 件或其以下时，不会发生缺货，其概率为 0.95（0.01+0.04+0.20+0.50+0.20）；当需求量为 120 件时，缺货 10 件（120−110），其概率为 0.04；当需求量为 130 件时，缺货 20 件（130−110），其概率为 0.01。因此，$B=10$ 件时缺货期望值 S_{10}、总成本 TC（S、B）可计算如下：

$S_{10}=(120-110)\times0.04+(130-110)\times0.01=0.6$（件）

TC（S、B）$=K_U\cdot S_{10}\cdot N+B\cdot K_C=4\times0.6\times12+10\times2=48.8$（元）

（3）保险储备量为 20 件，同样运用以上方法，可计算 S_{20}、TC（S、B）为：

$S_{20}=(130-120)\times0.01=0.1$（件）

TC（S、B）$=4\times0.1\times12+20\times2=44.8$（元）

（4）保险储备量为 30 件，即 $B=30$ 件，以 130 件为再订货点。此种情况下可满足最大需求，不会发生缺货，因此：

$S_{30}=0$

TC（S、B）$=4\times0\times12+30\times2=60$（元）

然后，比较上述不同保险储备量的总成本，以其低者为最佳。

当$B=20$件时，总成本为44.8元，是各总成本中最低的，故应确定保险储备量为20件，或者说应确定以120件为再订货点。

以上举例解决了由于需求量变化引起的缺货问题。至于由于延迟交货引起的缺货，也可以通过建立保险储备量的方法来解决。确定其保险储备量时，可将延迟的天数折算为增加的需求量，其余计算过程与前述方法相同。如前例，若企业延迟到货3天的概率为0.01，则可认为缺货30件（3×10）或者交货期内需求量为130（10×10+30）的概率为0.01。这样就把交货延迟问题转换成了需求过量问题。

四、存货日常管理

存货日常管理的目标是在保证企业生产经营正常进行的前提下尽量减少库存，防止积压。实践中形成的行之有效的管理方法有存货定额控制、存货供应时点控制、存货储存期控制以及存货ABC分类管理等多种方法。本书仅介绍后两种方法。

（一）存货储存期控制

无论是商品流通企业还是生产制造企业，其商品产品一旦入库，便面临如何尽快销售出去的问题，即使不考虑未来市场供求关系的不确定性，仅是存货储存本身就要求企业付出一定的资金占用费（如利息成本或机会成本）和仓储管理费。因此，尽力缩短存货储存时间，加速存货周转，是节约资金占用、降价成本费用、提高企业获利水平的重要保证。

企业进行存货投资所发生的费用支出，按照与储存时间的关系可以分为固定储存费与变动储存费两类。前者包括进货费用、管理费用，其金额多少与存货储存期的长短没有直接关系；后者包括存货资金占用费（贷款购置存货的利息或现金购置存货的机会成本）、存货仓储管理费、仓储损耗（为方便计算，如果仓储损耗较小，亦将其并入固定储存费）等，其金额随存货期的变动呈正比例变动。

基于上述分析，可以将本量利的平衡关系式调整为：

利润=毛利-固定储存费-税金及附加-每日变动储存费×储存天数①

可见，存货的储存成本之所以会不断增加，主要是变动储存费随着储存的延长而不断增加的结果，所以，利润与费用之间此增彼减的关系实际上是利润与变动储存费之间此增彼减的关系。这样，随着存货储存期的延长，利润将日渐减少。当毛利扣除固定储存费和税金及附加后的差额，被变动储存费抵消到恰好等于企业目标利润时，表明存货已经到了保利期。当它们完全被变动储存费抵消时，便意味着存货已经到了保本期。无疑，存货如果能够在保利期内售出，所获得的利润便会超过目标值；反之，将难以实现既定的利润目标。倘若存货不能在保本期内售出的话，企业便会蒙受损失。现举例说明如下：

例5-14 商品流通企业购进甲商品1 000件，单位进价（不含增值税）100元，单位售价120元（不含增值税），经销该批商品一次费用为10 000元，若货款均来

① 变动储存费通常按照进价成本计算，应换算成按售价计算，税金及附加率是以税金及附加除以不含税销售额求得。

自银行贷款，年利率 10.8%，该批存货的月保管费用率 3‰，税金及附加 800 元。要求：①计算该批存货的保本储存期。②若企业要求获得 3%的投资利润率，计算保利期。③若该批存货实际储存了 200 天，问能否实现 3%的目标投资利润率，差额多少。④若该批存货亏损了 2 000 元，求实际储存天数。

计算如下：

（1）每日变动储存费＝购进批量×购进单价×日变动储存费率

$$=1\ 000\times100\times（10.8\%/360+3‰/30）=40（元）$$

保本储存天数＝（毛利－固定储存费－税金及附加）/每日变动储存费

$$=［（120-100）\times1\ 000-10\ 000-800］/40=230（天）$$

（2）目标利润＝投资额×投资利润率＝1 000×100×3%＝3 000（元）

$$保利储存天数=\frac{毛利-固定储存费-税金及附加-目标利润}{每日变动储存费}$$

$$=\frac{（120-100）\times1\ 000-10\ 000-8\ 000-3\ 000}{40}=155（天）$$

（3）批进批出经销该商品实际获利额＝每日变动储存费×（保本储存天数－实际储存天数）＝40×（230－200）＝1 200（元）

利润差＝实际利润－目标利润＝1 200－3 000＝－1 800（元）

$$利润率差=实际利润率-目标利润率=\frac{1\ 200}{100\times1\ 000}\times100\%-3\%=-18\%$$

（4）因为该批存货获利额＝每日变动储存费×（保本储存天数－实际储存天数），故：

$$实际储存天数=保本储存天数-\frac{该批存货获利额}{每日变动储存费}=230-\frac{-2\ 000}{40}=280（天）$$

可见，企业通过对存货储存期限的分析与控制，可以及时地将企业存货的信息传输给经营决策部门，如有多少存货已过保本期或保利期，金额多大，比重多高，这样，决策者就可以针对不同情况，采取相应的措施。一般而言，凡是已过保本期的商品大多属于积压呆滞的存货，对超过保利期但未过保本期的存货，应当首先检查销售状况，查明原因是人为所致，还是市场行情已经逆转，有无沦为过期积压存货的可能，若有，需尽早采取措施；至于那些尚未超过保利期的存货，企业亦应密切监督、控制，以防发生过期损失。从企业财务方面，需要分析哪些存货基本能在保利期与保本期之间售出，哪些存货直至保本期已过才能售出或根本就没有市场需求。通过分析，财务部门应当通过调整资金供应政策，促使经营部门调整产品结构和投资方向，推动企业存货结构的优化，提高存货的投资效率。

上述通过保本保利储存期对存货的损益情况进行分析，是建立在批进批出的前提条件之上的，在企业存货经销的实际工作中，批进批出只是一种偶然现象，普遍的情形是存货大批量购进、小批量售出或批进零售，此时若仍然按照批进批出的假设测算批进零售存货经销的损益情况，必然与实际产生很大出入。为此，有必要提出一种批进零售的存货控制模式。

例 5-15　企业购进 H 型存货 2 000 件，购进单价 1 000 元（不含增值税）。该款项均来自银行贷款，月利率 12‰，企业月存货保管费用 13 500 元，存货购销的固定储存费 200 000 元。据市场调研反馈信息，该存货日均销量约 12 件，需 167 天左右的时间方能全部售出，单位售价（不含增值税）1 250 元。税金及附加 125 000 元。

每日变动储存费=购进批量×购进单价×每日利率+每日保管费用

$$=2\ 000\times1\ 000\times\frac{12‰}{30}+\frac{13\ 500}{30}=1\ 250\text{（元）}$$

$$\text{H 存货的平均保本储存天数}=\frac{\text{毛利}-\text{固定储存费}-\text{税金及附加}}{\text{每日变动储存费}}$$

$$=\frac{(1\ 250-1\ 000)\times2\ 000-200\ 000-125\ 000}{1\ 250}=140\text{（天）}$$

$$\text{H 存货平均实际储存天数（公式推导略）}=\frac{1}{2}\text{（购进批量/日均销量}+1\text{）}$$

$$=\frac{1}{2}\text{（实际零散售完天数}+1\text{）}=\frac{1}{2}(167+1)=84\text{（天）}$$

经销 H 存货预计可获利

=该批存货的每日变动储存费×（平均保本储存天数-平均实际储存天数）

= 1 250×（140-84）= 70 000（元）

通过上述举例，可以归纳出如下基本公式：

批进零售经销某批存货预计可获利或亏损额

$$=\text{该批存货每日变动储存费}\times\left(\text{平均保本储存天数}-\frac{\text{实际零售散售完天数}+1}{2}\right)$$

$$=\text{购进批量}\times\text{购进单价}\times\text{变动储存费率}\times\left(\text{平均保本储存天数}-\frac{\text{购进批量}\div\text{日均销量}+1}{2}\right)$$

$$=\text{购进批量}\times\text{单位存货的变动储存费}\times\left(\text{平均保本储存天数}-\frac{\text{购进批量}\div\text{日均销量}+1}{2}\right)$$

此外，企业对上述公式还可以根据需要进行其他具体分解，此处不再一一列示。

（二）存货 ABC 分类管理

企业存货品种繁多，尤其是大中型企业的存货往往多达上万种甚至数十万种。实际上，不同的存货对企业财务目标的实现具有不同的作用。有的存货尽管品种数量很少，但金额巨大，如果管理不善，将给企业造成极大的损失。相反，有的存货虽然品种数量繁多，但金额微小，即使管理当中出现一些问题，也不至于对企业产生较大的影响。因此，无论是从能力还是经济角度，企业均不可能也没有必要对所有存货不分巨细地严加管理。ABC 分类管理正是基于这一考虑而提出的，其目的在于使企业分清主次，突出重点，以改善存货资金管理的整体效果。

所谓 ABC 分类管理就是按照一定的标准，将企业的存货划分为 A，B，C 三类，分别实行分品种重点管理、分类别一般控制和按总额灵活掌握的存货管理方法。

1. 存货 ABC 分类的标准

分类的标准主要有两个：一是金额标准；二是品种数量标准。其中金额标准是最基本的，品种数量标准仅作为参考。

A 类存货的特点是金额巨大，但品种数量较少；B 类存货金额一般，品种数量相对较多；C 类存货品种数量繁多，但价值金额却很小。如一个拥有上万种商品的百货企业，家用电器、高档皮货、家具、摩托车、大型健身器械等商品的品种数量并不很多，但价值额却相当大。大众化的服装、鞋帽、床上用品、布匹、文具用具等商品品种数量比较多，但价值额相对 A 类商品要小得多。至于各种小百货，如针线、纽扣、化妆品、日常卫生用品及其他日杂用品等品种数量非常多，但所占金额却很小。一般而言，三类存货的金额比重大致为 A：B：C=0.7：0.2：0.1，而品种数量比重大致为A：B：C=0.1：0.2：0.7。由于 A 类存货占用着企业绝大多数的资金，只要能够控制好 A 类存货，基本上也就不会出现较大问题。同时，由于 A 类存货品种数量较少，企业完全有能力按照每一个品种进行管理。B 类存货金额相对较小，企业不必像对待 A 类存货那样花费太多的精力。同时，由于 B 类存货的品种数量远远多于 A 类存货，企业通常没有能力对每一具体品种进行控制，因此可以通过划分类别的方式进行管理。C 类存货尽管品种数量繁多，但其所占金额却很小，对此，企业只要把握一个总金额也就完全可以了。不过，在此需要提醒的是，由于 C 类存货大多与消费者的日常生活息息相关，虽然这类存货的直接经济效益对企业并不重要，但如果企业能够在服务态度、花色品种、存货质量、价格方面加以重视的话，其间接经济效益将是无法估量的。相反，企业一旦忽视了这些方面的问题，其间接的经济损失同样也是无法估量的。

2. ABC 三类存货的具体划分

具体过程可以分三个步骤（有条件的可通过计算机进行）：

（1）列示企业全部存货的明细表，并计算出每种存货的价值总额及占全部存货金额的百分比。

（2）按照金额标志由大到小进行排序并累加金额百分比。

（3）当金额百分比累加到 70%左右时，以上存货视为 A 类存货；百分比介于 70%~90%的存货为 B 类存货，其余则为 C 类存货。

例 5-16　某企业共有 20 种材料，总额为 200 000 元，按金额多少的顺序排列并按上述原则将其划分成 A，B，C 三类，各类存货金额百分比表示如表 5-8 所示。

表 5-8　ABC 分类表

材料编号	金额/元	金额比重/%	累计金额比重/%	类别	各类存货数量和比重	各类存货金额和比重
1	80 000	40	40	A	2	140 000
2	60 000	30	70		10	70
3	15 000	7.5	77.5			
4	12 000	6	83.5	B	4	40 000
5	8 000	4	87.5		20	20
6	5 000	2.5	90			
7	3 000	1.5	91.5			
8	2 500	1.25	92.75			
9	2 200	1.1	93.85			

表5-8(续)

材料编号	金额/元	金额比重/%	累计金额比重/%	类别	各类存货数量和比重	各类存货金额和比重
10	2 100	1.05	94.9	C	14 70	20 000 10
11	2 000	1	95.9			
12	1 800	0.9	96.8			
13	1 350	0.675	97.475			
14	1 300	0.65	98.125			
15	1 050	0.525	98.65			
16	700	0.35	99			
17	600	0.3	99.3			
18	550	0.275	99.575			
19	450	0.225	99.8			
20	400	0.2	100			
合计	200 000	100			20 100	200 000 100

3. ABC 分类法在存货管理中的运用

企业通过对存货进行 ABC 分类，可以分清主次，采取相应的对策进行有效的管理、控制。企业在组织经济进货批量、储存期分析时，对 AB 两类存货可以分别按品种、类别进行。对 C 类存货只需要加以灵活掌握即可，一般不必进行上述各方面的测算与分析。此外，企业还可以运用 ABC 分类法将存货区分为 A、B、C 三类，通过研究各类消费者的消费倾向、档次等，对各档次存货的需要量（额）加以估算，并购进相应数量的存货。这样，能够使存货的购进与销售工作有效地建立在市场调查的基础上，从而收到良好的控制效果。

第五节　营运资金政策

营运资金政策包括营运资金投资政策和营运资金筹集政策，它们分别研究如何确定营运资金持有量和如何筹集营运资金两个方面的问题。

一、流动资产与流动负债的分类

流动资产与流动负债合理匹配的前提是根据流动资产与流动负债的营运性质，对流动资产和流动负债进行恰当分类。

（一）流动资产的类别性质

在企业财务中，根据流动资产与流动负债的匹配管理要求，流动资产一般按时间分类，包括永久性流动资产和临时性流动资产。永久性流动资产，是指满足企业生产经营必备和最低需要并随经营规模的正常扩大而增长的那部分流动资产；临时性流动资产，是指随经营季节性需要而波动的那部分流动资产。永久性流动资产与固定资产相类似：第一，永久性流动资产需要长期垫支，是一种流动资产投资；第二，随着企业经营规模的发展扩大，所需的永久性流动资产水平也会随时间而增长。

正因如此，永久性流动资产和长期资产均可称为永久资产。

（二）流动负债的类别性质

在企业财务中，流动负债一般按其自然属性进行分类，包括自发性流动负债和临时性流动负债两个部分。那些在企业日常经营交易中自然发生的，随流动资产和经营活动而存在的，不存在名义上的融资成本的流动负债，称为自发性流动负债。自发性流动负债也称为经营性流动负债，是永久性融资来源，包括应付票据、应付账款、预收账款、其他应付款以及预提费用等。相反，为特定经营活动而专门借入的，需要签订正式的融资协议，存在法定的融资成本的流动负债，称为临时性流动负债。临时性流动负债也称为筹资性流动负债，是企业主动性的临时融资来源，包括短期借款和应付短期债券等。

二、营运资金投资策略

（一）流动资产投资规模安排

流动资产的持有量大，能够及时保证生产经营所需要的劳动对象，保证生产经营平稳而不间断地顺利进行，经营风险较小。但将企业的大部分资金量投放在流动资产上，又会侵占固定资产等长期资产的投资规模，影响企业生产条件和生产能力的发展，降低企业总资产的收益水平。在决定流动资产投资的数量水平时，可以根据企业的风险承受能力，分别采用“保守型”“稳健型”与“进取型”的流动资产投资策略。

假定一家企业的最大年生产能力为 10 万件产品，在企业的实际生产量逐渐向 10 万件产出量递增时，所需要的流动资产投资也会逐渐增加。但随企业生产规模增长所追加投入的流动资产数额，在不同的流动资产投资策略支持下，会呈现出不同的结果，如图 5-9 所示。从图中可以看到，总的来说，产出量越大，为支持这一产出量所需进行的流动资产投资水平也越高。但它们之间并非线性关系，流动资产投资水平以递减的幅度随产出量而增加，出现这一非线性关系的原因主要是规模经济效应的作用。

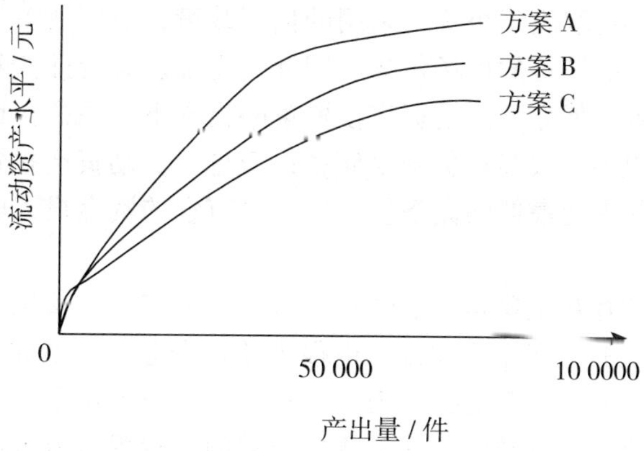

图 5-9 流动资产投资策略

方案A的流动资产投资水平要高于其他两个方案。在利润总额一定的情况下，由于方案A的流动资产额最大，经营风险最小，但其资产总额较大，总资产报酬率最低，因此其是一种保守型的流动资产投资策略。相反，方案C是三种方案中最激进的，其流动资产投资额最小，经营风险最高，资产占用额最小，总资产报酬率最高，属于进取型的流动资产投资策略。相比之下，方案B是一种稳健型的流动资产投资策略，其流动性、获利能力和风险性均介于方案A和方案C之间。上述分析的结论如下：

（1）获利能力与流动性呈反向变动关系。按流动性从高到低排序，依次是方案A、方案B和方案C；按获利能力从大到小排序，依次是方案C、方案B和方案A。由此可见，流动性的提高通常要以获利能力的降低为代价，同样，获利能力的提高也要以流动性的降低为代价。

（2）获得能力与财务风险呈同向变动关系。为追求更高的获利能力，企业必须承受更大的经营风险。在前面讨论的流动资产投资方案中，获利能力与经营风险的排序是一致的。方案C的获利能力最强，其经营风险也最高；方案A的获利能力最差，其经营风险也最小；无论是获利能力或经营风险，方案B均介于方案A和方案C之间。

（3）流动性与财务风险呈反向变动关系。在其他条件一定的情况下，流动资产投资水平越高，其资产的流动性越好，其变现能力越强，其财务风险越小；反之亦然。在前述流动资产投资方案中，按流动性从高到低依次是方案A、方案B和方案C，按财务风险从大到小排序则依次是方案C、方案B和方案A。由此可见，流动性的提高通常可以降低企业的财务风险，同样，财务风险的降低也必须以提高资产的流动性为代价。

（二）流动资产内部结构安排

企业在流动资产内部结构安排上，应当遵循时间上依次继起和空间上同时并存的原则，才能保证企业正常生产经营活动得以继续。

在流动资产的内部构成中，应收账款是企业生产经营活动的必然结果。此外，应收账款的数额大小还取决于企业所采用的信用政策，信用政策的调整在相当大的程度上影响着企业产品销售的市场份额。因此，现金、有价证券和存货是流动资产结构调整的主体内容。保守型流动资产投资策略指导下，往往预留较多的现金储备或有价证券，也可能预留较多存货安全储备；激进型流动资产投资策略指导下，流动资产的各项目往往保持最低的储备量，以便将节省的资金投入收益能力更高的长期资产方面。

短期有价证券的存在主要是基于转换为现金，事实上，短期有价证券的投资收益很难超过企业正常的生产经营收益，也很难超过企业的资本成本。因此，过多地持有短期有价证券，如同过多地持有现金一样，从效益上讲是不经济的。如果能够对企业的未来现金流量进行准确预计，并且未来的经营现金流入能够满足经营现金支出和偿债需要，企业就不应该持有短期有价证券。只有在企业需要建立一定规模的现金储备以预防财务危机时，才会将暂时多余的现金购买有价证券，获取一定量的投资收益以抵减资金闲置损失。

存货是流动资产中弹性较强的资产项目。保守型流动资产投资策略可能会较多地储备存货，以避免生产经营活动中出现存货短缺；而激进型流动资产投资策略则会将存货限制在一个较低的水平，以防止形成较大的资金占用。极端的做法是采取适时生产模式（just in time），这种生产模式认为存货是企业无效成本的万恶之源，存货余额应接近于零。

三、营运资金筹集政策

营运资金筹集政策是营运资金的研究重点。营运资金筹集政策，主要是就如何安排临时性流动资产和永久性流动资产的资金来源而言的，一般可以区分为三种，即配合型筹资政策、激进型筹资政策和稳健型筹资政策。

（一）配合型筹资政策

配合型筹资政策的特点是：对于临时性流动资产，运用临时性负债筹集资金满足其资金需要；对于永久性流动资产和固定资产（统称为永久性资产，下同），运用长期负债、自发性负债和权益资本筹集资金满足其资金需要。配合型筹资政策见图 5-10。

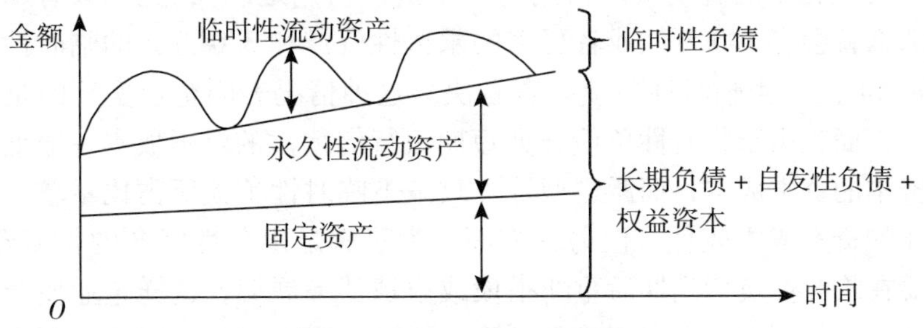

图 5－10　配合型筹资政策

配合型筹资政策要求企业临时负债筹资计划严密，实现现金流动与预期安排相一致。在季节性低谷时，企业应当除了自发性负债外没有其他流动负债；只有在临时性流动资产的需求高峰期，企业才举借各种临时性债务。

例 5-17　某企业在生产经营的淡季，需占用 400 万元的流动资产和 600 万元的固定资产；在生产经营的高峰期，会额外增加 300 万元的季节性存货需求。配合型筹资政策的做法是：企业只在生产经营的高峰期才借入 300 万元的短期借款；不论何时，1 000万元的永久性资产（400 万元永久性流动资产和 600 万元固定资产之和）均由长期负债、自发性负债和权益资本解决其资金需要。

这种筹资政策的基本思想是将资产与负债的期间相配合，以降低企业不能偿还到期债务的风险和尽可能降低债务的资本成本。但是，事实上由于资产使用寿命存在不确定性，往往达不到资产与负债的完全配合。如本例，一旦企业生产经营高峰期内的销售不理想，未能取得销售现金收入，便会发生偿还临时性负债困难的情况。因此，配合型筹资政策是一种理想的、对企业有较高资金使用要求的营运资金筹集政策。

（二）激进型筹资政策

激进型筹资政策的特点是：临时性负债不但融通临时性流动资产的资金需要，还解决部分永久性资产的资金需要。该筹资政策见图 5-11。

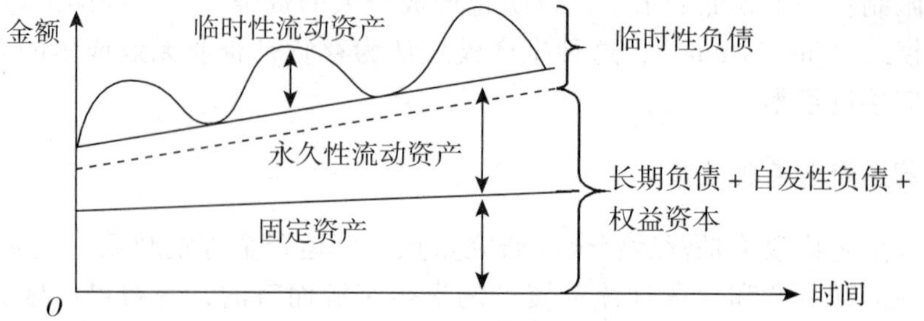

图 5－11　激进型筹资政策

从图 5-11 可以看到，激进型筹资政策下临时性负债在企业全部资金来源中所占比重大于配合型筹资政策。沿用上例，企业在生产经营的淡季，需占用 400 万元的流动资产和 600 万元的固定资产，在生产经营的高峰期，额外增加 300 万元的季节性存货需求。如果企业的权益资本、长期负债和自发性负债的筹资额低于1 000万元（低于正常经营期的流动资产占用与固定资产占用之和），比如只有 900 万元甚至更少，那么就会有 100 万元或者更多的永久性资产和 300 万元的临时性流动资产（在经营高峰期内）由临时性负债筹资解决。这种情况表明企业实行的是激进型筹资政策。一方面，由于临时性负债（如短期银行借款）的资本成本一般低于长期负债和权益资本的资本成本，而激进型筹资政策下临时性负债所占比重较大，所以该政策下企业的资本成本较低。但另一方面，为了满足永久性资产的长期资金需要，企业必然要在临时性负债到期后重新举债或申请债务展期，这样企业便会更为经常地举债和还债，从而加大筹资困难和风险；还可能面临由于短期负债利率的变动而增加企业资本成本的风险。所以激进型筹资政策是一种收益性和风险性均较高的营运资金政策。

（三）稳健型筹资政策

稳健型筹资政策的特点是临时性负债只融通部分临时性流动资产的资金需要，另一部分临时性流动资产和永久性资产则由长期负债、自发性负债和权益资本作为资金来源，见图 5-12。

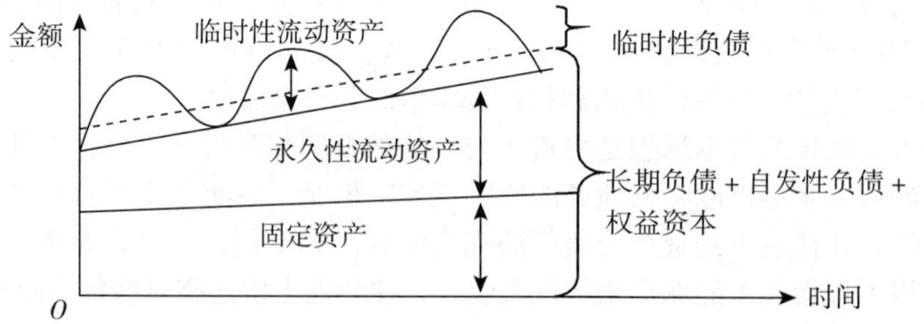

图 5－12　稳健型筹资政策

可见，与配合型筹资政策相比，稳健型筹资政策下临时性负债占企业全部资金来源的比例较小。沿用上例，如果企业只是在生产经营的旺季借入资金低于300万元，比如200万元的短期借款，而无论何时的长期负债、自发性负债和权益资本之和总是高于1 000万元，比如达到1 100万元，那么旺季季节性存货的资金需要只有一部分（200万元）靠当时的短期借款解决，其余部分的季节性存货和全部永久性资金需要则由长期负债、自发性负债和权益资本提供。而在生产经营的淡季，企业则可将闲置的资金（100万元）投资于短期有价证券。一方面，这种做法下由于临时性负债所占比重较小，所以企业无法偿还到期债务的风险较低，同时蒙受短期利率变动损失的风险也较低。然而，另一方面，却会因长期负债资本成本高于临时性负债的资本成本，以及经营淡季时仍需负担长期负债利息，从而降低了企业的收益。所以，稳健型筹资政策是一种风险性和收益性均较低的营运资金筹集政策。

一般说来，如果企业能够驾驭资金的使用，采用收益和风险配合得较为适中的配合型筹资政策是有利的。

第六章
制造成本与期间费用管理

第一节　制造成本与期间费用概述

一、企业生产费用及其主要分类

企业进行生产必须具备三大要素，即劳动资料、劳动对象和劳动者。生产的过程就是劳动者借助于劳动资料作用于劳动对象的过程，也是物化劳动和活劳动的消耗过程。企业在一定时期内的生产经营过程中所耗费的物化劳动和活劳动价值的货币表现，就是企业的生产费用。企业生产费用主要包括两大基本内容：①生产经营过程中所发生的全部物化劳动的耗费；②在企业生产经营过程中，劳动者为自己劳动所发生的活劳动的耗费。企业生产费用是归集制造成本与期间费用的基础，按照不同的标准可划分为不同的类别：

（一）按生产费用的经济性质分类

按生产费用的经济性质不同，企业生产费用可以划分为若干费用要素，如外购材料、外购燃料、外购动力、职工薪酬、折旧费、税金（房产税、车船使用税、印花税等）、修理费、利息支出、其他支出等要素。按经济性质分类的每一费用要素都是单一的，反映着企业同类经济性质费用的总额，说明企业在一定时期内的生产经营活动中发生了多少费用，有利于企业进行生产费用的归集，同时也有利于计算净产值与国民收入。

各费用要素占全部生产费用的比重，称为费用结构。企业通过对费用结构的对比分析，可以更好地了解和掌握生产耗费的具体情况，明确降低费用的主要方向，从而更好地组织和推动企业的制造成本和期间费用的管理工作。

（二）按生产费用的经济用途分类

按生产费用的经济用途不同，企业生产费用可以分为若干成本和费用项目，即直接材料、直接人工、其他直接支出、制造费用、管理费用、营业费用和财务费用七个项目。

按经济用途分类，就是把企业生产经营过程中发生的同一用途的费用归集为同一项目，而不论其性质如何。如“直接材料”项目只包括直接用于产品生产上的各种材料，对于企业管理中的物料消耗，不构成“直接材料”，而是“管理费用”项目的构成部分。这样分类，有助于明确费用与产品成本的关系，正确核算产品成本，分析成本与费用升降的原因。

（三）按费用的习性分类

费用习性指费用与业务量（如产量、销量等）之间的关系。按照费用习性的不同，企业生产费用可以分为固定费用和变动费用两大类。

固定费用是指其总额在相关范围内（在一定时期和一定业务量范围内）不随业务量的增减变化而变动的各种费用。但是，单位固定费用则要随业务量的增减而升降，业务量增大，单位固定费用降低，单位固定费用与业务量呈反比例变动。固定费用的节约是降低成本和费用的重要环节，也是增加企业盈利的重要环节。

变动费用是指其总额随业务量的变化而增减变动的各种费用。但是，单位变动费用一般不随业务量的变化而变动。变动费用的节约，一般是从降低单位产品的消耗着手，以实现单位变动费用的降低。

在企业实际工作中，有些费用具有部分变动、部分固定的双重性质，称为混合费用，如企业的其他直接费用（或称制造费用）、管理费用、营业费用和财务费用等，这些费用中的一部分在一定条件下会随业务量的变化而变动，具有变动费用的性质；而另一部分则不随业务量的变化而变动，具有相对的固定性。这些双重性质的费用从理论上看，可以通过一定的方法将其分解为固定费用和变动费用两部分。但在实际工作中，为了简化管理工作，按照其费用的主要性质，可将其他直接支出和制造费用大体归入变动费用类，对其中少部分费用的固定性忽略不计；并将管理费用、营业费用和财务费用归入固定费用类，对其少部分费用的变动性也忽略不计。本章在以后的论述中采用此种划分方法，以简化预测、计算工作。

（四）按生产费用的归集和补偿方式分类

按费用归集和补偿方式不同，企业生产费用可以划分为制造成本和期间费用两大类。制造成本归集的是为生产产品或提供劳务所发生的直接材料、直接人工、其他直接支出和制造费用等项费用支出，构成企业产品成本，并直接从企业所取得的主营业务收入（或产品销售收入）中得到补偿。期间费用归集的是企业生产产品或提供劳务过程中，为提供和创造正常生产经营活动的条件与环境所发生的管理费用、营业费用和财务费用等项费用支出，这些费用支出按照“费用与收益相配合”的原则，从企业当期的损益中得到补偿。

二、制造成本与期间费用的内容和特点

（一）制造成本的经济内容

制造成本是企业生产产品和提供劳务而发生的费用支出，又称为生产成本（或经营成本）。企业在实际生产过程中消耗的直接材料、直接工资、其他直接支出和制造费用，构成了企业制造成本的经济内容。

直接材料是指企业在生产中用以形成产品的各种材料支出，一般包括企业在生产经营过程中实际消耗的原材料、辅助材料、备品配件、外购半成品、燃料、动力、包装物以及其他直接材料。

直接工资（又称直接人工）是指企业直接从事产品生产的人员的工资，一般包括工资、奖金、津贴和补贴。

其他直接支出是指在产品生产过程中直接支出的其他费用，如生产人员的职工福利费。

制造费用是指企业生产经营中基层生产单位为组织和管理生产所发生的各种费用，主要包括各生产单位管理人员工资及职工福利费、生产用房屋和机器设备等的折旧费、原油储量有偿使用费、油田维护费、矿山维护费、租赁费（不包括融资租赁费）、修理费、机物料消耗、低值易耗品、取暖费、水电费、办公费、差旅费、运输费、保险费、设计制图费、试验检验费、劳动保护费、季节性或修理期间的停工损失以及其他制造费用。由于这些制造费用与产品形成过程有直接的联系，其总额在一定条件下随业务量的增减而变动，有时又称这部分制造费用为变动性制造费用。制造费用因其直接服务于产品的生产过程却不直接构成某类产品的实体，因此只能通过采用一定的分配办法计入各类受益产品的成本。

制造成本的经济内容是在外延上对制造成本这一成本范畴的确立。

（二）期间费用的经济内容

在企业的生产经营活动中，有些费用是为企业提供一定的生产经营条件而发生的，生产经营条件一经形成，不管这些条件的实际利用程度如何，有关费用仍照常发生，一个会计期间所发生的此类费用是一种期间成本费用。因此，期间费用是指产品销售、行政管理和财务管理等方面发生的费用，其经济内容包括企业的营业费用、管理费用和财务费用三个部分。由于期间费用作用的是企业一个会计期间生产经营的环境和条件，不作用于产品的直接生产过程，所以应直接计入企业的当期损益，即冲减企业当期利润或计入企业当期亏损。

营业费用是指企业在销售产品、自制半成品和提供劳务等过程中发生的各项费用以及专设销售机构的各项经费，主要包括应由企业负担的运输费、装卸费、包装费、保险费、委托代销手续费、广告费、展览费、租赁费（不含融资租赁）、销售服务费用，专设销售机构人员工资、职工福利费、差旅费、办公费、折旧费、修理费、物料消耗、低值易耗品摊销以及其他经费。

管理费用是指企业行政管理部门为管理和组织生产经营活动而发生的各项费用，主要包括公司经费、工会经费、职工教育经费、劳动保险费、待业保险费、董事会会费、咨询费、审计费、诉讼费、排污费、绿化费、税金、土地使用费、海域使用费、土地损失补偿费、技术转让费、技术开发费、无形资产摊销、开办费摊销、业务招待费、坏账损失、存货盘亏、毁损和报废、上交上级管理费以及其他管理费用。

财务费用是指企业为筹集资金而发生的各项费用，主要包括企业在生产经营期间发生的利息净支出、汇兑净损失、金融机构手续费、调剂外汇手续费以及因筹集资金发生的其他财务费用。

期间费用是企业生产费用构成内容的重要组成部分。企业的制造成本与期间费用（以下简称成本与费用）两大经济内容的具体划分，有助于促进企业成本与费用的有效管理。但是，成本与费用开支的实际内容还必须按照国家有关制度规定进行确立。在实际工作中，制造成本与期间费用简称为成本与费用。

（三）不应列入制造成本和期间费用的支出

企业在生产经营中所发生的费用支出并非都应列入企业的制造成本和期间费用，而应按其费用支出的性质分别进行不同的财务处理。企业生产过程中所发生的各种费用支出按其性质可以分为经营性支出、资本性支出、社会性支出和消费性支出四个方面。其中，属于资本性支出、社会性支出和消费性支出的费用一般不应列入企业的成本与费用之中，而应按不同的规定进行财务处理。

企业生产经营过程中发生的不应列入企业当期成本费用的支出主要有：为购置和建造固定资产、无形资产和其他资产的支出；对外投资的支出；被没收的财物；支付的滞纳金、罚款、违约金和赔偿金；企业赞助、捐赠支出；国家法规制度规定以外的各种付费；国家规定不得列入成本费用的其他支出。

企业为购置和建造固定资产、购入无形资产和其他资产的支出以及对外投资支出，都属于资本性支出，不得列入企业当期的成本和费用。企业因购置和建造固定资产而发生的支出，应列入该项固定资产的价值中，在以后使用期内按期通过计提固定资产折旧的办法摊销进入成本费用；企业购入无形资产时发生的支出应按实际支出额列入无形资产的价值，并按一定的方法摊销，不能一次性计入企业当期的成本费用；企业的其他资产支出包括开办费及长期待摊费用，应在项目的受益期内分期摊销进入成本费用；企业对外投资支出应按实际支出列入相应的短期投资或长期投资价值之中，在收回投资时冲减相应的短期投资或长期投资，收回投资大于或小于原投资的账面价值的差额，应列入投资损益，在企业当期利润中列支。

企业被没收的财物、支付的滞纳金、罚款、违约金和赔偿金等项支出，是因企业不正常的管理行为导致的，应在企业所得税后的留利中列支。企业赞助、捐赠的支出，属于企业的社会性支出，应在企业的公积金中列支。同时，无论是从法定公积金还是盈余公积金中支出，都不应列入企业的成本费用，因为法定公积金和盈余公积金就其来源看，主要是企业所得税后的利润，就其支出看，其消耗不构成产品的价值，也就不需要从产品销售所取得的收益中得到补偿；如果说在这“两金”之中，公积金转增企业的资本金，从而投入企业产品的生产经营活动之中，也只不过说明了公积金是企业筹资渠道中的一个内部来源渠道而已，公积金本身的这项支出并不需要归还，更无须得到补偿。所以，在公积金中开支的支出，不得列入企业的成本。国家法规制度规定之外的各种付费，例如各种摊派和不合理付费就其性质也属于企业的社会性支出，不得列入企业成本。

国家规定某些其他支出不得列入成本费用的主要原因是：①有特定的资金来源渠道和使用范围；②其发生与否与企业的生产无关；③特定时期经营管理的要求。这样的支出有企业在销售收入中单独扣减的消费税金、增值税金等支出；企业用利润缴纳的所得税费用支出；企业用所得税后的利润支付的优先股股利和普通股股利等。

（四）制造成本与期间费用的特点

生产费用被划分为制造成本和期间费用两个部分，是因为企业生产经营过程中所支出的各种费用在企业产品价值形成中所处的地位、作用和用途不同所致。制造成本是指在产品制造和生产过程中，对产品价值的形成起直接作用的各种生产费用支出。它是产品价值的一个重要构成部分，在一定的经营管理和技术水平条件下，单位产品所含制造成本受产量变动的影响较小，而制造成本总额是随产量的变动而增减，当产量增大时，制造成本总额则增大；相反，当产量减少时，制造成本总额则减少。同时，将制造成本明确为企业产品的成本，有利于企业在市场经济环境中，充分注重市场营销情况，在组织产品生产时，注重以销量来决定产品的生产量，从而避免在“完全成本法”下为了降低成本而盲目增大产量的弊端，有利于社会资源的节约使用，使企业生产有更加明确的导向。

期间费用则是企业为提供正常的生产经营条件，并使其处于生产经营准备状态而发生的各项必要支出。这些支出的作用是为了使企业处于正常的生产经营状态，其支出数额一般情况下并不随企业的产量变化而增减，处于相对固定状态。同时，这部分支出只作用于一个会计期间，为该会计期间的生产经营活动提供必要的环境和条件，而下一会计期间则需要另支出一定费用来为其进行正常的生产经营活动提供条件，因此，这种费用一般被称为期间费用，即一个会计期间所发生的维持费用，其产生的效益不应该递延到下一个会计期间，应在当期全额列入企业的损益之中。企业期末在产品和产成品存货中都不包括或结转这部分费用，仅结转其相应的制造成本。这样，企业在一个时期的盈利水平基本上能正确地反映企业在该期的生产经营状况，避免了“完全成本法”下由于期末存货在费用结转上带来的经营绩效的不真实性，有利于投资者及时了解企业当期盈亏的真实情况，从而促使企业提高其经营管理水平。

三、制造成本与期间费用的作用

成本与费用是企业经济指标体系中一项极其重要的、衡量企业管理工作质量水平的综合性指标，具体反映企业的人力、物力和财力等资源的利用程度。成本与费用指标在促进企业加强全面经济核算、提高经营管理水平、降低生产经营中的劳动耗费方面起着十分重要的作用。

（一）成本与费用是反映和监督劳动耗费的工具

企业在一定时期内的生产经营活动中所发生的物化劳动和活劳动的消耗程度是通过相应时期的成本与费用水平来反映的。对成本费用进行比较分析，有利于促进企业更加合理地利用人力、物力和财力资源，降低企业生产经营中的劳动耗费，以最小的物化劳动和活劳动的消耗生产出数量最多、质量最好的产品，提高企业的经营效益。

（二）成本与费用是补偿生产耗费的尺度

企业生产是连续性很强的再生产过程，在企业生产经营中发生的物化劳动和活劳动的耗费，从资金角度表现出来的是经营资金的垫支和消耗。要保证企业再生产过程的连续性，就必须对上阶段的生产耗费进行补偿，衡量生产耗费补偿程度的价值尺度就是企业当期的成本和费用。

(三) 成本与费用是制定产品价格的重要依据

企业生产耗费的补偿程度主要是以企业当期的成本费用水平来衡量的，同时，成本费用也是企业在制定产品价格时的重要依据。企业的制造成本和期间费用反映着企业在一定时期生产经营中所发生的劳动耗费水平，需要进行等量的价值补偿，而补偿是在企业销售收入的分配中进行的，取得一定的销售收入是进行生产耗费补偿的前提。虽然期间费用是列入企业的当期损益，实际上也主要从企业的营业利润中抵扣。企业的销售收入主要包括制造成本、税金及附加、销售利润等三个部分。从销售收入中对成本费用进行补偿，在制造成本法下可以分成两个环节来完成，首先直接补偿制造成本，然后再从销售利润中补偿期间费用。将期间费用放在销售利润中来抵扣，其原因主要是期间费用是为当期生产经营提供准备和条件而发生的，其效益只作用于该会计期间，而对下一会计期间没有直接影响，因此应在当期全额补偿；同时，这也使人们充分认识到降低期间费用可以直接影响企业的销售利润，有利于促进企业加强对期间费用的控制和节约。而销售收入 = $\sum$（销售数量×单位价格），决定企业销售收入大小的主要因素之一是企业产品的价格。由此可见，要使企业生产耗费得到足额补偿，就必须以成本和费用作为企业制定产品价格的最低经济界限。

(四) 成本与费用是制约企业竞争能力的重要因素

在市场竞争机制下，成本和费用水平的高低制约着企业在市场上的竞争能力，也决定着企业的前途和命运。在市场经济的发展史上，因成本费用水平低而盈利发展、因成本费用水平居高不下而亏损倒闭的企业不胜枚举。在同等价格条件下，成本水平降低可以使该企业的毛利率水平提高，从而可以增加企业的积累，提高企业的商誉，增强企业的竞争能力；在同等毛利率水平条件下，企业的成本水平低，可以使企业产品的市场行销价格相应降低，从而提高企业产品的市场占有率和竞争能力；相反，成本水平高的企业，其市场竞争能力就弱。因此，降低成本是企业成本管理的基本任务。加强成本管理有利于促进企业改善生产条件，提高生产技术和管理水平，进行最优化的生产经营决策，实施成本领先战略，全面降低成本，提高竞争能力。

四、制造成本与期间费用管理的原则

企业成本与费用管理工作在遵循财务管理一般原则的基础上，还应遵循以下原则：

(一) 成本费用与收益相配合原则

企业在一定时期内要取得一定的经济效益，必须进行一定程度的人力、物力和财力的投入和耗费。没有成本和费用的消耗，就没有效益的产生，成本费用与效益之间存在紧密的联系。成本与费用消耗的多少，一定程度上决定着效益的高低。因此，在成本管理中，必须将成本费用与效益相结合。一方面，通过降低成本费用来提高效益，实现效益最大化。另一方面，制造成本是产品的实际成本，其对效益的作用一般是通过产品实现销售来表现的，只有实现了销售的产品成本，才能从企业当期的收益中得到补偿。期间费用是在一个会计期间发生作用并产生效益（不递延到下一会计期间）的费用，只对当期效益产生作用，因此，期间费用一般是在当期的损益中全额直接扣除，不递延到下一会计期间。

坚持成本费用与收益相配合原则，有利于更好地明确成本费用与效益的关系，对不同作用的成本费用耗费采用适当的核算方法，在数量上和环节上对不同作用的成本费用进行合理的补偿，保证企业再生产活动的正常进行。

（二）经济核算原则

成本与费用管理中坚持经济核算原则，就是要推行全面的经济核算，对企业生产经营活动中所发生的物化劳动和活劳动的耗费进行全面、真实的记录、计算、对比分析和控制，尽可能地合理配置和有效地利用资源、挖掘潜力以降低生产经营过程中的耗费，不断改善企业的经营管理，厉行节约，降低成本和费用，实现成本费用最低化目标，增强企业的市场竞争能力。

第二节　制造成本与期间费用预测

科学化的成本与费用管理，就是根据不同时期诸因素对企业成本费用的影响程度，结合企业生产经营活动内在的客观规律以及成本的特性，采用一定的科学方法和程序从事前、事中、事后对成本费用进行全过程的管理。

一、影响成本与费用变动的因素

企业成本与费用水平的高低，在一定的环境和条件下，取决于企业产品产量、管理水平、工艺技术、折旧方法和劳动生产率以及市场价格、市场利率和国家不同时期的财经政策与制度等诸因素的变动情况。

（一）产品产量对成本与费用的影响

企业产品产量与企业成本费用之间存在密切的依存关系，这种依存关系就是成本费用的习性。产品产量对成本与费用的影响主要表现在两个方面：一方面，产品产量的增减直接影响企业的制造成本总额的高低。当产量增大时，制造成本总额就会相应增大；当产量减少时，制造成本总额就会减少。另一方面，产品产量在一定范围内的增减虽不直接影响企业的期间费用总额，但会影响企业单位期间费用的高低，当产量增大时，单位期间费用就会减少；当产量减少时，单位期间费用就会增大。尽管企业的期间费用不分摊计入单位产品成本，而是在企业当期利润中做一次性的全额扣除，但它实际上与企业产品成本一样，共同影响企业当期的盈利水平。研究产量与企业期间费用和制造成本的关系，有利于我们确定合理的产量以降低期间费用的相对水平，从而提高企业的盈利总水平，同时从降低单位产品的制造成本着手，来降低企业成本费用的总水平。

（二）管理水平对成本与费用的影响

企业管理水平的高低对成本费用水平有着重要的影响，直接影响企业制造成本中的制造费用和全部期间费用。企业管理水平提高，会降低制造费用支出以及期间费用支出；反之，则会增加相应费用支出。研究管理水平对成本费用的影响有利于促进企业改善和加强经营管理，提高管理的现代化水平。

（三）工艺技术对成本与费用的影响

工艺技术是指企业再生产过程中产品加工制造的工艺技术标准和流程。工艺技术水平直接影响企业的制造成本水平，特别是制造成本中直接材料的消耗水平。提高工艺技术水平就会相应地提高企业材料的有效利用水平，从而降低单位产品中直接材料的消耗量。研究工艺技术对成本的影响，有利于促进企业提高产品的生产工艺水平，提高材料的有效利用率，降低直接材料的消耗，有效地节约社会资源。

（四）市场价格对成本与费用的影响

对一个企业而言，市场价格有两层含义，即本企业产品的市场销售价格和本企业所需材料等物资的市场购买价格。市场价格对企业成本的影响，是指市场价格对企业材料等物资的采购成本的影响。市场生产资料价格上扬，会导致企业物资的采购成本上升从而使企业总成本水平上升；相反，市场生产资料价格下降，会导致企业材料物资的采购成本下降。研究市场价格对企业材料物资采购成本的影响，有利于促进企业加强供应过程的管理，降低企业的制造成本。

（五）市场利率和汇率对期间费用的影响

市场利率的变动和市场汇率的变动对企业的财务费用水平有直接的影响。市场利率上升，会增加借款利息支出，从而增大企业的财务费用；反之，就会减少企业的借款利息支出，降低财务费用。外汇汇率的上升和下降会影响企业当期汇兑净损失的程度。研究市场利率和汇率对成本与费用的影响，有利于增强企业的金融观念，促进企业密切注意市场利率和市场汇率的走向，充分利用国家利率政策和汇率政策，改善企业的财务状况。

（六）折旧方法对成本与费用的影响

固定资产折旧是企业生产费用的一个重要构成要素，是主要劳动资料消耗的转移价值。折旧额的大小影响成本和费用中折旧的含量，一定时期折旧额增大，成本与费用总额也会上升；折旧额减少，成本与费用总额就会相对下降。而影响折旧额大小的主要因素有四个，即固定资产总价值水平、固定资产的利用程度、固定资产的使用年限以及折旧计提率。综合运用这四个因素，便形成不同的折旧方法。折旧方法分为平均折旧法和加速折旧法两种。平均折旧法下，固定资产在其使用年限内的年折旧额变动幅度不明显，不同时期转移到成本和费用中的折旧额基本相等，对成本和费用变动的影响力也较弱；相反，在加速折旧法下，固定资产在使用年限内的年折旧额变动幅度很明显，不同时期转移到成本和费用中的折旧额变动较大，一般情况下，在固定资产投入使用的初期，其价值转移量大，随后逐步递减，呈下降趋势。加速折旧法对成本和费用变动的影响力较强。研究折旧方法对成本与费用的影响，有利于促进企业选择适当的折旧方法，认识折旧方法对成本影响的不同作用力，加强成本和费用管理。

（七）劳动生产率对成本与费用的影响

企业职工在单位时间内生产某种产品的数量或生产一个单位的产品所耗用的劳

动时间就是企业的劳动生产率。劳动生产率的高低对企业的成本和费用水平也有着重要的影响。当劳动生产率提高时，单位时间内生产的产品数量就会增大，反映出单位产品劳动时间消耗的降低，这不仅会降低单位产品成本中的工资含量，同时由于产量的增大也会降低单位制造费用和企业的期间费用，从而实现企业成本费用的降低；相反，劳动生产率下降，会相应地促使企业成本和费用上升。研究劳动生产率对企业成本费用的影响，有利于促使企业改善生产经营条件，进一步解放和发展生产力。

（八）财经政策和制度对成本与费用的影响

国家的财经政策和制度的颁布是适应一定时期国家国民经济管理的要求，基于理论成本费用与现实成本费用的不一致性，为了适应国家对经济管理的需要，在实际成本与费用构成项目以及不应列入企业成本与费用的某些费用项目等方面，经常做出一些必要的调整和限定。从某种意义上讲，这也会对企业成本和费用的变动产生一定的影响。研究财经政策和制度对成本和费用的影响，有利于促进企业遵纪守法，严格执行国家的各项经济政策，采用合理、合法的手段来降低成本和费用，提高企业的经济效益。

二、成本与费用预测的种类及其作用

（一）成本与费用预测的种类

研究成本费用预测，首先需要对其预测的种类加以认识。成本费用预测按其不同的标准，可以划分为不同的种类：

（1）成本与费用预测按预测时间的长短划分，可以划分为短期成本费用预测和长期成本费用预测。短期成本费用预测是指对企业一年以内的成本和费用耗费水平所进行的测算，其特点是影响因素基本能够确立，时间较短，偏差也较小，是企业经常进行的一种成本费用预测方式。长期成本费用预测又称为远期成本费用预测，一般是指对企业一年以上的成本和费用变动趋势的测算，其特点是某些影响因素难以确定，时间较长，偏差较大。

（2）成本与费用预测按产品的可比性划分，可以划分为可比产品成本预测和不可比产品成本预测。可比产品成本预测是指对企业在过去的会计期间正常生产过，而在本会计期间和以后会计期间继续生产的产品的成本耗费测算，其特点是过去有基础资料，非确定性因素较少，数据偏差值小。不可比产品成本预测是指对企业过去会计期间未正常生产过而在以后某个会计期间才组织生产的产品的成本耗费的测算，其特点是企业没有此种产品的历史资料，其预测值偏差较大。

（3）成本与费用预测按其内容划分，可分为制造成本预测和期间费用预测。制造成本预测就是对企业今后某个时期内的直接材料、直接人工和制造费用消耗水平的测算，其特点是发生环节多，数据收集较困难，影响的因素有些具有确定性，而有些具有非确定性。期间费用的预测是指对企业今后某个时期内的管理费用、营业费用和财务费用等耗费的测算，其特点是费用发生分散，对市场预测和过去的基础数据要求较高。

(二) 成本与费用预测的作用

成本与费用预测是根据企业生产经营的近期目标和远期前景，结合成本费用的构成及其特性，利用各种资料、数据和模型，对未来某个项目或方案的成本水平和费用水平进行估计与测算的一种管理方法。其在企业财务管理中起着十分重要的作用。

(1) 成本与费用预测是成本管理的首要环节。成本与费用预测的结果是进行成本与费用决策的基础和依据，只有及时、准确地进行成本与费用预测，才能适时优化地进行成本与费用决策，没有预测基础的决策是盲目的。

(2) 成本与费用预测是财务预测的重要组成部分。企业财务预测是现代财务管理的一个重要手段，它包括筹资预测、投资预测、成本和费用预测、利润预测等主要内容。其中，成本和费用预测处于核心地位，起着主要作用，是其他各项预测的基础，为其他项目预测提供依据。

(三) 成本与费用预测的基础工作

成本费用预测的基础工作是开展预测的准备和前提。基础工作质量的好坏直接影响到成本费用预测值的准确程度。进行成本费用预测之前一般应做好以下几个方面的工作：

(1) 确定预测的目标。成本费用是一个综合的经济范畴，成本和费用的变动受诸多因素的影响，涉及面广。要进行成本费用的预测，需要确定预测的目标，否则在预测中抓不住重点，势必会导致预测的盲目性。成本费用预测目标的确定，主要是根据企业预测期的经营管理的要求，结合决策项目的需要而确定的。确定预测的目标和范围有利于促进下一步资料的搜集和预测工作的开展。

(2) 搜集和整理资料。围绕确定的预测目标，广泛地搜集与预测目标要求相适应的各种数据资料，并将所搜集的资料进行归类整理，去粗取精，去伪存真，以保证目标预测的准确性。

(3) 进行成本费用组成要素的对比分析。对比分析的过程，实际上是广泛挖掘降低成本潜力的过程，具体包括三个环节：①开展工费分析，在保证产品质量不变的前提下，改进产品的结构和加工工艺，尽可能地降低成本费用的消耗；②进行因素分析，对影响企业成本费用水平升降的因素进行逐项分析，寻找进一步降低成本费用的途径和方法；③根据分析的结果，拟订出企业增产节约措施计划。

三、成本与费用预测的方法

成本费用预测的基础工作准备就绪以后，应根据预测的目标和要求，选择适当的预测方法。成本费用预测方法很多，这里介绍几种主要的预测方法：

(一) 比例法

比例法是根据成本费用占相关指标的比例来测算未来某相关指标达到一定程度时的成本费用水平的方法。企业的生产经营活动与成本费用的发生有着密切的联系，生产经营规模的大小直接影响成本费用的高低。反映企业生产经营规模大小的指标主要是总产值和销售收入。成本费用与企业产值和销售收入有着同向变动趋势，可以根据企业过去产值（或销售收入）成本（费用）率的要求，结合预测期对成本（费用）降低的要求来测算未来的成本（费用）水平。其预测模型如下：

成本（费用）率预计值=近期实际销售收入成本（费用）率×（1-成本或费用预计降低率）

此式计算简便，数据要求不高，适用于测算各项成本（费用），但预测值的偏差较大。

（二）技术测定法

技术测定法是在技术人员的配合下，根据产品的设计和生产工艺方法，对构成产品实体的材料进行分项测算，并结合人工消耗、动力消耗、折旧转移以及其他消耗进行测算，从而确定产品成本的一种方法。其特点是工作量大，对物资消耗定额、人工耗能定额数据要求较高，适用于对新产品或部分老产品的成本预测，但对制造费用、期间费用等的预测作用不大。

（三）余额测定法

余额测定法就是以价格理论为基础，根据价内税负率和期望目标利润以及市场预测的产品销售价格来确定单位产品成本的方法。目标成本实际上是在价格、利润既定的情况下倒挤出来的，其预测模型为：

产品单位制造成本=产品单位销售价格-产品单位价内税金-产品单位目标销售利润

$$\text{制造成本总额}=\sum(\text{某种产品单位制造成本}\times\text{该种产品计划产量})$$

此方法需要有广泛而准确的市场价格预测以及合理的利润期望值，可作为确定企业目标成本和费用的预测法。如果所确定的目标成本水平和目标费用水平在实际工作中通过有效的控制而得以实现，则企业可以获得预期的目标利润。

（四）因素分析法

因素分析法就是根据影响成本费用升降的主要因素，结合在基础工作中组织成本费用对比分析所拟订的增产节约措施计划以及各成本费用要素的比重，逐项分析各因素对企业成本费用水平的影响程度的方法。因素分析法适用于可比产品成本降低率和降低额的测算，计算的基本公式如下：

成本降低率=某项费用变动率×该项费用占成本的比重

各项费用变动对成本变动影响的基本预测程度和模型如下：

1. 直接材料消耗对成本的影响程度

直接材料费用的大小主要受消耗定额和材料价格等因素的影响。消耗定额的升降直接影响单位材料费用的升降。测算其影响程度可用下式：

直接材料消耗定额降低对成本的影响=直接材料占成本的比重×消耗定额降低%

$$\frac{\text{材料价格变动}}{\text{对成本的影响}}=\frac{\text{价格变动材料}}{\text{占成本的比重}}\times\left(1-\frac{\text{消耗定额}}{\text{降低\%}}\right)\times\frac{\text{材料价格}}{\text{升降\%}}$$

企业提高原材料的利用率也会对成本变动产生影响，相应地节约原材料的消耗。

$$\text{原材料利用率提高对成本的影响}=\left(1-\frac{\text{当前原材料的利用率}}{\text{未来原材料的利用率}}\right)\times\text{原材料占成本\%}$$

2. 直接人工费用消耗对成本的影响

成本降低从措施上来讲不能直接减少劳动者的劳动收入，相反，为了实现社会主义生产目的，还应逐步提高劳动者的收入水平。平均工资增长幅度高于劳动生产率的增长幅度，会形成直接人工费用水平的相对上升；平均工资增长幅度低于劳动生产率的增长幅度，就会形成直接人工费用的相对下降。

$$\frac{\text{直接人工费用变动}}{\text{对成本的影响}}=\frac{\text{直接人工费用}}{\text{占成本的比重}}\times\left(1-\frac{1+\text{平均工资增长}\%}{1+\text{劳动生产率增长}\%}\right)$$

3. 制造费用和期间费用的变动对成本的影响

制造费用和期间费用的变动在幅度上是不相同的。一般情况下，期间费用变动幅度不大，而制造费用的变动幅度相对较大，但由于都是为组织产品生产而发生的费用，其变动与产量的增减有着相关联系，必须结合生产增减变动情况来分析。

$$\frac{\text{制造费用变动}}{\text{对成本的影响}}=\frac{\text{制造费用占}}{\text{成本的比重}}\times\left(1-\frac{1+\text{制造费用增长}\%}{1+\text{生产增长}\%}\right)$$

$$\frac{\text{某项费用变动对}}{\text{期间费用的影响}}=\frac{\text{某项费用占期}}{\text{间费用的比重}}\times\left(1-\frac{1+\text{某项费用增长}\%}{1+\text{生产增长}\%}\right)$$

这种方法计算较复杂，对成本预测基础工作的质量要求较高，适合于单项确定主要因素对成本或费用的影响程度（即降低率）。

例 6-1 某企业基年度生产 B 产品，实际产量为 12 000 件，有关制造成本资料如表 6-1 所示，期间费用资料如表 6-2 所示。预算年度企业预算生产 15 000 件。根据企业发展规划及市场调查，预算年度企业 B 产品如果不提高销售价格，制造成本必须降低 10%，同时，期间费用必须降低 20%，企业才有竞争能力。通过企业各部门挖潜，初步确定企业预算年度的增长节约措施计划是：

表 6-1 制造成本资料

项 目	结构/%	单位制造成本/元	制造成本总额/元
一、直接材料	55	1 540	18 480 000
其中：原材料	25	700	8 400 000
辅助材料	12	336	4 032 000
燃料	10	280	3 360 000
动力	3	84	1 008 000
其他	5	140	1 680 000
二、直接人工	24	672	8 064 000
其中：工人工资	18	504	6 048 000
其他	6	168	2 016 000
三、制造费用	21	588	7 056 000
四、制造成本	100	2 800	33 600 000

表 6-2 期间费用资料

项 目	结构/%	期间费用总额/元
管理费用	41	574 000
营业费用	35	490 000
财务费用	24	336 000
合 计	100	1 400 000

（1）劳动生产率提高 18%；

（2）平均工资提高 4%；

（3）原材料中甲材料消耗定额降低 10%（甲材料占原材料比重为 30%），购买价格下降 6%，其余材料消耗定额平均降低 8%；

（4）辅助材料消耗定额降低 7%；

（5）燃料消耗降低 2%；

（6）动力消耗降低 3%；

（7）制造费用降低 3%；

（8）管理费用降低 1%；

（9）营业费用增加 2%；

（10）财务费用增加 4%。

根据以上资料，企业可以作如下成本预测：

（1）原消耗定额降低对成本的影响。

甲材料消耗定额降低对成本的影响

成本降低率 = 25%×30%×10% = 0.75%

价格下降对成本的影响

成本降低率 = 25%×30%×（1-10%）×6% = 0.405%

其他原材料消耗定额降低对成本的影响

成本降低率 = 25%×70%×8% = 1.4%

原材料消耗定额降低对成本的总影响

成本降低率 = 0.75%+0.405%+1.4% = 2.555%

（2）辅助材料消耗定额降低对成本的影响。

成本降低率 = 12%×7% = 0.84%

（3）燃料消耗定额降低对成本的影响。

成本降低率 = 10%×2% = 0.2%

（4）动力消耗定额降低对成本的影响。

成本降低率 = 3%×3% = 0.09%

（5）制造费用降低对成本的影响。

$$成本降低率 = 21\%\times\left(1-\frac{1-3\%}{1+25\%}\right) = 4.704\%$$

（6）工资费用相对降低对成本的影响。

$$成本降低率=18\%\times\left(1-\frac{1+4\%}{1+18\%}\right)=2.136\%$$

（7）制造成本预计降低率。

制造成本降低率＝2.555%+0.84%+0.2%+0.09%+4.704%+2.136%
＝10.525%

由此可见，制造成本预计降低率已达10.525%，实现了制造成本的最低要求。预计制造成本降低额为：

制造成本降低额＝2 800×15 000×10.525%＝4 420 500（元）

下面再来预测期间费用，根据前面的资料可得：

（1）管理费用降低对期间费用的影响。

$$期间费用降低=41\%\times\left(1-\frac{1-1\%}{1+25\%}\right)=8.528\%$$

（2）营业费用相对降低对期间费用影响。

$$期间费用降低率=35\%\times\left(1-\frac{1+2\%}{1+25\%}\right)=6.44\%$$

（3）财务相对降低对期间费用的影响。

$$期间费用降低率=24\%\times\left(1-\frac{1+4\%}{1+25\%}\right)=4.032\%$$

（4）期间费用降低率＝8.528%+6.44%+4.032%＝19%

由此可见，初步测算的期间费用降低率只有19%，与最低任务的20%相比较还差1个百分点，需要对期间费用的消耗进一步挖潜。如果企业从营业费用着手挖潜，那么，营业费用在计划年度不但不能增加2%，反而需要在基年的基础上降低1.57%。营业费用在计划年度如果能降低1.57%，就能完成期间费用降低20%的任务。

（五）回归预测法

回归预测法就是根据两组以上的因素变量与成本总量之间的内在联系进行近期成本预测的一种方法。此方法预测成本未来值时，考虑的因素越多，预测值就越准确。其基本模型为（Y_c 表示成本预测值，X_n 表示 n 个影响因素的量，a、b_n 为回归系数）：

$$y_c=a+b_1x_1+b_2x_2+b_3x_3+\cdots+b_nx_n$$

将各影响的变量代入上式即可得一联立方程组（假定有三个因素变量 x_1，x_2，x_3）：

$$\begin{cases} b_1\sum(x_1')^2+b_2\sum(x_1'x_2')+b_3\sum(x_1'x_3')=\sum(x_1'y') \\ b_1\sum(x_1'x_2')+b_2\sum(x_2')^2+b_3\sum(x_2'x_3')=\sum(x_2'y') \\ b_1\sum(x_1'x_3')+b_2\sum(x_2'x_3')+b_3\sum(x_3')^2=\sum(x_3'y') \\ a+b_1\bar{x}_1+b_2\bar{x}_2+b_3\bar{x}_3=\bar{y} \end{cases}$$

此种预测方法的测算结果，首先是确定 a 和 b_n 的值，然后代入基本模型中得到一实用预测模型，最后根据因素的变动情况代入预计的因变量从而得出成本的预测值。其特点是资料来源容易，预测值较接近实际，但这种方法对基础数据的真实性和准确性要求较高，计算复杂，在计算机用于财务管理时此种预测法运用较普遍。

例 6-2 某企业 M 产品在近 5 年实际的单位制造成本呈规则变化趋势，这种趋势受原材料中的主要材料、生产工人工资和制造费用等三个因素的影响，具体情况如表 6-3 所示。为了运用回归预测法进行预测，我们将表 6-3 整理为表 6-4 和表 6-5。

表 6-3 单位:元

年度	单位制造成本(y)	原材料(x_1)	生产工人工资(x_2)	制造费用(x_3)
2××1	100	19	5	11
2××2	105	22	9	15
2××3	107	23	9	18
2××4	108	25	13	20
2××5	110		14	21
$n=5$	$\sum y=530$	$\sum x_1=115$	$\sum x_2=50$	$\sum x_3=85$

表 6-4

年度	单位制造成本(y)	原材料(x_1)	生产工人工资(x_2)	制造费用(x_3)	$y'=y-\bar{y}$	$x_1'=x_1-\bar{x}_1$	$x_2'=x_2-\bar{x}_2$	$x_3'=x_3-\bar{x}_3$
2××1	100	19	5	11	−6	−4	−5	−6
2××2	105	22	9	15	−1	−1	−1	−2
2××3	107	23	9	18	1	0	−1	1
2××4	108	25	13	20	2	2	3	3
2××5	110	26	14	21	4	3	4	4
$n=5$	$\sum y=530$ $\bar{y}=106$	$\sum x_1=115$ $\bar{x}_1=23$	$\sum x_2=50$ $\bar{x}_2=10$	$\sum x_3=85$ $\bar{x}_3=17$	$\sum y'=0$	$\sum x_1^1=0$	$\sum x_2'=0$	$\sum x_3'=0$

表 6-5

年度	$(x_1')^2$	$(x_2')^2$	$(x_3')^2$	$x_1'x_2'$	$x_1'x_3'$	$x_2'x_3'$	$x_1'y'$	$x_2'y'$	$x_3'y'$	$(y')^2$
2××1	16	25	36	20	24	30	24	30	36	36
2××2	1	1	4	1	2	2	1	1	2	1
2××3	0	1	1	0	0	−1	0	−1	1	1
2××4	4	9	9	6	6	9	4	6	6	4
2××5	9	16	16	12	12	16	12	16	16	16
	$\sum(x_1')^2=30$	$\sum(x_2')^2=52$	$\sum(x_3')^2=66$	$\sum(x_1'x_2')=39$	$\sum(x_1'x_3')=44$	$\sum(x_2'x_3')=56$	$\sum(x_1'y')=41$	$\sum(x_2'y')=52$	$\sum(x_3'y')=61$	$\sum(y')^2=58$

由于 M 产品的单位制造成本受三个因素的影响，故此可用三元回归方法确立一联立方程组为：

$$\begin{cases}30b_1+39b_2+44b_3=41\\39b_1+52b_2+56b_3=52\\44b_1+58b_2+66b_3=61\\a+23b_1+10b_2+17b_3=106\end{cases}$$

解此联立方程，得：

$$\begin{cases}a=81.2\\b_1=0.651\\b_2=-0.302\\b_3=0.756\end{cases}$$

由此可得 M 产品单位制造成本的预测模型为：

$$y_c=81.2+0.651x_1-0.302x_2+0.756x_3$$

如果该企业计划年度单位产品的主要材料、生产工人工资和制造费用分别为 26 元、16 元、23 元时，则该企业计划年度 M 产品的预计单位制造成本为 110.68 元。

除上面几种预测法外，成本和费用预测的方法还很多，如何正确地选择适当的方法，是成本和费用预测中的一个重要问题。总的说来，在方法的选择时，应根据资料准备情况、节约措施计划拟订的情况和成本费用的特性，结合成本和费用预测目标的要求，有针对性地选用。在实际的预测工作中，为了完成对未来成本和费用水平的总体测算，通常是几种方法并用或交替使用才能达到预测的目的。

第三节　制造成本与期间费用决策

一、成本费用决策及其作用

决策的核心在于进行最优化选择，其基础是预测。成本费用决策是指在成本费用预测的基础上，从可达到同一目标利润的不同预测方案中评价选择一个最优方案的科学方法。成本费用决策的最优化即实现同一目标利润的成本和费用消耗最低化。最优化成本费用决策在企业生产经营管理中具有重要作用。

（一）最优成本费用决策是目标利润实现的保证

企业的利润水平在一定条件下受企业成本水平和费用水平高低的制约。在其他因素不变的前提下，成本和费用升高，利润就会相应降低；成本与费用降低，利润就会相应增加。成本费用与利润呈反向变动关系。因此，企业要实现未来的目标利润，就必须使未来的成本和费用达到一个最优水平，没有最低成本费用作为保证，目标利润水平就不能实现。

（二）最优成本费用决策是成本和费用预算工作的前提条件

只有进行成本费用决策并选择出一个最可行的方案，才能在此基础上编制成本和费用的执行预算，并使所编制的成本费用预算能切实保证目标利润的实现。没有成本费用决策而编制的成本和费用预算，具有相当程度的盲目性，预算的盲目性会影响预算执行的非控制性，不利于有效地控制成本支出，最终目标利润难以实现。

（三）最优成本费用决策是其他经营决策的重要依据

企业的其他经营决策，是指除成本和费用决策之外的生产经营决策，包括筹资决策、投资决策、生产技术决策、市场决策、利润决策等。成本费用决策的直接结果，反映未来成本和费用的最低耗费水平，在进行其他经营决策时，必须遵循低消耗、高收入的原则，根据决策的最低成本和费用水平，来修订或重订企业的生产经营方案，使企业真正实现以最低的成本费用支出，取得最大的收益。

（四）最优成本费用决策是企业提高管理水平的一个促进手段

企业的经营管理水平低，主要的表现是成本和费用支出大而难以控制，从而导致企业的盈利水平低。进行最优成本费用决策，可以为企业预算期的生产经营确定最低耗费目标，通过预算的编制确定各阶段、各工序、各项目、各部门的成本和费用支出限额，从而更好地加强控制，提高企业的经营管理水平。

二、成本费用决策的种类

成本费用决策按其采用方法的不同性质，可分为硬性技术决策和软性技术决策。硬性技术决策是指在成本费用决策过程中运用数学模型进行的最优化决策，其特点是能提供科学的数据资料，直观、明确。软性技术决策是指在成本费用决策中进行主观估计、分析和判断，具有主观性特征。科学的成本与费用决策在于硬性技术决策和软性技术决策相配合，实现硬性技术软化和软性技术硬化，使成本费用决策正确、有效。

成本费用决策按其决策的内容和范围，可分为单项成本费用决策和组合成本费用决策。单项成本费用决策是指对费用构成的某部分或某一种产品成本的决策，范围小，工作量小，目标明确，简便易行。组合成本费用决策是指对多项费用和全部成本所进行的集合决策，工作量大，涉及范围较广。

成本费用决策按其实现目标不同，可分为保本决策和实现最大利润的成本费用决策。保本决策是指在企业盈利为零时的成本与费用水平决策，又称为最大成本和费用决策。这种决策下所选定的成本及费用水平是企业可以达到的最高成本费用水平，实际成本或费用支出如果突破这一水平，企业将会发生亏损，低于这一水平，企业将会实现盈利。实现最大利润决策，是指在其他条件不变的情况下，成本和费用水平达到某一点时企业所获取的利润最大，通常又称其为最小成本和费用决策。实际成本或费用支出水平高于决策的水平，就会使企业的利润递减。成本与费用决策按这种标准分类，有利于加强成本及费用控制，明确成本费用的最高限和最低限。

三、成本费用决策的方法

（一）保本点法

运用保本点法进行成本和费用决策的基本原理是：在盈亏相等（即损益为零）的销售量上，假定销售收入与生产经营总费用相等的成本和费用水平。如前所述，企业成本费用包括制造成本和期间费用两部分，基本模型如下：

$$\text{成本费用总额}=\sum[\text{某产品的销售量}\times(1-\text{单位价内税金})]$$

如果企业上缴增值税，在价外税法下应用下列模型：

$$成本费用总额=\sum（某产品的销售量\times单位售价）$$

（二）差量分析法

差量是反映不同预测方案之间损益或成本费用的差异值。差量分析法是指在充分分析不同预测方案的差异成本（费用）和差异损益的基础上，从中选择最优方案的一种决策方法。

例 6-3　某企业通过成本费用预测得到甲、乙、丙三个方案，其相关值如表6-6所示。

表 6-6　预测值汇总表　　单位：元

项　目	甲方案	乙方案	丙方案
销售收入	3 062 500	2 950 000	3 025 000
成本费用总额			
其中：制造成本	1 377 250	1 323 750	1 363 920
期间费用	590 250	590 250	589 080
价内税金（税负率 8%）	245 000	236 000	242 000
营业利润	850 000	800 000	830 000

运用差量分析法，可得表 6-7 的差量值。由此可见，甲方案比乙方案可多获得50 000元的利润，丙方案只比乙方案多获得 30 000 元利润，甲方案比丙方案还可多获得 20 000 元利润。在甲、乙、丙三个方案中，甲方案最优。

表 6-7　差量分析表　　单位：元

项　目	甲与乙	甲与丙	丙与乙
销售收入	112 500	37 500	75 000
制造成本	53 500	13 330	40 170
价内税金	9 000	3 000	6 000
销售利润	50 000	21 170	28 830
期间费用	0	1 170	-1 170
营业利润	50 000	20 000	30 000

（三）成本费用利润率分析法

在企业成本费用决策中，什么样的成本和费用水平可使利润最大化是成本费用决策的核心问题。解决这一问题就必须从成本费用与利润之间的关系着手。成本费用最小、利润最大的数量判定，可用下式：

$$成本费用利润率=\frac{营业利润额}{成本费用额}\times100\%$$

$$制造成本利润率=\frac{营业利润总额}{制造成本总额}\times100\%$$

或

$$期间费用利润率=\frac{营业利润总额}{期间费用总额}\times100\%$$

上式中，当分子最大、分母最小时，其值最大，方案也就最可取。这就是最大利润的成本费用决策模型。

例 6-4 将“差量分析法”中的资料用成本利润率分析法计算得表 6-8。

表 6-8　　单位:%

项　目	甲方案	乙方案	丙方案
成本费用利润率	43.2	41.8	42.5
制造成本利润率	61.7	60.4	60.9
期间成本利润率	144	135.5	140.9

从表 6-8 可见，丙方案的三项利润率都大于乙方案，而甲方案的三项利润率又都大于丙方案，根据择优原则甲方案是三种方案中的最优者。

（四）非确定型决策法

影响企业成本和费用变动的因素十分复杂，有的因素影响程度可以定量测算，从而进行定量决策。而有的因素变动对成本和费用的影响无法定量测算，只有凭决策者的主观经验和分析能力来进行估计、评价和优选。这种凭决策者的主观分析和判断所进行的决策称为非确定型决策。非确定型决策的优劣取决于很多因素，其中最主要的有：对影响成本（费用）变动的潜在因素的估计程度；非确定性因素未来变化趋势；决策者的分析能力、判断能力和风险意识力等。总之，非确定型决策质量的优劣与企业决策者的素质有着密切的关系。

第四节　制造成本与期间费用预算

一、成本与费用预算及其意义

成本与费用预算是根据成本与费用决策方案，以货币形式预先量度企业预算期内的生产耗费水平和成本降低任务。成本（费用）预算是企业全面预算的重要组成部分，具有重要的意义。

（一）成本与费用预算是企业实现目标成本费用的基础工作

企业通过一定时期成本和费用的预测及决策，确定企业在一定的生产技术水平下的目标成本费用。为了保证目标成本费用水平的实现，就必须根据目标成本费用的要求结合预算期的生产技术水平，将企业的目标成本费用进行指标分解，并做出相应的目标规划，这既有利于保证目标成本费用的实现，又有利于促进企业合理配置和有效利用各种资源，进一步降低成本和费用。

（二）成本与费用预算是企业进行成本费用控制的依据

企业成本费用预算的完成，需要建立健全企业内部的成本费用管理责任制度，并实行归口分级管理，正确确定各部门、各生产环节、各加工工序的成本费用水平。这也有利于全面进行成本费用的控制，检查和分析预算的完成情况，根据预算进行控制，并通过全面控制促进预算的实现。

（三）成本与费用预算是企业财务预算的重要组成部分

企业全面预算是企业的业务预算、资本预算、财务预算等的总括性预算，企业成本与费用预算的编制必须以企业的业务预算为依据，同时又从降低成本和费用的角度对业务预算预算提出了调整的要求，通过各预算间的综合平衡，促进企业全面预算总体水平的提高。

二、成本与费用预算的构成

成本与费用预算是企业一定时期内生产费用耗费的一个总体预算体系，一般包括以下几个预算：

（一）单位制造成本预算

单位制造成本预算是对企业的主要产品编制的一个成本预算，其目的在于促进对主要产品成本的管理，加强单位产品成本的控制。单位制造成本预算一般是一种产品编制一张预算表，表中主要反映出直接材料、直接人工、其他直接支出及制造费用等项目，同时，还应反映出单位消耗定额，以利于实行定额管理。

（二）制造成本预算

制造成本预算主要反映的是企业在一定时期内为了完成一定的产销任务而预计发生的全部制造成本水平，包括：制造成本总额及其降低额和降低率；各类可比产品的单位制造成本和制造成本总额以及可比产品的成本降低额和降低率；不可比产品制造成本总额及单位制造成本等。制造成本预算为企业预算期控制制造成本支出、改善经营管理水平指明方向。

（三）期间费用预算

期间费用预算反映企业在预算期内发生的各项费用的控制数额，一般包括三个部分：①管理费用部分。这部分主要规划企业在预算期各项管理费用预计的开支标准和发生额。其目的是便于企业在预算期内有效地控制管理费用支出。②营业费用部分。这部分主要反映企业在预算期内为组织产品销售而预计发生的费用总额，其目的是便于企业更好地组织销售活动，节约费用开支。③财务费用部分。这部分主要反映企业预算期内为了筹集资金而预计发生的费用支出，有利于促进企业加强资金成本的管理和测算，充分地了解和运用国家当期的金融政策，尽可能地减少汇兑净损失，从而为完成企业预算期的总目标做出努力。

（四）成本费用总预算

成本费用总预算是指对企业在一定时期内发生在生产过程中的各项费用的预算，一般是按生产费用要素来编制的。

三、成本与费用预算的编制要求和步骤

成本与费用预算的编制是预算形成的一个重要环节，也是对成本与费用预测和决策结果的最后规划过程。在成本与费用预算的编制时，一般应贯彻以下要求：

（1）以先进的技术经济定额作为成本与费用预算编制的数据基础。先进的技术经济定额包括各种材料物资的消耗定额、工时定额和费用开支标准等。先进的定额有利于对预算期的成本（费用）实行定额控制，使预算的编制和实行都具有可行性

和先进性。

（2）成本与费用预算指标与其他预算指标应紧密衔接。成本与费用预算是企业全面预算的一个重要组成部分，在编制成本与费用预算时一般涉及产量指标、销量指标、消耗定额、单位制造成本、制造成本总额、期间费用总额等指标，这些指标在企业其他预算中都具有十分重要的作用。成本与费用预算应与其他预算指标实行衔接，以便提高企业全面预算的总体有效性。

（3）成本与费用预算的编制要有利于对成本和费用实行归口分级管理。这就要求在成本与费用预算编制的时候，既要注重成本和费用构成的内容，又要注重成本和费用发生的环节与地点，从而有利于成本与费用的归口和分级管理，实现全面的成本（费用）控制。

编制成本与费用预算的基本步骤包括：①根据成本与费用预测和决策的结果确定预算的目标成本（费用）；②收集并整理相关资料，如生产预算资料、消耗定额资料、费用开支标准等方面的资料；③分解目标成本（费用）并下达给各生产环节；④各基层部门编制基层预算，上报企业财务部门；⑤企业财务部门汇总编制全企业的成本与费用预算并将据此编制财务预算。

按照一定的工作步骤（见图6-1）编制成本与费用预算，有助于预算编制工作的顺利开展。

四、成本与费用预算的编制实例

为了更清楚地说明成本与费用预算的编制，下面举例来说明。

例6-5 假定某企业有一个辅助动力车间，两个基本生产车间，预算年度生产A、B、C、D四种产品，其中A、D两种产品为可比产品，B、C两种产品为不可比产品。A、B、C、D四种产品的年度预算产量分别为1 200件、1 400件、1 100件、1 200件。四种产品的生产加工情况及材料物质消耗定额等基础资料如表6-9所示。

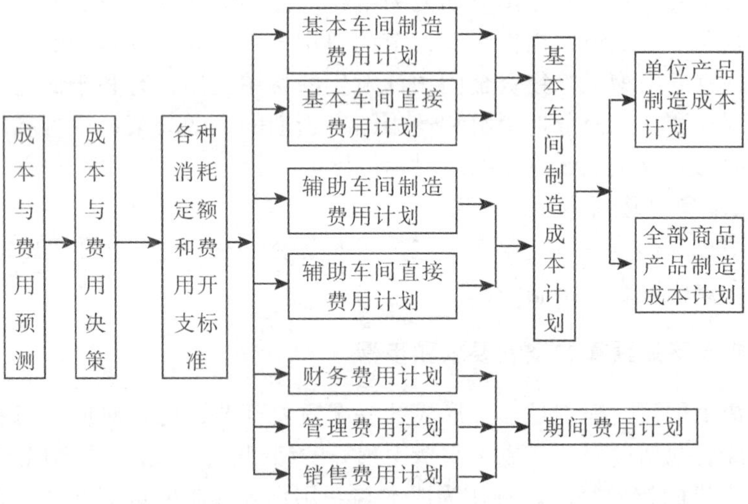

图6-1 成本与费用预算工作步骤

表 6-9　消耗定额与单价预算表

××年度

项　目	计量单位	单位消耗定额						计划单价/元
		A 产品		B 产品	C 产品	D 产品		
		一车间	二车间	二车间	一车间	一车间	二车间	
一、原材料	千克							
甲材料	千克		530	1 200		940		1. 50
乙材料	千克	750	120		920	150	230	2. 70
丙材料	千克		160	135	750		490	1. 80
丁材料	千克	840		880	810	470		4. 10
戊材料	千克			760	400		310	6. 20
二、燃料	千克	970	850	140	350	610	720	0. 50
三、动力	度	1 050	1 100	1 500	1 300	800	560	0. 30
四、工资	工时	120	98	115	125	95	100	1. 20
五、提取福利费								按基本工资的 14%计提

（一）车间制造成本预算的编制

该企业有一个辅助车间和两个生产车间，而辅助车间是为基本生产车间和企业管理部门服务的，因此，其所发生的费用按规定应分别摊入基本车间的制造成本和期间费用中的企业管理费用之中。在编制成本预算时，应首先编制辅助车间的成本预算。

1. 辅助车间成本预算的编制

企业辅助车间成本预算主要包括直接费用预算和制造费用预算两个部分。而直接费用则包括了辅助车间所发生的直接材料、直接人工、其他直接费用等项支出。直接材料的消耗按其消耗定额和厂内预算价格确定；直接人工按工人人数和工资标准来确定；其他直接费用支出一般是指提取的职工福利费，应按直接人工工资总额与规定提取比例计算。制造费用支出则应根据费用开支标准等基础数据来确定。为了减少工作量，在此，我们不对辅助车间的成本预算指标的确定进行详细阐述，而仅以表 6-10 来说明其成本指标的汇集和分解情况。表 6-10 中费用的分配是按辅助动力车间为第一基本生产车间提供电力 239 965 度、为第二基本生产车间提供电力 252 120 度、为企业管理部门提供电力 57 915 度与费用之间的比例来分摊的。第一基本生产车间的分配比例为 43. 63%，应分配的费用为53 635. 24 元；第二基本生产车间的分配比例为 45. 84%，应分配的费用为56 352. 04 元，企业管理部门的分配比例为 10. 53%，应分配的费用为 12 944. 72 元。基本生产车间（包括第一、二车间）分配的费用列入该车间的制造费用，企业管理部门应负担的费用列入期间费用中的企业管理费用预算之中。

表 6-10　辅助车间成本预算及分配案

××年度　　　　单位：元

项目	××年度预算额	费用分配					
		第一基本车间		第二基本车间		企业管理部门	
		分配%	分配额	分配%	分配额	分配%	分配额
	1	2	3=1×2	4	5=1×4	6	7=1×6
一、直接材料							
甲材料	6 520	43. 63	2 844. 68	45. 84	2 988. 77	10. 53	686. 55
燃料	88 650	43. 63	38 678	45. 84	40 637. 16	10. 53	9 334. 84
动力	3 170	43. 63	1 383. 07	45. 84	1 453. 13	10. 53	333. 8
二、直接人工							
生产工人工资	11 800	43. 63	5 148. 34	45. 84	5 409. 12	10. 53	1 242. 54
三、其他直接费用							
生产工人福利费	1 652	43. 63	720. 77	45. 84	757. 28	10. 53	173. 95
四、制造费用							
折旧费用	3 770	43. 63	1 644. 85	45. 84	1 728. 17	10. 53	396. 98
修理费用	580	43. 63	253. 05	45. 84	265. 87	10. 53	61. 08
管理人员工资	3 500	43. 63	1 527. 05	45. 84	1 604. 4	10. 53	368. 55
管理人员福利费	490	43. 63	213. 79	45. 84	224. 62	10. 53	51. 59
劳动保护费	2 800	43. 63	1 221. 64	45. 84	1 283. 52	10. 53	294. 84
五、制造成本	122 932	43. 63	53 635. 24	45. 84	56 352. 04	10. 53	12 944. 72
费用分配说明	①动力车间计划输出电力共 550 000 度； 其中：为第一基本车间提供电力 239 965 度； 为第二基本车间提供电力 252 120 度； 为企业管理各部门提供电力 57 915 度 ②第一基本车间的分配率为 43. 63%； 第二基本车间的分配率为 45. 84%； 企业管理部门的分配率为 10. 53%						

2. 基本生产车间成本预算的编制

编制基本生产车间成本预算，首先是编制基本生产车间的制造费用预算。车间制造费用的发生是车间全部产品的生产所引起的，具有全面性，不能直接计入本车间某一种产品的制造成本之中（如果一个车间只生产一种产品的除外）。因此，一般应首先将其预算数汇集分解，并按一定的标准分配计入本车间某种产品的制造成本中，以此为基础来编制该车间的制造成本预算。车间制造成本预算一般是根据生产产品的不同类别和费用的构成项目分别列示。

基本生产车间制造费用预算和基本生产车间制造成本预算分别见表 6-11、表 6-12、表 6-13、表 6-14 所示。

表 6-11　第一基本生产车间制造费用预算

××年度　　　　单位：元

项　　目	××年度预算额	费　用　要　素						
		材料	燃料	动力	工资	福利费	折旧费	其他支出
工资	124 500				124 500			
福利费	17 430					17 430		
折旧费	110 500						110 500	
修理费	8 400	5 360	1 106	321	950	133	350	180
办公费	4 700	1 370	1 082	945				1 303
低值易耗品*	6 800	6 800						
劳动保护费	5 300	5 300						
电水费*	57 840			53 635. 24				4 204. 76
机物料消耗	1 250	1 250						
其他	3 600							3 600
合计	340 320	20 080	2 188	54 901. 24	125 450	17 563	110 850	9 287. 76
费用分配	①本车间工时总数 680 640　②费用分配率：0. 5 元/工时 其中：A 产品工时 227 100　③费用分配：A 产品 113 550 元 C 产品工时 311 830　C 产品 155 915 元 D 产品工时 141 710　D 产品 70 855 元							

注：＊低值易耗品采用“一次摊销”法。

＊水电费中，包括水费 4 204. 76 元。

表 6-12　第二基本生产车间制造费用预算

××年度　　　　单位：元

项　目	××年度预算额	费　用　要　素						
		材料	燃料	动力	工资	福利费	折旧费	其他支出
工资	158 700				158 700			
福利费	22 218					22 218		
折旧费	142 300						142 300	
修理费	12 100	6 719	1 830	1 520	1 150	161	720	
办公费	7 350	1 250	1 876	2 620				1 604
低值易耗品	7 240	7 240						
劳动保护费	6 800	6 800						
水电费	62 780			56 352.04				6 427.96
机物料消耗	2 100	2 100						
其他	7 420							7 420
合计	429 008	24 109	3 706	60 492.04	159 850	22 379	143 020	15 451.96
费用分配	①本车间工时总数 1 072 520 其中：A 产品工时 214 310 B 产品工时 487 500 D 产品工时 370 710 ②费用分配率：0.4 元/工时 ③费用分配：A 产品 85 724 元 B 产品 195 000 元 D 产品 148 284 元							

（二）企业全部制造成本预算的编制

这个阶段主要编制单位产品制造成本预算和全部商品产品制造成本预算，单位产品制造成本预算一般根据基本生产车间的制造成本预算来汇集编制，而全部商品产品制造成本预算在编制时根据汇编依据不同而分为两种，即按费用项目编制的商品产品制造成本预算和按产品类别编制的商品产品制造成本预算。但这个预算无论是按费用项目还是按产品类别来编制，其中都必须反映出成本的降低率和降低额。

企业全部商品产品制造成本预算的编制如表 6-15、表 6-16、表 6-17 所示。

表 6-13　第一基本生产车间制造成本预算

××年度

单位：元

项　目	A 产品				C 产品				D 产品				全部产品制造总成本
	单件消耗数量	单位价格	单位制造成本	制造总成本	单件消耗数量	单位价格	单位制造成本	制造总成本	单件消耗数量	单位价格	单位制造成本	制造总成本	
	（1）	（2）	（3）	（4）	（5）	（6）	（7）	（8）	（9）	（10）	（11）	（12）	（13）
一、直接材料			6 269	7 522 800			10 200	11 220 000			4 287	5144 400	23 887 200
（一）原材料			5 469	6 562 800			9 635	10 598 500			3 742	4 490 400	21 651 700
甲材料									940	1. 50	1 410	1 692 000	1 692 000
乙材料	750	2. 70	2 025	2 430 000	920	2. 70	2484	2 732 400	150	2. 70	405	486 000	5 648 400
丙材料					750	1. 80	1 350	1 485 000					1 485 000
丁材料	840	4. 10	3 444	4 132 800	810	4. 10	3 321	3 653 100	470	4. 10	1 927	2 312 400	10 098 300
戊材料					400	6. 20	2 480	2 728 000					2 728 000
（二）燃料	970	0. 50	485	582 000	350	0. 50	175	192 500	610	0. 50	305	366 000	1 140 500
（三）动力	1 050	0. 30	315	378 000	1 300	0. 30	390	429 000	800	0. 30	240	288 000	1 095 000
二、直接人工			144	172 800			150	165 000			114	136 800	474 600
生产工人工资	120	1. 20	144		125	1. 20	150		95	1. 20	114		
三、其他直接费月			20. 16	24 192			21	23 100			15. 96	19 152	66 444
福利费			20. 16				21				15. 96		
四、制造费用			94. 63	113 556			141. 74	155 914			59. 05	70 860	340 330
五、合计			6 527. 79	7 833 348			10 512. 74	11 564 014			4 476. 07	5 371 212	24 768 574

表 6-14　第二基本生产车间制造成本预算

××年度

单位：元

项目	A产品				C产品				D产品				全部产品制造总成本
	单件消耗数量	单位价格	单位制造成本	制造总成本	单件消耗数量	单位价格	单位制造成本	制造总成本	单件消耗数量	单位价格	单位制造成本	制造总成本	
	（1）	（2）	（3）	（4）	（5）	（6）	（7）	（8）	（9）	（10）	（11）	（12）	（13）
一、直接材料			2 162	2 594 400			10 883	15 236 200			3 953	4 743 600	22 574 200
（一）原材料			1 407	168 840			10 363	14 508 200			3 425	4 110 000	20 306 600
甲材料	530	1.5	795	954 000	1 200	1.5	1 800	2 520 000					3 474 000
乙材料	120	2.7	342	388 800				230	2.7	621	745 200	1 134 000	
丙材料	160	1.8	288	345 600	135	1.8	243	240 200	490	1.8	882	1 058 400	1 744 200
丁材料					880	4.1	3 608	5 051 200					5 051 200
戊材料					760	6.2	4 712	6 596 800	310	6.2	1 922	2 306 400	8 903 200
（二）燃料	850	0.5	425	510 000	140	0.5	70	98 000	720	0.5	360	432 000	1 040 000
（三）动力	1 100	0.3	330	396 000	1500	0.3	450	630 000	560	0.3	168	201 600	1 227 600
二、直接人工			117.6	141 120			138	193 200			120	144 000	478 320
生产工人工资	98	1.2	117.6		115	1.2	138		100	1.2	120		
三、其他直接费用			16.46	19 752			19.32	27 048			16.8	20 160	66 960
福利费			16.46				19.32				16.8		
四、制造费用			71.44	85 728			139.29	195 006			123.57	148 284	429 018
五、合计			2 367.5	2 841 000			1179.61	15 651 454			4 213.37	5 056 044	23 548 498

表 6-15 单位产品制造成本预算

××年度 单位：元

项目	计量单位	预算价格	A产品		B产品		C产品		D产品	
			单耗数量	单位制造成本	单耗数量	单位制造成本	单耗数量	单位制造成本	单耗数量	单位制造成本
	(1)	(2)	(3)	(4)	(5)	(6)	(7)	(8)	(9)	(10)
一、直接材料				8 431		10 883		10 200		8 240
(一) 原材料				6 876		10 363		9 635		7 167
甲材料	千克	1.5	530	795	1 200	1 800			940	1 410
乙材料	千克	2.7	870	2 349			920	2 484	380	1 026
丙材料	千克	1.8	160	288	135	243	750	1 350	490	882
丁材料	千克	4.1	840	3 444	880	3 608	810	3 321	470	1 927
戊材料	千克	6.2			760	4 712	400	2 480	310	1 922
(二) 燃料	千克	0.5	1 820	910	140	70	350	175		665
(三) 动力	度	0.3	2 150	645	1 500	450	1 300	390		408
二、直接人工	工时	1.2	218	261.6	115	138		150		234
生产工人工资				261.6		138		150		234
三、其他直接费用				36.62		19.32		21		32.76
福利费				36.62		19.32		21		32.76
四、制造费用				166.07		139.29		141.74		182.62
五、合计				8 895.29		11 179.61		10 512.74		8 689.38

表 6-16 全部产品制造成本预算（一）

××年度 单位：元

费用项目	可比产品				不可比产品制造成本	全部产品制造成本
	按基期平均成本计算	按预算单位成本计算	降低额	降低率		
	(1)	2	(3) = (1) - (2)	(4) = $\frac{(3)}{(1)}$	(5)	(6) = (2) + (5)
直接材料费用	23 047 465	20 005 200	3 042 265	13.2	26 456 200	46 461 400
直接人工费用	675 142	594 720	80 422	11.91	358 200	952 920
其他直接费用	94 515	83 256	11 259	11.91	50 148	133 404
制造费用	561 698	418 428	143 270	25.51	350 920	769 348
产品制造成本	24 378 820	21 101 604	3 277 216	13.44	27 215 468	48 317 072

表 6-17 全部产品制造成本预算（二）

××年度 单位：元

产品名称	单位	预算年度产量	基期平均单位成本	预算平均单位成本	按基期平均单位成本算	按预算平均单位成本算	降低额	降低率
	(1)	(2)	(3)	(4)	(5)=(2)×(3)	(6)=(2)×(4)	(7)=(5)-(6)	(8)=$\frac{(7)}{(5)}$×100%
一、可比产品					24 378 820	21 101 604	3 277 216	13.44
其中：A 产品	件	1 200	10 367.47	8895.29	12 440 964	10 674 348	1 766 616	14.2
D 产品	件	1 200	9 964.88	8 689.38	11 957 856	10 427 256	1 530 600	12.8
二、不可比产品								
其中：B 产品	件	1 400		11 179.61		1 5651 454		
C 产品	件	1 100		10 512.74		11 564 014		
三、全部产品制造成本合计						48 317 072		

（三）企业期间费用预算的编制

企业的期间费用预算一般包括管理费用预算、营业费用预算和财务费用预算三个部分。期间费用预算通常按费用项目和要素汇编，便于加强各环节费用发生的控制，其编制见表 6-18 所示。表中的工会经费是按企业全部职工工资总额的规定比例如 2%计提，职工教育经费是按职工工资总额的规定比例如 1.5%计提。全部职工工资总额包括生产工人工资、车间管理人员工资、企业管理人员工资、销售人员工资等部分。期间费用预算指标不需要分摊计入产品的制造成本。产品的制造成本也就是企业产品的成本，是销售成本结转的直接依据。期间费用和产品的制造成本两大预算共同构成了企业的成本费用预算，为企业加强全面的经济核算提供了依据。

成本费用总预算是按生产费用要素编制的。具体编制一般有两种方法：①根据企业有关费用消耗资料加以编制；②根据车间生产费用预算结合企业的期间费用预算汇编。

编制成本费用总预算，有利于企业充分挖掘节约费用的潜力，从而降低企业在一定时期内的制造成本和期间费用、辅助制造成本和期间费用，同时也有利于为国家确定国民收入提供数据资料。

表 6-18　企业期间费用预算

××年度　　　　　　　　　　　　　　　　单位：元

项　　目	××年度预算额	费用要素							
		材料	动力	工资	福利费	办公费	折旧费	差旅费	其他支出
	(1)	(2)	(3)	(4)	(5)	(6)	(7)	(8)	(9)
一、销售费用	213 693	27 240	4 210	15 500	21 700	4 460	1 720	1 300	157 093
其中：广告费	125 760	3 740							122 020
展览费	34 825	1 250	760						32 815
包装费	17 648	15 430							2 218
销售部门经费	35 460	6 820	3 450	15 500	2 170	4 460	1 720	1 300	40
二、管理费用	440 569	10 236	3 702	123 060	17 228	13 270	8 640	17 860	246 573
其中：企业经费	178 920	1 276	2 432	113 560	15 898	13 270	8 640	14 680	9 164
工会经费	24 722								24 722
教育经费	18 541								18 541
劳动保险费	24 550								24 550
排污费	19 360								19 360
技术开发费	24 240	8 960	1 270	9 500	1 330			3 180	
无形资产摊销	8 650								8 650
坏账损失	98 986								98 986
其他	42 600								42 600
三、财务费用	18 280								18 280
其中：利息净支出	8 260								8 260
汇兑净损失	9 480								9 480
金融机构手续费	540								540
期间费用	672 542	37 476	7 912	138 560	19 398	17 730	10 360	19 160	421 946

第五节　制造成本与期间费用的控制和考核

一、成本与费用控制的前提条件

成本与费用控制就是运用科学的方法对企业生产经营过程中实际发生的各种费用进行严格的审查和限制以降低企业成本费用的一项管理工作。

开展成本与费用控制工作必须具备以下几项前提条件：

（一）有成本与费用预算资料

成本与费用控制的主要目的是尽可能地降低实际成本费用开支，以实现成本与费用预算，完成各项预算指标。没有成本与费用预算，成本与费用控制就失去了目标。

（二）在预算执行过程中进行

成本与费用控制的对象是各环节、各部门的实际费用支出，预算执行过程开始以后才能开展成本与费用控制工作。

（三）以成本与费用分析为基础

成本与费用分析就是根据成本与费用预算或历史资料与成本费用的实际耗费水平进行比较分析，揭示出预算与实际之间的差异，分析引起差异的原因。进行成本与费用分析，才能为进行成本与费用控制找到工作目标，从而有效地进行控制。

二、成本与费用控制的基本方法

企业进行成本与费用控制时，一般是将组织控制与项目控制相结合，两种方法同时并用。

（一）实行组织控制

实行组织控制就是要建立健全成本费用归口分级管理体系，在企业财务部门集中管理的前提下，组织产生成本费用消耗的各级、各部门都来参与成本费用管理的一种组织形式，其目的是要进行全过程、全员性的成本费用管理，使成本费用管理人员监测企业生产经营过程中的成本消耗，使生产技术人员参与企业的成本和费用管理。

成本费用的归口管理主要是指将企业成本与费用预算指标进行分解，按照其所发生的地点和人员进行归口，具体落实到每一个责任人，将成本与费用预算指标作为控制标准，把成本费用管理工作建立在广泛的群众基础上，实现全员性成本费用管理。

成本费用分级管理主要是指按企业的生产组织形式，从上到下依靠各级、各部门的密切配合来进行成本费用管理。一般可分为厂部、车间和班组三级，同时开展企业的成本和费用管理。厂部的成本费用管理主要是负责全厂的成本费用指标，并将其分解归口到有关部门去，随时进行调节和控制。车间的成本费用管理处于企业成本与费用管理的中心环节，是成本控制的重点部分。过去车间一般只进行费用核算或成本核算，但随着车间管理职能的加强，近几年来不少企业已把车间列作企业内部的利润核算单位，或者将某些重要的车间单独设置为分厂，实行单独核算。因为现在的管理者已经越来越认识到，既然有生产消耗，就应有生产成果，要进一步加强经济核算，就必须对车间的不完全成果进行估价，使车间在其生产活动中也树立盈亏观念，促进车间在生产活动中厉行节约。班组是车间具体活动的执行者，在成本和费用管理上主要是遵循“干什么，管什么，算什么”的原则，调动直接生产人员来参与成本费用的控制，从加工的工序或工艺过程中节约费用消耗，达到有效地控制成本和费用的目的。

（二）进行项目控制

企业成本费用主要由直接材料、直接人工、制造费用和期间费用构成，而前三项直接构成产品的制造成本。要加强成本与费用控制，还必须从项目上控制各部分费用的支出。

1. 直接材料费用的控制

直接材料费用在成本中所占比重最大，是影响企业成本水平的一个重要成本项目，它包括了原材料、辅助材料、燃料、动力、外购半成品等部分的费用。直接材料费用的控制，主要实行定额控制和制度控制，通过制定各种先进的消耗定额进行定额控制，并通过建立系统的管理制度（如领退料制度）加强制度控制，同时与班组成本管理相结合，使直接材料费用的消耗水平得到有效的控制。

2. 直接人工费用的控制

直接人工费用是指生产工人的工资费用。在社会主义制度下，企业劳动者的工资水平应不断地提高，以满足其不断增长的物质文化生活的需要。但这并不是说企业的直接人工费用就不需要控制。在任何情况下，工资水平的提高幅度应低于当期劳动生产率提高的幅度。因此，可用劳动生产率来控制直接人工费用的发生额，也可以通过制定劳动定额，合理地定编、定员，减少不必要的费用支出，节约成本中的直接人工耗费，降低企业成本。

3. 制造费用的控制

制造费用是企业基层生产单位所发生的管理人员工资、办公费、水电费等费用支出。这部分费用水平在一定程度上随产量的变动而变动，具有相对变动性，在控制上可以通过合理定编、定员以减少冗员，同时制定费用开支标准来达到总额控制的目的。

4. 期间费用的控制

企业的期间费用内容复杂、项目繁多，主要包括三个部分，即管理费用、营业费用和财务费用。期间费用水平具有相对的固定性，但在我国企业管理中，期间费用的节约潜力是很大的，是降低成本费用的工作重点。企业除应在制定和执行费用开支标准上对期间费用发生额进行控制外，还应加强企业管理，合理配置管理人员，裁减不必要的管理人员和机构，提高工作效率，节约费用开支。

三、成本和费用的考核

成本和费用的考核是指企业内部对成本费用管理工作和成本水平的鉴定和评价。正确进行成本和费用的考核，有利于总结成本费用管理工作的成绩与不足，促使企业加强成本费用核算，寻求降低成本费用的途径，为后续经营中加强成本费用管理工作提供依据。

企业内部成本费用考核的指标体系由主要商品产品单位成本降低率、全部商品产品成本降低额、期间费用降低率和商品产品综合成本费用率等主要指标构成。

（一）主要商品产品单位成本降低率

主要商品产品单位成本降低率是企业成本考核的重要指标。它通过企业主要商品产品预算成本与实际成本之间的对比分析，确立企业当期成本预算工作的完成情况，使企业在成本考核中能突出重点，为后续成本预算的编制提供依据。其计算公式如下：

$$\text{主要商品产品单位成本降低率}=\left(1-\frac{\text{实际单位商品产品制造成本}}{\text{计划单位商品产品制造成本}}\right)\times 100\%$$

（二）全部商品产品成本降低额

在突出重点的基础上，企业还应对总体资金耗费水平进行考核，以综合反映企业全部商品产品成本预算的执行完成情况。其计算公式如下：

$$\text{全部商品产品成本降低额}=\left(\text{本期各种产品的实际产量}\times\text{本期各种产品的计划单位制造成本}\right)-\text{本期全部产品的实际制造成本总额}$$

（三）期间费用降低率

对费用考核主要是考核期间费用降低率，以评价企业管理部门在经营管理过程中费用控制和预算执行情况。其计算公式如下：

$$\text{期间费用降低率}=\left(1-\frac{\text{实际期间费用总额}}{\text{计划期间费用总额}}\right)\times100\%$$

（四）商品产品综合成本费用率

对商品产品综合成本费用率进行考核，可以反映企业在一定时期内因取得一定的销售收入所发生的成本费用水平以及企业一定时期的投入产出水平。其计算公式如下：

$$\text{商品产品综合成本费用率}=\frac{\text{实际成本费用总额}}{\text{实际销售收入总额}}\times100\%$$

成本费用总额包括当期的已销产品制造成本和当期的管理费用、营业费用及财务费用。

第七章
销售收入管理

第一节 销售收入管理概述

一、企业收入及其划分

企业收入是指企业在生产经营活动中因销售商品、提供服务及对外投资所取得的各种收入的总称。企业收入不仅有主营业务收入，而且还有其他经营业务收入；不仅有自产自销商品取得的收入，而且还有受委托代销收入、承包工程项目收入、劳务输出收入、合作投资收入、来料加工收入、技术协作收入、专利出售收入等。企业收入的最终实现，是以企业各种经营活动最终取得货币收入为标志的。企业在一定时期内所取得的货币收入是企业耗费补偿的前提，是企业资金一次循环结束的标志，也是企业进行财务分配的前提条件。

企业收入按照不同的标准，可以划分为不同的种类。

（1）企业收入按收入的来源渠道为标准，可以划分为国外收入和国内收入。

国外收入是指企业在我国境外从事经营活动所取得的收入，一般以某种外币结算，是我国外汇收入的重要来源；国内收入是指企业在我国境内从事生产经营活动所取得的货币收入，一般以人民币结算，是企业收入的一个重要组成部分。

（2）企业收入按形成方式来划分，可以划分为产品（商品）销售收入、工程劳务收入、对外投资收入、协作加工收入、外汇调剂收入、其他收入等。

产品（商品）销售收入，是指企业因销售产品或商品所取得的货币收入，它是工业生产企业或商业经营企业的主要业务收入；工程劳务收入是指企业对外承包工程项目或提供劳务所取得的货币收入，它是建筑安装企业的主要业务收入，一些工业或商业企业也有此项目收入；对外投资收入是指企业以资金、资产（包括有形资产和无形资产）向外投资所取得的货币收入，随着市场经济的进一步发展，此项收入在企业收入中所占的比重也将逐步增大；协作加工收入是指企业进行社会化协作或来料加工所取得的货币收入；外汇调剂收入是指持有外汇的企业经过国家外汇管理部门的批准，在外汇资金市场上进行外汇买卖活动所取得的货币收入；其他收入是指企业除上述几种收入之外的业务经营活动中所取得的货币收入，如法人股买卖净收入、多余库存材料销售收入等。

（3）按企业经营的性质不同，我们也可将企业收入划分为不同的类别，如工业企业销售收入、商业企业营业收入、施工企业工程结算收入、房地产开发企业经营收入等。

研究企业收入的不同划分有着重要的意义。将企业收入按来源渠道划分，有利于加强国内、国外收入的管理，有利于促进企业进入国际市场，参与国际竞争和国际经济协作，有利于我国企业在注重国内市场的同时开拓国际市场，为社会主义现代化建设提供更多的外汇储备。将企业收入按其形成方式来划分，有利于研究企业收入的结构，端正企业的经营方向，充分认识企业收入的广泛性和复杂性，更好地加强企业收入的管理。将企业收入按企业经营性质的不同进行划分，有利于认识各种经营性质的企业在收入构成上的差别。只有正确地认识企业收入，才有利于更好地加强对企业各种收入的管理。

二、销售收入的经济内容

销售收入是指企业在一定时期内因销售产品和提供劳务或进行其他销售所得的货币收入。企业产品销售是指企业销售自制产成品、自制半成品、代制代修品等业务活动，企业对外提供工业性作业、劳务、协作加工、来料加工等业务活动。其他销售就是指销售外购商品、材料、废料、包装物出租以及对外提供非工业性作业和劳务等业务活动。

企业的销售活动决定了企业销售收入主要包括产品销售收入和其他销售收入。产品销售收入是指企业销售产成品、自制半成品、提供工业性劳务和作业等所取得的收入。其他销售收入是指企业销售材料、出租固定资产、出租包装物、销售外购商品、提供非工业性劳务或作业、转让无形资产等业务活动所取得的收入。销售收入的确认一般以货款的取得为标志，一旦企业某项业务活动收到货款或取得索取款的权利，就标志着此项销售收入已被确认。当企业在一定时期内发生销售退回折让和折扣时，应当冲减当期的销售收入。

三、销售收入的地位及其意义

企业销售收入是企业主要的财务指标。它在企业资金运动过程中处于起点和终点的地位。企业销售收入的取得和分配，既是一次资金循环运动的终点，又是下一资金循环运动的起点。企业销售收入具有重要的经济意义，主要表现在以下几个方面：

1. 企业销售收入是企业简单再生产的资金来源

企业在其生产经营过程中所投入的各类资金，随着生产经营活动不断地消耗和转移，最终凝聚在生产经营成果上并构成其价值的一部分。销售收入的取得和分配，为企业生产经营活动中消耗和转移价值的补偿提供了前提，为企业简单再生产的正常进行创造了条件。如果企业销售收入不能及时地取得或根本无法取得，也就谈不上进行收入的分配，更谈不上补偿已消耗和转移的价值，企业资金运动的总量就会减少，致使企业的简单再生产无法正常进行。

2. 企业销售收入是企业扩大再生产的资金来源

企业在其正常的生产经营活动中，劳动者除了为自己劳动创造了价值外，还为社会劳动创造了一定的价值，这部分价值也是企业销售收入的重要构成部分，是企业生产经营所追求的目标之一。这部分价值的取得和分配为企业提供了更多的生产经营性积累，有利于企业扩大生产经营规模，提高技术水平。

3. 企业销售收入是国家建设资金的重要来源

在现代经济条件下，国家建设资金的绝大部分来源于企业。据不完全统计，国家税收收入的90%以上是从企业收入中取得的，国家财政收入的80%以上是来源于企业收入，国家各专业银行的信贷资金的50%以上是来源于企业的存款。由此可见，只有扩大企业的销售收入，才能增加国家建设资金的积累，为社会主义现代化建设提供物质准备。

4. 企业销售收入是加速资产周转的前提

销售收入是企业资产周转额的表现。企业及时取得销售收入或扩大销售收入，就使资产周转次数增多或周转一次所需天数减少，资产周转速度加快，经济效益提高。

四、销售收入管理的基本原则

正因为销售收入具有如此重要的经济意义，必须更好地加强企业销售收入的管理，搞好销售收入的预测、计划、控制和分析考核工作。在社会主义市场经济条件下，企业进行销售收入的管理必须遵循以下几项基本原则：

1. 切实加强经济核算，保障各方利益

企业销售收入的分配，涉及国家、地方、企业自身、相关协作及投资者、企业职工等多方面的经济利益。因此，必须切实加强经济核算，提高企业销售收入的及时性和真实性，通过销售收入的分配使以上各方及时、足额地取得自己应得的收入，为国家及地方建设提供足额的再生产资金，为劳动者的物质文化水平的提高创造条件。

2. 严格遵守物价政策，维护消费者利益

在社会主义市场经济条件下，企业产品（商品）价格的高低对社会平均物价指数的变动起着十分重要的调控作用。因此，企业在组织收入时，必须严格遵循物价政策，合理确定产品或商品的价格，为制止和限制社会通货膨胀发挥重要作用，不能单纯为了实现最大收入而随意调高价格。在适当的价格水平上，企业为了取得更多的利润，唯一正确的途径是有效地加强生产的经营管理，降低生产经营成本。

3. 遵守货币管理制度，加强货币管理

在取得企业销售收入的过程中，涉及一个比较重要的宏观经济问题，就是货币管理制度问题。在社会主义市场经济活动中，企业收入不仅有人民币收入，同时也有一定量的外币收入；企业不仅以现金形式取得收入，同时也以汇票支票、信用证、银行转账结算等形式取得收入。企业在组织销售收入的过程中，必须严格遵守国家的现金管理制度、外汇管理制度和银行结算制度，有效地加强货币管理，维护社会金融秩序，保证货币的正常流通。

第二节 商品产品价格管理

制约企业销售收入的因素一般是产品的销售价格和销售数量。在社会主义市场经济条件下，随着市场机制的完善和竞争机制的确立，国家对价格政策进行了逐步调整，对价格体制也将进行深入的改革。就目前的价格体制来看，国家在产品价格的制定权限上已经给予了企业自主权，价格的制定已逐步成为企业财务管理的重要内容。

价格是商品价值的货币表现。在社会主义市场经济条件下，一切商品的价值都是由生产该种商品所耗费的社会平均必要劳动时间决定的。同时它也是商品交换过程中的交换尺度，一切商品的交换都需要借助于货币来衡量商品的价值。因此，进行商品的交换活动，都必然存在商品的价格，要有效地进行价格管理。

一、商品产品价格的组成内容和形式

企业的财务活动在很大程度上受价格水平和价格形式的影响。

企业商品产品价格是以其价值为基础而确定的。商品产品价值包括为形成商品产品所发生的物化劳动的消耗价值和劳动者为自己及社会劳动所创造的新价值两个部分。其中，为生产商品产品所发生的物化劳动消耗价值和劳动者为自己劳动所创造的新价值，构成了商品产品的成本耗费，在产品价格中表现为产品的定价基础；劳动者为社会劳动所创造的新价值是企业的纯收入，在产品价格中表现为产品的税金和利润两种形式。由此可见，商品产品价格由成本、税金和利润三部分构成，其关系表现为

某种商品产品价格=单位成本+单位税金+单位利润

商品产品的价格形式是由国家经济管理要求和划分标准所决定的。当前的价格形式按国家管理方式划分，可分为统一价格、浮动价格和自由价格三种价格形式。价格按商品流转环节划分，可以分为出厂价格、批发价格和零售价格三种形式。其中，出厂价格是基础价格形式。价格按市场范围划分，可分为国内价格和国外价格两种基本形式。对于价格形式的划分，有利于加强价格管理，应采用正确的价格形式对商品产品进行定价。

二、制定价格的依据

过去我国企业产品价格的制定依据，是根据企业产品的完全成本来定价的。当前，由于我国企业普遍采用制造成本法，改变了企业产品成本的含义，企业的产品成本不再是完全成本，而是制造成本。这就给企业产品定价提出了一个崭新的问题，那就是当前企业在进行产品定价时，究竟以什么样的成本水平来确定。

我们知道，当前企业成本范畴基本上有三个可以作为定价依据，即边际成本、制造成本和完全成本。边际成本是指企业在一定产量水平下，增加或减少一个单位

的产量所引起成本总额的变动数。因此，边际成本在通常意义上是指变动成本。但是，在实际产量少于预计产量时，增加产量的单位边际成本低于总的平均单位成本，其水平相当于单位变动成本；反之，若实际产量高于预计产量时，增加产量的单位边际成本高于总的平均单位成本，其水平相当于单位变动成本加上增加的单位固定成本。由此可见，边际成本可以作为增加的那部分产量的定价依据，但不能作为一般产品的定价依据。制造成本是指企业为生产产品和提供劳务等发生的直接费用支出，一般包括三个部分，即直接材料、直接工资和制造费用，但它并不包括企业的管理费用、销售费用和财务费用。因此，制造成本不能真实反映企业生产和销售一个单位产品所发生的全部耗费。以此成本作为定价依据，既不能反映企业产品的真实价值消耗和转移，同时由于企业的管理费用、销售费用和财务费用按规定应计入当期损益，如果按制造成本来定价，不利于企业简单再生产的正常进行，也制约着劳动者为社会劳动所创造价值的完整实现。完全成本是指企业为生产和销售一定种类和数量的产品所发生的费用总和，它一般包括制造成本、企业管理费用、销售费用和财务费用等，即制造成本和期间费用两大部分。它体现了企业为生产和销售一个单位的产品而发生的费用水平，在此种成本的基础上来制定价格，既可以保证企业简单再生产的正常进行，又可以在管理费用、销售费用、财务费用计入当期企业损益时，不影响企业正常的盈利水平，同时也可以使劳动者为社会劳动所制造的价值得以全部实现。由此，在新的财务会计制度下，财务会计核算成本和作为定价依据的“定价成本”应有所区别，产品定价的直接依据仍然要以完全成本（定价成本）来计算，改“完全成本法”为“制造成本法”并不是对完全成本法的全面否定，而是在完全成本法的基本上，对社会主义市场经济条件下的企业成本管理理论与实务的进一步发展和完善。当前产品定价的依据和基础，仍然是产品的完全成本。

三、影响价格变动的因素

产品价格一旦确定，并不是就固定不变的，受价值规律的作用，产品价格不断地上下波动。只要商品经济和价值规律存在，商品价格的波动就不可避免。在市场经济环境中，引起商品（产品）价格变动的因素很多，这里仅指出几个主要因素：

1. 商品价值因素

商品价格是商品价值的货币表现。价值的大小决定着价格的高低，而价值量的大小又由受生产产品的社会必要劳动时间决定的。因此，提高社会劳动生产率，缩短生产产品的社会必要劳动时间，可以相对地降低产品价格。

2. 市场供求因素

市场供求变动对价格变动产生重大影响。当市场供给大于市场需求时，产品价格就会相应降低；当市场供给小于市场需求时，产品价格就会相应升高。市场供求关系永远是矛盾的两个方面。因此，产品价格也会不断地波动。

3. 国家经济政策因素

在当前经济体制改革的大环境中，社会主义经济体制不断地在改进中得到完善。但一定时期内经济政策的变动，会使产品市场价格也受到一定程度的影响。

4. 社会货币流通量因素

社会货币流通量增加，会相应地使货币贬值，要取得一定数量的产品就需付出更多的货币，也就是要承受更高的价格。由此可见，社会流通货币量的增加，会促使价格上升；反之，价格就会相应下降。

既然市场商品价格不断地上下波动，在进行日常的销售活动中，就必须灵活地运用定价方法，采用适当的定价策略。

四、产品定价方法

在社会主义市场经济条件下，如何确定产品价格是一个较为复杂的问题。当前企业可采用的定价方法大致有以下几种：

（一）成本加成定价法

成本加成定价法就是在成本的基础上，加合理利润来定价。合理利润一般是根据成本利润率法来加以确定。在实行消费税的条件下，采用成本加成法定价的计算公式为

$$\text{单位产品价格}=\frac{\text{单位成本}\times(1+\text{成本利润率})}{1-\text{消费税税率}}$$

如果企业是上交增值税，按增值税今后的发展趋势，一般是采用扣税法来计算征收。在此种情况下，单位产品价格的确定公式应改变为

$$\text{单位产品价格}=\frac{\text{单位成本}\times(1+\text{成本利润率})}{1-\text{适用增值税税率}}$$

上面两式中的单位成本，可用单位制造成本加上单位产品负担的期间费用来确定，而单位产品应负担的期间费用则是根据该产品企业计划的期间费用总额，除以计划销售量来确定。

例 7-1 某企业生产 M 型产品，预计单位产品的制造成本为 150 元，计划期预计销售 7 500 件，计划期的期间费用总额为225 000元，按税法规定该产品的适用增值税税率为 14%。根据企业发展目标，其成本利润率必须达到 15%。根据以上资料，单位 M 型产品的价格应为

$$\text{单位 M 型产品价格}=\frac{\left(150+\frac{225\ 000}{7\ 500}\right)\times(1+15\%)}{1-14\%}=240.7\ (\text{元})$$

（二）保本点定价法

保本点是指企业在经营活动中既不盈利也不亏损的销售水平。也就是说，在这个销售水平上企业的利润既不是正数，也不是负数，而是等于零。因此，有时又称此点为盈亏平衡点。在这种方法下，企业产品的成本必须按其与产量的关系划分为固定成本和变动成本两部分。固定成本是指成本总额不随产量的变动而变动，单位固定成本要随产量的变动而变动的成本；变动成本则是指成本总额要随产量变动而变动，单位变动成本不随产量变动而变动的成本。保本点定价法的基本原理就是根据产品销售量计划数和一定时期的成本水平、适用税率来确定产品的销售价格。采

用这种方法确定的销售价格是最低销售价格。如果企业产品实际销售价格低于保本点销售价格，企业就必定会产生亏损；反之，若实际销售价格等于或大于保本点销售价格，企业就会盈亏平衡或盈利。保本点销售价格的基本计算公式为

$$单位产品价格=\frac{单位固定成本+单位变动成本}{1-适用税率}$$

根据制造成本法下制造成本和期间费用的特性，上式中的单位固定成本可用单位应销产品负担的期间费用来确定，单位变动成本可用单位产品的制造成本来确定。当然，在制造成本构成项的制造费用中，有部分费用具有固定性质，但因其分解步骤复杂，金额不大，因此此处可忽略不计，仍将其包含在变动成本之中。

例 7-2　某企业生产 M—Ⅱ型产品，根据销售计划本期销售量为 7 500 件，应负担的固定成本总额为 58 000 元，经测算单位产品变动成本为 400 元，消费税税率为 5%。根据此资料可以测算 M—Ⅱ型产品的单位价格为

$$M—Ⅱ型单位价格=\frac{\frac{58\ 000}{7\ 500}+400}{1-5\%}=429.19（元）$$

通过例 7-2 可见，单位固定成本与单位变动成本之和实际上就是单位完全成本。因此，如果企业无法划分出固定成本和变动成本，那么，用单位完全成本也可以确定保本点销售价格，其基本公式为

$$单位产品价格=\frac{单位完全成本}{1-适用税率}$$

例 7-3　根据上述成本加成定价法的例题资料，M 型产品的保本点价格为

$$单位\ M\ 型产品价格=\frac{180}{1-14\%}=209.3（元）$$

（三）目标利润定价法

目标利润是指企业在预定时期内应实现的利润水平。目标利润定价法是根据预期目标利润额和产品销售量、单位产品成本、产品适用税率等因素来确定产品销售价格的方法。其基本计算公式为

$$单位产品价格=\frac{目标利润总额+完全成本总额}{产品销量\times（1-消费税税率）}$$

或

$$单位产品价格=\frac{单位目标利润+单位完全成本}{1-增值税税率}$$

例 7-4　某企业生产 JM—Ⅱ型产品，预计销售量为 8 000 件，目标利润总额为 72 000元，完全成本总额为 64 000 元，增值税税率为 15%。根据此资料，可作如下测算：

$$JM—Ⅱ型产品价格=\frac{72\ 000+64\ 000}{8\ 000\times（1-15\%）}=20（元）$$

（四）边际成本定价法

边际成本定价法是指企业在生产能力有剩余的情况下增加生产一定数量的产品

所应负担的成本。这些增加生产的产品可以不负担企业的固定成本，只负担变动成本。在确定价格时，产品成本仅以变动成本计算。因此，确定追加生产的产品销售价格，其基本计算公式为

$$单位产品边际价格=\frac{单位变动成本\times（1+成本利润率）}{1-适用税率}$$

例 7-5 某企业生产 H 型产品，单位制造成本为 250 元。该企业预计成本利润率为 20%，适用税税率为 15%。企业本年度原计划生产任务为 8 000 件，设计生产能力为 10 000 件。年度期间费用为 440 000 元。假定本年度有甲单位要求企业追加生产 1 000 件，开价 380 元购买。问：①该企业计划内产品单位价格是多少？②能否接受甲单位1 000件的追加订货？

由于上面所提供的资料，企业计划内生产的产品价格为

$$单位\ H\ 型产品价格=\frac{(250+55)\times(1+20\%)}{1-15\%}=430.59（元）$$

在完成企业计划生产任务的同时，追加生产 1 000 件产品的边际成本为 250 元，则：

$$H\ 型产品边际价格=\frac{250\times(1+20\%)}{1-15\%}=352.94（元）$$

甲单位提供的订货价格高于其边际价格，能接受其 1 000 件的订货。

（五）需求系数定价法

根据供应与需求之间的关系可知，当市场需求增大时，会促进供应量的上升；当市场需求缩小时，会促使市场供应量的减少。这种变动关系的实质体现在价格的刺激和制约作用上：当需求增大，价格会相应上涨，刺激企业的生产；当需求减小时，价格又会相应下跌，从而又制约企业的生产规模。从另一个角度看，企业又可以通过价格的升降来刺激需求，从而促进生产。当一种产品的价格上涨时，会使市场需求量相应减少；反之，会使市场需求量相应增加。这种价格变化对其所引起的需求量变化的敏感程度，就是需求系数。不同的产品，市场需求系数不一样。需求系数的计算公式为

$$某种产品的需求系数=\frac{需求量变化的百分比}{价格变化的百分比}$$

运用需求系数来适时确定企业产品的市场销售价格，其基本公式为

$$P=UX^{(-1/e)}$$

$$U=P_0X_0^{(1/e)}$$

式中：P——某种产品的单位价格；

U——一个趋势常量；

X——销售数量；

e——该种产品的需求系数；

P_0——基期销售价格；

X_0——基期销售数量。

例 7-6　某企业在 20××年度第 1～3 季度中，W 型产品的实际销售价格和销售数量如表 7-1 所示。当企业在第四季度要完成 3 500 件的销售任务时，销售价格应是多少?

表 7-1　W 型产品的实际销售价格和销售数量

项　目	第一季度	第二季度	第三季度
销售价格/元	1 250	1 300	1 280
销售数量/件	2 650	2 491	2 587

根据上述资料，可得 W 型产品的平均需求系数:

$$e_1=\frac{-0.06}{0.04}=-1.5$$

$$e_2=\frac{0.0385}{-0.0154}=-2.5$$

$$e=\frac{e_1+e_2}{2}=\frac{-1.5-2.5}{2}=-2$$

$$|e|=2$$

然后可以根据需求系数计算其常数 U 为

$$U=P_0X_0^{(1/e)}=1\ 280\times 2\ 587^{(1/2)}=65\ 104.08$$

企业第四季度要完成 3 500 件销售任务，其销售价格为

$$P=65\ 104.08\times 3\ 500^{(-1/2)}=1\ 100.46\text{（元）}$$

五、价格策略运用

企业之间的竞争很大程度上表现为企业产品在市场上的竞争。企业产品在市场上占有率的大小，是衡量产品市场竞争力的主要指标。企业要提高产品的市场占有率，增强产品的竞争能力，除了需提高产品质量之外，还需合理地确定产品的市场价格，有效地运用产品市场价格的确定来促进企业的发展，提升企业的竞争能力。

如何运用价格策略，是市场竞争中的每一个企业所面临的重要问题。

1. 浮动定价策略

浮动定价策略就是企业根据市场供求变化趋势，在不同时期将产品价格进行上下调整，从而来获取盈利的一种价格策略。

产品价格上下浮动的幅度一般分为三级，即高价、中价和低价。高、中、低三个价位的决策，主要根据企业当时该种产品的市场需求系数来确定。需求系数大的产品，可以采用低价格来刺激消费，增加产品的市场销售量，扩大市场占有率，从而实现对市场的短期渗透。需求系数小的产品，可以采用高价格来销售。因为产量的市场需求系数小，意味着价格对销售量的敏感程度小。高价格在一定程度上对销售量的影响不大，但此种价格将可能吸引大批竞争者的加入，对于企业的长期市场开拓不利。除上述两种情况之外，企业无论需求系数大小，都可以采用中价进行促销，市场风险相对较小，但其盈利水平不及高价销售，市场开拓不如低价销售。

2. 折让定价策略

折让定价是企业为了鼓励商业部门或消费者大量购买本企业产品时所采用的一种价格策略，其基本特点是通过价格的折让来扩大产品的销售量。

价格的折让主要表现是折扣。折扣一般有单价折扣、数量折扣、现金折扣、推广折扣和季节折扣等形式。单价折扣是指无论购买多少数量的产品都可以享受价格上的折扣优惠。数量折扣是指购买者所购产品达到一定的数量，才能享受价格上的优惠。现金折扣是指购买者以现金付款或预付购货款，可以享受一定的价格优惠。推广折扣是企业为了鼓励中间商帮助推销本企业的新产品而给予的价格优惠。季节折扣是指企业为了鼓励购买者提前购进季节性强的产品而采用的一种折让优惠。这几种折扣最终都表现在价格的折让上面，它们仅仅是折让的原因和目的不同而已，因此被统称为价格折让。

3. 保本定价策略

保本定价策略是指企业以保本为前提，以激活企业沉淀资金为目的，采用保本价格的方式向市场销售产品的策略。这种策略特别适用于企业推销积压产品。企业在因产品积压而导致资金短缺，向外举债无力时，可采用此价格策略来激活沉淀资金，加速资金的运动，以暂时的保本去获取后期的盈利。

4. 心理定价策略

心理定价是根据购买者（特别是销售者）的心理特点来制定产品销售价格的一种价格策略。

根据购买者的心理来制定产品的市场销售价格，主要有声望定价、尾数定价、双位定价和高位定价等形式。声望定价是指企业依其产品在市场上的知名度和消费者中的信任程度来制定产品价格的一种方法。一般情况下，声望越高，价格也可以相应提高而并不会影响产品的销售量，这就是产品的“名牌效应”。尾数定价是指在制定产品价格时，价格的尾数取接近整数的小数，如 99.99 元或带有一定谐音的数（如 198.88 元）。双位定价是指在向市场以挂牌价格销售时，采用两种不同的标价来促销的一种定价方法。高位定价是指根据消费者的“价高质就高”的心理特点来实行高标价促销的一种方法。但高位定价必须是质优产品，企业不能弄虚作假。一般情况下，后三种方式多用于商品企业商品价格的确定。

5. 价格线定价策略

价格线定价就是将同一类规格繁多的小工业品按一定的标准分为不同的数组，对每个数组相近规格的产品制定一个相对统一的价格，如鞋类、服装等产品的定价。这种策略可以减少定价的工作量，有利于销售工作的顺利进行。

6. 寿命期定价策略

寿命期定价是指根据产品从试销进入市场，到销售疲软退出市场这样一个产品的市场寿命周期来分阶段确定不同的促销价格的一种定价方法。一种产品在市场中的寿命期大致经历四个阶段，即试销推广期、成长期、成熟期和衰退期。试销推广期的产品刚进入市场，需要得到消费者的认可和信任，进一步占有市场。因此，除了大力进行广告宣传之外，在销售价格上应采用“低价推销”策略。成长期的产品在市场上已有了一定的知名度和信任度，销售量处于稳步上升趋势，此时企业可以采用“中价促销”策略。成熟期的产品在市场上的知名度已处于最高阶段，销售量呈高位平行走势，进一步上升的可能性不大，此时企业可能采用“高价保销”策略。衰退期的产品在市场上的竞争力已呈下降趋势，市场逐步衰退，销售量逐步下滑，此时企业可以采用“低价处理”策略，并同时开发和投放新产品于市场，保持企业的市场竞争优势。

第三节 销售收入预算

在社会主义市场经济条件下，企业要在竞争中立于不败之地，就需要把握市场变动趋势，加强市场调查和市场研究，以销定产，使企业生产经营活动有目标、有组织地进行，尽量减少生产经营的盲目性。为此，企业在生产经营活动中，既要把握好当前，也要预测未来，掌握未来经济发展的态势。企业生产要防止盲目性，就要以销定产，进行销售量、销售价格的预测和决策，并根据决策结果编制预算，根据计划组织企业的生产经营活动，实行随机调节和控制，促使计划指标的按时完成，从而实现企业的经营战略目标。

一、销售收入的预测

销售收入的预测就是根据相关资料，运用一定的科学方法，对企业未来的销售收入的动态发展趋势进行估计和评价。销售收入的预测是企业组织销售收入，正确进行生产经营活动的前提条件，也是企业进行利润预测的依据之一。

销售收入预测一般分为近期预测、中期预测和远期预测三种。中、远期预测主要是一种变动趋势预测，其预测值只能反映一种变动的趋势，具有较大的滞后偏差；近期预测值与实际发生值比较接近，滞后偏差较小。影响企业销售收入的因素很多，有些是确定性因素，如销售数量、销售价格等；有些因素则具有非确定性，如消费者的消费心理、相关政策的变动等。

在销售收入预测中有两项非常重要的工作：①市场调查和预测。市场调查和预测的主要目标是分析和估计未来市场对企业产品的需求量以及需求变化趋势。市场调查和预测值不准确，就会直接影响企业的销售收入预测值的准确性。②预测方法的选用。预测企业销售收入的中长期变动趋势和预测近期销售收入值，需要分别选用不同的预测方法，否则，会使企业因选用预测工作方法的错误而导致所确定的预测值与预测目标产生较大的背离，从而影响企业的销售收入计划，乃至企业的中长期战略规划。

计算企业产品销售收入的基本公式为

$$产品销售收入=产品销售数量\times单位销售价格$$

销售收入的预测是以此式为基本测算式。常用的销售收入预测方法主要有以下几种，在不同情况下可以选用不同的预测方法。

（一）递增率测算法

递增率测算法就是根据过去企业产品的实际销售情况和近期市场预测来测算企业近期产品销售收入的一种方法。递增率测算法的使用有两个前提条件必须具备：①企业近期内的产品销售一致呈上升趋势，即有规律地按比例上升，且上升的比例呈递增趋势；②对近期市场预测能确定企业的产品的销售在未来也将递增。其测算式为

$$\overline{S}=S_0\cdot R\cdot P$$

式中：S_0——最接近预测期的基期实际销售数量；

R——销售的平均递增速度；

P——价格预测值。

例 7-7 某企业在基年度第 1~4 季度的实际销售量呈递增趋势（见表 7-2），根据市场预测在预算年度第一季度的销售也将保持上升趋势；预算年度第一季度根据市场预测产品价格为 2 500 元。

表 7-2 某企业第 1~4 季度的实际销售量

项　　目	第一季度	第二季度	第三季度	第四季度
销售数量/件	7 200	7 500	7 850	8 260
递增数量/件	—	300	350	410
递增率/%	—	4.17	4.67	5.22

根据表 7-2 可得基年度的销售量的平均增长率为

$$R=\sqrt[3]{(1+4.17\%)\times(1+4.67\%)\times(1+5.22\%)}$$
$$=\sqrt[3]{1.0417\times1.0467\times1.0522}$$
$$=\sqrt[3]{1.147}$$
$$\approx1.0468$$

预算年度第一季度的销售收入预计为

$$\overline{S}=8\,260\times1.0468\times2\,500=21\,616\,420\text{（元）}$$

递增率测算法也适用于企业产品销售量呈递减变动时的预测。这种方法适用于对近期销售收入的预测，其值与实际值相似，滞后偏差较小。

（二）加权平均预测法

加权平均预测法预测企业的销售收入，是根据以前各期销售量和一定的权数（如时期数、价格等）来预测销售收入的一种方法。它加大了最近时期的因素变动对销售收入的影响程度，其基本测算式为

$$\overline{S}=\frac{\sum_{t=1}^{n}(t\cdot S_t)}{\sum t}\cdot P$$

或

$$\overline{S}=\frac{\sum_{t=1}^{n}(S_t\cdot P_t)}{\sum P_t}\cdot P$$

式中：t——时期数；

S_t——t 时期的销售数量；

P_t——t 时期的销售价格；

P——计划销售价格。

例 7-8　企业 MQ 型产品在基年 6~11 月的销售量和销售价格如表 7-3 所示，12 月份的销售价格计划为 180 元。

表 7-3　MQ 型产品基年 6~11 月的销售量和销售价格

项　目	6 月	7 月	8 月	9 月	10 月	11 月
销售量/件	2 700	3 800	3 500	3 600	3 400	3 800
销售价格/元	180	182	185	184	183	180

根据时期值为权数测算企业 12 月份的销售收入为

$$\bar{S}=\frac{2\ 700\times1+3\ 800\times2+3\ 500\times3+3\ 600\times4+3\ 400\times5+3\ 800\times6}{1+2+3+4+5+6}\times180$$

$$=\frac{75\ 000}{21}\times180$$

$$=642\ 857.14\text{（元）}$$

如果以各期的价格作权数进行加权平均预测，则 12 月份的销售收入为

$$\bar{S}=\frac{3\ 793\ 700}{1094}\times180=624\ 191.96\text{（元）}$$

由此可见，权数的运用对销售收入的预测值有一定的影响。

（三）变动差额预测法

变动差额是指相近时期的差额。变动差额预测是指以近期实际数和以前各期的变动差额的平均值来测算下期销售收入的一种方法。其基本测算式为

$$\bar{S}=\left(S_0+\frac{\sum_{t=1}^{n}X_t}{t}\right)\cdot P$$

式中：S_0——基期销售量；

X_t——t 期的递增数量；

t——时期数；

P——预测价格。

例 7-9　根据表 7-2 的资料，可以测算预算年度第一季度的销售收入为

$$\bar{S}=\left(8\ 260+\frac{300+350+410}{3}\right)\times2\ 500$$

$$=8\ 613.33\times2\ 500$$

$$=21\ 533\ 325\text{（元）}$$

（四）“量本利”分析法

“量本利”分析法是根据一定时期内企业产品销售数量、销售成本、销售利润

等相关因素之间的内在联系来确定企业预算期销售收入水平的一种方法。它一般适用于对企业在计划期内保本点销售收入和实现目标利润销售收入的预测。

1. 保本点销售收入的预测

保本点销售收入是指当企业利润为零时应取得的最低销售收入水平。在其预测过程中，制造成本和期间费用指标值应取企业计划指标。其基本测算式为

$$保本点销售收入=\frac{期间费用总额}{1-适用销售税税率-单位制造成本}\div单位价格$$

例 7-10 某企业只生产 M 产品，预算期预计发生的期间费用总额为 25 980 元，单位制造成本为 400 元，单位产品的销售价格为 1 500 元。产品适用销售税税率为 16%，则其保本点销售收入为

$$保本点销售收入=\frac{25\ 980}{1-16\%-400\div1\ 500}=45\ 317（元）$$

此例说明，该企业要保持盈亏平衡，必须取得 45 317 元的销售收入；如果低于 45 317元，企业就会亏损。

2. 实现目标利润销售收入的预测

企业生产经营的根本目的不在于只求保本不亏，而是在保本不亏的基础上追求实现一定的利润水平。企业追求的这种利润水平，就是企业的目标利润。企业要实现一定的目标利润，需要使企业销售收入达到一定的水平。企业实际所取得的销售收入在其他条件不变的情况下，如果达到或超过测定的水平，企业就能实现其预测的目标利润，甚至获取更大的盈利；反之，如果实际取得的销售收入未能达到这个预测水平，企业预期的目标利润就难于实现。企业实现目标利润所需实现的最低销售收入的测算式为

$$实现目标利润销售收入=\frac{期间费用总额+目标利润总额}{1-适用销售税税率-单位制造成本\div单位价格}$$

例 7-11 某企业仅生产 H 产品，预算期预计实现目标利润总额为 42 750 元。如生产该产品预计发生期间费用 36 680 元，单位制造成本为 914 元。根据市场调查所确定的计划售价为 2 400 元。该产品的适用销售税税率为 14%。则 H 产品预算期的保本点销售收入和实现目标利润销售收入为

$$保本点销售收入=\frac{36\ 680}{1-14\%-914\div2\ 400}=76\ 576（元）$$

$$实现目标利润销售收入=\frac{36\ 680+42\ 750}{1-14\%-914\div2\ 400}=165\ 825（元）$$

由上例可知，在其他条件不变的情况下，企业如果取得76 576元销售收入就会达到保本不亏；如果要实现 42 750 元的目标利润，就必须取得 165 825 元以上的销售收入。

（五）指数平滑法

在“加权平均法”中我们已知，距预测时期越近的数据变动对预测值的影响越大；反之，距预测时期最远的数据值对预测值的影响最小，这就形成了一种平滑趋势，对这种平滑趋势采用平滑指数进行对计划期数值的预测方法，就是指数平滑法。指数平滑法按其指数平滑值的平滑次数，分为一次平滑、二次平滑、三次平滑和高次平滑等多种方法。一次平滑法适用于近期预测，二次以上平滑适用于中、长期的趋势预测。这里主要介绍一次指数平滑法在企业销售收入预测中的应用。

一次指数平滑法是指运用平滑指数只进行一次平滑以确定计划期预测值的一种方法。其指数平滑预测值测算的基本公式为

$$\overline{S}=\beta S_t+(1-\beta)S_{t-1}^{(1)}+R=S_t^{(1)}+R$$

式中：β——平滑指数；

S_t——t 时期的实际销售收入；

$S_{t-1}^{(1)}$——t 时期的一次指数平滑值；

R——趋势值。

趋势值的确定，需用“移动平均法”来计算。这里平滑指数的取值至关重要，一般情况下，平滑指数取值范围是 0.1~0.9 的范围的某一个值或几个值。所取平滑指数值不同，预测值所反映的变化就不相同。企业要预测销售收入的变动趋势，可以取小值；要预测近期可能实现额，则需要取大值。

例 7-12　某企业基年度 1~12 月 HM 产品的实际销售收入如表 7-4 所示。

表 7-4　HM 产品 1~12 月的实际销售收入　　单位：元

月份	1	2	3	4	5	6	7	8	9	10	11	12
销售	500	520	530	510	480	490	460	510	470	520	510	530

当平滑指数分别取值为 0.1，0.5，0.9 等三个不同值时，HM 产品销售收入的指数平滑值可以整理计算如表 7-5 所示。当 β 值越大时，$S_t^{(1)}$ 的值越接近实际值。但是，表 7-5 中的 $S_t^{(1)}$ 值并不能作为预测值，因为 $S_t^{(1)}$ 值是实际销售收入的指数平滑值，未考虑预测期的趋势变动的影响。需要对其用趋势值 R 加以修正，修正后的值才能作为预测值。

但对于趋势值 R 的计算，需要根据移动平均法来进行。在此，作一次移动平均，计算出三期趋势平均值如表 7-6 所示。由表中可得到 $R=13.33$ 元。因此，根据表 7-5 和表 7-6 可以预测计划年度 1 月份的销售收入预测值为

$\overline{S}=528.05+13.33=541.38$（元）

表 7-5　HM 产品销售收入的指数平滑值计算结果　　单位．元

月 份	销售收入	$\beta=0.1$	$\beta=0.5$	$\beta=0.9$
		$S_t^{(1)}=\beta S_t+(1-\beta)S_{t-1}^{(1)}$	$S_t^{(1)}$	$S_t^{(1)}$
初始值		500	500	500
1	500	0.1×500+（1−0.1）×500=500	500	500

表7-5(续)

月 份	销售收入	$\beta=0.1$ $S_t^{(1)}=\beta S_t+(1-\beta)S_{t-1}^{(1)}$	$\beta=0.5$ $S_t^{(1)}$	$\beta=0.9$ $S_t^{(1)}$
2	520	0. 1×520+（1−0. 1）×500＝502	510	518
3	530	0. 1×530+（1−0. 1）×502＝504. 8	520	528. 8
4	510	0. 1×510+（1−0. 1）×504. 8＝505. 32	515	511. 88
5	480	0. 1×480+（1−0. 1）×505. 32＝502. 79	497. 5	483. 19
6	490	0. 1×490+（1−0. 1）×502. 79＝501. 51	493. 75	489. 32
7	460	0. 1×460+（1−0. 1）×501. 51＝497. 36	476. 88	462. 93
8	510	0. 1×510+（1−0. 1）×497. 36＝498. 62	493. 44	505. 29
9	470	0. 1×470+（1−0. 1）×498. 62＝495. 76	481. 72	473. 53
10	520	0. 1×520+（1−0. 1）×495. 76＝498. 18	500. 86	515. 35
11	510	0. 1×510+（1−0. 1）×498. 18＝499. 36	505. 43	510. 54
12	530	0. 1×530+（1−0. 1）×499. 36＝502. 42	517. 72	528. 05

表 7-6　三期趋势平均值　　单位：元

月份	销售收入	一次移动平均值	变动趋势	三期趋势平均值
1	500	（500+520+530）÷3＝516. 67	+3. 33	（3. 33−13. 33−13. 34）÷3＝−7. 78
2	520	（520+530+510）÷3＝520	−13. 33	（−13. 33−13. 34−16. 66）÷3＝−14. 44
3	530	（530+510+480）÷3＝506. 67	−13. 34	（−13. 34−16. 66+10）÷2＝−6. 67
4	510	（510+480+490）÷3＝493. 33	−16. 66	（−6. 66+10+6. 67）÷3＝−0. 01
5	480	（480+490+460）÷3＝476. 67	+10	（10+6. 67+20）÷3＝12. 22
6	490	（490+460+510）÷3＝486. 67	+6. 67	（6. 67+20+0）÷3＝8. 89
7	460	（460+510+470）÷3＝480	+20	（6. 67+20+0）÷3＝8. 89
8	510	（510+470+520）÷3＝500	0	（20+0+20）÷3＝13. 33
9	470	（470+520+510）÷3＝500	+20	
10	520	（520+510+530）÷3＝520		
11	510			
12	530			

二、销售收入预算的编制

销售收入预算是组织企业销售收入的执行依据。在社会主义市场经济条件下，销售收入预算是根据企业对未来销售收入的预测值，结合企业所签订的销售合同来编制的。企业的销售收入预算，主要包括两个部分，即商品产品销售收入预算和其他销售收入预算。

商品产品销售收入预算，是规划企业在预算期内生产或购进并将销售出去的商品产品所取得的销售收入。它以销售收入预测、市场预测和已签订的订货合同为依据。社会主义市场经济条件下企业不再“以产定销”，即先确定生产指标，然后再根据生产指标来编制销售收入预算，而应该以市场预测为依据，通过对销售收入的预测来编制预算，实现“以销定产”的生产经营模式。商品产品销售收入预算编制的基本程序是：

（1）进行销售收入的预测。销售收入预测只能确定企业预算期可能达到的销售收入水平，并非企业预算的目标，而仅是编制预算的基础。

（2）开展各种形式的订货，并签订订货合同。销售合同是企业预算期组织生产的依据，也是编制销售预算的依据。

（3）通过已签订购销合同情况，确定商品产品销售收入预算指标。其基本计算公式如下：

$$预算期商品产品销售收入额=\sum（预算期商品产品销售量\times单位商品产品销售价格）$$

预算期商品产品销售量一般应依据市场销售预测来确定。市场销售预测的方法繁多，市场营销学中有详细说明。对于一部分指令性预算生产的产品或市场畅销的产品，其销售量决定于预算期的生产（或购进）量和期初、期末结存量。其计算公式如下：

$$预算期某种商品产品销售量=预算期初结存量+预算期生产或购进量-预算期末结存量$$

预算期初结存量在托收承付方式下一般包括以下几个部分：①库存量；②发出量；③拒付量。其基本计算公式如下：

$$\begin{matrix}预算期初\\结存量\end{matrix}=\begin{matrix}基年第三季度\\末实际结存量\end{matrix}+\begin{matrix}基年第四季度预\\计生产或购进量\end{matrix}-\begin{matrix}基年第四季度\\预计销售量\end{matrix}$$

预算期生产或购进量一般是根据工业企业预算期的生产预算或商业企业预算期的采购预算来确定。

在托收承付方式下，预算期末结存量一般包括期末库存量和期末发出量两个部分。

预算期末库存量一般是根据商品产品预算年度第四季度平均日产量或平均日购进量，结合预算期成品资金定额日数或商品资金定额日数来确定。预算期末发生量则是根据预算期第四季度预计日平均发出商品量和预算期发出商品定额日数来确定。预算期发出商品定额日数的确定则是在基年度发出商品实际占用日数的基础上进行调整来确定的。其计算公式如下：

$$预算期发出商品定额日数=基年度发出商品实际占用日数\pm预算调升调降天数$$

$$基年度发出商品实际占用日数=\frac{基年第三季度发出商品平均余额}{基年第三季度日平均发出商品量}$$

预算期商品产品销售价格的确定一般是按销售合同中规定的价格进行预算。对于同种商品产品有不同等级的，则应结合不同等级的价格和不同等级商品产品所占比重确定该种商品产品的平均销售价格。

下面以某商业企业 M—Ⅲ型商品为例，说明商品产品销售收入的预算方法。

1. 预算期初商品结存量的计算

（1）基年第三季度实际结存量	150 件
其中：库存	80 件

发出 60 件

拒付 10 件

（2）基年第四季度预计生产量 200 件

（3）基年第四季度预计销售量 280 件

（4）基年第四季度预计发出量 275 件

（5）预算期初商品结存量 70 件

2. 预算期商品生产或购进量（根据生产或采购预算） 840 件

3. 预算期末商品结存量的计算

（1）预算期第四季度商品购进量 162 件

（2）基年第三季度发出商品平均结余量 24 件

（3）基年第三季度产品生产量 144 件

（4）基年第三季度发出商品定额日数 15 天

（5）预算发出商品定额日数比基年调降 3 天

（6）预算期第四季度产品生产量 171 件

（7）预算年度商品资金定额日数 20 天

（8）预算期末商品结存量 59. 6 件

4. 预算年度商品销售量的计算

70+840−59. 6=850. 4（件）

5. 预算年度商品销售收入的计算

单位商品基年销售价格 2 400 元

单位商品预算年度销售价格 2 500 元

预算年度商品销售收入 2 124 500 元

其他销售收入预算，是指对企业预算期内将取得的其他销售收入的规划。一般以基期的实际数为基础，结合预算期预计的增减变动情况来编制。

销售收入预算表的具体编制，是根据产品销售收入预测、预算指标和其他销售收入预算指标，按产品类别或收入项目分期和汇总编制的，其具体格式可由企业根据需要自行设计。

第四节 销售收入的组织与考核

销售收入预算只能确立企业未来时期销售收入的发展水平，对企业实际收入的取得仅起一个指导作用，它并非实际意义上的销售收入。

企业实际意义上的销售收入，需要通过及时有效地组织销售收入才能实现。如何更好地组织销售收入，一直是困扰企业经营管理的重要问题，是财务成果最终取得过程中的一个顽症。消除这个顽症，是市场经济条件下各企业面临的首要问题。有效地组织企业销售收入，加快企业资金的运动速度，需要加强三个方面的工作，即销售合同的订立及履行、应收货款的发生及收回、市场信息的反馈及其应用。

一、销售合同的订立及履行

订立销售合同是市场经济条件下企业经营活动的一个主要方面。合同的订立必须符合国家法律、政策的规定，本着平等互利、协商一致、等价有偿的原则进行。所订立的合同必须具备以下主要内容：① 标的（指货物、劳务项目等）；② 数量和质量；③ 价款或酬金；④ 履行期限、地点和方式；⑤ 违约责任；⑥ 其他应说明的条款。经过有关部门的抽样调查，在销售收入没有按期收回的企业中，有 70%以上都是因为未签订销售合同或销售合同内容不完备，让对方钻了空子。因此，企业在进行产品销售时，原则上应与购买方签订合同，尽可能地使合同内容详细、明确，并尽可能地按法定程序办事。只有这样才能为后期收入的取得创造良好、有利的条件。

在现实经济生活中，销售收入及时取得困难的原因之一，就是相当一部分销售方在合同的履行上存在严重的问题，大致有以下几种：① 不按期发货；② 不按量发货；③ 不按规格型号发货；④ 不按质量要求发货。这种行为属于单方违约，销售方自己应该承担违约责任，对方（购买方）在不追究的前提下，也不按时按量地支付货款。在这种情况下，由于销售方先违约，对于货款的拖欠情况也就无力抗争。因此，销售方如何做到按照合同的规定及时、有效地组织产品发送，严格履行合同条款，是又一个有效组织销售收入的前提条件。

二、应收货款的发生及收回

应收货款是指企业因销售产品、材料、外购商品等业务活动，而应向购货单位或个人收取的款项，它实际上是应收回的销售收入。此种业务活动一旦发生，标志着应收货款已发生，债权亦宣告成立，企业就有权向购货单位或个人收取此项款项。

应收货款的发生，在范围上具有广泛性，在时间和数量上具有随机性和不稳定性。同时，应收货款在收取上亦具有较大的风险。此项款项一旦发生，企业可能需要经过相当长的一段时间才能收回。而且企业在这个相当长的等待期间也会损失一定数量的隐性收益（如时间价值和投资机会）。除此之外，此项货款最终可能还无法收回，形成坏账损失。由此，如何加强应收货款的管理就成了一个迫切需要解决的问题。企业要想减少应收货款的风险，尽快收回款项，除了注意合同的订立和履行外，还必须加强应收货款的事前和事中管理。关于应收货款的管理，在本书第五章中有详细论述，现结合本章内容作一定的说明。

（一）应收货款的事前管理

应收货款的事前管理，就是指在发生应收货款之前，甚至在合同订立之前，对购买方所进行的调查和分析，以此来决定是否与购买方订立合同，采用什么结算方式及应变对策。这种事前管理有助于应收货款及时收回，防患于未然。应收货款的事前管理应作好如下几个方面的工作：

1. 企业各职能机构间有效地配合

在货款的发生和收回过程中，与此有关的部门在企业中主要是产品销售部门和财务部门。这两个部门必须有效地配合，相互协调和组织，才能搞好后期的工作。销售部门是企业的外向型业务部门，其特点是了解市场，了解客户，信息来源渠道广，获取信息的方式灵活；其缺陷表现在其对财务核算与分析方面的问题不够了解。而财务部门是进行财务核算与分析的部门，对各项财务指标的意义及相互联系有较深的了解；但其局限表现在对市场及客户的信息获取速度慢，信息面窄。如果财务部门与销售部门密切配合，应收货款的有效回收就有了组织保证。通过对各自获取的信息进行分析处理，就能有效地组织应收货款的回收工作。

2. 调查分析对方的短期偿债能力

短期偿债能力是指企业在短时期内为了进行偿债或清算，将各种存款、存货、应收及预付款转换为现金（包括企业的现金）以清偿债务的能力。考察企业在一定时期内偿债能力的财务指标一般是速动比率和流动比率。

根据国内外企业在实践中总结的经验，流动比率一般应为 2∶1 为宜，速动比率一般应为 1∶1 为宜，否则，企业的债务清偿能力就不足。如果企业在一定时期内都无法保持适当的短期偿债能力，也就意味着该企业在偿还长期性债务方面也存在着问题。即使是一个盈利不错的企业，只要长时间偿债能力不足，资金调度不灵，也会因偿还不了短期债务而导致破产。

因此，在订立销售合同之前，应深入调查和分析购买方的短期偿债能力。如果发现对方一定时期内的速动比率和流动比率都低于一般比例，就应当稳重行事；如果一定要销售产品给对方，就应该考虑好结算方式，最好以现金或汇票结算，尤其以银行承兑汇票结算为最佳，避免货款回收上可能产生的隐患。

3. 调查分析对方的生产经营状况及前景

有些企业虽然在一定时期内还有足够的偿债能力，但是在生产经营过程中已经存在了严重的问题，致使企业生产经营前景暗淡，甚至正在走向破产（短期内未明显地表现出有破产现象）。这种企业一般在此种情况下都不太注重信誉，赖账或拖欠款项的潜在可能性很大。如果一旦与此类企业发生赊销业务，货款将会如泥牛过河。与此类企业发生业务，最好采取现付或银行承兑汇票的结算方式。

4. 调查分析对方信用等级

信用等级是反映企业信用程度，考查企业以前在债务清偿方面的能力以及当前企业资信度的一个重要指标。企业在日常销售活动中，应该给每一个客户确立一个信用等级。某些企业在日常业务经营中，其偿债能力和经营状况及前景都比较好，但是却常常拖欠应付货款，这种企业行为就是不守商业信誉。因此，为了保障应收货款的安全性，企业在向外销售产品时，应根据购方企业的信用等级确立赊销限额。赊销限额的确定必须以企业所确定的保险账赊比来进行。其基本公式为

$$对某企业在预算期内的赊销限额=\frac{预计货款发生总额\times预算期日数}{保险账赊比}\times信用指数$$

式中的信用指数，是指按信用等级所确定的系数。信用等级越高，系数越大。系数最大为 1，最小为 0。账赊比是企业确定的最长赊账天数。

例 7-13 某企业的保险账赊比为 15 天，假定在本月将销给甲企业一批产品，

预计的货款总额为 72 000 元，甲企业的信用等级较高，信用指数为 0. 8。则本月赊销给甲企业的限额为

$$赊销限额=\frac{72\ 000\times 30}{15}\times 0.8=115\ 200\text{（元）}$$

如果甲企业在本月以前已从本企业赊销了 86 500 元的产品，则本月这批产品的 72 000元货款，其中最多只能赊销 28 700 元，最长赊销期为 15 天；另外 43 300 元货款必须立即收取，否则，应收货款的风险就会增大。

企业在赊销过程中，账赊比越大，风险越大，赊销限额就越小；反之，则风险越小，赊销限额越大。

5. 分散应收款的发生

企业应收货款的发生，本身就具有较大的风险。根据风险分散理论，企业要减少应收货款的风险，必须分散应收货款的发生。俗话说，不能将所有的鸡蛋放在一个篮子里。企业应收货款的发生不能过度集中于少数或几个客户；如果大量的应收货款集中在少数或几个客户手中，企业的命运也就被其握于掌中。

6. 折让与加收并举

企业在销售产品时对于那种经常拖欠货款的企业，应根据企业事前确定的合理账赊比，对企业进行折让与加收。所谓折让，是指企业在规定的账赊比之内付清货款，就给予其一定比率的折让，给付款方一定的鼓励；如果对方超过规定账赊比仍未付款，则对其加收一定的占用费。这种奖惩方法必须在销售合同签订时进行约定或应收货款发生前，由双方协商议定，并以协议形式确定下来。例如，某企业的规定账赊比为 10 天，经与购方协议，双方采用折让与加收方法，规定：若购方在 10 天之内付清全部货款，可获得 5%的折让优惠，如果超过 10 天未付货款，则按发生的货款总额的 2‰，每日加收资金占用费。

7. 建立坏账准备金制度

根据费用与收益相配比原则和稳健原则，为了避免应收账款的坏账损失，企业可以提取一定的坏账准备金。坏账是指企业在一定时期内无法收回的应收款项。坏账损失，是指企业因债务人破产或者死亡，以其破产财产或遗产清偿后仍然不能收回的应收账款；或因债务人逾期未履行偿债义务超过三年仍然不能收回的应收账款。根据制度规定，企业可以在年度结束时，按照年末应收账款的账面余额和制度规定的计提比例计提坏账准备金，并在下一年度中使用。坏账准备金的建立，为减少企业应收账款的风险损失创造了条件，在一定程度上缓减了企业应收账款损失给企业造成的危害，但这并不是说企业建立了坏账准备金后就可以不加强应收货款的组织管理。建立坏账准备金，只是一种治标的手段，治标并非就意味着根治了本。要真正意义上减少应收账款的损失就必须严格进行应收账款的事前和事中管理。

（二）应收货款的事中管理

应收货款的事中管理是指应收货款发生以后，到收回货款之前这一阶段的管理，其基本工作包括：

1. 密切注视对方经营情况

及时了解购买方的业务经营活动、偿债能力和信用程度的变化，以保证应收货款的安全性。

2. 寻机收回货款

催收货款是一门艺术，在应收货款发生以后，企业不能只是静坐等候对方主动付款，否则会贻误收款时机，致使应收期限延长，甚至导致坏账损失。同时也不能催收过急，否则，会引起对方的不愉快，影响双方今后的业务往来。这就要求企业一方面要密切注视对方的财务状况变动情况，另一方面把握好时机，寻机收款。

三、市场信息的反馈及运用

社会主义市场经济决定了市场是企业产品生产的起点和归宿，企业一次生产经营过程是从物资的采购开始，并以所生产的产品在市场上售出而结束。企业的一切生产经营活动，都是以产品进入市场，并以实现销售为目的，企业生产的产品究竟能否为社会所承认，劳动者创造的新价值能否得以实现，都以产品在市场上是否售出为标志。因此，产品的销售既是本阶段生产的终点，又是下一阶段生产的起点，企业的销售活动对企业的生产经营具有十分重大的影响。产品销售部门必须在售出产品的同时，广泛地收集市场反馈信息，为企业再生产活动服务。

市场反馈的信息一般有：①产品在市场上的适应性；②价格的适应性；③市场的显现需求和潜在需求；④消费者的购买能力及购物心理趋向；⑤产品的市场占有率；⑥潜在市场及购买力；⑦新产品导向；⑧国家对市场的调控情况等。销售部门搜集到这些信息后，应及时反馈到生产技术部门和财务部门，以便企业有效运用这些信息，譬如研发适应市场需要的新产品，努力降低成本以求取得价格优势，开展销售攻势扩大市场占有率等。市场信息的反馈和运用可以促进企业生产活动的进一步开展，生产出数量更多、质量更好、价格更低、适应性更强、消费者最喜欢的产品，从而也就可以扩大企业的销售收入，增强企业活力。

四、销售收入的分配

企业通过对销售收入的组织而取得销售收入以后，就需要对销售收入进行分配。在对销售收入进行分配的过程中，企业既要补偿因产品生产和销售而发生的资金耗费，又要因销售行为的产生向国家缴纳一定的销售税金。通过对取得的销售收入进行分配，分配后最终结果是确立企业因当期生产销售而创造的经营利润额。

（一）销售收入分配的程序

销售收入分配的程序是指在对销售收入进行分配时应遵守的一定顺序。在市场经济条件下，销售收入分配的基本程序为：

（1）扣除销售成本；

（2）扣除退货金额与退货成本的余额；

（3）扣除销售折让或折扣金额；

（4）扣除税金及附加；

（5）扣除当期营业费用；

（6）扣除当期管理费用；

（7）扣除当期财务费。

扣除上述费用后的余额就是企业当期的核心利润。

需要说明的是，上面所认定的销售收入包括了产品销售收入和其他销售（业务）收入。销售成本包括了产品销售成本和其他销售（业务）成本费用。销售税金及附加也包括了产品销售和其他销售（业务）所发生的税金及附加。关于销售成本、营业费用、管理费用和财务费用，本书已在第六章中进行了阐述，税金及附加部分将在第八章中予以说明。

（二）销售收入分配实例

某企业在20××年度实际取得产品销售收入为7 840元，发生销售成本3 980元。其中由于质量原因退货金额为25元，所退回货物成本为7.5元；销售折让金额为8.2元，非增值项目根据购货发票确立的已纳税金为97.6元。其他业务收入为1 350元，其中其他业务支出费用为765元，企业全年销售费用为85元，管理费用为27元，财务费用为18元。该企业按规定应缴纳增值税和城市维护建设税，其适用税率分别为：增值税税率13%、城市维护建设税税率7%。

根据以上资料，该企业20××年度销售收入的分配程序如表7-7所示。

表7-7　20××年度销售收入的分配程序　　单位：元

项　目	金　额
销售收入总额	9 190.00
减：销售成本	4 745.00
税金及附加	1 142.225
销售费用	85.00
管理费用	27.00
财务费用	18.00
营业利润总额	3 172.775

189

表7-7中，退货扣除额是指退货金额与所退货应负担成本之间的差额（25-7.5=17.5元），税金及附加是其所纳流转税及附加之和，基本计算如下：

应纳增值税税金=7 840×14%-97.6=1 000（元）

应纳城建税税金=1 000×7%=70（元）

应纳销售税金及附加=1 000+70=1 070（元）

五、销售收入的考核

销售收入的考核是销售收入管理的重要环节之一。由于销售收入计划指标的执行主要是由企业的销售部门负责，在销售收入考核时，主要考核合同的履行情况、发出商品中的拒付情况、发出商品计划完成情况以及销售收入的计划执行情况等内容。

1. 销货合同履行情况考核

考核销货合同的履行情况，是指将按时、按质、按规定履行的合同与计划应履行的合同进行比较，以确定企业的销货合同履行率。其公式如下：

$$销货合同履行率=\frac{已实现销货合同份数（或金额）}{计划应履行销货合同份数（或金额）}\times 100\%$$

销货合同履行率越高，说明企业履行合同的工作越出色。长期实现较高的销货合同履行率，有利于提高企业信用等级。

2. 拒付商品情况的考核

拒付商品情况的考核是通过在一定时期内所发生的拒付商品总额与其所发生的发出商品总额之间的比例关系来实现的，这个比例称之为拒付商品率。其公式如下：

$$拒付商品率=\frac{拒付商品总额}{发出商品总额}\times 100\%$$

拒付商品率越大，说明企业行销工作绩效越差；反之，拒付商品率越小，说明企业行销工作绩效越好。

3. 发出商品计划完成情况的考核

该指标是与拒付商品率直接相连的指标。如果实际存在拒付商品，则发出商品完成率就等于发出商品率除以拒付商品率后的余额。如果没有发生拒付商品时，则发出商品完成率的计算公式如下：

$$发出商品计划完成率=\frac{实际发出商品总额}{计划发出商品总额}\times 100\%$$

发出商品计划完成率越高，表明商品发运工作绩效越好。

4. 销售收入计划完成情况的考核

销售收入计划是企业重要财务计划之一，销售收入计划的最终实现，既有利于加速企业资金周转，为实现企业利润计划创造条件，同时也有利于实现国家财政收入计划。考核销售收入计划的完成情况的公式如下：

$$销售收入计划完成率=\frac{实现销售收入总额}{计划销售收入总额}\times 100\%$$

销售收入计划完成率是销售收入考核的基本考核指标。

第八章
企业收益及其分配管理

第一节　企业收益及其构成

一、企业收益的经济意义

企业收益是企业财务资金运动所产生的各项收入与相应成本、费用、支出相匹配的结果，包括各项营业性利润和非营业性损益。企业收益是企业在一定时期内的财务成果，是反映企业经营效益的重要财务指标，其经济意义主要体现在：

1. 收益综合反映了企业的经营业绩

收益既是一项综合性很强的财务指标，也是企业经营的原动力。企业的采购、生产、销售、技术、组织、会计、财务等各种专项企业管理工作的目的就是谋求利润。正因为如此，产品产量、品种、质量及销售情况，采购与销售货款的结算及资金保障情况，成本费用的开支及节约情况，最终都要反映到企业收益指标上来。

2. 收益是实现财务目标的基础

企业的财务目标是企业价值最大化。只有获得了利润，才意味着本金的产出超过本金的投入，才能进行本金的追加投入；只有获得了利润并不断进行本金的追加投入，企业才有扩充的实力，才有抵御风险的实力，才能不断提高资产的价值，从而提高企业的价值；只有获取利润，才能给予股东更多的回报，为股东增发股利或积累更多的留存收益，企业收益是股东取得投资报酬的前提。

3. 收益是企业扩大再生产的资金源泉

企业扩大生产经营规模需要追加投资，追加投资需要追加资金来源。企业的资金既可以从外部资本市场取得，也可以依靠企业自身的积累。从外部取得资金的形式有负债和吸收股东投资两种。这种外延的扩大再生产将会加重企业还本付息和分配股利的财务负担。企业自身积累的形式是利润留存，利润留存是内涵的扩大再生产，它比外部资金的资金成本率低，无需资金筹集费用，手续方便，无额外的财务负担，又能改善企业的资本结构，是扩大再生产首选的资金来源。

4. 利润代表了企业为社会所做出的贡献

企业既是经济组织，又是一个社会组织，是社会的基本生产单位。企业在生产过程中占用了人力、物力、财力等社会资源，应当为社会做出贡献，这种贡献的主要方式是向国家缴纳税收。国家的非物质生产部门，如行政、国防、社会文教的经费支出，都是由企业税金所形成的国家财政收入来解决的。同时，在社会资源稀缺的条件下，要求对社会资源实行有效地配置，即鼓励资源耗费水平低于社会平均耗费水平。销售价格是社会对企业产品或劳务的社会平均耗费水平的承认。企业的资源耗费低于销售价格，取得利润，是社会对企业优化社会资源配置的奖励。

二、企业收益的基本形式

收益是一个总括的概念，企业收益有许多表达方式，且各种表达方式的经济意义是不相同的，企业收益也由不同的层次构成。按财务管理的需要，企业收益可以划分为利润总额、息税前利润、净利润等基本形式。

（一）利润总额

利润总额是企业在某一期间所取得的最终经营成果，利润总额既有通过营业活动取得的，也有通过投资活动取得的，还包括与营业活动无直接关系的营业外事项引起的收益或损失。利润总额的构成为

利润总额＝营业利润+投资净收益+营业外收支净额

1. 营业利润

营业利润是企业在一定期间内生产产品或提供劳务等营业活动所取得的利润，它是企业利润的主要来源。在从事产品生产经营的制造性企业中，营业利润又被称为销售利润，它反映了对外销售业务所取得的经营成果。营业利润的计算公式为

营业利润＝主营业务利润+其他业务利润−期间费用

（1）主营业务利润。主营业务利润是企业从事主要营业活动所取得的利润，是营业利润的主要构成部分。从事产品生产经营的制造性企业，主营业务利润又被称为产品销售利润，反映了企业在经常性的正式产品生产销售和提供工业性劳务上所取得的经营成果。主营业务利润的计算公式为

主营业务利润＝主营业务收入−主营业务成本−税金及附加

主营业务收入是指企业从事主要营业活动所获取的销售收入，扣除当期的销售折扣、销售折让、销售退回后的余额，制造性企业称为产品销售收入。主营业务成本是企业为获取主营业务收入而发生的由主营业务负担的费用，制造性企业称为产品销售成本。企业的主营业务收入减去主营业务成本后的差额，通常称为销售毛利，它反映了企业在主要营业活动上的初步盈利，用以与同行业相同类似业务的盈利水平比较，衡量营业活动业绩。税金及附加是指企业根据税法，对获取主营业务收入而缴纳的营业税、消费税、城市维护建设税、资源税、土地增值税和教育费附加。

（2）其他业务利润。其他业务利润是企业从事主营业务以外的其他营业活动所取得的利润，是其他业务收入扣减其他业务支出后的差额。其他营业业务是非经常发生的，包括材料销售、外购商品销售、无形资产转让、包装物出租、固定资产出租等其他销售和提供对外运输等非工业性劳务。

（3）期间费用。期间费用是本期发生的、不能直接或间接归属于产品成本或业务成本，由本期损益直接负担的费用。按我国《企业会计制度》规定，期间费用包括管理费用、营业费用、财务费用。

管理费用是企业行政管理部门为组织和管理生产经营活动而发生的各项费用。营业费用是企业在销售产品和提供劳务等日常经营过程中发生的各项经费以及专设销售机构的各项经费。财务费用是企业为筹集和使用资金所发生的各项费用。管理费用、营业费用和财务费用作为期间费用，没有取得相应收入，由当期损益全额负担，抵减企业的营业利润。

2. 投资净收益

投资净收益是企业对外投资所取得的收益扣除投资损失后的余额，包括对外股权性投资、债权性投资和其他投资净收益。企业对外投资的目的主要是取得对其他资本的控制权、获取资本收益，投资活动与企业的生产性经营活动无直接关系，所形成的损益不构成营业利润。

3. 营业外收支净额

营业外收支是与企业生产经营活动（包括营业活动和投资活动）无直接关系的各项收支，营业外收支净额是营业外收入减去营业外支出后的余额，可以为正数，也可能为负数。

营业外收入是与企业生产经营活动没有直接联系的各种偶然性所得，如处置固定资产净收益、固定资产盘盈、罚款收入、确实无法支付的应付款项等。营业外收入并不是企业财务资金耗费而产生的，不需要企业付出代价，不可能也不需要与费用进行配比。

营业外支出是与企业生产经营活动没有直接联系的各种偶然性支出，如处置固定资产净损失、固定资产盘亏、罚款支出、捐赠支出、非常损失等。营业外支出各项目与营业外收入没有直接关系，不得以营业外支出直接冲减营业外收入。

由于营业外收支是非正常性和非经常性的收入和支出，不能反映企业的经营业绩，在计算营业外收支净额时，必须严格规范其收支项目的范围与内容。

（二）息税前利润

息税前利润是损益表上净利润未扣除所得税和利息费用之前的数额，即利润总额未扣除利息费用之前的数额。从理论上讲，如果不考虑营业外收支因素，息税前利润是企业经营性收入（包括营业收入和投资收益）与经营性支出（包括营业成本和投资损失）相抵，再扣减管理费用和营业费用后的余额。即

$$\begin{aligned}\text{息税前利润}&=\text{经营性收入}-\text{经营性支出}-\text{管理费用}-\text{营业费用}\\&=\text{营业利润}+\text{投资净收益}-\text{管理费用}-\text{营业费用}\\&=\text{利润总额}+\text{利息费用}\end{aligned}$$

在对外财务报表中，息税前利润并不是一个正式报表项目。但在财务管理中，息税前利润是一个重要的企业收益概念，因为它比利润总额更能反映企业的经营业绩。息税前利润与利润总额的主要区别在于，息税前利润不把利息支出视为成本费用，这是基于如下原因：

1. 利息支出不属于企业的劳动消耗要素

利息费用不同于材料消耗、固定资产折旧等物化劳动消耗，它没有相应的物质载体。利息费用也不同于人工费用等活劳动消耗，它的发生并不需要本企业劳动者的参与。与其他期间费用相比，营业费用和管理费用都是综合性费用，由各类间接的物化劳动和活劳动组成，目的是为企业生产经营服务，而利息支出的性质单一，也不参与企业的生产经营过程。可以说，产品制造成本、管理费用、营业费用属于企业的经营成本，是劳动资料、劳动对象、劳动力等生产要素的消耗，利息支出并不是企业生产经营的必备消耗要素，没有利息费用的发生，企业生产经营依然可以正常进行。

2. 利息支出的本质是利润的分配

利息是企业为取得借入资本的使用权而付出的代价，是一种资本成本。这里，资本成本不同于经营成本：经营成本是一种费用概念，费用发生的目的是取得收入（直接或间接的），能够从收入中补偿收回；资本成本是一种付出概念，利息发生的目的是取得资本，是一种纯支出。同样，股利支出也是一种资本成本，是企业为取得权益资本的使用权而付出的代价。既然股利支出的性质属于利润分配，与股利同质的利息也应当属于利润分配。所以，利息支出是企业利润的构成部分，其实质是债权人分享企业的利润，是利润在社会范围内的转移。损益表的利润总额是站在股东的角度衡量企业的经营业绩，财务上的息税前利润是站在社会的角度衡量企业的经营业绩。

与息税前利润相似的收益形式是边际贡献，边际贡献是产品销售收入与经营性变动成本相减后的余额。这里，经营性变动成本是指随生产经营业务量的变动而成正比例变动的成本费用，既包括产品制造成本中的变动成本，也包括变动性管理费用和变动性营业费用。

企业的经营成本包括产品制造成本、管理费用和营业费用，按它们与经营业务量的依存关系划分，经营成本可分为经营性固定成本和经营性变动成本。即

边际贡献总额=产品销售收入-经营性变动成本

息税前利润=边际贡献总额-经营性固定成本

经营性变动成本随着经营业务量的变动而成正比例变动，如构成产品实体的直接材料费用。产品业务量越多，经营性变动成本也越多，没有产品业务量，经营性变动成本就不会发生。经营性固定成本则与产品业务量无关，如固定资产折旧费用。不进行产品生产，经营性固定成本照常发生。经营性变动成本是各种产品相关的，只要产品销售收入能够抵减经营性变动成本，该产品自身就能取得盈利。所以，边际贡献反映了产品的初步盈利能力和数额，是产品盈利对企业盈利所做出的贡献。

边际贡献在性质上类似于销售毛利。销售毛利反映企业主营活动上的初步利润，用以与同行业相同或类似业务的盈利水平进行比较。边际贡献则反映产品本身的初步利润，用以衡量产品营销活动的业绩。

（三）净利润

净利润是企业利润总额扣除所缴纳的所得税后的余额，它构成企业的所有者权

益。所得税是国家强制参与企业收入分配的形式，只要企业取得了收入，就必须缴纳所得税。所以，所得税是企业取得净利润所必须付出的代价，是企业的一项与收入配比的费用支出。企业所得税的计算公式为

所得税额=应税利润×所得税率

应税利润=利润总额-纳税调整项目

由于会计准则与税法对收入、费用或损失确认的时间标准和范围不同，计算所得税时，要对企业损益表上的账面利润总额进行调整。纳税调整项目是指税法应税利润与会计利润总额之间的永久性差异和时间性差异。

1. 永久性差异

永久性差异是指由于会计准则和税法收入与费用的确认口径不同所产生的账面利润与应税利润之间的差异。例如，会计准则把永久性差异确认为收入和费用，而税法不把它作为收入和费用的项目，以及会计准则把永久性差异不确认为收入和费用，而税法要把它作为收入和费用的项目。永久性差异在本期发生和调整后，不能递延到以后各期，不会在以后各期转回。

2. 时间性差异

时间性差异是指由于会计准则和税法收入与费用的确认时间不同，所产生的账面利润与应税利润之间的差异。例如，会计准则在本期确认而税法规定需待以后期间确认的收入和费用项目，以及税法在本期确认而会计准则在以后期间确认的收入和费用项目。时间性差异在本期发生于本期，但在以后期间能够调整转回。

净利润是支付了债务人利息后的收益，全部属于投资人（股东）所有。净利润反映了企业给权益资本投资人的投资报酬，用以衡量股东投资的收益水平。企业的净利润可以在当期直接以股利形式分配给股东投资者，也可以以所有者权益形式留存于企业。

三、企业收益管理的任务

（一）寻求正确途径增加企业收益

企业收益是发展国民经济，增强企业自主经营、自负盈亏财力的基础。因此，企业必须把增加收益作为一项基本任务。为实现这一任务，企业应做好以下几方面工作，增加企业盈利：

（1）积极采取各项有效措施，控制费用开支，降低成本费用，增加利润。

（2）积极开展技术革新。在提高产品质量的基础上，提高劳动生产率，增加产品产量，是增加企业纯收入的基本途径。在其他条件相同的情况下，企业生产和销售的产品增多，企业的营业收入扩大，销售税金和营业利润就随之而增大；在实行按质论价、优质优价的条件下，产品质量提高，企业的营业收入也相应扩大，销售税金和营业利润也随之而增加。

（3）充分有效地使用企业的资本金也是增加企业纯收入的重要途径。加强资本金的管理，加速其周转，不仅可以使企业用同量的资金实现更多的营业收入，增大收益，而且还可以降低期间费用，增加利润。

总之，增加销售收入是增加企业收益的基础，降低成本和费用是增加企业收益的关键。企业要增加收益，必须苦练内功，努力搞好各项管理，提高劳动生产率、反对浪费、节约物质资料的耗费和费用开支。只有这样才能实现增产增收、降低成本和费用，增加收益。

（二）合理分配企业利润

企业在取得收入后，首先应按照国家税法规定正确计算、及时足额地上交销售税金，不得截留、挪用，更不得偷税和漏税。

企业应按照成本开支范围，正确计算营业成本和期间费用，以便正确确定企业利润，并应按照国家规定正确确定应纳税所得额，计算和及时上缴所得税。

企业的税后利润应按国家规定的程序进行合理分配，处理好生产和生活、积累和消费的关系。

总之，企业收益的分配是一项政策性很强的工作，财务部门应严格按国家的财政政策，认真搞好企业收益的分配。

四、利润指标体系

（一）绝对额指标

绝对额指标是指企业计划期内实现的利润总额。企业利润总额一般包括营业利润、投资净收益以及营业外收支净额三部分。

企业利润绝对额指标是企业一定时期生产经营活动的最终财务成果指标，是企业进行利润分配的依据。通过绝对额指标的分析，可以综合了解企业计划期利润总额指标完成情况，便于总结经验、改进工作、提高企业管理水平，争取完成或超额完成利润计划，合理分配利润。但是，由于绝对额指标的大小受企业的生产经营规模、设备技术装备的先进程度等生产条件的影响，不同类型企业的利润额不能进行对比。就是相同行业，设备技术装备先进的企业与装备较差的中小型企业的利润数额也不能比较。即使同一企业不同时期，由于生产条件的客观变化，也使不同时期利润总额缺乏可比性。所以，除绝对额指标外，还必须采用相对数指标与之配合，才能全面了解企业经营管理水平。

（二）相对数指标

相对数指标，即利润率指标。它是企业一定时期的利润额与营业（或销售）收入、成本费用、资本金的数额等的比率，即形成企业的营业（或销售）利润率、成本利润率和资本金利润率等。利润率指标是反映企业利润水平的指标，能准确地反映企业经济效益和经营管理工作的质量。不同时期和不同地区企业的利润率也可以进行比较。利润率高，说明企业经济效果好，经营管理水平高；利润率低，说明经济效果差，管理水平低。因此，使用利润率可以弥补绝对额指标的不足。

1. 销售利润率

销售利润率反映企业销售利润额与销售净额之比，其计算公式为

$$销售利润率=\frac{销售利润额}{销售净额}\times100\%$$

式中销售净额是指企业销售收入或营业收入中扣除当期的扣除项目金额后的余额；扣除项目主要是指当期的销售折扣、折让、销货的退回等。一般说来，销售利润率愈高愈好。该指标愈高，说明企业的日常营业业务，特别是主营业务的获利能力愈强。在排除价格因素后，销售利润率高，说明企业管理水平高，销售成本率低。

2. 成本费用利润率

它是企业的利润总额和成本费用总额之比。即

$$成本费用利润率=\frac{利润总额}{成本费用总额}\times 100\%$$

成本费用利润率，反映企业每百元成本费用的获利比例。它表明企业生产经营过程中资金耗费的经济效益。成本费用和利润之间具有内在联系，成本费用越低，利润就越多，成本费用利润率就高；反之，成本费用利润率就低。成本费用利润率广泛用于工业企业综合性的利润预测和产品价格的预测。

3. 净资产利润率

净资产利润率是企业的净资产与利润总额之间的比率，其计算公式为

$$净资产利润率=\frac{净利润}{平均所有者权益}\times 100\%$$

净资产利润率表明每百元净资产所实现的利润，反映股东对企业投资所能获得的报酬率水平。

在产品品种和价格一定的条件下，净资产利润率的高低既取决于产品的产量和销售量的多少，又取决于单位成本的高低和资金占用量的大小，以及资金周转速度的快慢。净资产利润率与销售利润率和资金周转速度之间关系如下所示：

$$净资产利润率=销售利润率\times 净资产周转率$$

销售利润率又与销售成本率成反比例，销售额中成本所占的比重越高，则销售利润率就愈低；反之，销售成本率越低，销售利润率就越高。

可见，净资产利润率是综合反映能力很强的指标。通过该指标的计划和考核，可以促使企业采取各种措施，努力提高资金利用率，力求以较少的或同样的资金占用，提供更多的盈利，加速企业的成长。

4. 总资产报酬率

总资产报酬率是企业息税前利润与期末总资产余额之间的比率，其计算公式为

$$总投资报酬率=\frac{息税前利润}{平均资产总额}\times 100\%$$

总资产报酬率反映了企业在一定期间内资产利用的综合效益，说明企业生产经营整体的投资报酬率水平。同时，由于总资产等于总资本，总资产报酬率也就是总资本报酬率。企业的资本由债务资本和权益组成，由债务资本创造的收益和由权益资本创造的收益均属于企业的经营业绩。因此，与总资产或总资本相对称的利润是息税前利润。总资本报酬率反映了企业全部资本的收益能力，便于和社会平均利润相比较。

第二节　企业收益的预测、决策和计划

一、利润预测

利润预测是企业财务预测的重要组成内容。利润预测是指运用一定的科学方法，结合企业生产经营活动中有关因素的变化情况进行研究和分析，对未来一定时期内的利润数额进行估计和判断，寻求实现预计利润的各种措施方案。现按企业利润总额的组成内容，分述为

（一）销售利润（营业利润）的预测方法

1. 比例分析法

比例分析法就是根据历史上企业利润与有关经济指标（如销售收入、净资产等）的比例关系来预测未来一定时期利润数额的一种方法。其计算公式如下：

$$\text{产品销售利润预测值}=\text{产品销售收入预计值}\times\text{上年(或最近几年平均)的销售利润率}$$

采用净资产利润率测算的公式为

$$\text{企业利润总额预测值}=\text{企业净资产预计值}\times\text{上年(或最近几年平均)的净资产利润率}$$

式中利润率随企业经营状况而定。如果未来时期企业的生产经营情况比较稳定，则可根据预期的销售收入或净资产预测值、上年的销售利润率，或上年的净资产利润率计算未来时期的利润数额；如果企业生产经营状况不够稳定，致使各年利润率有高有低时，则应按前几期利润率的平均值，以此平均值作为预测的比率进行测算。平均利润率可按下列公式计算：

$$\text{预测的销售利润率}=\frac{\sum \text{以前各期的销售利润率}}{\text{期数}}\times 100\%$$

或

$$\text{预测的销售利润率}=\frac{\sum \text{以前各期的销售利润}}{\sum \text{以前各期的销售收入}}\times 100\%$$

我们还可以用移动平均方法求得综合的平均利润率。

例 8-1　某企业的 A、B、C 三种可比产品最近六年的销售利润率如表 8-1 所示：

表 8-1　A、B、C 三种产品最近六年的销售利润率

年　份	第 1 年	第 2 年	第 3 年	第 4 年	第 5 年	第 6 年
销售利润率/%	16.5	19.85	19.65	21.96	22.43	23.5

该企业三种可比产品计划生产量合计为 1 600 台，应销比例为 95%，三种产品平均销售单价为 21 000 元。则该企业计划年度的销售利润预测值的测算程序如下：

（1）综合平均利润率的测算：

由于上述统计资料呈阶梯形，宜按较短的间隔期求移动平均值。如按三年分段，则最近一段的算术平均值为

$$\frac{21.96\%+22.43\%+23.5\%}{3}=22.63\%$$

根据移动平均值的计算公式计算，则该企业计划年度综合平均销售利润为

$$M_t=22.63\%+\frac{23.5\%-16.5\%}{6}=23.8\%$$

（2）计划年度三种可比产品预计销售收入：

企业计划年度可比产品销售收入预计数为

1 600×95%×21 000＝31 920 000（元）

（3）计划年度企业可比产品销售利润的预测值：

企业计划年度可比产品销售利润的预测值为

31 920 000×23.8%＝7 596 960（元）

前述比例预测法不仅适用于可比产品利润预测，也可运用于不可比产品的利润预测。不过预测不可比产品利润时，利润率指标一般是用成本利润率，不用销售利润率。而且该指标不是根据历史形成的比例关系确定的，而是根据不同的情况加以确定的：凡是不可比产品的生产技术、劳动生产率、原材料消耗与可比产品近似的，可按可比产品的成本利润率为依据进行计算；凡是上述条件与可比产品相差很大时，则可按上年不可比产品的利润率为依据进行计算；如果不可比产品是与用户协商定价出售的，则可按照协商确定的成本利润率为依据进行计算。

例 8-2 企业生产的 D 产品为不可比产品，产品产量计划为 715 790 元，应销比重为 95%，与客户协商定价时确定的成本利润率为 32.96%。则企业计划年度不可比产品预计利润为

715 790×95%×32.96%＝224 128（元）

2. 量本利分析预测法

量本利分析预测法是在将成本划分为固定成本和变动成本的基础上，根据销售量、成本和利润三者之间的相互依存、相互制约的内在联系，确定产品一定销售水平条件下的成本和利润水平的方法。

在生产单一产品企业，可用下列公司测算其利润数额：

计划年度利润数额＝计划销售量×［单价×（1－税率）－单位变动成本］－固定成本

式中税率是按国家税法确定的，缴纳增值税的产品可按下列公式换算为按销售收入纳税的税率：

按销售收入纳税的税率＝法定增值率×增值税率

［单价×（1－税率）－单位变动成本］就是单位产品的边际贡献额。当边际贡献额等于固定成本时，企业经营就处于盈亏两平状态；当边际贡献额大于固定成本时，企业经营就获利；当边际贡献额小于固定成本时，企业经营就发生亏损。

在企业生产多种产品时，首先，应编好固定费用预算，并按销售额分摊到各种产品的成本中去；其次，应依据平均先进的消耗定额计算出各种产品的变动成本；最后，按产品的成熟程度排列，依次计算出各种产品的边际贡献额和盈亏情况。

例 8-3 某企业计划年度生产 A、B、C、D 四种产品，固定成本总额为 4 000 000元，四种产品均属于纳增值税的范围，增值税税率 13%，法定增值率预计为 35.8%，四种产品的销售额和变动成本如表 8-2 所示：

表 8-2 额和变动成本 单位：元

产品名称	销售额	变动成本
A 产品	12 300 000	6 000 000
B 产品	7 100 000	4 000 000
C 产品	3 600 000	2 000 000
D 产品	1 000 000	590 000

根据上述资料计算企业四种产品的利润预测值如表 8-3 所示：

表 8-3 利润预测表 单位：元

产品名称	销售额	税金	变动成本	边际贡献	固定成本	盈（亏）额
A 产品	12 300 000	615 000	6 000 000	5 685 000	2 050 000	3 635 000
B 产品	7 100 000	355 000	4 000 000	2 745 000	1 183 300	1 561 700
C 产品	3 600 000	180 000	2 000 000	1 420 000	600 000	820 000
D 产品	1 000 000	50 000	590 000	360 000	166 700	193 300
合　计	24 000 000	1 200 000	12 590 000	10 210 000	4 000 000	6 210 000

3. 回归分析预测法

回归分析预测法是一种处理两个变量之间的线性关系的方法。它广泛运用于测算有内在联系的经济指标在未来一段时期发展趋势和可能达到的水平。

例 8-4 承前例，某企业最近 10 年实现的销售利润如表 8-4 所示：

表 8-4 某企业最近 10 年实现的销售利润 单位：元

年份（x）	实际销售利润（y）	年份（x）	实际销售利润（y）
10	1 600 000	4	3 900 000
9	2 000 000	3	3 800 000
8	2 300 000	2	4 800 000
7	2 500 000	1	5 400 000
6	2 800 000	0	5 700 000
5	3 500 000		

根据上述统计数据，编制企业各年度销售利润的回归计算表（表 8-5）如下：

表 8-5　企业各年度销售利润的回归计算表　　单位：元

年份	样本顺序	x	y	$x \cdot y$	x^2
10	1	−5	1 600 000	−8 000 000	25
9	2	−4	2 000 000	−8 000 000	16
8	3	−3	2 300 000	−6 900 000	9
7	4	−2	2 500 000	−5 000 000	4
6	5	−1	2 800 000	−2 800 000	1
5	6	0	3 500 000	0	0
4	7	1	3 900 000	3 900 000	1
3	8	2	3 800 000	7 600 000	4
2	9	3	4 800 000	144 000 000	9
1	10	4	54 000 00	21 600 000	16
0	11	5	5 700 000	28 500 000	25
合　计		0	38 300 000	45 300 000	110

由于 x 的合计数为零，则回归系数：

$$a = \frac{\sum y}{N} = \frac{38\ 300\ 000}{11} = 3\ 481\ 818.1$$

$$b = \frac{\sum x_i \cdot y_i}{\sum x_i^2} = \frac{45\ 300\ 000}{110} = 411\ 818.2$$

根据回归系数 a，b 的值，可得回归直线方程如下：

y = a+bx = 341 818. 1+411 818. 2x

据此方程可以计算出各年度利润的回归值。由表 10−5 可知，x 为 6，如其他各项因素变化不大，则计划年度企业销售利润为：

y = 3 481 818. 2+411 818. 2×6 = 5 952 727. 4（元）

4. 经验预测法

经验预测法是依靠企业有经验的领导人员凭经验直接进行预测，这种预测方法不受数学模型的限制，根据企业经营及其变化趋势进行预测，因而预测结果有一定参考价值，又省事。所以，在实际工作中，常常是把前述各种定量预测值让有经验的专业人员凭经验再测算一次，从而使预测值更加准确。

（二）对外投资收益预测

投资净收益是企业利润的重要组成内容，它是实际投资收益和实际投资损失相抵后的余额。作为预测来说，关键是预测投资收益，因为对外投资的目的在于取得收益。如果经预测，一项投资的收入不足抵偿支出而发生损失，企业必然放弃这项投资。但有些投资项目，由于各种原因，实际投资结果可能要发生损失。对于损失的预测，只能以历史数据为依据，结合被投资单位的经营状况加以预计。所以，这里主要对投资收益的预测方法加以说明。

1. 对外投资利润的预测

对外投资分得利润是指企业以现金、实物、无形资产向其他企业单位投资，进行紧密联合型的经营并从联合企业分得的利润。对于这部分可分得利润的预测，主要应按联营协议规定，由主体企业和各成员企业分别运用前述各种方法测算出各自的实现利润预计数。在此基础上，测算出联合体预计的可分配利润，其计算公式如下：

$$\text{联合体预计可分配利润总额}=\text{联合体预计实现利润总额}+\text{各成员企业上缴利润总额}-\text{弥补以前年度亏损额}-\text{经批准的单项留利额}-\text{预计提取的共同发展基金}$$

紧密型联合企业的可分配利润应在各成员企业之间按一定的方法进行分配。

（1）按投资比例分配。

按投资比例分配，可按期初投资额、期末投资额或平均投资额计算，其计算公式如下：

$$\text{某成员企业应分得利润}=\text{某成员企业期初（期末或平均）的投资额}\times\frac{\text{联合企业可分配利润额}}{\text{联合企业期初（期末或平均）的投资额总和}}$$

如果联合企业采用先交税后分利时，则某成员企业的投资收益的计算公式如下：

$$\text{某成员企业的投资收益}=\text{某成员企业应分得利润}\times（1-\text{所得税税率}）$$

例 8-5 假设某企业向联合企业投资 2 000 000 元，该联合企业共有四个成员企业，平均投资额为 10 000 000 元，预计可分配利润为 2 500 000 元，则某企业预计投资收益额，即税后利润为

$$2\ 000\ 000\times\frac{2\ 500\ 000}{10\ 000\ 000}\times（1-35\%）=325\ 000（元）$$

（2）按利润比例分配。

按利润比例分配是以联营企业各方上缴利润为依据来分配联合企业利润的方法。其计算公式如下：

$$\text{某成员企业投资收益额}=\text{某成员企业上缴利润额}\times\frac{\text{可分配利润数额}}{\text{各成员企业上缴利润总额}}\times（1-\text{所得税税率}）$$

（3）按协议比率分配。

它是以各成员企业所提供的技术、人才、资源、商标、商誉等要素为依据，按联合协议规定分配联合企业可分配利润的一种方法。

在实际工作中，往往考虑各种生产要素在联合企业中的不同比例，采取几种方法结合，用以分配联合企业的可分配利润。各成员企业投资收益预计数可按下式进行预测：

$$\text{某成员企业投资收益的预计数}=\left(\text{某成员企业按投资额应分配利润}+\text{某成员企业按利润额应分配的利润}\right)\times（1-\text{所得税税率}）$$

2. 有价证券投资收益的预测

（1）债券投资收益的预测。

债券是借款人同意在某特定时日将一系列的利息与本金付给投资者（债券持有

人）的一种证明书。债券具有票面面值、票面利率和偿还日期。进行债券投资，既可以购买国家的公债、国库券和各种债券，又可以购买其他企业债券。企业进行债券投资的基本动机是为了增强企业的偿债能力，因为债券能很快地转化为现金，应付即将到期的债务。由于债券利率一般要高于活期存款利率，如果以活期存款方式掌握现金，虽然能保证需要时随时可用，但是必将损失将资金投资于有收益的投资机会，给企业带来机会损失。

对于债券投资收益的预测取决于各债券的票面利率、市场利率和到期日等因素。其中，票面利率一经确定，就不能改变，成为计算债券利息的依据。但票面利率与市场利率经常是不一致的，票面利率往往大于或小于市场利率，从而使债券市场价格高于或低于票面面值。债券市场价格与市场利率成反比例变动。当市场利率高于票面利率时，投资者则更愿把资金投放于更为有利的方面，而不愿购买债券。为了吸引投资者，发行者必须折价扣出售债券，以弥补债券持有人的损失的利息收入。反之，当票面利率高于市场利率时，则应溢价发行，由债券发行企业预先扣回利息差额。否则，发行企业宁愿以较低的市场利率从其他渠道取得资金，而不会以较高的票面利率发行债券。只有当票面利率与市场利率相同时，才按票面值出售债券。可见，债券收益预测的核心是正确预计市场利率的问题。

市场利率包括无风险的报酬率和风险补偿两部分，即市场利率的表达式为

$$K=i+\theta$$

式中：i——无风险报酬率；

θ——风险补偿。

无风险的报酬率一般用国库券的利率来表示，因为国库券基本上不存在收不回本金和利息的风险，预期的风险补偿为 0。而企业发行的债券，收不回本金和利息的风险显然大于国库券，必须有风险补偿，才能吸引投资者。风险补偿的大小，视发行企业的不同而各异。我们可以运用证券市场线求出其近似值。所谓证券市场线就是风险和预期报酬之间存在一定的关系，证券预期风险愈高，投资者要求的报酬率也必然高。因此，可以用直角坐标（图 8-1）加以表示：

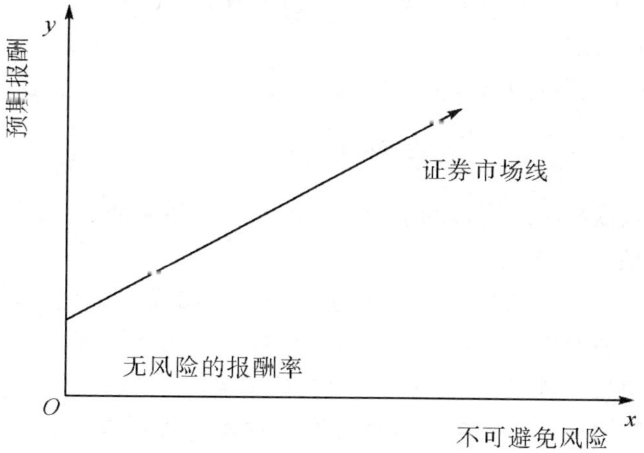

图 8-1 证券市场线

图 8-1 中纵轴表预期报酬率，横轴表示不可避免的风险。当风险为 0 时，市场线下移与横轴平行，与纵轴相交于一点，这点就是无风险的报酬率。如前所述，无风险的报酬率一般是以国库券票面利率来表示的。随着证券风险的增加，证券市场线就变陡。如果我们确定了某一证券的不可避免的风险程度，则在证券市场线上必有一点（x，y）与之相对应。通过这点向纵轴作垂线，其垂足就是预期的必要报酬率，即市场利率。

在测得债券必要报酬率即市场利率的基础上，就可依下列公式计算债券的市场价格和债券利息收入了。

$$P=\frac{C}{(1+k)}+\frac{C}{(1+k)^2}+\frac{C}{(1+k)^3}+\cdots+\frac{C}{(1+k)^n}+\frac{x_0}{(1+k)^n}$$

式中：P——债券市场价格；

C——每期支付的利息；

x_0——票面值；

n——到期年数；

k——必要报酬率，即到期的实际市场利率。

例 8-6 某企业购买票面值为 1 000 元，票面利率 8%，到期日为 10 年的一张债券，该债券预期的市场利率为 9%，该债券的市场价格为

$$P=\frac{80}{(1+9\%)}+\frac{80}{(1+9\%)^2}+\cdots+\frac{80}{(1+9\%)^{10}}+\frac{1\ 000}{(1+9\%)^{10}}$$

$=935.82$（元）

该债券每年底可取得的收入为

$$1\ 000\times8\%+\frac{1\ 000-935.82}{10}=86.42（元）$$

如果市场利率低于票面利率时，则形成溢价出售。如前例，市场利率为 7%，而不是 9%，这时债券的价格为

$$P=\frac{80}{(1+7\%)}+\frac{80}{(1+7\%)^2}+\frac{80}{(1+7\%)^3}+\cdots+\frac{80}{(1+7\%)^{10}}+\frac{1\ 000}{(1+7\%)^{10}}$$

$=1\ 070.24$（元）

该债券每年底可获得的收入为

$$1\ 000\times8\%-\frac{1\ 070.24-1\ 000}{10}=72.98（元）$$

债券利息收入依法纳所得税的余额，计入企业税后利润。

（2）股票投资收益预测。

股票投资的收益主要来自以下两个方面：①参加股份制企业税后利润的分配，取得分红收入；②股票市价上扬而取得的溢价收入。股票投资是一种风险性很大的投资，为确保股票投资能获得成功，取得投资效益，必须深入了解市场供需信息、上市公司的营运绩效信息、整个社会经济发展的信息资料等。只有掌握这些信息才能做出买进或卖出的决策，掌握契机，确保获利。

反映股票收益率高低的指标，一般有以下两个：

第一，本期股利收益率。它是反映以现行价格购买股票的预期收益的指标，其计算公式如下：

$$本期股利收益率=\frac{年现金股利}{本期股票价格}\times100\%$$

第二，持有期收益率。股票没有到期日，但投资者持有股票的时期有长有短。持有期收益率就是反映投资者在持有期内收益大小的指标。其计算公式如下：

$$持有期收益率=\frac{出售价格-购买价格+股利}{购买价格}\times100\%$$

例 8-6　某企业在 6 月 30 日以每股 620 元的价格购买某公司的股票一张，12 月 30 日以 680 元的价格卖出，在半年期内获得发行公司 30 元现金股利，则其持有期收益率为

$$\frac{680-620+30}{620}\times100\%=14.52\%$$

如果发行公司对股票实行折股，则会出现股份增加或股价下跌情况。因此，折股后的股票价格必须进行调整。

例 8-7　某股份公司把每股市价为 2 000 元的普通股以 1：2 折股，某投资者原始投资为 2 000 元，即 1 股，折股后，他拥有的股份由 1 股变为 2 股，这时每股价格就由2 000元变为 1 000 元。如折股前股份公司派发的股利每股为 50 元，则折股后每股持有期的收益率可按下列公式计算：

$$\begin{aligned}\text{折股后持有期内收益率}&=\frac{调整后资本所得或损失+调整后的现金股利}{调整后的购买价格}\times100\%\\&=\frac{0+25}{1\,000}\times100\%\\&=2.5\%\end{aligned}$$

在测定收益率的基础上，我们就可根据企业的投资额预测出企业的股票投资的收益额，作为企业利润总额的构成内容。

（三）营业外收支净额的预测

企业的营业外收支是与企业生产经营无直接联系的各项收支。营业外收入主要包括固定资产盘盈、处理固定资产净收益、确实无法支付而应转作营业外收入的应付款、教育费附加返还款等。营业外支出包括固定资产盘亏、处理固定资产净损失、非常损失、非正常停工损失等。营业外收支项目多，又无固定规律，因而只能采取以上年实际数为基础，结合计划年度的有关因素变动情况加以预计。

二、利润决策

利润决策是利润预测的继续，其目的是对预测的利润指标进行全面审查和评价，以判定企业预测的利润指标是否先进可靠，企业从而能够对预测的利润指标和措施做必要调整和补充，最后确定出企业的目标利润和实现目标利润的措施方案，为编

制企业预计的损益表提供可靠的依据。

（一）利润决策的程序

1. 收集整理信息资料

利润决策和其他经营决策一样，离不开企业面临的形势和环境，因而在决策前应广泛地收集各种信息资料，为有效决策提供条件。利润决策所需的基本信息资料包括企业对外签订的经济合同、近期和远期的发展规划、近期的损益表和资产负债表、财务状况变动表、市场供需情况的趋势以及财务、税收、信贷政策的变动等方面的信息。只有全面掌握这些信息资料，才能全面深入地分析研究企业经营的有利因素和不利因素，正确进行决策。如果信息不通，必然增大决策失误的风险。

2. 审定决策目标和可行性方案

审定决策目标是利润决策的核心。在审定目标时，要解决如下一些问题：为什么要确定这一利润水平？这一目标水平与远期目标有何联系？这一目标利润实现的可能性如何？为此，必须反复研究利润预测过程中拟议的各种措施方案在技术上是否先进和可行，在经济上是否合理和有效，进一步探索和补充实现目标利润的措施方案。

3. 目标利润的实施和反馈

目标利润的确定并不是决策过程的结束，还需把决策目标加以具体化，分解落实到各部门、各单位贯彻执行，并且不定期对实施情况进行检查，分析研究决策的正确程度。如发现决策不够准确，应及时予以调整。

（二）目标利润的决策方法

1. 比较决策法

比较决策法，就是在初步预测的利润总额的基础上，计算出几种主要的利润指标，并将这些利润率与同行业的中位水平进行比较，判明企业利润总额指标的先进程度。如果企业的生产技术水平在同行业中处于中间水平，则企业的利润率指标应不低于同行业平均利润率；如果企业预测的利润率指标接近于同行业利润率的中位数时，可视为先进和可靠，可不再对利润预测数进行调整。如果与同行业中位水平相距甚远，则必须做必要调整。

例 8-8 假设某企业利润总额为 6 800 000 元，其中销售利润为6 225 493. 11元，投资收益为 250 000 元，营业外收入大于支出的净额为 324 506. 9 元，企业资本总额为27 080 000 元。根据上述资料计算，企业资本利润率为 $\frac{6\ 800\ 000}{27\ 080\ 000}\times 100\%=$ 25. 11%，高于同行业平均资本利润率 24%，但与同行业平均水平十分接近。因此，可以将预测指标作为决策目标。

2. 综合平衡决策法

综合平衡决策法，就是根据企业收入、营业成本和利润之间的相互关系进行决策的一种决策方法。在实行目标管理的条件下，企业的营业收入和营业利润、营业成本均有预计数额，财务部门应会同供、产、销各部门共同研究企业的营业收入和营业成本能否保证预计利润的实现，如果发现三者之间不平衡，就应采取新的措施；

调整企业的生产经营活动，进一步挖掘增产增销、降低成本的潜力。预计的利润数是根据企业经营目标确定的，可作为目标利润数额。而预计的营业成本和营业收入是作为保证目标利润实现的条件。预计的营业收入、成本一旦能保证实现目标利润，就成为企业的目标营业收入和目标营业成本。

3. 量本利分析决策法

在进行利润预测的过程中，已经拟定了各项增产节约措施；在决策过程中，企业的决策层在分析原定措施的基础上，可提出实现目标利润的三个方案，即

（1）增产增销，实现目标利润；

（2）实行技术革新改造，降低变动费用，实现目标利润；

（3）降低固定成本，实现目标利润。

例 8-10　企业三个方案的基本数据如下：可比产品目标销售利润为 6 160 000 元；可比产品平均销售单价为 21 000 元；可比产品平均单位变动费用为 8 880 元；销售税金税率为 5%；固定费用总额为 8 500 000 元，三种产品的预计销售量为 1 350台。

运用量本利分析法进行测算，各方案的保利点销售量分别为：

第一方案：通过增加销售量来消化原材料价格上涨 4%的不利因素的保利点销售量为

$$Q_1=\frac{8\ 500\ 000+6\ 160\ 000}{21\ 000\times（1-5\%）-8\ 880\times（1+4\%）}=1\ 368（台）$$

根据市场调查，签订的销售合同确定的销售量仅为 1 350 台。如果单纯采取增产增销的办法，就使 18 台产品无销路，风险大。

第二方案：通过技术革新改造，使单位变动费用降低 1%，实现目标销售利润的销售量为

$$Q_2=\frac{8\ 500\ 000+6\ 160\ 000}{21\ 000\times（1-5\%）-8\ 880\times（1+4\%）\times（1-1\%）}=1\ 357（台）$$

计算结果还有 7 台产品无销路。

第三方案：降低变动费用的同时降低固定费用 1%，实现目标利润的销售量为

$$Q_3=\frac{8\ 500\ 000\times（1-1\%）+6\ 160\ 000}{21\ 000\times（1-5\%）-8\ 880\times（1+4\%）\times（1-1\%）}$$

$$=\frac{14\ 575\ 000}{21\ 000\times（1-5\%）-8\ 880\times（1+4\%）\times（1-1\%）}$$

$$=1\ 349（台）<1\ 350（台）$$

根据以上测算，企业要实现可比产品目标销售利润 6 160 000 元，应采取的基本措施是：①要使产品销售量增加到 1 350 台；②进行技术改造，降低变动成本 1%；③降低管理费用，紧缩非生产性支出，使企业固定费用降低 1%。

三、企业预计损益表的编制

企业预计损益表是反映计划年度企业利润（亏损）预计数额的计划表，它是企业财务计划的重要组成内容。为了方便进行财务分析和考核，预计损益表格式和指

标体系应与企业损益报表保持一致。

企业预计损益表中企业利润（亏损）总额可根据不同情况采用不同方法确定：

（一）直接计算法

直接计算法，就是在正确编制企业销售计划的基础上，按各种产品的单价、税率、成本和费用水平分别把各种产品的销售利润计算出来加总，加上企业其他业务利润，减去管理费用、财务费用，就得出营业利润。企业营业利润加上投资收益和营业外收入，减去营业外支出，其差额就是企业利润总额。

由于计划期销售的产品包括期初结存产品和本期生产本期销售的产品，而不包括期末结存产品，本期销售产品的营业成本应按先进先出法计算，其计算公式如下：

$$\text{营业成本总额}=\sum\left[\text{各种产品期初结存产品营业成本}+\left(\text{各种产品计划产量}-\text{各种产品期末结存}\right)\times\text{各种产品计划单位营业成本}\right]$$

为简化计算工作量，企业也可以用加权平均法先计算各种产品的平均单位营业成本，再结合各种产品的销量计算出各种产品的营业成本。各种产品的营业成本之和就是各种产品营业成本总额，其计算公式如下：

$$\text{企业营业成本总额}=\sum\text{各种产品计划销售数量}\times\text{各种产品平均单位营业成本}$$

式中，各种产品平均单位营业成本可按下列公式计算：

$$\text{各种产品平均单位营业成本}=\frac{\text{期初结存产品成本}+\text{本期生产量的产品成本}}{\text{期初结存产品数量}+\text{本期产品的生产量}}$$

采用加权平均法计算销售产品的营业成本时，期初结存产品成本与计划年度产品营业成本差别较大，则不能完全反映计划销售产品应负担的成本数额。因此，以先进先出法计算营业成本更好。

关于销售费用的计算，企业应根据销售部门编制的销售费用预算进行计算。但为了计算各种产品应负担的销售费用，则应把直接由某种产品负担的销售费用和分摊计入某种产品的销售费用相加。分摊计入的销售费用主要是指共同发生的运输费、宣传广告费、专设销售机构经费等。分摊共同发生的销售费用时，先要计算出分配率，其计算公式如下：

$$\text{分配率}=\frac{\text{计划期销售费用总额}-\text{直接计入部分}}{\text{计划期各种产品销售收入额}}$$

某种产品的销售费用=某种产品销售收入×分配率+直接负担的销售费用

产品销售税金及附加、管理费用、财务费用、投资收益等项目在损益表中可按计划数填列。

其他业务利润是企业从事其他业务活动而获得的利润。由于其他业务活动比较零星，只能以上年其他业务利润率为基础，结合计划年度其他业务利润率升降率和计划年度其他营业收入计划数加以测算，其计算公式为

$$\text{其他业务利润}=\text{其他业务收入计划数}\times\left(\text{上年其他业务的利润率}\pm\text{其他业务利润率计划升降率}\right)$$

营业外收入和营业外支出项目是反映企业经营范围以外的，与企业生产经营没有直接联系的各项收入和支出。例如，固定资产盘盈、处理固定资产收入、罚款净收入以及确定为无法支付而经规定程序批准转作收入的应付账款等均属营业外支出。而固定资产盘亏、处理固定资产损失、非常损失、职工劳保支出等属于营业外支出。营业外收支项目的计划，应严格按国家的有关规定行事，不得任意增列项目和更改开支标准。

上述直接法计算企业利润的适用范围是企业生产经营的品种较少、各种计划资料齐全。在这种条件下，按产品品种逐项测算汇总，因而其计算结果比例准确。企业预计损益表的基本格式如表8-6所示。

（二）分析计算法

在企业产品品种较多或计划资料不齐全的条件下，企业就不可能用直接法计算企业计划期利润总额计划指标，而应根据影响利润增减变动的有关因素进行分析计算销售（营业）利润总额，再结合其他有关指标，最后计算出企业利润总额。因素分析计算法的适用范围是可比产品和期初结存产品的销售利润的测算。

表8-6　预计损益表

年　　月　　日　　　　　　　　　　单位：元

项　　目	行次	月份			全年预计数
		一月	二月	…	
一、产品销售收入	1				29 099 226.07
减：产品销售成本	2				20 534 512
产品销售费用	3				876 895.36
产品销售税金及附加	4				1 462 325.60
二、产品销售利润（亏损）	6				6 225 493.11
加：其他业务利润（亏损）	7				456 000
减：管理费用	8				346 000
财务费用	9				250 000
三、营业利润（亏损）	10				6 085 493.11
加：投资收益（损失）	11				325 000
营业外收入	12				959 253.63
减：营业外支出	13				569 746.74
四、利润总额（亏损）	14				6 800 000.00

影响计划年度可比产品销售利润增减变动的因素主要有以下几项：

（1）产品销售数量的增减变化；

（2）产品销售结构的增减变化；

（3）可比产品成本的升降变化；

（4）可比产品销售价格的变化；

（5）产品销售税金税率的变化；

（6）产品质量等级的升降变化。

根据这些因素的变化情况，我们就可以测算出计划年度可比产品销售利润，其测算的公式如下：

$$\text{计划年度可比产品销售利润预测值}=\text{基期可比产品销售利润}\pm\text{产量变动对利润的影响数额}\pm\text{成本变动对利润的影响数额}\pm\text{销售产品结构变动对利润的影响数额}\pm\text{产品价格变动对利润的影响数额}\pm\text{销售税率变动对利润的影响数额}\pm\text{产品质量等级变动对利润的影响数额}$$

下面以前述某企业 A、B、C 三种可比产品为例，说明因素分析预测法的基本步骤和方法。

1. 预计基年企业可比产品销售利润和利润率

预计基年企业可比产品销售利润和利润率是运用因素分析预测法预测可比产品销售利润的第一步骤。由于计划年度可比产品销售利润和利润率只能加以预计，预计时必须注意计算范围和各项因素的可比性，这就必须把计划年度不再生产的产品销售利润，从基年企业全部利润中剔除出去；同时，如果基年曾经调整过产品的价格和税率，就应将该种产品的全部销售利润，按调整后的价格和税率重新进行测算。因此，基年销售利润的测算公式如下：

$$\text{基年可比产品销售利润预计数额}=\text{基年1~3季度企业的实际销售利润}+\text{基年第4季度企业的预计销售利润}-\text{计划年度不再生产的产品销售利润}\pm\text{价格税率变动对可比产品销售利润的调整数}$$

例 8-11　前述企业计划年度继续生产 A、B、C 三种可比产品。根据核算资料查明基年 1~3 季度实际销售利润 4 000 000 元，第 4 季度预计销售利润为1 600 000 元。计划年度不再生产的产品的销售利润为 400 000 元。据此资料计算，企业基年 A、B、C 三种产品的预计销售利润数额为 5 200 000 元（4 000 000+1 600 000−400 000）。

可比产品基年利润率是预测计划年度可比产品销售利润的基础资料之一，应先予以确定。在运用因素分析法预测计划年度可比产品销售利润时，一般是采用成本费用利润率。基年可比产品综合成本利润率的测算公式如下：

$$\text{基年可比产品综合成本利润率}=\frac{\text{基年1~3季度可比产品实际销售利润}+\text{基年第4季度预计可比产品销售利润}}{\text{基年1~3季度可比产品实际成本费用}+\text{基年第4季度预计可比产品成本费用额}}$$

例 8-12　承前例，某企业 A，B，C 三种可比产品基年 1~3 季度实际成本费用为18 000 000元，第 4 季度三种产品预计成本费用为 2 000 000 元。

据此资料计算，该企业基年综合成本费用利润率为

$$\frac{5\ 200\ 000}{18\ 000\ 000+2\ 000\ 000}\times100\%=26\%$$

2. 测算计划年度可比产品生产和销售量变动对利润的影响数额

在其他因素不变时，单纯的产品销售数量变化，必然引起企业利润随之变动。

销售量增加，利润就增加；反之，利润就下降。产品产量和销售量变化对可比产品销售利润的影响可按下列公式测算：

$$\begin{matrix}\text{计划年度可比产品销售量}\\\text{变动对利润的影响数额}\end{matrix}=\left(\begin{matrix}\text{按基年成本计算的计划年度}\\\text{应销可比产品成本额}\end{matrix}-\begin{matrix}\text{基年可比产品预计}\\\text{销售成本总额}\end{matrix}\right)\times\begin{matrix}\text{基年的综合}\\\text{成本费用利润率}\end{matrix}$$

式中，按基年成本计算的计划年度应销售可比产品成本额的计算公式如下：

$$\begin{matrix}\text{按基年成本计算的计划年度}\\\text{应销售可比产品成本}\end{matrix}=\begin{matrix}\text{按基年成本计算计划年度}\\\text{生产的可比产品成本额}\end{matrix}\times\begin{matrix}\text{计划年度可比}\\\text{产品应销比例}\end{matrix}$$

计划年度可比产品应销售比例的计算公式如下：

$$\text{计划年度可比产品应销售比例}=\frac{\sum(\text{可比产品销售数量}\times\text{单位产品计划成本费用})}{\sum(\text{可比产品生产数量}\times\text{单位产品计划成本费用})}$$

例 8-13　某企业 A、B、C 三种可比产品按基年成本计算的计划年度生产的可比产品成本总额为 23 156 430 元，三种可比产品销售量的成本总额为 21 998 600 元。则该企业计划年度可比产品的应销售比例为

$$\frac{21\ 998\ 600}{23\ 156\ 430}\times100\%=95\%$$

根据上面计算结果，就可测定企业计划年度由于产品销售量增大而增加的利润数额为

$$\begin{aligned}\text{由于销售量增加而增加的利润额}&=(23\ 156\ 430\times95\%-20\ 000\ 000)\times26\%\\&=519\ 638\ (\text{元})\end{aligned}$$

3. 测算计划年度可比产品销售品种结构变化而增减的利润数额

所谓可比产品销售品种结构，就是指各种可比产品销售在全部可比产品销售量中所占的百分比。上面在测算可比产品销售量增减变动对利润的影响数额时，是以基年各种可比产品综合成本费用利润率为依据，并假定两个年度产品销售结构完全相同。如果计划年度可比产品结构发生变化，如利润率高的产品的销售结构增大了，利润率低的产品销售结构降低了，则势必引起可比产品综合成本费用利润率提高，利润增大；反之，利润率低的产品多销售了，利润率高的产品少销售了，则必会引起可比产品综合成本费用利润率下降，企业利润相应下降。

测算由于可比产品销售结构变动而增减的利润数额时，首先，应计算计划年度销售产品结构变动后的可比产品综合平均成本费用利润率；其次，要计算出计划年度可比产品综合平均成本费用利润率与基年可比产品综合平均成本费用利润率之差；最后，再结合计划年度应销售可比产品成本总额，计算出由于可比产品销售结构变动而增加或减少的利润数额，其计算公式如下：

$$\begin{matrix}\text{由于可比产品结构变动}\\\text{而增减的利润数额}\end{matrix}=\begin{matrix}\text{计划年度应销售}\\\text{可比产品的成本总额}\end{matrix}\times$$

$$\left(\begin{matrix}\text{计划年度可比产品综合}\\\text{平均成本费用利润率}\end{matrix}-\begin{matrix}\text{基年可比产品综合}\\\text{平均成本费用利润率}\end{matrix}\right)$$

式中，计划年度可比产品综合平均成本费用利润率是以各种可比产品成本费用利润率和各种产品在全部销售量中所占的比重为权数求加权平均值的办法计算的，其计算公式如下：

$$\begin{matrix}\text{计划年度可比产品}\\\text{平均成本费用利润率}\end{matrix}=\sum\left(\begin{matrix}\text{各种可比产品上年}\\\text{的成本费用利润率}\end{matrix}\times\begin{matrix}\text{各种产品计划}\\\text{年度销售比重}\end{matrix}\right)$$

例 8-14　承前例，某企业 A、B、C 三种可比产品基年的成本费用利润率以及基年和计划年度的销售比重如表 8-7 所示：

表 8-7　基年的成本费用利润率以及基年和计划年度的销售比重

产品名称	基年成本利润率/%	基年平均成本费用利润率		计划年度平均成本费用利润率	
		销售比重/%	系数/%	销售比重/%	系数/%
	(1)	(2)	(3) = (1) × (2)	(4)	(5) = (1) × (4)
A	27	60	16.2	75	20.25
B	25	20	5	15	3.75
C	24	20	4.8	10	2.4
合计		100	26	100	26.4

根据表 8-7 的测算，计划年度利润率较高的 A 产品销售比重提高，而利润率较低的 B、C 两种产品销售比重下降，因此，计划年度可比产品成本费用利润率比基年提高，而增加的利润数额为

23 156 430×95%×（26.4%-26%）= 87 994.43（元）

4. 测算由于计划年度可比产品成本费用变动对利润的影响额

在产品价格和税率一定的情况下，产品成本费用和产品利润成反比例变化。成本费用增高，利润降低；反之，成本费用下降，利润随之增高。成本费用的升降额就是利润的减增数额。因此，由于可比产品成本费用变动对利润的影响数额可按下列公式测算：

$$\begin{matrix}\text{可比产品成本费用}\\\text{变动而增减的利润}\end{matrix}=\begin{matrix}\text{按基年成本费用计算的计划年度}\\\text{应销可比产品成本费用额}\end{matrix}\times\begin{matrix}\text{计划年度可比产品}\\\text{成本费用变动率}\end{matrix}$$

例 8-15　承前例，某企业可比产品成本费用较基年提高 4%，则该企业计划年度可比产品因成本费用上升而减少的利润数额为

23 156 430×95%×4% = 879 944.32（元）

5. 测算由于产品销售价格变动对利润的影响

在产品成本一定的条件下，产品销售价格变动首先直接影响销售收入变动，其次要引起利润的变动。因此，测算价格变动对利润的影响数额公式如下：

$$\frac{\text{产品价格变动而增加}}{\text{或减少的利润数额}}=\frac{\text{产　　品}}{\text{销售数量}}\times\frac{\text{产品原销售}}{\text{单位价格}}\times\frac{\text{产品价格}}{\text{的变动率}}\left(1-\frac{\text{上　　年}}{\text{销售税率}}\right)$$

例 8-16　承前例，某企业 B 种可比产品计划年度预计销售量为 458 台，计划年度销售价格预计在原价格 21 000 元一台的基础上调高 3%，销售税金税率为 5%。据此资料计算企业因产品价格调高而增加的利润数额为

458×21 000×3%×（1-5%）= 274 113（元）

6. 测算由于销售税率变动对利润的影响数额

由于销售税金是企业纯收入的固定组成部分，在其他因素不变时，销售税率提高，利润就减少；销售税率降低，企业利润就相应增加。销售税率变动对利润影响额的测算公式如下：

$$\frac{\text{销售税率变动对企业}}{\text{利润的增减变动额}}=\frac{\text{计划年度销售税率变动的产品}}{\text{按计划单价计算的销售收入额}}\times\left(\frac{\text{基年销}}{\text{售税率}}-\frac{\text{计划年度}}{\text{销售税率}}\right)$$

例 8-17　某企业 A 种产品计划单台价格为 22 500 元，计划销售量为 652 台，上年税率为 7%，计划年度下调 2%。

据此资料计算该企业因销售税金税率降低而增加的利润数额为

652×22 500×（7%-5%）= 293 400（元）

7. 测算由于产品质量等级变动对利润的影响

企业生产经营的产品按质量高低分为不同等级，不同等级的产品价格不同，一级品价格高于二级品，二级品价格又高于三级品。当产品质量等级与上年相比发生变动时，则该种产品的平均销售单价就必然发生变化。在其他条件既定的情况下，企业生产销售利润也必将随之而发生增减变动。

测算产品质量变动对利润的影响数额的基本公式如下：

$$\frac{\text{可比产品质量等级变动}}{\text{对利润的影响数额}}=\sum\left[\left(\frac{\text{计划期某种等级产品}}{\text{按基期价计算的平均售价}}-\frac{\text{该产品基期各等级品}}{\text{平均销售价格}}\right)\times\frac{\text{计划期产品}}{\text{销售数量}}\times\left(1-\frac{\text{基　　期}}{\text{销售税率}}\right)\right]$$

式中，等级品平均价格是以等级率为权数进行加权平均计算的，即

$$\frac{\text{计划期某等级产品按基期}}{\text{销售价格计算的平均销售价格}}=\sum\left(\frac{\text{各等级基期}}{\text{销售价格}}\times\frac{\text{计　划　期}}{\text{各等级的比重}}\right)$$

$$\frac{\text{基期等级品}}{\text{各等级平均价格}}=\sum\left(\frac{\text{基期等级品各等级}}{\text{的销售价格}}\times\frac{\text{基期等级品}}{\text{各等级的比重}}\right)$$

假定前述某企业各种产品的质量等级没有变化，对利润数额没有影响。

综合以上各因素的测算结果就是企业计划期生产并销售可比产品的销售利润总额。前述某企业计划期可比产品销售利润总额为

5 200 000+519 638+87 994.43+274 113+293 400-879 944.32 = 5 495 201.11（元）

由于企业一般是连续生产经营，因而必然存在上期期末未销售的商品，转到计

划期就成为期初结存商品的情况。对于期初结存商品的销售利润也应予以正确预测。

期初结存商品在计划期全部销售，因而不受销售品种结构的影响；期初结存商品的单位成本是既定数，产品质量也是既定的，因而，期初结存商品的销售利润也不受成本和产品质量升降的影响。期初库存商品的销售利润只受价格和税率的影响，所以测算期初结存商品销售利润比较简单：①根据期初结存商品销售总成本与上年综合成本利润率，计算出期初结存商品的基础利润额；②计算出价格和税率变动对利润的影响额；③计算出期初结存商品销售利润额。这三个步骤可概括为下列公式：

$$\text{期初结存商品销售利润}=\text{期初结存商品成本总额}\times\text{上年综合成本利润率}\pm\text{价格变动而增减利润}\pm\text{税率变动而增减利润}$$

例 8-18 承前例，某企业计划期初各种结存商品的销售成本总额为1 850 000元。A 种产品期初结存量为 30 台，单价为 18 000 元，销售税率为 5%。B 种产品期初结存量为 24 台，上年单价为21 000元，从计划年度开始时上调 3%。A 产品销售税金税率由上年的 7%下降为 5%。

据此资料计算，该企业期初结存商品的销售利润为

1 850 000×26%+24×21 000×3%（1-5%）+30×18 000×（7%-5%）

= 481 000+14 364+10 800=506 164（元）

不可比产品利润的测算方法，一般是运用比例计算法，所用比例一般是成本利润率指标，而且该项指标是根据不同情况确定的：如果不可比产品的生产技术、劳动生产率、原材料消耗与可比产品近似时，可按近似的可比产品的成本利润率进行测算；如果上述条件与可比产品相差甚大时，则可按上年不可比产品的成本利润率进行计算；如果不可比产品是采取与客户协商定价时，则可根据协商的成本利润率进行计算。

例 8-19 承前例，企业的 D 产品为不可比产品，该产品按单位计划成本、计划产量的总成本数额为 715 790 元，应销售比重为 95%，协商定价时确定的成本利润率为 32. 96%。则该企业不可比产品的销售利润数额为

715 790×95%×32. 96%=224 128（元）

汇总上述可比产品、期初结存产品、不可比产品利润的测算结果，计划期企业销售利润总额为

545 201. 11+506 164+224 128=6 225 493. 11（元）

在计算出各种产品销售利润的基础上，再加减其他有关指标，就可计算出计划期企业利润总额，编好预计损益表。

运用因素分析法计算企业利润总额，编制预计损益表的最大优点是比较灵活。如果收集的信息资料齐全和准确，则计算结果就与直接计算法计算的结果基本相近。如果收集的信息资料不齐全或不准确，则计算结果与直接计算法的计算结果相距甚远，丧失计划的意义。

第三节　企业利润分配与日常管理

一、利润分配的实质和意义

利润分配是利用价值形式对一部分社会剩余产品所进行的分配。生产决定分配，而分配对生产又起着积极的促进作用。利润分配能帮助企业正确处理与各方面的经济关系，调动各方面的积极性，促进生产的发展。可见，利润分配具有重要意义。

（1）通过利润分配，国家财政能动员集中一部分利润，由国家有计划地分配使用，实现国家政治职能和经济职能，发展能源交通和原材料基础工业，为社会经济的发展创造良好条件。

（2）通过利润分配，企业能形成一部分自行安排使用的资金，增强企业生产经营的财力，有利于企业适应市场需要发展生产，改善职工生活福利。

（3）通过利润分配，投资者能实现预期的收益，提高企业的信誉程度，有利于增强企业继续融通资金的能力，易于继续筹集资金，满足生产发展的需要。

二、企业利润分配原则

为充分发挥利润分配的重要作用，企业在利润分配中必须遵循以下原则：

1. 三兼顾原则

企业在利润分配中，必须兼顾国家、企业和投资者三方面的利润。国家为实现其政治职能和经济职能的需要，物质生产领域的各个企业应将其实现利润的一部分以税金形式上交给国家，形成统一的财政资金，用于重点建设，发展科学、文教、卫生事业和巩固国防，为国民经济的持续发展创造一个良好的经济环境和安定团结的政治环境。企业作为生产经营活动的主体，为进一步发展生产和改善职工生活，应从利润中分得相当一部分，用以建立公积金和公益金。投资者作为企业的所有者，有权按规定分享部分利润。根据这一原则，企业的利润必须按税法规定的所得税率计算缴纳所得税，税后利润再在企业和投资者之间进行分配，贯彻维护投资者权益的财务管理基本原则。

2. 积累和分配相结合的原则

企业税后利润的分配要体现把积累和分配正确地结合起来的原则，既要扩充企业扩大再生产的财力基础，保证扩大再生产的不断进行，又要为投资者提供稳定的投资回报，吸引更多的投资者；既要防止片面强调积累、不顾分配的行为，也要纠正片面强调分配、挤掉积累的行为。

3. 集中领导和分级管理相结合的原则

企业作为自主经营、自负盈亏的经济实体，有权处理企业生产经营活动，但是，企业又是整个社会经济的细胞，必须服从国家的宏观调控和指导，否则微观经济活动难以正常进行。为此，在企业利润分配过程中，必须按国家规定的分配制度，做好利润分配工作，不能任意行事，只有这样才能正确处理企业与各方面的财务关系，促进生产的不断发展。另一方面，也应根据企业的实际情况，合理确定利润具体分配办法，不搞“一刀切”。

三、企业利润分配程序

（一）弥补企业亏损

按企业财务通则的规定，企业发生的年度亏损可以用下一年度的利润来弥补；下年度利润不足以弥补的，可以在五年内用所得税税前利润延续弥补；延续五年未能足额弥补的亏损，用缴纳所得税后的利润弥补。现阶段，我国境内的所有企业都是面向市场从事商品生产和经营的实体，都是商品生产经营者，法律地位平等，应享受同等的权利和义务。而市场是千变万化的，任何企业都有获得盈利的机遇，也都面临亏损的风险。当经营盈利时，任何企业都应按税法规定履行向国家上缴税金的义务；当企业经营发生亏损时，国家也应予以扶持，帮助企业解决财务困难。所以，国家财政部门对企业亏损的弥补做了上述统一规定。企业财务部门应建立和完善会计账簿，如实核算企业生产经营活动及其成果。当发生亏损时应及时申请，财政部门经审查属实，就按规定实行以盈抵亏。

（二）缴纳所得税

所得税是国家凭借政治权力参与企业收益分配的一种税种。它是按年计征的，分期预交。企业应从全局利益出发，正确计算和缴纳所得税数额。其计算公式如下：

$$\text{企业应纳所得税的数额}=\text{企业应税所得额}\times\text{所得税的税率}$$

式中所得税的税率是由国家税法规定的，企业必须严格执行，不得随意改变。正确计算应纳所得税数额的关键是正确计算应税所得额。应税所得额是根据国家规定，在企业实现利润总额的基础上增加或扣减有关收支项目的办法加以计算的，其计算公式如下：

$$\text{企业应税所得额}=\text{实现利润总额}+\text{经批准增加的收入项目}-\text{经批准减少的项目（如弥补以往年度亏损的利润等）}$$

（三）税后利润的分配

企业缴纳所得税后的税后利润一般应按下列顺序进行分配：

1. 支付被没收财物的损失和违反税法规定而支付的滞纳金和罚款

把这项支出作为税后利润分配的首要项目，是为了维护国家的法律权威。国家要运用法律手段进行组织管理。纳税有税法进行规范；企业与银行、其他企业、单位和个人的经济往来，应根据合同法的准则签订的贷款合同、购销合同、投资协议书加以规范。税法和经济合同都是法，具有强制性，任何企业都必须遵守，不得违反。如果违反税法，该缴的税款不缴，偷、漏税，除按税法规定补缴税款外，还要从滞纳之日起按照规定缴纳滞纳金。违反经济合同也是违法。如缔约的任何一方未履行合同或未完全履行合同，给对方造成经济损失，违约者都应向对方支付违约金。如果因违约给对方造成的经济损失超过违约金时，违约方应向对方支付罚款，补偿违约金的不足部分。另外，行政、公安、司法、海关等部门为贯彻执行各种法律而制定的各种条例和制度也得遵守，企业在生产经营活动中违反了这些条例和制度，情节严重的要受到罚款或没收财物的处罚。

违约金、罚款和没收财物等具有赔偿性和惩罚性，是企业经营管理不善而造成的支出，而不是生产经营活动中应该发生的费用，因而不能列入成本，冲减当期损益。如果记入成本冲减当期损益，结果就使对企业因违法而支出的惩罚性支出的一部分转嫁给国家负担了。为维护国家法纪，这部分费用必须由企业的税后利润支出，促使企业增强的法制观念，自觉遵守法纪，从而为整个社会经济的发展创造一个良好的社会环境。

2. 弥补以前年度亏损

如果企业的亏损额较大，用税前利润在五年的限期内抵补不完，就转由企业的税后利润弥补，以保证企业简单再生产的正常进行，为扩大再生产创造条件。所以，把弥补以前年度亏损作为税后利润分配的第二顺序。

3. 提取盈余公积金

一般工商企业均应提取建立法定盈余公积金。它根据企业税后利润扣除前两项分配数额后的余额的10%提取建立，主要用于企业生产经营需要、弥补企业亏损、补充投资者分利的不足以及按规定转增资本金，在办理转增手续后，按投资者原投资比例增加原投资者的投资额。但在补充投资者分利或转增资本金后，企业留存的法定盈余公积金不得低于企业注册资本金的25%。企业的法定盈余公积金达到注册资本金的50%时可不再提取。

股份有限公司除了要提取法定盈余公积金外，还要在向普通股东分利前按公司章程或董事会决议提取建立任意盈余公积金，并按董事会决定的用途分配使用，满足企业生产经营的需要。

4. 提取公益金

公益金是企业用于职工集体福利设施支出的基金，它是按企业决议确定的比例，从税后利润扣除前两项分配数额后的余额提取建立的基金。

5. 向投资者分配利润

向投资者分配利润是税后利润分配的最后一项顺序，但这并不意味着向投资者分配利润不重要。投资者总是关心其投资收益率的高低，取得较高收益率是其投资的目的。投资者总是把每年年底能从企业税后利润中分得的份额作为衡量企业经营绩效的指数。如果一个企业过去税后利润的分配率一直较为稳定，而现在却有较大幅度的提高或下降，这必然影响企业继续融通资金。所以当企业发生亏损无利分配时，经企业管理当局决议，在保证法定盈余公积金的余额不低于企业注册资本金的25%的条件下，可用法定盈余公积金的部分分配给投资者，以维护企业的声誉。可见，向投资者分配税后利润是十分重要的。之所以把它放在分配顺序的最后，是因为生产是继续取得投资报酬的前提，如果不先保证简单再生产和扩大再生产的顺利进行，就不能继续取得或提高投资报酬。同时，这也使投资者的权益与责任相结合，在未弥补亏损和提取公积金和公益金之前，不得向投资者分配利润。企业经营者和职工以管理技术等要素投入企业并取得股权的与其他企业投资一同进行企业利润分配。

如果股份公司有优先股，公司应在提取法定盈余公积金和公益金之后、提取任意盈余公积金之前，支付优先股股利。优先股股东对企业的利润和资产具有优先于普通股东的求偿权。支付优先股股利后再按公司的章程或董事会决议提取任意盈余公积金，最后向企业普通股东支付股利。

上述利润分配的逻辑关系是：企业在以前年度亏损未弥补完毕之前，不得提取盈余公积金和公益金；在提取盈余公积金和公益金之前，不得向投资者分配利润；在分配优先股股利之前，不得提取任意盈余公积金。

四、股利政策

股利政策是决定如何将公司的净利润合理地在支付股东投资者利润和公司留存收益之间分配的利润分配政策，股利政策影响着股东的当期投资回报和公司生产经营的未来发展。

（一）剩余股利政策

一个企业发放普通股利的政策受投资机会与可融通投资机会的资金数额多少的影响。企业的股利支付率决定于用保留盈余来满足投资预算后剩余盈余的多少。剩余股利政策的主要依据是：公司将盈余保留下来进行再投资所能获报酬率超过投资者自行将分得的盈余投资到具有类似风险的机会所能赚到的报酬率时，大多数投资者都宁愿让公司把盈余保留下来进行投资。但是如果公司企业再投资所需资金全部用保留盈余来投资，则必然会偏离企业的目标资本结构。企业如果以部分负债和权益的最佳组合方式来筹集资金，则最好利用保留盈余来作为权益资金，这样可使新筹集资金的边际成本降到最低，提高股票的必要报酬。所以，股份制公司企业在制定长期目标股利支付率时应采用剩余股利政策，在满足了投资所需资金融通后将剩余盈余按股份配给投资者。企业以前年度未分配的保留盈余可以并入本年向投资者分配。

（二）固定的或持续增加的股利政策

该政策将每年发放的每股股利数额固定在一个特定水准上，当企业预测未来盈余会增加，足以使企业能将股利维持在更高水平时，才提高年度股利的发放数额。在采用这种政策时绝对不能降低年度股利发放额，只能稳定地增加。采用这种股利政策的基本理由有四个方面：

（1）股利的高低可以将一些重要信息传达给投资者。一个经常变动的股利支付政策，会给企业带来更大的不确定性，导致股票必要报酬率提高，股票市价下跌，使股东财富减少。

（2）依赖当期股利作必要开支的股东大多希望企业能够以一种有规律的方式发放股利。如果企业以不规律的方式发放股利，就会使这些股东的收入忽高忽低，就会影响这些股东对企业股票的需求，企业的股票市场价格也会因此而下降，影响投资者利益。

（3）一个稳定的股利成长率能使投资者能比较准确地确定预期的股利成长率，

降低投资者心目中的风险，使股票价格得以提高。

（4）采用剩余股利政策的企业，其每年的最佳股利支付额可能每年都会有变动，但也必须使股利支付额维持在一个稳定的水平上。即使是延缓投资或暂时使企业的资本结构偏离目标，甚至发行新股筹集投资所需资金都比减发股利或降低股利成长率有利。

（三）固定股利支付政策

该种政策就是企业每年从盈余中按固定比率提取股利分配给股东。从绝对额看，企业支付给股东的股利随每年赚得盈余不同而有差异。采用这种政策不能使股票市价达到最大。

（四）低正常股利加额外股利的政策

这是一种折中政策，即每年支付较低的正常股利，在盈余较高的年度年底发放额外股利。实行这种政策可给企业较大的机动性，并能够确保那些依靠股利维持必要开支的股东每年都收到数额较低但非常稳定的股利。

公司企业究竟应实行何种股利政策，应综合分析各种影响因素后确定一个股利政策。确定股利政策应考虑的主要因素有：

（1）股利支付的限制。这种限制是多方面的，如企业现金的充裕程度。因为股利必须以现金支付，因此当企业的现金不足时，股利的支付要受到影响。按财务通则的规定，企业税后利润在未作前几项分配时不能超过税后利润扣减前几项分配顺序分配数额后的差额。从税收部门来说也要控制企业过高积累，以免影响个人所得税的征收。当企业亏损无利分配时，按财务通则规定，虽可以经董事会决议用盈余公积金作股利分配，但有限制，主要表现在股利分配额不超过面值的6%，股利分配后企业的法定盈余公积金不得低于注册资本的25%。

（2）投资机会的影响。如果企业面临良好的投资机会，则企业应倾向于低股利支付率；反之，企业的股利支付率应偏高些。同时，企业加速或延缓投资方案的能力越强，则企业制定股利政策的机动性就越高。

（3）不同资金来源的可用性的影响。企业要筹集某一特定数额投资所需的权益资金，只有用保留盈余或发行新普通股两种方式选择。如果发行成本很高时，企业使用保留盈余筹集资金更为有利；反之，发行成本较低时，可以通过发行新普通股来筹集投资所需的权益资金，增大股利发放额度。同时，一个企业以负债代替权益资金的能力愈强，则它就可以通过调整负债比例的办法来维持较高的股利支付政策。

（4）企业在决定实行何种股利政策时，必须考虑股利收入与资本利得在税收上的差异、股利收入与资本利得的风险性以及股利对投资者所传递的信息等因素。

就股份制公司企业以外的其他企业在提取公益金后的税后利润的分配，一般按投资比例进行分配。其计算公式如下：

$$投资者分配利润的数额=净利额\times投资比例$$

式中净利额=税后利润-（税后利润分配顺序1~4项数额之和）。如果企业有良好的投资机会，需要保留一部分盈余满足再投资的需要时，就应进一步扣除保留盈余。

投资比例是指某一投资者投资额占企业资本金总额的比例，其计算公式如下

$$投资比例=\frac{某投资者的投资额}{企业资本金总额}\times 100\%$$

这些企业应采取的分利政策可以比照股份制企业的股利政策，根据企业的获利情况加以确定。如果企业成长率比较稳定，最好确定一个分利成长率，根据这一成长率每年增加投资者的分利数额。

五、利润分配计划的编制

为了有计划地处理企业与各方面的财务关系，企业应编制利润分配计划表，并向投资者公布。利润分配计划既可以调动各方面关心和支持企业生产经营活动的积极性，又为各方面监督和考核企业生产经营的绩效提供了依据。

企业利润分配计划表的格式如表 8-8 所示：

表 8-8　利润分配计划表

编制单位　　　　　　　　　　　　年度　　　　　　　　　　　　单位：元

项　　目	行次	上年实际数	本年计划数
一、利润计划总额			
减：弥补以往年度亏损			
税前分给联营企业利润			
二、应税所得额			
减：所得税			
税后利润			
加：年初未分配利润			
上年利润调整数			
法定盈余公积金补亏			
三、可供分配利润			
减：弥补亏损的利润数额			
提取的公积金			
提取的公益金			
向投资者分配的利润			
四、未分配利润数额			

利润分配计划表各项目有上年实际数和本年计划数两栏。上年实际数根据上年利润分配表填列。其中“利润总额”应反映上年“利润总额”加减“上年利润调整”的数字；“上交所得税”应反映上年“应交所得税”加减“上年所得税调整”的数字。如果上年利润分配表有的项目名称和内容与本年度不同，应对上年利润分配表按本年的规定进行调整后填列入本表“上年实际数”栏内。

本年各项目的计划数中“利润总额”反映全年实现利润的计划数（亏损为“-”），应与预计损益表上的利润总额一致；“弥补以前年度亏损”反映在弥补亏损限期内每年的计划补亏数；“税前分给联营企业的利润”反映按先分后税的原则分配给联营企业的计划数额；“所得税”反映企业计划年度上交所得税的数额；“年初未分配利润”反映上年末未分配的利润，如为未弥补的亏损，则以

"-"号反映，该项目数应与上年利润分配表中的"未分配利润"一致，如因某种原因需要对上年利润和利润分配进行调整的，其调整数应予以单独反映，调整增加利润应交所得税应在"上年所得税调整"项目中单独反映，调减利润而减少的所得税用"-"号反映；"法定盈余公积金补亏"反映在计划期内同法定盈余公积金弥补在限期内未弥补完的亏损；"弥补亏损的利润数额"反映计划年度用可供分配利润弥补亏损的数额；"提取盈余公积金"和"提取公益金"反映公积金和公益金计划提取数，"向投资者分配利润"反映向投资者（包括国家、其他单位和个人）分配利润的计划数。

六、利润的日常管理

企业利润是企业生产经营活动的最后成果，利润的多少取决于企业各部门的工作质量和广大职工的努力程度。因此，财务部门应在集中管理的同时，在企业内部建立健全利润的分级管理责任制度，依靠各部门和广大职工进行管理。分级管理就是对各生产经营单位下达一定指标进行管理和考核，并使分管指标与各单位的物质利益挂钩。对能生产一定品种产品的分厂或车间，可下达内部计划利润指标对其进行管理和考核，对只生产半成品的车间可下达可比产品成本降低额指标来对其进行管理和考核，对辅助生产车间可下达生产费用总额指标来对其进行管理和考核。各单位在日常管理中应搞好各分管指标的预测和分析，及时发现问题，查明原因，采取有效措施解决问题，保证分管指标的完成和超额完成。一般做法是在企业月度生产作业计划和财务收支计划编制的基础上，将产品的生产、发运、资金、成本和利润等指标紧密地联系起来，财务部门、生产计划部门、销售部门紧密结合，加强利润指标完成情况的预测，编制生产经营计划完成进度表和经营日报表，使利润的日常管理真正落实，保证计划的完成和超额完成。

企业利润实现后，财务部门应严格执行财经纪律，及时足额上交税款，按照利润的分配顺序正确分配税后利润。首先，应检查计税的依据是否正确，避免漏税、偷税。检查内容主要包括：①核实检查销售收入的计算是否正确；②成本开支是否符合成本开支范围的规定；③应纳税所得额的计算是否正确，有无违反国家规定的行为；④适用税率是否正确；⑤税款的缴纳是否及时和足额。其次，要对税后利润的分配进行检查。检查内容主要包括：①是否遵守了税后利润既定的分配程序；②公积金和公益金的提取比率是否符合规定；③对投资者分利的政策是否正确。

第九章
外汇管理

第一节　外汇管理目标

一、外汇的基本概念

外币一般是指本国货币以外的其他国家或地区的货币。目前我国对外公布的外国货币有美元、英镑、德国马克、荷兰盾、意大利里拉、日元等二十余种。这些都属于自由兑换外币，也是企业对外结算使用的外币。除此之外，其他外国货币不能在我国市场中自由兑换。

外汇是指一国对外结算所使用的以外币表示的各种支付手段，这些支付手段包括外国货币和以外币表示的信用工具和有价证券，如银行存单、商业票据、公债和股票等。

《中华人民共和国外汇管理暂行条例》规定，我国外汇的具体内容包括：①外国货币，包括纸币、铸币等；②外国有价证券，包括政府公债、国库券、公司债券、股票、息票等；③外币支付凭证，包括票据、银行存款凭证、邮政储蓄凭证等；④其他外汇资金。

要说明的是有些国家的货币是国际结算常用的货币，这些国家尽管可以用本国货币进行对外结算，但以本国货币以及由本国货币表示的各种信用工具和有价证券都不能算作外汇。

外汇根据可否自由兑换，区分为自由外汇和记账外汇。自由外汇指可以在国际金融市场上自由兑换成其他国家货币，或可向第三方办理支付业务的外国货币及其支付手段，如美元、英镑等。记账外汇是自由外汇的对称，它主要是两国之间通过签订支付协定，将所有进出口货款由双方指定银行各自开立的专门账户（在我国中国银行称为清算账户）上进行记录，定期（通常为一年）或超过一定额度时按约定办法进行清算。这种在协定项下账户上所记录的应收取的外币债权就称为“记账外汇”。记账外汇无法向第三国转移，不能用作多边清算，比如，不能拿对甲国的记账外汇的顺差额去偿付与乙国交易中的逆差额。记账外汇可用美元、英镑等作记账单位，但要与自由外汇分户记录（我国在货币符号前加注 CL，以示区别，例如 CL US ＄即清算户中的美元）。

二、汇率及汇率制度

（一）汇率和汇率标价法

汇率是以一个国家的货币兑换另一个国家货币的比率。在国际金融市场上，货币兑换也就是通常所说的外汇买卖。因此，汇率也称为汇价或外汇价格，即一国货币用另一国货币表示的价格。要折算两个国家的货币比率，必须首先确定一国货币作为折算标准，由于确定标准不同，就出现了两种标价法。

（1）直接标价法，是指以1单位（或100单位，……，10万单位）的外币为基准，折算为一定数额的本国货币来表示其汇率的标价方法。例如，1999年8月16日我国外汇牌价100美元等于我国827元人民币。此时，外国货币称为单位货币，本国货币称为计价货币。由于这是为取得一单位外国货币需要付现的本国货币额，故也称为“应付标价法”。直接标价法的特点是：外币数额固定不变，本国货币的数额则随着外币与本国货币币值对比变化而变化，从而表现出汇率的升降。如果一定数额外币折合本国货币的数量上升，即为汇率上升，外国货币币值上升，而本国货币币值下降。反之，则为汇率下降，外国货币币值下降而本国货币币值上升。

（2）间接标价法，也称为应收标价法，是以一单位的本国货币所能换到的外币数额来表示的汇率。例如，1999年8月16日美国汇率为100美元等于185马克。这种标价法的特点是：本国货币的数额固定不变，外币数额则随着本国货币与外币币值对比的变化而变化，从而表现出汇率的升降。如果一定数量的本国货币能兑换到的外币比原来少，则说明外币币值上升，本国货币币值下降，汇率下降；反之，则说明汇率上升。

除英、美等少数国家外，世界上绝大多数国家都采用直接标价法，我国人民币汇率也采用直接标价法。

（二）汇率制度

汇率制度是确定汇率的重要因素。汇率制度可分为固定汇率制度与浮动汇率制度。

固定汇率制度是以不同货币的含金量对比，制定出不同货币的汇率的制度，其特点是汇率变动幅度较小，相对稳定。如果汇率变动超过规定幅度，各国中央银行有义务维持。固定汇率制度是20世纪70年代前资本主义国家普遍采用的汇率制度。随着经济发展的不稳定性和经济危机加深，固定汇率制度难以维持，大多数国家转而采用浮动汇率制度。

浮动汇率制度是由外汇市场上各国货币供求关系确定汇率的制度，其特点是汇率完全由货币供求关系自发确定，中央银行不承担维持汇率不变的义务。

1994年以前，我国人民币汇率制度是双轨制，官方汇率与（调剂）市场汇率同时并存。从1994年1月1日起，实行人民币汇率并轨，并轨后的人民币汇率实行以市场供求为基础的、单一的、有管理的浮动汇率制度。

三、外汇管理目标

随着对外开放，我国企业越来越多地参与到国际大市场中竞争，企业的外汇收支业务越来越多，外汇管理也成为企业财务管理的重要组成部分。一方面，外汇管理不仅影响到企业自身经营效益，也直接影响国家外汇收支管理，影响国民经济的发展。因为外汇收支关系着企业对外经济交往能否顺利进行，如企业引进先进设备和技术需要外汇资金支持。同时企业多创外汇收入，节余外汇资金售给国家，也可以增加国家外汇储备，有利于促进国民经济顺利发展。另一方面，在浮动汇率制度下，汇率受货币市场供求关系和各国经济发展不平衡等因素影响，随时处于变化之中。汇率的变动会使企业外汇收入与支出、外汇资产实际价值发生增减变动，外汇风险对企业财务状况会产生直接影响。因此，企业外汇管理的目标就是力求外汇收支平衡，防范外汇风险，力争外汇风险收入，避免外汇风险损失。

为实现外汇收支平衡，首先，企业应建立健全外汇收支管理制度，如外汇收支管理责任制度、外汇收支审批制度、外汇收支分析考核制度以及外汇收支计划管理制度等；其次，企业应采取各种措施，增加外汇收入，节约外汇支出，实现外汇收支平衡。如果企业自身经过努力无法实现外汇收支平衡，也可以通过外汇调剂业务达到收支平衡。

外汇风险管理，要正确进行汇率变动趋势预测，采取各种风险管理对策增加收益，减少损失，并且要对外汇汇兑损益进行核算和财务处理。

第二节 外汇收支管理

一、企业外汇收支项目

（一）企业外汇收入

企业外汇收入的主要项目包括：

（1）外币投资，即企业投资人主要是指外国、港澳台地区投资人以外币对企业投资形成企业资本金的组成部分。

（2）销售外汇收入，即企业产品或劳务销售获取的外币收入。具体内容包括出口商品销售收入、内销产品或对内提供劳务获得的外币收入以及其他业务外汇收入等。

（3）对外转让技术、工业产权等获得的外币收入。

（4）外汇借款，即企业通过不同渠道，以不同方式获得的外币借款。具体内容包括外币长期负债和外币流动负债两类。其中，外币长期负债又可分为长期外币借款、长期外币债券、租赁等；外币流动负债又可分为短期外币借款、短期外币债券、商业信用（收回应收款、收回应收票据等）。

（二）企业外汇支出

企业外汇支出主要项目包括：

（1）进口原材料、设备和其他物资的支出。

（2）引进先进技术、工业产权的外币支出。

（3）外籍工作人员工资福利的外币支出。

（4）销售费用和管理费用的外币支出，如驻外商务机构费用支出、对外广告宣传的费用支出、推销商佣金支出等。

（5）偿付外汇借款本息支出。

（6）外商投资人分得的股利支出和其他收益支出。

（7）外商资本金回收的外币支出以及其他以外币支付的费用等。

可见，企业外汇收支涉及企业生产经营各个环节，内容较多，应加强管理。

二、企业外汇收支财务管理制度

（一）建立企业外汇收支计划管理制度

企业外汇收支计划是以货币形式综合反映企业在未来一定时期内有关外汇收支指标，反映外汇管理中企业与各方面的经济关系的计划。外汇收支计划是企业进行企业外汇管理的依据，是保证企业外汇收支平衡的手段。企业为了有计划地安排外汇收支，应按年、按季和按月编制外汇收支计划。

企业外汇收支计划采用平衡表格式，左方反映外汇收入，右方反映在外汇支出，其平衡关系应为

外汇资金收入合计+期初余额=外汇资金支出合计+期末余额

外汇收支计划表格见表9-1：

表9-1 外汇收支计划

编制单位： 年 月 外汇名称：

收入项目	金额	支出项目	金额
一、销售（业务）外汇收入		一、进口用汇支出	
（一）出口外汇收入		1. 购置设备支出	
1. 出口商品（产品）销售收入		2. 进口材料支出	
2. 劳务出口（缴费）收入		3. 其他业务支出	
3. 其他出口收入		二、国内用汇支出	
（二）产品国内以出顶进收入		1. 外籍职工工资福利支出	
1. 商品（产品）销售收入		2. 销售费用支出	
2. 业务收入		3. 管理费用支出	
3. 其他收入		4. 对外国投资者付汇支出	
二、外币投资收入		三、偿还外汇借款本息	
三、借入外汇资金		其中：利息支出	
1. 银行借款		四、外币投资退出	
2. 其他借款		五、外汇结算资金支出	
四、外汇结算资金收入		1. 结付应付票据	
1. 收回应收票据		2. 结付应付账款	
2. 收回应收账款		3. 结付其他应付款	
3. 收回其他应收款			

收入项目	金额	支出项目	金额
外汇资金合计 加：期初结余 其中：银行存款 现金		外汇资金支出合计 加：期末结余 其中：银行存款 现金	
合计		合计	

（二）建立企业外汇收支管理责任体系

企业外汇收支管理责任体系是指在厂部（或公司）统一领导下，把各职能部门、各级单位（分厂、车间、班组等）能够直接掌握的各项外汇收支指示归口给有关部门，并逐级落实到基层单位甚至个人进行管理。企业外汇收支管理责任体系的建立，有利于将专业管理与群众管理、集中管理与分级管理结合起来，有利于发挥企业各部门和广大职工的积极性和主动性，有利于实现外汇收支平衡，提高外汇管理经济效益的管理目标。

建立企业外汇收支管理责任体系，首先必须明确企业各职能部门在企业外汇收支管理中的职责，确立责权利相结合的岗位责任制。

财务部门是外汇收支指标的专业管理部门，负责外汇收支指标的统一计划、统一核算，负责建立起外汇收支管理内部制度；负责分解和落实其他部门和单位的外汇收支指标；审批各级单位的外汇收支预算；编制外汇收支报表，检查各级单位外汇收支计划指标完成情况；进行外汇收支的综合分析和专题分析；并且对各级管理单位实行经济奖罚，在经济利益分配上贯彻责权利相结合原则。各职能部门要在财务部门的指导下，严格遵守外汇收支管理制度，编制本单位外汇收支计划，并将指标分解下达到基层单位或个人负责；检查基层单位分管指标完成情况，及时采取措施改进工作。

各分厂、车间和班组等是外汇收支管理的基础环节。这些基层单位的责任是对分管的外汇收支指标进行计划与管理；将某些费用指标或消耗指标下达到个人；审核和控制外汇收支项目，保证收入及时取得和费用的节约使用；及时报送核算资料，总结本单位计划指标完成情况；采取措施改进工作，力争完成上级下达的外汇收支计划任务。

建立企业外汇收支管理制度的关键在于合理分解落实外汇收支指标。外汇收支指标分解应按照责权利相结合的原则，本着“干什么管什么、用什么管什么”的思路进行。根据这一原则，生产技术部门主要负责进口原材料消耗等指标；劳动部门负责外籍人员的定员编制、工资基金等指标；采购部门负责原材料进口等指标；销售部门负责产品销售外汇收入、销售费用开支等指标；财务部门应管理不属于其他部门管理的一切对外汇收支指标，如外汇借款及其偿还，外币投资及投资回收以及外汇收支日常调度等。

（三）建立外汇收支审批制度

企业外汇收支审批制度包括费用开支标准的确定和开支审核两个内容。首先费用开支标准是外汇收支日常控制的依据。财务部门应配合各个管理部门，通过分析对比的方法制定出既先进又可行的费用开支标准。为了便于控制，各个管理单位可设置外汇开支手册，按照不同的费用项目，随时反映登记实际开支数，如发现超支就及时采取措施。其次，要建立外汇收支审核机制，特别是对外汇支出，应采用逐笔审批。企业各单位实际用汇时，要由用汇单位填写用汇申请表格，说明用汇理由、数额和时间，由财务部经理审查签字。数额较大的用汇，要由总经理或副总经理审批签字方可。对于未列入计划外汇开支和突破开支标准的用汇，必须严格审核。

（四）建立外汇收支分析考核制度

企业应当定期检查外汇收支情况，按时编制外汇收支报告表，将实际数与计划数进行比较，评价计划期外汇收支管理情况，分析偏离计划的原因，发现问题及时纠正。

三、企业外汇收支平衡措施

企业外汇收支平衡是外汇管理的基本要求。为此，企业可以采用以下措施实现外汇收支平衡。

（一）增加产品出口，多创外汇收入

增加产品出口，多创外汇收入，是实现外汇收支平衡的最积极方法。根据我国企业实际情况，应着重抓好以下工作：

（1）引进先进技术和工艺，不断改进生产技术，改善经营管理，提高产品质量，降低产品成本，开发新产品，增加产品品种，提高产品等级规格，增加产品在国际市场上的竞争能力。

（2）寻找有能力的出口经销商，拓宽销售渠道，采用正确的营销策略，扩大产品出口量。

（3）在产品外形设计，包装、售后维修等方面为客户提供优质服务，并对出口国的外贸政策、管理措施等有所了解。

（二）推进原材料、零配件的国产化

加速对进口设备和技术的消化、吸收和替代，以国产原料、设备等替代进口原料、设备，节约外汇支出。

（三）实行综合补偿，力保外汇收支平衡

对于产品外销暂时存在困难，而又急需外汇的企业，经过批准以后，可以在一定期限内申请购买国内产品（一般为国际市场上紧俏产品）自营或代销出口，以获取外汇收入，实现外汇收支平衡。有些企业也可将人民币收益投资于国内新创汇企业或项目，从该企业或项目新增外汇收入中分得外汇投资红利，满足自身需要。

（四）合理确定外汇开支顺序，严格外汇开支审查制度，加强内部控制，确保外汇收支平衡

企业外汇支出顺序一般为：

（1）支付进口原材料、零配件和设备费用，偿付贷款利息，保险费和运输费；

（2）支付技术转让费、专利费等；

（3）购买进口商品或中国出口商品所需外汇；

（4）支付企业驻外分支机构费用；

（5）支付外籍人员工资及福利费；

（6）外国投资人应分得红利及其他收益；

（7）企业解散时外国投资人应分得资产净额汇出；

（8）中方合营者应分得红利等。

以上开支顺序在企业外汇收不抵支时应予以严格执行，并杜绝一切不合理的开支。

第三节 外汇风险管理

一、外汇风险及其种类

（一）外汇风险概念与成因

外汇风险是指在国际经济、贸易和金融活动中，由于外汇汇率变动，企业以外币计价的资产价值及负债、收入和支出增加或减少，可能发生损失，其结果是不确定的。外汇风险的根本起因是汇率变化莫测。

（二）外汇风险的种类

企业外汇风险一般有三种：交易风险、会计折算风险和经济风险。

1. 交易风险

交易风险是指企业用某种外币结算的交易，从成交到收款的一段时间内，由于汇率变动，而可能引起的损失。交易风险的主要表现是：①以信用方式购买或销售商品或劳务，而价格是以外币计算的，在货物装运或劳务提供后，货款或劳务费用尚未收支前这一期间，外汇汇率变化所发生的风险。②借入或贷出外币，在债权债务未清偿前所存在的风险。③子公司返回母公司的股息，因汇率变动而存在风险。

下面以商品的信用方式交易为例，说明交易风险的发生。

例 9-1 香港 A 公司以 90 天信用方式卖给美国某公司一批商品，共值 100 万美元，按成交日 7.8 港元兑换 1 美元的汇率计算，A 公司可收入 780 万港元。由于 90 天后汇率的不确定性，A 公司便面临交易风险，因为 90 天后到期日的汇率可能是 7.65 港元兑换 1 美元，这时，A 公司的收入为 765 万港元，减少 15 万港元。

2. 会计折算风险

会计折算是指最初以外币度量的国外附属公司的资产、负债、收入、费用和损益以及存放在国外银行的存款等，都须按照一定汇率进行折算，将外汇折算为本位币。会计折算风险是指由于汇率变动后企业的资产、负债、收入、费用和损益增加或减少而形成的收益或损失。

例 9-2 美国 B 公司在英国一银行存款 100 万英镑。在第一季度开始时（1 月 1 日），1.5 美元可兑换 1 英镑，在美国 B 公司的财务报告中则是 150 万美元。一年后，美国 B 公司在做年度综合财务报告时，汇率变为 1.3 美元兑换 1 英镑，该公司在英国银行的存款经折算应为 130 万美元。在两个不同日期的财务报告中，同样

100 万英镑存款由于汇率变动，折算成美元，结果价值少了 20 万美元，这就是会计折算风险。

3. 经济风险

经济风险是指由于意料之外的汇率变动对企业的产销数量、价格、成本等产生影响，从而引起企业未来一定期间收益减少的一种潜在的风险。经济风险的定义里不包括预期汇率变动的风险。经济风险比前述两种风险更重要，因为其影响力是长期性的，而会计折算风险和交易风险都是一次性的。经济风险要从经济的分析上才可以了解。经济风险的预测是一种概率分析，是从企业整体上进行预测、规划和进行分析的过程。

二、外汇汇率趋势预测

为了防范和化解外汇风险，企业必须了解影响外汇汇率变动的因素，及时把握外汇汇率变动趋势。

（一）影响外汇汇率变动的主要因素

（1）国际收支状况。国际收支包括进出口贸易收支、非贸易收支和外汇资金输入输出。如果国际收入大于支出，国际收支出现顺差，则外币供应充足，会导致外汇汇率下降和本国货币汇率上升；反之，如果国际收支出现逆差，会引起外汇需求的增加，则外汇供不应求，导致外汇汇率上升和本国货币汇率下降。

（2）通货膨胀程度。通货膨胀是流通中的货币超过实际需要量而出现供大于求，使纸币代表的实际价值贬值。当国内出现通货膨胀，意味着本国货币贬值，若外币币值不变，则会使本国货币的汇率下跌和外汇汇率上升。通货膨胀率越高，本国货币汇率下跌越剧烈；反之，通货膨胀率低，国内货币币值稳定或上升，该国货币的汇率将会趋于稳定或上升。

（3）利率水平。国际间利率差距，将引起短期资本在国际的转移，从而影响外汇的供求变化，进而影响汇率。高利率水平促使外国资本流入，使外汇供过于求，导致该国货币汇率上升；反之，低利率水平则促使资本外流，使外汇供不应求，导致外汇汇率上升。

（4）关税政策。关税政策是影响一国国际收支的一个重要因素。如果增加进口关税，降低或免除出口关税，会增加外汇收入，减少外汇支出，出现贸易顺差，可使本国货币汇率上升，反之，会使本国货币汇率下降。

此外，一国的外汇管理制度、外汇市场的投机程度以及国际、国内政治局势等也会对汇率的走势产生影响。

（二）汇率的预测

目前，国际货币体系的特点是各种汇率制度共存，既有浮动汇率制（包括自由浮动制、管理浮动制和混合浮动制），又有固定汇率制。由于汇率制度的不同使影响汇率变动的主要因素有较大的差异，对于不同汇率制下的汇率变动趋势，要采用不同的方法加以预测。

1. 自由浮动汇率制度下的汇率预测

对浮动汇率的预测主要是通过对通货膨胀率、利率和远期汇率的变动进行分析判断所做出的汇率预测。

(1) 根据通货膨胀率的变动预测汇率。如果甲国发生了通货膨胀，而乙国的物价水平保持不变，那么甲国货币的购买力就会相对降低。如果两国都发生了通货膨胀，则两国的货币购买力都下降，此时，甲国货币与乙国货币的相对购买力的变化要取决于两国物价上涨的程度。如果乙国物价上涨程度小于甲国，则甲国货币的价值相对于乙国货币的价值下降。反之，则上升。据此，我们就可以通过通货膨胀率的变动预测汇率的变动。

现在令 S_0 表示直接标价法下的目前的即期汇率，S_t 表示一段时间后的即期汇率，P_d 和 P_f 分别表示这段时间本国和外国的预计通货膨胀率。根据汇率预测中的购买力平价理论，可得下列基本公式，记为

$$S_t = S_0 \cdot \frac{1+P_d}{1+P_f} \tag{1}$$

如果用 Δ 表示从 0 到 t 期间汇率的升值与贬值率，则：

$$\Delta = \frac{S_t - S_0}{S_0} \tag{2}$$

将（1）代入（2）可得：

$$\Delta = \frac{P_d - P_f}{1+P_f} \tag{3}$$

例 9-3 英国的预期通货膨胀率为 2%，美国的通货膨胀率为 4%，从美国的角度看，英国英镑的预期升值率为

$$\Delta = \frac{4\% - 2\%}{1+2\%} = 1.96\%$$

如果目前的汇率 $S_0 = \$1.53/£$ ，那么，一段时间后汇率应该为

$S_t = 1.53 \times (1+1.96\%) = \$1.56/£$

在通货膨胀率较低的情况下，可以将式（3）中的分母忽略，从而可得下式：

$$\Delta = P_d - P_f$$

即在通货膨胀率较低时，两国货币的升（贬）值率约等于两国预期通货膨胀率之差。

(2) 根据利率的变动预测汇率。如果一个国家货币的真实利率高于其他国家，那么大量的资本就会流入这个国家。如投资者在甲国的资本市场上可得到年利率 5%，在乙国资本市场上可得到年利率 9%，则人们将更乐于投资于乙国的证券等。这样，在国际资本市场平衡的情况下，甲币持有者就会将甲币换成乙币，必然造成乙国货币供不应求，使其汇率上升。在这种情况下，只要政府不加干涉，这种套利活动就会持续进行，直到真实收益率相等为止。由此可知，浮动的即期汇率会随两

国的利率差而变化，变化的幅度与利率差相同，但方向相反。

（3）根据远期汇率与未来即期汇率的关系预测汇率。期汇的升水或贴水表示在期汇市场上远期汇率与即期汇率之间的关系，这种关系的一般结论是：远期外汇市场不太可能高估或低估未来的即期汇率。例如，在期汇市场上甲国货币对乙国货币一年后的远期汇率贴水 3%，这表示将来一年的即期汇率有下降 3%的可能；如果 7 个月后的远期汇率升水 1%，则表示未来 7 个月的即期汇率上升 1%。这是因为，如果远期汇率比预期的未来即期汇率高，外汇投机商就会卖外汇远期，到期后再在即期市场按预计的汇率买进履行远期合约所需的外汇，并希望从这一交易中获利。如果远期汇率比预期的未来即期汇率低，投机商就会买外汇远期，到期后再在即期市场卖出。从理论上讲，外汇投机活动会推动远期汇率变化，直到远期汇率等于未来的即期汇率。因此，通过远期汇率的升水和贴水就能预测浮动汇率下的即期汇率。

2. 固定汇率制度下的汇率预测

在固定汇率制度下，汇率一般由政府或中央银行制定。尽管在固定汇率制下，政府何时对汇率采取行动难以捉摸，我们仍然可以通过对一些经济参数的分析来预测未来的汇率变动。

（1）通过对一国的重要经济指标，如国际收支、通货膨胀率、实际利率以及该国经济增长率，可以预测汇率变动的时间和幅度。如当一国出现持续的国际收支逆差时，该国货币贬值的可能性就会增加。

（2）通过外汇储备、官方汇率与非官方汇率的差距的变动进行预测。在固定汇率制下，一国必须持有一定的外汇储备，准备随时干预外汇市场以维持固定汇率。一国持续的国际收支逆差很可能导致外汇储备的下降，要求货币贬值的压力随之增加。但是，如果一国的外汇储备足够充裕的话，它可以忍受较长时间的收支逆差，而不必对本国的货币贬值。对于实行外汇管制的国家，如果外汇管制造成官方汇率与平衡汇率（没有任何管制时的汇率）出现差异，就可能引发外汇黑市市场，这样就会形成非官方汇率。官方汇率与非官方汇率的差距的变化在一定程度上也反映外汇的供求状况的变动。因此，非官方汇率的变动也是决定固定汇率变动的重要参考数据。

在预测固定汇率制度下的汇率变化时，可按下列步骤进行：

第一，首先依据各种基本经济因素，如通货膨胀和利率水平，并参照“平行”市场或黑市市场汇率，计算出平衡汇率，然后比较目前的实际汇率与平衡汇率的差异到底有多大。

第二，预计国际收支状况。这一步骤应考虑贸易收支和资本流动。

第三，根据第二步骤的结果，估计中央银行的外汇储备水平以及它能从一些国际金融机构借到外汇的能力。这可以帮助预测人员估计政府可以坚持多久而不必改变目前的汇率。

第四，预测政府可能采取的对策。

第五，分析政府可能采取的对策对未来汇率的影响。

三、外汇风险的防范

公司的外汇风险管理是指对外汇汇率可能出现的变化做出相应的对策。对不同的外汇风险应采取不同的对策。

（一）交易和会计风险的防范

交易风险与会计折算风险紧密相关，前者反映的是单项经营活动的后果，后者反映的是一个时期所有经营活动的后果。其风险管理是以资产安全和货币保值为目标的。在管理这两种风险时主要采用以下方法：

（1）远期外汇买卖。公司把预期收进或付出的外汇，以约定的汇率和时间将来在外汇市场上进行交割。它通常用于公司收益和资金流动中的货币保值。

（2）资产负债的平衡方法。这种方法是将无风险的资产和有风险的负债作一平衡。这种方法要求资产负债表上的风险资产与风险债务的数额相等，使净折算风险（风险资产减去风险债务）为零。这样，外汇汇率的变动就不会产生任何折算收益或损失，这种方法也可以用来化解同时收进和付出数额相等外汇的交易风险。例如，一家韩国公司向美国一买主出口价值 500 万美元的商品，半年后收回货款。为避免交易风险，它又同时向英国某公司买了价值 500 万美元的机器设备，答应半年后付款。半年后，韩国公司把从美国那里收到的 500 万美元支付给英国公司，不论美元汇率如何变化，对韩国公司都不造成损失。

（3）资金的调动。公司通过资金调动，也可以减少风险，主要是提前或推迟应收款和应付款的时间。其一般做法是：如果母公司预期某国的货币将要贬值，它就应该指示设在该国的子公司提前支付欠母公司和其他货币坚挺国子公司的应付款项，如劳务费、利息和股息等款项，从而减少公司在软货币国家的外汇受险部分和相应的风险。反之，如果母公司预期某国的货币将增值，它就应该指示设在该国的子公司推迟向母公司和其他货币疲软国子公司支付款项，等该国货币升值后再进行付款，以得到更多的货币转换好处。例如，美国某跨国公司设在墨西哥的一子公司，按计划该子公司应于 7 月份向母公司支付利息和红利等款项，在 1 月份母公司预测 4 月份墨西哥比索将贬值，因此，母公司指示墨西哥的子公司将上述款项提前到 3 月份支付给母公司。支付提前，会使母公司避免或减少比索贬值造成的收入损失。资金调动技术的使用会对软货币造成压力。因此，许多国家政府对提前和推迟支付加以限制。

（4）货币市场保值。公司在货币市场上借入以一种货币表示的资金，并将其转换成另一种货币，到货款期满时，再以生产经营取得的前一种货币收入归还本息，从而使公司在交易中不再有任何风险。例如，某家美国公司向英国厂商出售一台价值 100 万英镑的设备，并定于 90 天后收回货款。为避免英镑贬值可能造成的损失，这家公司在伦敦货币市场借入英镑，并立即将英镑转换成美元，而以出售设备的英镑收入偿还贷款。如果伦敦货币市场上 90 天贷款的利息率是 2%，并设借入英镑数额为 X，则公司应借入 98.039 2 万英镑 [$(1+2\%)\times X = 100$ 万英镑，$X = 98.0392$]，并立即将其兑换成美元。90 天后，美国公司收到 100 万英镑货款，正好用于归还贷款的本金 98.039 2 万英镑和利息 1.960 8 万英镑，而不存在任何受险部分。

（5）平行贷款。来自不同国家的两家跨国公司可安排在一个具体时间内彼此借用对方国家货币，在商定的最后日期再交还各自所借的货币。例如，一家美国公司要对其设在英国的子公司投资，而一家英国公司则要对其设在美国的子公司投资，那么，这两家公司可完全避开外汇市场进行平行贷款。美国母公司直接将美元借给设在美国的英国子公司，英国母公司根据美元与英镑的即期汇率，把价值相等的英镑借给设在英国的美国子公司。在规定的日期，两家公司分别以自己子公司的收入向对方归还贷款。这种方法不涉及货币转换，因而双方的贷款均无外汇风险。

（6）价格调整。这里是指跨国公司通过改变价格来调节公司的收益状况，以达到防范风险的目的。例如，一家美国公司在法国投资 100 万美元建立年产量为 250 辆摩托车的子公司。每辆摩托车在投资时的售价为 1 000 美元或 5 000 法郎，该子公司的销售收入占投资总额的 25%。如果汇率发生变化，从 1 美元兑换 5 法郎变为 1 美元兑换 6 法郎，那么该子公司的销售收入占投资总额的比例也就从 25%降到 20.8%，从而减少了美国公司对外投资的收益。为避免外汇风险，美国公司在法国的子公司就必须把摩托车的法国法郎价格提高到 6 000 法国法郎。

防止交易风险和折算风险的方法除了上述方法，还有信贷互换、货币互换等方法。公司在不同时期、不同地区面临不同的外汇风险，上述各种方法有具体的适用条件，产生的效果也不一样。公司为防范和化解各种外汇风险，必须全面掌握各种防范方法，并根据具体的风险和条件选择最佳方法，或同时采用几种方法，才能化解外汇风险，把外汇风险造成的损失降到最低限度。

（二）经济风险的防范

经济风险涉及供、产、销以及企业所处的地域不同等各个方面。因此，对经济风险的管理除了公司财务部门参与外，往往需要总经理直接参与决策。经济风险管理的目标是预测汇率变化对公司未来收入稳定性可能产生的影响，并采取必要的措施避免或减少风险造成的损失。因此，经济风险的防范与化解的重要方法是走多元路线，即实行生产经营分散化，财务活动多样化。

（1）生产经营分散化。这是指公司在许多国家和地区组织生产、销售和其他业务活动，在汇率变化的情况下，以一个子公司的收益弥补另一个子公司的损失，以在某些市场上的优势弥补在另一些市场上的弱势，从而使经济风险产生的不同影响相互抵消，从总体上保持公司收入的一致性。这样，公司就必须在国际范围内分散其产品销售、生产资料的来源和分散生产地址。由于经营多元化，管理人员对不同国家和地区的差别和变化应有深刻的了解和密切的关注，并能够迅速做出反应，就可能从比较中发现不同国家和地区的生产成本或销路有较大的差别，就会对其经营策略加以调整，以求适应。

（2）财务活动多样化。筹资多样化，从不同的金融市场筹措不同货币表示的资金，用多种货币计算，如果有的外币贬值，另外的外币升值，就可使外汇风险相互抵消。投资多样化，公司向多个国家投资，创造多种外汇收入，可以适当避免单一投资带来的风险。将外币应收款与外币应付款作一配合，例如，使美元应收款与美元应付款相等，如果美元贬值，使应收款的实际值减少，但应付款的实际值也相应减少，使风险抵消。

第十章
财务评价

第一节　财务评价概述

财务评价是财务管理的重要工作，企业应定期地对过去和现在财务状况的发展趋势进行评价，系统反馈有用的财务信息。

一、财务评价的意义和内容

（一）财务评价及其意义

所谓财务评价是指对企业各种财务信息资料进行加工，计算出一系列的指标据以评价企业财务状况和企业经营成果。广义的财务评价包括对财务报表资料的评价和对各种财务决策的评价。狭义的财务评价则仅指对财务报表资料的评价。本教材主要讨论如何对企业编报的各种财务报表资料进行评价。

企业编制财务报表是为了完整、系统、集中地反映一定时期内企业的经济活动，向政府管理部门、投资者、债权人及其他有关人士反映企业的财务状况和经营成果。财务报表毕竟是历史性的静态文件，它们只是概括地反映了一个企业一定时期的财务状况和经营成果。要获得系统有用的财务信息，还必须对报表上的各项数据进一步加工，有重点、有针对性地加以考察研究，才能评价一个企业财务状况的好坏、经营管理的得失。

使用财务报表的人各自抱有不同的目的，他们都希望能从报表中获取对自己有用的财务信息。因此，应根据使用者的不同要求，审查研究财务报表中的各项数据，作出不同的财务评价。例如，企业投资者关心的是投资收益；长期债权人关心的是还款保障，他们需要的是对企业获利能力的评价；短期债权人关心的是资产变现的可能性，他们需要的是企业短期偿债能力的评价；企业经营者和职工关心的是企业的稳定性及其职业的保障程度，他们需要的是对企业获利能力和营运能力的评价；政府管理部门关心的是企业是否遵循各项财务与会计法规、准则和财会程序的完整性，他们要求的是对企业经济活动的总评价。

企业财务管理部门定期利用财务报表资料分析评价企业的财务活动和经营成果，对总结一定时期财务活动、规划未来有十分重要的意义，对于企业的一般债权人和股东评价企业的信用程度以及企业正确进行投资决策也很重要。

（二）财务评价的内容

企业财务评价的内容决定于企业财务管理的内容和不同分析评价者的要求。企业财务评价的内容主要有以下几方面：

1. 资金周转状况评价

资金是投入企业生产经营活动的资产价值的货币表现及暂时闲置的货币本身，一定数量的资金及其正常周转是企业再生产过程顺利进行的前提。资金周转反映企业经济资源投入与产出的经济过程。对资金周转状况进行评价，政府管理部门、企业经营者和职工可以了解企业的整体素质，即企业的生产经营管理水平和营运能力的强弱。

2. 获利能力评价

获取较高的利润是现代企业经营与财务管理的主要目标。利润是企业生产经营活动的综合性反映指标。只有不断获取较高的利润，企业才能在市场竞争中求得生存和发展，才能立于不败之地。对企业获利能力进行评价，所有同企业有经济利益关系的报表使用者可以了解企业劳动占用（资金）与劳动消耗（成本费用）的获利水平。

3. 偿债能力评价

举债是现代企业筹措资金的重要来源，举债必须还本付息。对企业偿债能力进行评价，债权人可了解企业清偿债务能力的强弱、自身债权保障程度的大小。

4. 财务状况趋势评价

企业财务状况发展趋势是改善还是恶化，关系到所有同企业有经济利益关系者的切身利益：企业的财务状况趋于改善，说明企业经济效益好，发展前景兴旺；反之，则企业经济效益差，发展前景暗淡。对企业各个历史时期财务状况进行对比评价，或与同行业、同类型企业进行对比评价，不同的财务信息使用者可以了解和掌握企业有关方面财务状况的发展趋势。

二、财务评价程序

财务评价是一个选择、比较、分析、解释、判断的过程。它要从大量的资料中选择自己所需相关的各种信息，通过比较，找出它们之间的重要联系，最后进行分析研究，并对所得结论加以解释。这就是财务评价的基本程序。财务评价的具体步骤分三步：

（一）提出课题，明确要求

不同目的的财务信息使用者所需要的财务信息侧重点不一样，财务评价的内容也不同。因此，进行财务评价，首先应明确提出你需要评价什么，要达到什么要求，比如投资者（股东）着重需要了解自己投资收益的大小及其稳定与增长趋势，应提出的课题是企业获利能力及其发展趋势的评价；经营者（或财务经理）需要了解企业的全面财务状况及其发展趋势，应提出的课题是全面财务评价。

（二）搜集资料，了解情况

不同的课题评价依据的资料不同。要进行准确的财务评价，除了以财务报表资料为主要依据之外，还需要一些生产经营活动中的有关资料作为补充。所以课题一经确定，就必须围绕课题所需评价范围，搜集大量的财务报表资料和生产经营活动的有关资料，作为正确进行财务评价的客观依据。

3. 进行加工，作出评价

以财务报表和其他相关资料为依据，财务评价需要运用财务分析专门方法对原始资料进行加工处理，作出分析评价。财务分析要把整个财务报表和其他相关资料的数据分解成不同的组成部分，并用一定的相关比率表达各财务指标之间的相互关系，以此认识企业的盈利能力、偿债能力和资金周转状况，在财务分析的基础上，对分析结果进行定性评价和定量评价，作出分析结论。

所谓定量评价，就是采用一定的科学方法，对财务报表中所列示的有关财务信息资料进行分析、研究、解释，从量上评价企业的财务状况。比如，获利能力的定量评价，就要根据有关资料分析、计算出一系列反映获利能力财务指标，如企业一定时期的资本金利润率指标。分析、计算这个指标，也就是从量上评价资本占用的获利能力。

所谓定性评价，就是根据评价者所掌握的情况和资料，凭评价者的智慧和经验，对定量评价的结果作出企业财务状况优劣的评价结论。比如，上述企业资本利润率比其他企业高，且历年呈上升趋势，那么，评价者就可以得出企业资本获利能力强、发展前景兴旺的结论。

三、财务评价的基本方法

财务评价的依据是财务报表资料。财务评价者应特别重视财务报表中数字与数字之间的联系以及这些数字所显示的变动趋势，从而分析报表中各数字之间的相关性，然后扩大视野，深入调查为什么会出现所示情况。评价的基本方法通常有三种，即比率评价法、比较评价法和趋势评价法。

（一）比率评价法

比率评价法是根据企业某期财务报表上的相关数据，确定它们之间的比例关系，并加以解释，作出评价，据以考核企业的财务状况，并提示企业经营管理过程中存在问题的一种方法。一般常用的比率有：

（1）结构比率，又称构成比率。它是指某一总体中的某部分构成量占总体量的比率。计算公式为

$$\text{结构比率}=\frac{\text{某个构成部分数额}}{\text{总体数额}}\times 100\%$$

主要的财务结构比率有：①资产结构比率；②负债结构比率；③资本金结构比率；④所有者权益结构比率；⑤利润结构比率。

（2）动态比率。它是指某一财务指标不同时期的数额相互对比，反映变化趋势和变化程度的比率。其计算公式为

$$\text{发展速度比率}=\frac{\text{本期数额}}{\text{基期数额}}\times 100\%$$

或

$$\text{增减变动比率}=\frac{\text{本期数额}-\text{基期数额}}{\text{基期数额}}\times 100\%$$

主要的财务动态比率有：①产品销售收入动态比率；②利润总额动态比率；③固定资产、流动资产等动态比率。动态比率主要用于评价相关财务指标的增减变动趋势和变动的程度。

（3）相关指标比率。它是指将两个性质不同但又相关的指标进行对比分析，求得各项评价法的财务比率。其计算公式为

$$\text{相关比率}=\frac{\text{A 指标}}{\text{B 指标}}$$

主要的相关指标有：①流动比率；②速动比率；③资产负债率；④资产周转次数；⑤销售利润率；⑥总资产报酬率。

用比率评价法评价企业财务状况时，究竟应采用何种比率取决于有关方面不同的利益和兴趣。例如，银行在考虑是否对企业发放短期贷款时，主要关心该企业资产的流动性，因此特别注意评价流动性比率。而长期债权人则主要着眼企业获利能力和经营效率，以求掌握长期债权保障程度，因此特别关注的是评价企业获利水平的比率。

（二）比较评价法

比较评价法是指将被评价的指标不同时间或不同空间的数据进行比较，确定出差异的方法。比较评价法的内容包括：①本期与上期（或历史水平）比较；②本期与计划（或目标）比较；③本期与国内外同行业先进企业水平比较。

比较评价法的形式有两种：

（1）绝对数比较。此表示数额差异，凭以了解金额变动情况。

（2）相对数比较。此表示百分率差异，凭以了解变动程度。

运用比较评价法必须注意的问题是可比性。要排除一些不可比因素的影响再作比较，才能作出准确的财务评价。

（三）趋势评价法

趋势评价法就是运用若干期的财务报表资料，对比有关项目各期的增减方向和幅度，揭示有关财务状况和经营状况的变化及其趋势的方法。观察研究连续数期的财务报表比单看一期的财务报表可了解的情况更多，对企业财务状况评价更准确。

四、财务评价的依据

财务评价的基本依据是企业的财务报告。财务报告就是企业在日常核算资料的基础上概括地反映企业一定时期财务状况和经营成果的总结性书面文件。财务报告包括财务报表体系和财务情况说明书。财务报表是进行财务定量评价的主要直接依据，财务情况说明书是财务定性评价的重要补充依据。

财务报表体系主要包括三种基本报表和两种附表。三种基本报表是资产负债表、损益表、现金流量表，两种附表是利润分配表和主营业务收支明细表。

（一）资产负债表

资产负债表是反映企业某一特定日期（某一特定时点）财务状况的财务报表，是一种静态的财务状况表。

资产负债表由企业的资产（资源）、负债（债务）、所有者权益（权益投资者对企业权益资本的终极所有权）三部分构成。

资产是指企业所能控制的、能带来未来经济利益的经济资源。各项资产按照流动性大小依次排列在该表上。流动性强的排在最前面，流动性差的排在最后面（详见表 10-1）。流动资产流动性强，固定资产流动性差，故流动资产排在最前面，固定资产排在其后。

表 10-1　某厂资产负债表

20××年 12 月 31 日　　单位：元

资　产	行次	年初数	年末数	负债及所有者权益	行次	年初数	年末数
流动资产：				流动负债：			
货币资金	1	134 000	172 400	短期借款	46	26 000	50 000
短期投资	2			应付票据	47		
应收票据	3			应付账款	48	80 000	128 000
应收账款	4	136 000	168 000	预收账款	49		
减：坏账准备	5			其他应付账	50	2000	1 000
应收账款净额	6			应付职工薪酬	51		
预付账款	7						
其他应收款	8	8 000	8 400	应交税费	53		
存货	9	252 000	320 000				
				未付利润	54	20 000	30 000
待处理流动资产净损失	10						
一年内到期的长期债券投资	11	22 000	18 000				
其他流动资产	12			一年内到期的长期负债	58	44 000	56 000
流动资产合计	13	552 000	686 800	其他流动负债	59	14 000	16 200
长期投资：							
长期股权投资	21	10 000	160 000	流动负债合计	65	186 000	281 200
债权投资	22						
固定资产：				长期负债：			
固定资产原价	24	364 000	480 000	长期借款	66	50 000	130 000
减：累计折旧	25	104 000	152 000				
固定资产净值	26	260 000	328 000	应付债券	67	30 000	60 000
固定资产清理	27			长期应付款	68		
在建工程	28	42 000	50 000	其他长期负债	75		
待处理固定资产净损失	29			长期负债合计	76	80 000	190 000
固定资产合计	35	302 000	378 000	所有者权益：			
无形及递延资产：				实收资本	78	400 000	520 000
无形资产	36	100 000	90 000	资本公积	79	20 000	20 000
递延资产	37	2 000	400	盈余公积	80	160 000	160 000
无形及递延资产合计	40	102 000	90 400				
其他资产：				未分配利润	81	120 000	144 000
其他长期资产	41			所有者权益合计	85	700 000	844 000
资产总计	45	966 000	1 315 200	负债及所有者权益总计	90	966 000	1 315 200

补充资料：1. 已贴现的商业承兑汇票________元。

2. 融资租入固定资产原价___________元。

负债是指企业所承担的能以货币计量的需以资产或劳务偿付的债务。负债分为流动负债和长期负债。所谓流动负债是需要在一年以内或超过一年的一个营业周期以内偿付的债务；所谓长期负债是在一年以上或超过一年的一个营业周期以上偿付的债务。

所有者权益是指权益投资者对其拥有所有权的企业全部资产减去全部负债后的净资产，亦称产权资本。所有者权益包括实收资本、资本公积、盈余公积以及未分配利润等部分。

实收资本是指权益投资者实际支付给企业（企业实际收到的）据以计算出资者资本份额的权益资本。

资本公积是指股本溢价、法定资产重估增值、接受捐赠的资产价值三项之和。

盈余公积是指企业按规定从税后利润中提取的积累资金。股份制企业的盈余公积分成三部分：①法定公积金；②任意公积金；③公益金。

未分配利润是指企业留于以后年度分配的利润或待分配利润。

资产负债表是进行财务评价的一份重要财务报表资料，它提供企业的资产结构、资产流动性、资金来源、负债水平以及负债结构等财务信息。通过对本期资产负债表有关数据进行评价，可以全面了解企业本期的偿债能力、资产管理水平等财务状况；通过对几期资产负债表有关数据进行评价，可以确定企业财务变动的原因和发展趋势，从而为短期债权人、投资者和经营管理者提供下一步财务决策的依据。

（二）损益表

损益表是集中反映企业一定财务期间的经营成果、体现企业盈亏状况的动态性财务报表。损益表是以“利润 = 收入 - 费用”这一恒等式表示的（详见表10-2），其具体构成内容有：

1. 产品销售利润（主营业务利润）

它是产品销售收入扣除产品销售成本、产品销售费用、产品销售税金及附加后的余额。

产品销售收入是工业企业销售产品或提供劳务等主营业务的收入。纳入损益表的产品销售收入是已经扣除了销售退回、销售折扣和销售折让后的销售净额。

产品销售成本是指当期所销售产品的制造成本。

产品销售费用是指与产品销售直接相关的那部分期间费用。

产品销售税金及附加是指消费税、增值税、城市维护建设税、资源税和教育费附加等。

这里扣除的成本费用仅指与产品销售直接相关的那部分费用，未包括与产品销售间接相关的费用——管理费用和财务费用。因此，产品销售利润仅是主营业务实现的毛利润。

2. 营业利润

工业企业的营业利润是产品销售利润加其他业务利润扣除管理费用和财务费用后的盈余。

其他业务利润是指企业开展多种经营所获得的盈利。

管理费用和财务费用是与产品生产、销售和其他业务间接相关的期间费用。

产品销售利润加上其他业务利润再扣抵管理费用和财务费用，才是工业企业的实际营业利润。

3. 利润总额（最终损益）

利润总额是营业利润加投资收益和营业外收入再扣除营业外支出后的盈余。

投资收益是指企业购买债券、股票和联营投资等对外投资获得的净收益（投资收益扣除投资损失）。

营业外收入是指企业营业外的活动所取得的合法收入，营业外支出是指企业营业外的合法支出。

表 10-2　损益表

20××年 12 月　　　　单位：元

项　　目	行　次	本月数	本年累计数
一、产品销售收入	1		2 400 000
减：产品销售成本	2		1 941 176. 42
产品销售费用	3		38 823. 58
产品销售税金及附加	4		120 000
二、产品销售利润	7		300 000
加：其他业务利润	9		10 000
减：管理费用	10		58 200
财务费用	11		77 800
三、营业利润	14		174 000
加：投资收益	15		30 000
营业外收入	16		41 000
减：营业外支出	17		45 000
四、利润总额	20		200 000

损益表是进行财务评价的又一重要财务报表资料。损益表反映了企业的最终财务成果，同时也反映了利润与费用的关系。财务报表使用人通过当期损益表有关数据的评价，可以了解企业当期耗费获利水平；通过当期损益表与当期资产负债表有关数据的结合评价，可以了解当期资金获利水平和权益资本（股本）的获利水平；通过多期的损益表及其多期的资产负债表结合评价，可以了解企业利润增减的原因、资产获利水平和权益资本获利水平的发展趋势。因而财务报表能为长期债权人、投资者以及经营管理者提供下一步财务决策的依据。

（三）利润分配表

利润分配表是反映企业利润分配情况和年末未分配利润情况的报表。从报表体系看，利润分配表是伴随着利润（或亏损）的产生而产生的，与损益表有密切的因果关系，是损益表的补充资料表。因此，利润分配表也是进行财务评价的依据资料。利润分配表的格式及其构成内容见表 10-3：

表 10-3 利润分配表

20××年度 单位：元

项 目	行次	本年实际	上年实际
一、利润总额	1	200 000	140 000
减：应交所得税	2	67 320	50 490
二、税后利润	3	132 680	89 510
减：应交特种基金	4		
加：年初未分配利润	6	132 000	110 500
上年利润调整	7		
减：上年所得税调整	8		
三、可供分配的利润	12	264 680	200 100
加：盈余公积补亏	13		
减：提取盈利公积	15	13 268	12 765
应付利润	16	107 412	67 335
四、未分配利润	20	144 000	120 000

（四）主营业务收支明细表

主营业务收支明细表也是损益表的附表之一。此表较详细地反映了企业经营成果的构成，弥补了损益表不详尽的不足，是财务评价的又一重要财务报表补充资料。主营业务收支明细表格式及构成内容见表 10-4：

表 10-4 某厂主营业务收支明细表

20××年度 单位：元

项 目	行次	主营业务收入	主营业务成本	主营业务费用	主营业务税金及附加	主营业务利润
一、产品销售		2 400 000	1 941 176. 42	38 823. 58	120 000	300 000
1. 甲产品	1	900 000	683 823. 52	13 676. 48	45 000	157 500
2. 乙产品	2	1 500 000	1 257 352. 90	25 147. 10	75 000	142 500
3.	3					
4.	4					
…	…					
二、其他业务						
1.	21					
2.	22					
3.	23					
4.	24					
…	…					

第二节 资金周转评价

一、资金周转评价及其意义

所谓资金周转评价，就是分析比较企业资金周转速度，借以判断和评价企业的营运能力。如果资金周转状况好，周转速度快，说明企业经营管理水平高，资源的利用效率高。企业的资金周转状况与供、产、销各个环节密切相关，任何一个环节出现问题，都会影响到企业资金的正常周转。资金只有顺利地通过各个经营环节，才能完成一次循环。资金能否顺利通过各个经营环节，又取决于企业经营管理水平。企业经营管理水平高，资金通过各经营环节顺畅，完成一次循环的时间就短，周转速度就快；反之，企业经营管理水平低，资金就容易在各个经营环节受阻，完成一次循环的时间就长，周转速度就慢。因此，资金周转评价的重要意义就在于为企业经营管理者（经理）提供企业实际营运能力状况的财务信息，为进一步改善经营管理、增强企业营运能力指明方向。

二、资金周转评价的指标体系和评价标准

在供、产、销各个经营环节中，销货有着特殊的意义。因为产品只有销售出去，才能实现价值，收回最初投入的资金，完成上一次循环，开始下一次循环。因此，我们可以通过产品销售额与企业资金占用量的关系来评价企业的资金周转状况。

反映企业周转速度的财务指标是一系列的资产周转率，具体有流动资产周转率、存货周转率（包括总的存货周转率和部分存货周转率）、应收账款周转率和总资产周转率等。

（一）流动资产周转率

流动资产周转率是指一定财务期间内流动资产价值（流动资金）的周转次数或完成一次周转所需要的天数。它反映的是企业全部流动资产价值（全部流动资金）的周转速度。

流动资产周转率是从周转速度的角度反映企业全部流动资金与它周转所实现的商品价值量即产品销售收入之间的比率。其计算公式如下：

$$流动资产周转次数=\frac{产品销售收入}{流动资产平均额}$$

$$流动资产周转天数=\frac{日历日数}{流动资产周转次数}$$

$$=\frac{日历日数\times流动资产平均额}{产品销售收入}$$

式中：（1）产品销售收入取于损益表；

（2）流动资产平均额=（期初流动资产合计+期末流动资产合计）÷2；

（3）期初与期末流动资产合计数都取于资产负债表。

例 10-1 根据前述表 10-1 与表 10-2 所列有关资料，某厂20××年的流动资产

周转率可计算如下：

$$流动资产周转次数=\frac{2\ 400\ 000}{(552\ 000+686\ 800)\div 2}=3.88（次）$$

$$流动资产周转天数=\frac{360\times(552\ 000+686\ 800)\div 2}{2\ 400\ 000}=92.91（天）$$

流动资产周转率是评价企业流动资金周转状况的一个综合性指标。一定时期内流动资金周转次数越多，周转一次所需天数就越少，说明流动资金周转的速度越快。

（二）存货周转率

流动资产中，存货（企业供、产、销三大环节物质价值的货币形式）是一个重要的构成内容，一般约占流动资产的一半以上。因此，评价企业流动资产周转速度的又一重要财务指标是存货周转率。

所谓存货周转率，是指企业一定时期内一定数量的存货所占资金（存货价值的货币形式）循环周转次数或循环一次所需要的天数。存货周转率反映的是存货资金与它周转所完成的销货成本之间的比率。存货周转率的计算公式是：

$$存货周转次数=\frac{销货成本}{存货平均余额}$$

$$存货周转天数=\frac{日历日数}{存货周转次数}=\frac{日历日数\times存货平均余额}{销货成本}$$

式中：（1）销货成本取于损益表；

（2）存货平均余额=（期初存货+期末存货）÷2；

（3）期初存货与期末存货均取于资产负债表。

例 10-2 根据前述表 10-1 与表 10-2 的所列示的有关资料，某厂 20××年的存货周转率可计算如下：

$$存货周转次数=\frac{1\ 941\ 176}{(252\ 000+320\ 000)\div 2}=6.76（次）$$

$$存货周转天数=\frac{360\times(252\ 000+320\ 000)\div 2}{1\ 941\ 176}=53.25（天）$$

存货周转率是从存货变现速度的角度来评价企业的销货能力及存货适量程度的。存货周转次数越多或存货周转天数越短，企业存货变现速度快，说明企业销货能力强，存货适量，营运资金占压在存货上的量小；反之，存货周转次数越少或存货周转天数越长，企业存货变现速度慢，说明企业销货能力弱，存货积压，营运资金沉淀于存货的量大。

企业存货由分布在供、产、销各个经营环节的库存材料、在制品（含自制半成品）和产成品三大部分构成。因此，各个经营环节的管理水平都对存货的变现速度有影响。要了解各环节对存货总的变现速度影响如何，就必须进一步评价各部分存货周转率。其计算公式与上述公式基本相同，但周转额不能用销货成本来代表，而应该用本阶段转向下阶段的数值作为各转移阶段存货的周转额。各阶段存货周转率的计算如下：

1. 材料资金周转率

该指标反映库存材料平均占用额与它的周转额即材料消耗总额的比率。计算公式为

$$材料资金周转次数=\frac{材料消耗总额}{（期初库存材料余额+期末库存材料余额）÷2}$$

$$材料资金周转天数=\frac{日历日数}{材料储备周转次数}$$

$$=\frac{日历日数×（期初库存材料余额+期末库存材料余额）÷2}{材料消耗总额}$$

2. 生产资金周转率

该指标反映在制品平均占用额与它的周转额即产品制造成本总额的比率。计算公式为

$$生产资金周转次数=\frac{产品制造成本总额}{（期初在制品余额+期末在制品余额）÷2}$$

$$生产资金周转天数=\frac{日历日数}{生产资金周转次数}$$

$$=\frac{日历日数×\left(\begin{matrix}期初在制\\品余额\end{matrix}+\begin{matrix}期末在制\\品余额\end{matrix}\right)÷2}{产品制造成本总额}$$

3. 成品资金周转率

该指标反映产成品平均占用额与它的周转额，即销售产品制造成本总额的比率。计算公式为

$$成品资金周转次数=\frac{销货制造成本额}{（期初成品余额+期末成品余额）÷2}$$

$$成品资金周转天数=\frac{日历日数}{成品资金周转次数}$$

$$=\frac{日历日数×（期初成品余额+期末成品余额）÷2}{销货制造成本总额}$$

各部分周转率均影响存货周转率，但由于计算部分周转率的因素多有重复，因而各部分存货周转率简单相加的和并不等于存货总周转率。若要使各部分存货周转率之和与存货总周转率完全相等，我们必须对各部分存货周转率加以调整。其调整公式为

$$存货总周转率=\sum（各阶段存货周转率×各阶段周转额占总周转额之比）$$

（三）应收账款周转率

在市场经济条件下，由于商业信用被广泛应用，因而应收账款是流动资产的又一重要构成内容，在评价企业流动资产周转速度时，必须评价应收账款周转率。

应收账款周转率（也称收账比率）是指在一定财务期间内一定量的应收账款资

金循环周转的次数或循环一次所需要的天数。它是企业应收账款平均余额与赊销净额的比率。计算公式为

$$应收账款周转次数=\frac{赊销净额}{应收账款平均余额}$$

$$应收账款周转天数=\frac{日历日数\times应收账款平均余额}{赊销净额}$$

式中：（1）赊销净额是指与应收账款余额相对应的赊销商品净额。赊销净额即赊销总额扣减销售退回、折让、折扣。

（2）应收账款平均余额=（期初应收账款余额+期末应收账款余额）÷2。

例 10-3 根据前述表 10-1、表 10-2 和销售核算所列示的有关资料计算企业的赊销净额为 760 000 元，则某厂的应收账款周转率可计算如下：

$$应收账款周转次数=\frac{760\ 000}{(136\ 000+168\ 000)\div2}=5（次）$$

$$应收账款周转天数=\frac{360\times(136\ 000+168\ 000)\div2}{760\ 000}=72（天）$$

从计算结果表明，某厂一年内应收账款占用资金的周转次数为 5 次，平均收账期为 72 天。

应收账款周转率是评价企业应收账款的变现速度和管理效率的财务比率。应收账款周转次数越多或周转天数越少（平均收账期越短），说明企业组织收回应收账款的速度越快，造成坏账损失的风险越小，流动资产的流动性越好，短期偿债能力越强；反之，应收账款的周转次数少或周转天数多（平均收账期长），说明企业组织收回应收账款的速度慢，坏账损失风险大，流动资产的流动性差，短期偿债能力弱。

（四）总资产周转率

总资产周转率是指在一定财务期间内，企业全部资产所占资金循环周转的次数或循环一次所需要的天数。它反映企业全部资产与它周转所完成的销售收入的比例关系。其计算公式为

$$总资产周转次数=\frac{产品销售收入}{资产平均总额}$$

$$总资产周转天数=\frac{日历日数}{总资产周转次数}=\frac{日历日数\times资产平均总额}{产品销售收入}$$

式中：（1）产品销售收入取于损益表；

（2）资产平均总额=（期初资产总额+期末资产总额）÷2；

（3）期初与期末资产总额均取于资产负债表。

例 10-4 根据前述表 10-1 和表 10-4 所列示的有关资料，某厂 20××年的总资产周转率可计算如下：

$$总资产周转次数=\frac{2\ 400\ 000}{(966\ 000+1\ 315\ 200)\div2}=2.1（次）$$

$$总资产周转天数=\frac{360\times[(966\ 000+1\ 315\ 200)\div 2]}{2\ 400\ 000}=171（天）$$

总资产周转率是从周转速度的角度评价企业全部资产的使用效率。总资产周转次数越多或周转天数越少（总周转期越短），说明企业全部资金的周转速度快，进而说明企业的营运能力强；反之，总资产周转次数越少或总周转天数越多，说明企业全部资金周转速度慢（周转期越长），进而则说明企业经营管理水平低，营运能力弱。

第三节　获利能力评价

一、获利能力评价及其意义

获利能力评价是指分析和评价企业的盈利水平，判断和考查企业盈利能力的强弱。获利能力评价是财务评价的重要组成部分。

首先，盈利是企业的重要经营目标，是企业生存和发展的物质基础。因此，获利水平的高低，直接关系到所有者（股东）收益的大小。通过获利能力评价，可为企业所有者（股东）作出是否继续投资或追加投资于该企业的投资决策提供依据。其次，企业盈利是长期债务利息支付偿还的主要来源。企业盈利水平的高低，关系到长期债权人债权保障程度的大小。因此，通过获利能力评价可为长期债权人作出是否继续借款给该企业的决策提供依据。最后，盈利水平的高低，最终取决于企业管理水平的高低和企业运营能力的强弱。因此，通过获利能力评价，可以为企业经营管理者正确进行经营决策、改善企业经营管理、提高经营管理水平提供依据。

二、获利能力评价的指标体系及其评价标准

获利能力评价主要是通过对企业一系列获利水平指标的分析、比较来完成。反映企业获利水平的财务指标主要有总资产报酬率、所有者权益性报酬率、销售获利率、成本费用利润率等四类。

（一）总资产报酬率

总资产报酬率是指企业一定时期内息税前利润总额与资产总额的比率。它反映企业运用资本总额（借入资本与自有资本）获得的报酬水平，体现企业全部资产获得经营效益的能力。其计算公式为

$$总资产报酬率=\frac{息税前利润总额}{资产平均总额}\times 100\%$$

式中：（1）息税前利润总额取于损益表；

（2）资产平均总额=（期初资产总额+期末资产总额）÷2；

（3）期初和期末资产总额均取于资产负债表。

例 10-5　根据前述表 10-1 和 12-2 所列示的有关资料，某厂前述的总资产报酬率可计算如下：

$$总资产报酬率=\frac{200\ 000+77\ 800}{(966\ 000+1\ 315\ 200)\div 2}\times 100\%=24.36\%$$

总资产报酬率反映了企业总资产的利用效果。在市场经济比较发达、各行业间竞争比较激烈的情况下，企业的总资产报酬率越高，说明总资产利用效果越好，经济效益越高；反之，总资产报酬率越低，说明企业总资产利用效果越差，经济效益越低。

（二）所有者权益报酬率

所有者权益报酬率反映企业所有者权益获利水平，具体指标有资本金利润率、资本金分红率、资本金清算净收益率。

1. 资本金利润率

资本金利润率是指企业一定时期内净利润与资本金平均额的比率，表明资本金运用获得的利润水平。其计算公式是：

$$资本金利润率=\frac{净利润}{资本金平均额}\times 100\%$$

式中：（1）净利润取于利润分配表；

（2）资本金平均额=（期初资本金总额+期末资本金总额）÷2；

（3）期初与期末资本金总额均取于资产负债表中的实收资本。

例 10-6 根据前述表 10-1 和表 10-3 所列示的有关资料，某厂 20××年的资本金利润率可计算如下：

$$资本金利润率=\frac{132\ 680}{(400\ 000+520\ 000)\div 2}\times 100\%=28.84\%$$

资本金利润率反映权益投资者所投资金的获利水平。资本金利润率越高，说明资本金运用获得的利润越多，企业经营效益越好，所投资金风险越小，实惠越大（可分配利润越大）；反之，投资风险越大，实惠越小。

2. 资本金分红率

资本金分红率是指一定财务期间（一般为一年）可用于分配给权益投资者的利润额与资本金的比率。其计算公式如下：

$$资本金分红率=\frac{每年可分配给权益投资者的利润额}{资本金平均额}\times 100\%$$

式中：（1）每年可分配给权益投资者利润额取于"利润分配表"中的应付利润额；

（2）资本金平均额=（期初资本金总额+期末资本金总额）÷2；

（3）期初与期末资本金额均取于资产负债表中的实收资本。

例 10-7 根据前述表 10-1 与表 10-3 所列示的有关资料，某厂 20××年的资本金分红率可计算如下：

$$资本金分红率=\frac{107\ 412}{(400\ 000+520\ 000)\div 2}\times 100\%=23.35\%$$

每年可分配给权益投资者的利润额一般要随资产经营成果的好坏和投资机会而变动，企业资产经营成果呈上升状态，又无良好的投资机会时，这部分利润率将逐年增加，资本金分红率也将逐年上升。权益投资者可凭每年分红率的高低，掌握每年可实得投资收益大小，并从中展望企业经营前景。每年资本金分红率越大，而且逐年上升，一方面说明权益投资者每年实获投资红利越多，实惠越大；另一方面说明企业经营状况良好，资产使用效率高，经营效益大，权益投资者所担风险小。

3. 资本金清算净收益率

资本金清算净收益率是指企业的清算净收益与资本金之比率。其计算公式为

$$资本金清算净收益率=\frac{清算净收益总额}{资本金总额}\times 100\%$$

此指标只有在企业清算时才使用。清算净收益总额是企业清算时剩余财产扣除上交所得税后的余额。这部分清算净收益实质上是清算剩余财产中实归权益投资者的净收益额。资本金清算收益率越高，说明企业清算时权益投资者可得收益越多。

（三）销售获利率

销售获利率其实质是反映企业实现的商品价值中获利的多少。从不同角度反映销售盈利水平的财务指标有三种：

1. 销售毛利率

销售毛利率是毛利额与净销售收入的比率。其计算公式为

$$销售毛利率=\frac{销售毛利额}{销售收入净额}\times 100\%$$

式中：（1）销售毛利额是指企业净销售收入与销售制造成本的差额，取于损益表中的销售收入与销售成本；

（2）销售收入净额是销售收入扣除销售退回、折让和折扣后的余额，取于损益表中的销售收入。

例 10-8　根据前述表 10-2 所列有关资料，某厂 20××年的销售毛利率可计算如下：

$$销售毛利率=\frac{2\ 400\ 000-1\ 941\ 176}{2\ 400\ 000}\times 100\%=19.12\%$$

销售毛利率反映的是企业实现商品价值的获利水平，表明企业的毛利额与销售收入净额的比例关系。销售毛利率越大，说明在销售收入净额中销售制造成本所占比重越小，毛利额越大，实现价值的盈利水平越高。

2. 销售利税率

销售利税率是企业利税总额与销售收入净额的比率。其计算公式为

$$销售利税率=\frac{利税总额}{销售收入净额}\times 100\%$$

式中：（1）利税总额是销售税金与利润总额之和，取于损益表中所列产品销售税金及附加和利润总额；

（2）销售收入净额取于损益表之销售收入。

例 10-9　根据前述表 10-2 所列有关资料，某厂 20××年销售利税率可计算如下：

$$销售利税率=\frac{120\ 000+200\ 000}{2\ 400\ 000}\times100\%=13.33\%$$

利税总额是企业纯收入总额，其实质是劳动者为社会创造的剩余产品价值，也是企业资产营运带来的净增值额。销售利税率反映企业纯收入与销售收入净额的比例。因此，该指标可以从全社会角度来评价企业资产使用的效益性。销售利税率越大，说明纯收入水平越高，企业资产使用的社会效益越好。

3. 销售净利润率

销售净利润率是指企业净利润（税后利润）与净销售收入的比率。其计算公式为

$$销售净利润率=\frac{企业净利润}{销售收入净额}\times100\%$$

式中：（1）净利润是指企业的所得税后利润，取于损益表的附表“利润分配表”中的税后利润；

（2）销售收入净额取于损益表。

例 10-10 根据前述表 10-2 和表 10-3 所列有关资料，某厂20××年的销售净利润率可计算如下：

$$销售净利润率=\frac{132\ 680}{2\ 400\ 000}\times100\%=5.53\%$$

销售净利润率反映企业实现的净利润水平。销售净利润率越高，说明企业获取净利润能力越强。

（四）成本费用利润率

成本费用利润率是指企业利润总额与成本费用总额的比率。其计算公式为

$$成本费用利润率=\frac{利润总额}{成本费用总额}\times100\%$$

式中：（1）利润总额取于损益表；

（2）成本费用总额=产品制造成本总额+期间费用总额；

（3）产品制造成本总额与期间费用额均取于损益表。

例 10-11 根据前述表 10-2 所列有关资料，某厂 20××年成本费用利润率可计算如下：

$$成本费用利润率=\frac{200\ 000}{1\ 941\ 176.42+38\ 823.58+58\ 200+77\ 800}\times100\%=9.45\%$$

成本费用是企业生产经营发生的全部耗费。成本费用利润率是反映企业耗费获利水平的重要财务指标，成本费用利润率越高，说明企业生产经营耗费获利水平越高，资产使用效益越好，企业获利能力越强。

第四节　偿债能力评价

一、偿债能力评价及其意义

偿债能力就是企业偿还各种到期债务的能力。偿债能力评价，就是通过对企业变现能力和债权物质保障程度的分析研究，观察和判断企业偿还到期债务能力的强弱。

举债的实质是债权资本所有者将其借贷资本的使用权让渡给经营者使用。企业举债必须还本付息，还本付息就是清偿债务。按期偿还各种债务的本息，是企业必须履行的经济责任。企业偿债能力的强弱，影响到债权资本所有者债权的保障程度，影响企业的存亡（无力清偿债务就会破产）。因此，偿债能力评价有极其重要的意义。首先，偿债能力评价可为债权资本所有者了解企业的变现能力和债权的物质保障程度提供财务信息；其次，偿债能力评价又可为企业经营者了解和掌握企业举债适度程度和筹资风险程度提供财务信息。

二、偿债能力评价指标体系及其评价标准

按照偿债期限的长短，企业偿债能力评价可分为短期偿债能力评价和长期偿债能力评价。

（一）短期偿债能力评价指标及其评价标准

短期偿债能力是指企业偿付流动负债的能力。流动负债是指需要在一年内或超过一年的一个营业周期内偿还的债务（本息）。一般来说，流动负债应以流动资产来偿还。评价企业的短期偿债能力，可以通过评价流动负债与流动资产之间的比例关系来进行。反映流动负债与流动资产比例关系的主要财务指标有：

1. 流动比率

流动比率是指流动资产与流动负债的比率。其计算公式为

$$\text{流动比率}=\frac{\text{流动资产}}{\text{流动负债}}\times 100\%$$

式中：流动资产和流动负债分别取于资产负债表中的流动资产合计与流动负债合计。

例 10-12　根据前述例表 10-1 所列有关资料，某厂 20××年末的流动比率可计算如下：

$$\text{流动比率}=\frac{686\ 800}{281\ 200}\times 100\%=244\%$$

流动比率其实只是理论上衡量企业短期偿债能力的比率，它从理论上指明企业短期债权人求偿权的保障程度。一般讲，此比率越高，说明企业短期偿债能力越强，短期债权人债权保障程度越高。但该指标过高也不是好事。若流动比率过高，则说明企业积压材料或滞销产品过多，即存货过大，企业资源尚未得到充分利用。因此，该比率一般宜保持在 200% 为宜，因为一般正常情况下，企业的存货约占流动资产

的一半左右，只要流动比率能保持在200%左右，就说明企业即使不依赖出售存货，一样可以偿清短期债务，短期债权人的求偿权就能得到企业流动资产百分之百的变现偿债保证。

2. 速动比率

速动比率是指速动资产与流动负债的比率。速动资产是流动资产扣除存货后的余额，具体包括现金及各种存款、有价证券、应收账款。一般讲，存货是企业流动资产中流动性差的，而且在企业清算时该项资产也是最可能发生损失的。因此，应考察企业不依赖出售存货而能清偿短期债务的能力。

速动比率的计算公式为

$$速动比率=\frac{速动资产}{流动负债}\times 100\%$$

式中：(1) 速动资产=流动资产-存货；

或者流动速动资产=现金及各种存货+有价证券+应收账款；

(2) 流动资产、存货或现金及各种存款、有价证券、应收账款均取于资产负债表；

(3) 流动负债取于资产负债表中的流动负债合计。

例 10-13 根据前述表 10-1 所列有关资料，某厂 20××年末的速动比率可计算如下：

$$速动比率=\frac{686\ 800-320\ 000}{281\ 200}\times 100\%=130\%$$

速动比率一般以 100%为宜，因为该指标反映企业不依靠出售存货，而以有价证券出售，应收账款收回和各种存款之和，就足以偿付到期的短期债务，能使短期债权人的求偿权得到 100%的保障。由于速动资产的流动性大和变现能力强，速动比率是用以衡量企业现实偿债能力强弱的重要财务指标。

(二) 长期偿债能力评价指标体系及其评价标准

长期偿债能力是指企业偿还债务期限在一年以上或超过一年的一个营业周期以上的债务的能力。偿还长期债务最终是依靠全部资产。评价企业长期偿债能力的主要财务比率有资产负债比率、负债权益比率、利息保障倍数。

1. 资产负债比率

资产负债比率是指负债总额与资产总额之比率，它反映企业资产对债权人债权的保障程度。其计算公式为

$$资产负债比率=\frac{负债总额}{资产总额}\times 100\%$$

式中：(1) 负债总额=流动负债合计+长期负债合计；

(2) 流动负债合计与长期负债合计均取于资产负债表；

(3) 资产总额取于资产负债表的资产总计。

例 10-14 根据前述表 10-1 所列有关资料，某厂 20××年末的资产负债比率可计算如下：

$$资产负债比率=\frac{281\ 200+190\ 000}{1\ 315\ 200}\times 100\%=35.83\%$$

资产负债比率是反映企业长期偿债能力的强弱，衡量企业总资产中权益所有者与债权人所投资金的比例是否合理的重要财务指标。此指标有两重含义和作用：

（1）资产负债比率是长期债权人的债权依赖企业资产提供的安全边际，可用以衡量企业信用的物质保障程度。资产负债率越低，说明债权资金的安全边际越高，企业信用的物质保障程度越高；资产负债率越高，说明企业总资产中权益资本占的比重很小，企业的经营风险将主要由债权人承担，债权资金的安全边际就很小。一般情况下，资产负债率以不超过50%为宜，在这个比率情况下，企业的资产中有一半为偿还借款，另一半为权益资产，债权资金的安全边际为百分之百，债权资金收回的风险就小。

（2）资产负债比率也是经营者赖以举债经营的支撑点，是用以衡量举债经营是否有利的重要比率。资产负债比率越高，意味着举债经营程度越高，在投资收益率高于借债利息率的前提下，带给企业的财务杠杆利益越大，会使权益资本的利润增大，但筹资风险也增大。若过度的举债经营将导致企业因资不抵债而破产。企业经营者究竟应将杠杆支撑点放在何处才合适？合理的杠杆比率一般是资产负债率在30%~50%，在此区间内企业的综合资金成本率也最低。

2. 负债权益比率

负债权益比率是指负债总额与所有者权益的比率，是从所有者权益对长期债权的保障程度来评价企业长期偿债能力的。其计算公式为

$$负债权益比率=\frac{负债总额}{所有者权益}\times 100\%$$

式中：（1）负债总额=流动负债+长期负债；

（2）流动负债和长期负债分别取于资产负债表中的流动负债合计与长期负债合计；

（3）所有者权益取于资产负债表中的所有者权益合计。

例 10-15 根据前述表 10-1 所列有关资料，某厂 20××年末的负债权益比率可计算如下：

$$负债权益比率=\frac{281\ 200+190\ 000}{844\ 000}\times 100\%=55.83\%$$

负债权益比率表明所有者权益对债权的保障程度。负债权益比率越小，说明所有者权益对债权的保障程度越高；反之，负债权益比率越大，说明所有者权益对债权和保障程度越小。一般情况下，负债权益比率保持在 40%~100%为宜。在此区间，一是所有者权益对债权的保障程度较高，债权资金投资风险较小；二是经营者筹资的综合资金成本率也较低。

3. 利息保障倍数

利息保障倍数是指息税前利润与利息费用的比率。其计算公式为

$$利息保障倍数=\frac{息税前利润+利息费用}{利息费用}$$

公式中利息费用是指本期所发生的所有利息支出，包括计入财务费用的利息费用和计入长期资料价值的资本化利息支出。对于企业内部管理人员来说，本期所有

的利息支出可以通过会计账面纪录查找。对于财务报表的外部使用者来说，在无法找到足够的原始资料时，可以用损益表上的“财务费用”项目数据代替利息费用。

例 10-16 根据前述表 10-2 所列有关资料，某厂 20××年的利息保障倍数计算如下：

$$利息保障倍数=\frac{200\ 000+77\ 800}{77\ 800}=3.57（倍）$$

利息保障倍数越大，反映企业支付债务利息的能力越强。因此，债权人在判定企业长期偿债能力时，除了依据企业合理的资产负债比率和负债权益比率，以求得企业较稳定的物质保障程度外，还必须考察企业的利息保障倍数，以求提高收回利息和本金的保障程度。

同时，经营者也必须掌握企业的利息保障倍数，以了解和衡量自身的长期偿债能力。若企业的税前利润减少到一定程度，利息保障倍数过低，就会发生财务危机，即不能按时足额支付债务利息，继而不能偿还负债本金而导致债权人诉诸法律，迫使企业破产。可见利息保障倍数是评价企业财务长期偿债能力的重要财务指标。

除利息保障倍数外，还可计算固定费用保障倍数。其性质类似于利息保障倍数，但在计算该指标时涉及的因素较多。利息费用和租赁费用都是企业固定费用。所以，固定费用保障倍数的计算公式为

$$固定费用保障倍数=\frac{税前利润+利息费用+租赁费用}{利息费用+租赁费用}$$

第五节　财务状况趋势评价

一、财务状况趋势评价及其意义

财务状况趋势评价就是对企业财务状况的变动情况进行评价。一般是比较不同时期和不同企业财务报表的有关项目或财务比率，观察这些项目或财务比率的变化情况，揭示这些项目或比率的增减变化的性质和趋势，判定企业经营业绩和财务状况的优劣与发展前景。

财务状况变动趋势的优劣，将影响到与企业有各种利益关系的各单位和个人的切身利益。因此，对财务状况趋势评价的意义是：①为权益投资者（股东）提供了解企业获利能力变动趋势的财务信息；②为债权人提供了解企业短期和长期偿债能力变动趋势的财务信息；③为经营管理者（经理等）提供了解和掌握企业管理水平和营运能力变动趋势的财务信息等。

二、财务状况趋势评价的主要内容

（一）资产、负债与所有者权益变动趋势评价

这就是要比较数年资产负债表中资产、负债和所有者权益等有关项目，从总体上了解企业的资产总额、负债总额以及资本金增减变动情况和资产、负债及所有者

权益结构的变动情况，判断企业资金实力的变动趋势。

根据前述表10-1所列示某厂的有关资料，可对该厂做出下述两方面评价：

1. 资产、负债与所有者权益增减变动趋势评价

表10-5 某厂资产负债及所有者权益增减变动趋势评价表

20××年　　单位：元

资　产	本年数	上年数	增(+)减(-)		负债及所有者权益	本年数	上年数	增(+)减(-)	
			金额	增减比例				金额	增减比例%
流动资产	686 800	552 000	134 800	24.42%	流动负债	281 200	186 000	95 200	51.18
长期投资	160 000	10 000	150 000	15倍	长期负债	190 000	80 000	110 000	137.50
固定资产	378 000	302 000	76 000	25.16%	负债合计	471 200	266 000	205 200	77.14
无形资产	90 000	100 000	-10 000	-10.00%	所有者权益	844 000	700 000	144 000	20.57
递延资产	400	2 000	-1 600	80.00%	（其中：实收资本）	(520 000)	(400 000)	(120 000)	(30.00)
资产总计	1 315 200	966 000	349 200	36.14	负债及所有者权益总计	1 315 200	966 000	349 200	36.14

评价简要说明：

（1）资产总额增加了349 200元，增长了36.14%。其中，流动资产增加了134 800元，增长了24.42%；长期投资增加了150 000元，增加了15倍；固定资产增加了76 000元，增长了25.16%。

（2）负债总额增加了205 200元，增长了77.14%。其中，流动负债增加了95 200元，增长了51.18%，长期负债增加了110 000元，增长了137.50%。

（3）所有者权益增加了144 000元，增长了20.57%。

评价总结论：该厂资金实力呈上升趋势。

2. 资产、负债及所有者权益结构变动趋势评价

表10-6 某厂资产负债及所有者权益结构变动趋势评价表

20××年　　单位:%

资产	结构比率			负债及所有者权益	结构比率		
	本年末	上年末	增减		本年末	上年末	增减
流动资产	52.22	57.14	-4.92	流动负债	21.38	19.26	+2.12
长期投资	12.16	1.04	+11.12	长期负债	14.44	8.28	+6.16
固定资产	28.74	31.26	-2.52	负债合计	35.82	27.54	+828
无形资产	6.84	10.35	-3.51	所有者权益	64.18	72.46	-8.28
递延资产	0.04	0.21	-0.17	（其中：实收资本）	(39.54)	(41.41)	(-1.87)
资产总计	100	100		负债及所有者权益总计	100	100	

评价简要说明：

（1）流动资产和固定资产结构比率分别下降4.92%和2.52%，而长期投资结构比率却上升了11.12%，其主要原因是对外投资联办企业交纳了股本130 000元。此

结构变动是否合理，要结合财务比率指标进一步评价。

（2）负债结构比率上升 8.28%，所有者权益结构比率下降 8.28%。但负债也只占全部负债及权益的 35.82%，而所有者权益占全部负债及权益的 64.18%，说明企业负债经营的程度也不太高，可结合资产负债比率作进一步评价，以了解结构比率增减变化是否合理。

（二）损益增减变动趋势评价

评价损益增减变动趋势，主要是利用损益表提供的资料以及评价时所涉及的有关资料（如上年或前几年的损益表资料等），比较本年利润总额及其构成项目较上年（或前几年）增减变动情况。例如根据前述表 10-2 所列某厂有关损益资料和企业上年的损益表，就可编制出某厂损益增减变动趋势评价表见表 10-7。

表 10-7　某厂损益增减变动趋势评价表

20××年　　单位：元

项　目	本年实际	上年实际	比上年增减	
			金　额	增减比例%
一、产品销售收入	2 400 000	1 900 000	500 000	26.32
减：产品销售成本	1 941 176.42	1 567 961.15	373 215.27	23.80
产品销售费用	38 823.58	47 038.85	-8 215.27	-17.46
产品销售税金及附加	120 000	85 000	35 000	41.18
二、产品销售利润	300 000	200 000	100 000	50.00
加：其他业务利润	10 000	9 000	1 000	11.11
减：管理费用	58 200	32 000	26 200	81.88
财务费用	7 7 800	48 000	29 800	62.08
三、营业利润	174 000	129 000	45 000	34.88
加：投资收益	30 000	13 000	17 000	130.77
营业外收入	41 000	40 000	1 000	2.50
减：营业外支出	45 000	42 000	3 000	7.14
四、利润总额	200 000	140 000	60 000	42.86

评价简要说明：

（1）本年实现利润总额比上年增加 60 000 元，增长 42.86%。其中实际获得产品销售利润比上年增加 100 000 元，增长 50%；投资收益比上年增加 17 000 元，增长 1.3 倍；营业外收入变动不大。

（2）影响产品销售利润的各因素是本年实际产品销售制造成本比上年增加 373 215.27元，上升 23.80%，而本年实际产品销售费用比上年减少 8 215.27 元，下降 17.46%；产品销售税金比上年增加 35 000 元，增加 41.18%。

（3）本年营业利润比上年增加 45 000 元，增长 34.88%。其中本年实际支出管理费用比上年增加 26 200 元，上升 81.88%；本年实际支出财务费用比上年增加 29 800 元，上升 62.08%。

评价总结论：该厂实现利润、产品销售利润和营业利润均呈上升趋势。

（三）财务比率趋势评价

财务比率趋势评价，分为纵向趋势评价和横向趋势评价。

1. 财务比率纵向趋势评价

财务比率纵向趋势评价，是对本企业几个年度的各类财务比率（如资金周转率、获利能力比率、偿债能力比率）进行比较、观察和判断财务状况发展趋势，属于动态评价。评价时需注意所评价财务比率的可比性。

例 10-17 如果查得前述某厂前两年度各类财务比率时，就可以结合该企业20××年计算出的各类财务比率编制该企业财务比率纵向趋势评价表如表 10-8 所示：

表 10-8 某厂财务比率纵向趋势评价表

20××年

各类财务比率	计划年度	前一年度	前二年度	增（+）减（-）情况	
				计划年比前 1 年	计划年比前 2 年
一、资金周转比率					
（1）流动资产周转天数/天	93	96	98	-3	-2
（2）存货周转天数/天	53	55	58	-2	-3
（3）应收账款周转天数/天	72	90	94	-18	-4
（4）总资产周转天数/天	171	180	188	-9	-8
二、获利能力比率					
（1）总资产报酬率/%	17.53	15.51	14.50	+2.02	+1.01
（2）资本金利润率/%	43.47	40.35	35.50	+3.12	+4.85
（3）资本金分红率/%	23.35	20.50	17.25	+2.85	+3.25
（4）销售毛利率/%	19.12	17.80	16.50	+1.32	+1.30
（5）销售利税率/%	13.33	11.84	10.25	+1.49	+1.59
（6）销售净利润率/%	5.53	4.93	4.11	+0.6	+0.82
（7）成本费用利润率/%	9.45	8.26	7.51	+1.19	+0.75
三、偿债能力比率					
（1）流动比率/%	244	264	290	-20	-26
（2）速动比率/%	130	161	170	-31	-9
（3）资产负债比率/%	35.83	28	27	+7.83	+1
（4）负债权益比率/%	55.83	54	52	+1.83	+2

评价简要说明：

（1）各种资产周转天数呈逐年缩短状态，说明企业资金周转速度逐年加快，企业营运能力和管理水平呈逐年提高趋势，应予以好评。

（2）反映获利水平的各种利润率均呈逐年上升变化，说明企业获利能力呈逐年增强趋势。

（3）流动比率与速动比率虽逐年下降，但仍维持在 244%和 130%的水平上，说明企业理论上和现实的变现能力仍很强，短期偿债能力仍然不弱。

（4）资产负债比率和负债权益比率虽逐年上升，但仍未超过50%，说明长期债权人的债权物质保障充足。

评价总结论：该厂财务状况呈上升趋势，发展前景兴旺。

2. 财务比率横向趋势评价

财务比率横向趋势评价就是将本企业的各类财务比率与同行业平均水平或先进水平企业同类财务比率进行比较，以观察和判断企业在同行业中的相对水平和竞争能力趋势。如果本企业在诸多财务比率指标上都在同行业平均水平或先进水平企业中居于领先地位，则说明企业横向发展趋势良好，有较强的竞争能力和生存能力。

横向评价是某一时点上各企业间各类财务比率的比较，属于静态评价范畴，但也须注意企业间的可比性。

在查得前述某厂同行业企业20××年的平均水平和先进水平的各类财务比率资料时，结合前述第二、三、四节所计算某厂的各种财务比率就可编制出某厂财务比率横向评价表如表10-9所示：

表10-9　某厂财务比率横向趋势评价表

20××年

各类财务比率	本企业水平	同行业平均水平	同行业先进水平	本企业高于(+)或低于(-)同行业平均水平	本企业高于(+)或低于(-)同行业先进水平
一、资金周转比率					
(1)流动资产周转天数/天	93	94	85	-1	+8
(2)存货周转天数/天	53	55	40	-2	+13
(3)应收账款周转天数/天	72	80	70	-8	+2
(4)总资产周转天数/天	171	181	150	-10	+21
二、获利能力比率					
(1)总资产报酬率/%	17.53	18	20	-0.47	-2.47
(2)资本金利润率/%	43.47	42	50	+1.47	-6.53
(3)资本金分红率/%	23.35	23	25	+0.35	-1.65
(4)销售毛利率/%	19.12	20	25	-0.88	-5.88
(5)销售利税率/%	13.33	14	18	-0.67	-4.67
(6)销售净利润率/%	5.53	5	7	+0.53	-1.47
(7)成本费用利润率/%	9.45	10	12	-0.55	-2.55
三、偿债能力比率					
(1)流动比率/%	244	220	230	+24	+14
(2)速动比率/%	130	110	120	+20	+10
(3)资产负债比率/%	35.83	52	54	-16.17	-18.17
(4)负债权益比率/%	55.83	54	58	+1.83	-2.17%

评价简要说明：

（1）资金周转天数均比同行业平均周转天数短，却比同行业先进水平周转天数长，说明企业资金周转速度较平均水平快，较先进水平资金周转速度慢，营运能力和管理水平竞争趋势仅居于中等偏上水平。

（2）获利能力比率基本达到平均水平，但与先进水平的差距尚大，说明企业资产营运效益竞争趋势也仅居行业中等水平。

（3）流动比率与速动比率均分别超过同行业平均水平和先进水平，说明企业短期偿债能力竞争趋势较强。

（4）资产负债率和负债权益比率还未达到平均水平和先进水平，长期债权人的债权受到企业权益资本的保障程度较高，在长期偿债能力竞争趋势上也处于优势。

评价总结论：该厂财务状况达行业平均水平，离先进水平尚有一定差距。但通过努力，有可能达到行业先进水平，即有较强的竞争力。

第十一章
企业清算财务

第一节　企业清算财务概述

一、企业清算的分类

与企业设立相对的是企业终止。企业终止必须进行企业清算。

公司法规定，公司因不能清偿到期债务，被依法宣告破产的，由人民法院依照有关法律的规定，组织股东、有关机关及有关专业人员成立清算组，对公司进行破产清算。

公司有下列情形之一的，可以解散：①公司章程规定的营业期限届满或者公司章程规定的其他解散事由出现时；②股东会决议解散；③因公司合并或者分立需要解散的。

公司依法解散的，应当在 15 日内成立清算组，有限责任公司的清算组由股东组成，股份有限公司的清算组由股东大会确定其人选。逾期不成立清算组进行清算的，债权人可以申请人民法院指定有关人员组成清算组，进行清算。人民法院应当受理该申请，并及时指定清算组成员，进行清算。公司违反法律、行政法规，被依法责令关闭的，应当解散，并由有关主管机关组织股东、有关机关及有关专业人员成立清算组，进行清算。

因此，企业清算是指企业解散或破产后，结束其未了事宜、收取债权、清理债务并分配企业剩余财产等程序的总称。

企业解散，一般指合营企业由于合营合同、章程规定的合营期届满，或者由于经营管理不善造成严重亏损，使合营企业不能继续经营时，自动或被迫结束其经济活动。独资企业的解散，则是根据国民经济的发展要求，以及企业本身生产经营的状况，没有必要继续存在的企业自动或被迫结束其经济活动。

企业解散包括按期自动解散和提前被迫解散两种类型。按期自动解散通常指合资企业在根据合营合同和章程规定的合资经营期限届满时，合营双方又没有在期满六个月前向审批机关提出延期申请所进行的解散。提前被迫解散通常指合资企业在合营合同和章程所限定的合资经营期届满前，由于发生不利于继续经营或不能继续经营的情况（如由于严重违反法律、法规而被政府责令终止经营，由于自然灾害造成财产损毁而无法经营等）而导致的企业解散。

企业破产，是指因企业经营管理不善，发生严重亏损或财务状况严重恶化，丧失偿债能力，不能按时清偿到期债务而引起的企业清算和解体。

各国破产法对破产界限的规定各不相同。破产通常区分为事实上的破产与法律上的破产两种情况。事实上的破产指债务人的债务总额已超过其拥有的资产总额，企业全部资产已不足以清偿其债务，即“资不抵债”，事实上已经丧失了清偿到期债务的能力而处于破产状态。法律上的破产则指债务人因不能按时清偿到期债务而被法院依法宣告破产。这时，债务人的资产可能低于负债，但也可能等于或超过负债，只是因无法获得足够的现金或以债权人同意的其他方式偿还到期债务，而不得不破产还债。目前，我国破产法采用的便是法律上的破产概念。根据《中华人民共和国企业破产法》（以下简称《破产法》）的有关规定，凡有下列情况之一，由人民法院裁定，宣告破产：①企业因经营管理不善造成严重亏损，不能清偿债务的，依照规定宣告破产。②申请破产企业在整顿期间，不执行和解协议的，或财务状况继续恶化，债权人会议申请终结整顿的，或严重侵害债权人利益的，经人民法院裁定，终结企业整顿，宣告其破产。③申请破产企业整顿期满，不能按和解协议清偿债务的，依照规定宣告其破产。

区分事实上的破产与法律上的破产主要在于判断破产的标准不同。前者以“资不抵债”这一价值标准来判断。为此，首先需要通过审查清理该企业的账目、财产以及资产评估结果等来确定其资产与债务的数量，然后才能做出判断。这就难免拖延时间，甚至可能由于估价不准而导致失误。后者则是以债务人的偿债行为作为标准来判断。按照《破产法》的有关规定，以企业破产的重要特征人的偿债行为作为标准来判断，企业破产的重要特征就是债务人不能清偿到期债务，具备这一重要特征的就应确认其破产状态。这里所说的不能清偿，是指毫无办法清偿，一般包括以下内容：①债务人没有足够的财产做担保，也没有良好的信誉可以借到新债来偿还到期的债务。如果债务人可以借到新债来偿还到期旧债，那么，即使债务人的债务已超过了资产，也不至于破产。②债务人不能说服债权人，允许其延期还债或减免债务。如果债务人有充分理由说服债权人，使债权人愿意与其达成和解协议，并允许延期还债或减免债务，债务人通过整顿清偿了到期债务，也可以避免破产清算。③债务人对全部或主要债务在可以预见的一定时期内持续不能清偿，而不是因资金一时周转不灵暂时中止支付。④不能偿付是指债务人的客观情况不能支付到期债务，不能依其主观认识或表示而定，应由法院裁定。在通常情况下，事实上的破产与法律上的破产是同步发生的，但也有可能出现两者在某种情况下不同步的现象，应当根据具体情况加以区分。

根据企业解散或破产的原因，企业清算可分为普通清算和特别清算两类。普通清算一般指合资企业由于合资经营期届满或由于政府主管部门认为没有必要继续存在而规定解散引起的清算。在这种清算条件下，企业财务状况并非困难，不但有充分的债务清偿能力，而且还可能分配股息和红利，所以也称之为不停止支付清算。特别清算是指企业由于财务状况恶化、被迫解散或破产而引起的清算。在这种清算条件下，企业已经负债累累，各种存货和资产又难以变现或只能低价变现，各项债务已不能如数按期清偿，所以也称之为停止支付清算。

按清算的性质不同，企业清算还可分为自愿清算、行政清算和司法清算。自愿清算是企业法人自愿终止而进行的清算，上面所讲的企业经营届满所进行的清算即属于这种类型。一般情况下，由企业内部人员组成清算机构自行清算。行政清算是指企业法人被依法撤销所进行的清算，如企业违反国家法律、法规被撤销而进行的清算，由有关主管机关负责组织清算机构并监督清算工作的进行。司法清算是指企业宣告破产，由人民法院按有关法律规定组织清算机构对企业进行破产清算。

二、清算财务的内容

企业清算主要是对企业的财产、债权、债务三个方面进行全面清查，并按清偿方案对债权、债务进行清偿和对遗留问题做出妥善处理。各种清算的主要内容有其共同性。下面对企业清算的财务处理主要以破产企业的清算为主进行讲述，至于企业解散等其他类型的清算只对其某些特点加以介绍。

（一）财产清算

财产清算的对象是企业的破产财产。破产财产，也叫破产资财。在企业宣告破产时，凡属于破产人的能用于清偿破产债务的财产，均属于破产财产。破产财产具体包括：①宣告破产时破产企业经营管理的全部财产；②宣告解散或破产后至破产程序终结前所取得的财产；③应当由破产企业行使的其他财产权利。

破产财产具有以下一般特征：

（1）破产财产必须是财产或财产性权利。所谓“财产”，是指能用货币来计量的财产，既包括动产，也包括不动产，既包括固定资产，也包括流动资产。所谓财产性权利，既包括物权，也包括债权。凡应当由破产企业行使的财产性权利，都属于破产财产。

（2）破产财产必须是破产企业经营管理的财产。所谓属于破产企业经营管理的财产，是指破产企业对财产具有相对独立的财产权和经营管理权。就国有企业而言，破产企业经营管理的财产，应包括国家授予企业经营管理的财产、企业自由支配的各项基金、企业自有资金以及其他企业和个人的投资和股金等。

（3）破产财产必须是破产企业财产的全部，而不是其中的一部分。所谓“全部”，既包括破产宣告时破产企业经营管理的全部财产，也包括在破产程序进行过程中所取得的财产，既包括国内的财产，也包括国外的财产，还包括由破产企业其他财产权所取得的财产。已经作为抵押担保的财产不能作为破产财产，应优先偿还该债权人。

（4）破产财产必须包括清算期间按法律规定追回的财产。例如清算前无偿转移或低价转让的财产；对原来没有财产担保的债务在清算前提供担保的财产；对未到期的债务在清算前清偿的财产；清算前放弃的债权。

按照制度规定，以下财产不应作为企业的清算财产：①租入、借入、代外单位加工和代外单位销售而存放在企业的财产；②递延资产、待摊费用；③相当于担保债务数额的担保财产。

我国破产法规定，如有第三人对某项财产是否属于破产财产存在争议，应向清算组提出交涉。如交涉不成，应以清算组为被告，向人民法院提出诉讼。

在企业清算中，必须坚定不移地贯彻我国宪法所规定的社会主义公共财产不可侵犯的原则。破产法明确规定，任何单位和个人不得非法处理破产企业的财产、账册、文书、资料和印章等。有关单位和地方人民政府，要教育动员自己的工作人员和群众，坚决保护公共财产，防止公共财产的损失和浪费。对于私分、哄抢、贪污、盗窃或破坏公共财产者，必须依法严肃处理。

（二）债权清算

债权清算的对象是破产债权。破产债权是指基于破产宣告前而成立，依破产程序申报并得以确认，可以从破产财产中受到清偿的债权，包括无财产担保的债权和放弃优先受偿权利的有财产担保的债权以及有担保债权中其数额超过担保财产价款而未受清偿的部分，以及清算组解除合同的赔偿金与保证人代偿的债务额等。尚未到期的债权，应减去未到期的利息。破产债权的构成要素，有形式要素与实质要素之分。

从实体法角度讲，破产债权的构成必须具备以下实质要求：

（1）破产债权必须首先是一种债权。所谓债权，是指依合同约定或法律设定的民事法律关系中权利主体请求义务主体为一定行为或不为一定行为的权利。

（2）破产债权必须是一种财产上的请求权。

（3）破产债权必须是无财产担保的债权或放弃优先受偿权利的有财产担保的债权，或者说，破产债权必须是对人的请求权。

（4）破产债权必须成立于破产宣告之前，破产宣告后成立的债权不得作为破产债权。

从程序法角度讲，破产债权的构成还必须具备以下形式要素：

（1）破产债权必须依照破产程序申报并确认，否则不得作为破产债权。破产债权是否成立，还须经债权人会议确认。未经债权人会议确认者，也不得视为破产债权。

（2）破产债权必须是依照破产程序能在破产财产中受到清偿的债权。

破产债权的算定，可分为以下三种情况：

（1）无财产担保的破产债权，有财产担保而放弃优先受偿权的破产债权依破产债权算定的基本标准评定。

（2）附期限的破产债权，具体分为附利息债权和无利息债权。附利息破产债权额=原本+破产宣告前的利息。无利息破产债权额=原本-破产宣告之日至规定期限终止之日的法定利息。

（3）附条件的破产债权，依所附条件算定。例如，租赁合约由于破产而中止时，其租赁债权只能算到申报破产之日为止，另外加一定比例的加成。

（三）债务清算

债务清算的对象是破产债务。破产债务是指依合同约定或法律设定的民事法律关系中企业对债权人应当履行的一种义务。它同破产债权是相对应的概念。例如，企业解散或破产前甲、乙双方已经发生但尚未终结的同一笔经济业务，对甲方来说是破产债权，对乙方来说则是破产债务。当然，破产债权和破产债务在量上并不完全一致，如果某些债权由于各种原因未依法定程序按时申报而放弃了求偿权，就会使破产债权小于破产债务。破产法规定，债务人提出破产申请时，应当说明企业亏损的情况，提交有关的会计报表、债务清册和债权清册。为了使债务得到公平的偿还，或者说使债权人得到公平满足，必须对破产债务进行清算。债务清算主要依据企业清算前正常经营期间的会计报表、破产企业向法院提交的债务清册和债权人向法院申报的债权金额及有关情况等。如果破产企业向法院提交的债务清册和债权人向法院申报的债权金额不相一致，则应查明原因，最后由法院认定并做出裁决。

三、清算的一般顺序

企业解散清算或破产清算均需按法定程序进行，其主要程序及要求如下：

1. 提出解散或破产申请

企业陷入破产状态后，债权人和债务人均有权提出破产申请，由人民法院立案审理。人民法院受理破产案件后，应在10日内通知债务人并发布公告。企业由债权人申请破产的，在人民法院受理案件后3个月内，被申请破产的企业的上级主管部门可以申请对该企业进行整顿，整顿期限不超过两年。申请破产的企业，或经整顿无效而终结整顿，或整顿期满仍不能按和解协议清偿债务的，由人民法院裁决，宣告企业破产。需要解散的中外合资企业，必须由该企业董事会进行认真的讨论和研究，并做出解散决定，提出解散申请书，报经外资管理机构批准后方可正式宣告解散。

2. 组成清算委员会或清算小组进行清算

人民法院应当自宣告企业破产之日起15日内成立清算组全面接管企业，负责破产企业财产的保管、清理、估价、处理和分配。清算组成员由人民法院从企业上级主管部门、政府财政部门等有关部门和专业人员中指定，对人民法院负责并向其报告工作。清算组可以聘任必要的工作人员。清算组是破产企业的法定代表，其基本职能是：

（1）接管破产企业。这包括接管破产企业的所有财产及一切账册文件；对需要保全的破产财产，采取必要的保全措施；申请人民法院追回由企业破产前的无效行为所致的破产财产。

（2）管理破产财产。这包括在破产清理程序范围内，继续经营的破产企业；对破产企业正在履行的合同决定解除或继续履行；随时从破产财产中支付破产费用及债务；解除有关破产财产之各种争议等。

（3）清算变卖破产财产。这包括对破产财产进行清理估价和依法变卖等。

（4）分配破产财产。这包括依法制定债权人顺序表、分配破产财产、报告人民法院终结破产程序等。

合资企业的清算工作也应在企业清算组的安排下进行。清算组的人选应由董事会提出，并报经合资企业主管部门审核批准。清算组的成员应在该企业董事中选任。董事不能担任或不适合担任时，可聘请在中国注册的会计师或律师担任。

3. 全面清查财产、债权、债务

清算机构成立后，要对企业的财产、债权、债务进行全面清查。在全面清查企业财产和债权、债务的基础上，编制资产负债表、财产目录和债权、债务清单，提出财产作价计算依据和债权、债务处理办法，并报经主管部门批准后依法对企业的财产进行处理和拍卖以便清偿各种债务。合资企业的清算方案，应报经企业董事会讨论后执行。

4. 妥善处理各项遗留问题

清算机构在全面清查企业财产和债权、债务，并按清算方案对企业债权、债务进行清偿后，应对各项遗留问题进行妥善处理，包括分配偿债后的剩余财产，依法缴纳所得税等。待所有账户都已结清上封，清算工作宣告结束后，还应由清算机构提出结束报告，并编制清算期内的收支表和各种财务账册，经会计师事务所验证，上报主管部门批准，并向企业所在地的工商行政管理部门办理注销手续，缴销营业执照，宣布企业终止营业，同时向税务部门办理注销税务登记手续。至此，企业法人资格正式终止，清算完毕。

四、清算财务的特点

从企业清算的过程和内容来看，主要包括清理财产、清理债务、估价变现财产、偿还各项债务、分配剩余财产等，体现为“财产—货币—偿债—分配”等基本程序。同正常经营企业比较，其财务管理具有以下主要特点：

1. 财务管理对象的终极性

清算财务管理的对象是清算企业的本金运动及其所反映的各种经济关系。但这里的本金运动不能形成资金周转，具有单纯性、一次性、终极性的特点。此外，在和解整顿期间，债务人的生产经营活动并未终止，其本金运动及财务管理与正常企业相似，但同时又存在鲜明的特色：一是企业财务活动受有关部门的直接干预；二是企业财务活动及经营状况被置于债权人会议的控制之下；三是企业财务活动要接受法院的特别监督。从企业经济活动来看，整顿期间企业仍在从事生产经营活动，本金循环和周转照常进行，并定期编报会计报表，所有这些与正常企业无异。所不同的是，它要经常向债权人会议报告财务的变动情况，在资金的调度和运用上更加谨慎，力争最大的合理性和有效性。此外，还要负责拟定和解协议草案、企业整顿方案，为法院编报债权清册和债务清册，回答债权人会议的询问，接受审计监督等。

2. 财务管理主体的多样性

对于破产企业清算，由破产程序中可以看到，企业破产主要涉及三方面关系人：债务人（和解整顿或破产清算企业）、债权人（债权人会议）和清算人（破产清算组）。正是这三个关系人构成了整个破产活动，其中债务人处于主角地位，破产财务管理包括债务人、清算人、债权人三个主体。

债务人财务管理活动主要包括：拟定和解协议草案与企业整顿方案；编制财务

状况说明书；编制债权、债务清册；设置会计科目，处理和解会计业务；进行财务预测、财务决策和财务控制；向债务人会议提供有关会计记录、报表；回答债权人会议的询问；接受债权人会议和审计部门、监察部门的监督、审计；经过上级主管部门的同意，拟定并向法院提出破产申请；破产申请得到法院的批准后，办理向破产清算组的财产、账册的移交。其中最后两项工作属于破产清算程序的内容，但仍是由债务人的财务人员来完成的，因而并入和解整顿之列。

清算人财务管理活动主要包括接收破产企业移交的财产、账册及其他有关资料；清理、核实破产企业移交的一切财产并登记造册；调查破产企业和解整顿期间债权债务的变化性质及数额，落实其债权债务；确定破产财产的范围数额；进行破产财务产的保管、估价、变卖；进行在产品再加工，继续进行委托加工材料的核算和管理；进行债务清偿、剩余财产分配的核算和管理；编报破产清算会计报表，及时报告清算工作的进展情况。

债权人财务管理活动主要包括和解协议草案的审查；整顿方案的审查；和解整顿过程的审查；和解整顿效果的审查；破产企业接管的审查；破产财产界定的审查；财务估价变现的审查；各项债务清偿的审查；各项破产费用的审查；各项清算报告的审查等。

正常清算由清算企业自行组织，其财务管理的主体只是清算企业一方，与正常经营企业无异。

3. 财务管理目标的多元性

正常企业财务管理的目标是追求本金利润率的满意值，而清算财务的目标则与此大不相同。

企业进入破产界限源于不能清偿到期债务，企业被允许和解整顿是由于债权人预期更高的债权受偿比例，而企业进入破产清算的结果是变产偿债。可见，破产财务管理的基本目标应是“偿债比例最大化”。破产财务管理由债务人财务管理、清算人财务管理和债权人财务管理三部分组成，而每一部分又具有独特的实施主体和客体，因此清算财务目标又可分为整顿目标现实化、偿债比例最大化和债权权益完整化三个子目标，每一个子目标又可细化为若干具体目标，形成了破产财务管理目标的多元性和层次性。

债务人财务管理的目标是整顿目标现实化，包括现金净流入量最大、偿债公平合法、履行和解协议、按期完成整顿等。

清算人财务管理的目标是财产净现值最大化，包括财产界定真实可靠、债务界定准确完整、财产变现收入最大、破产费用支出最小、偿债方式公平合理、偿债顺序公开合法等。

债权人财务管理的目标是债权受偿完整化，包括和解整顿企业整顿价值最大化、清算组清算工作合法化、债权受偿比例最大化等。

在正常清算中，只有全额偿债后才有可能向企业所有者分配剩余财产，其理财目标同样是偿债比例最大化。

此外，同正常企业比较，清算财务更强调合法性、公正性、目的性，同时要求效益性。当然，清算财务管理也包括财务预测、财务决策、财务计划、财务控制、财务分析和财务检查监督等环节，只是其具体内容与正常企业有所不同。

第二节　企业财产、债权和债务清查

一、财产、债权和债务清查的主要过程

企业解散或破产后，企业财产、债权、债务的全面清算工作将由清算机构负责进行。清查的基础工作和主要过程如下：

1. 编制企业清算前正常经营期间的会计报表

会计报表是企业财务状况和经营成果的综合反映，也是企业清算的重要依据。要全面进行企业财产和债权、债务的清算，首先就要编制企业清算前正常经营期间的会计报表，包括资产负债表、损益表、现金流量表三大类报表及其附表，以此作为依据，进行财产的盘点清查，核对账实是否相符。假定某合资企业 20××年 1 月至 6 月末为正常经营期间，7 月 1 日起开始清算，7 月 5 日提出了本年度 6 月 30 日的资产负债表，见表 11-1。

表 11-1　某合资企业资产负债表

编制单位：×××　　　　20××年 6 月 30 日　　　　单位：元

资　产	金　额	负债及所有者权益	金　额
流动资产：		流动负债：	
货币资金	800	短期银行借款	90 000
银行存款	20 000	应付账款	90 000
应收账款	80 000	应交税费	14 000
应收票据	30 000	其他应付款	44 600
其他应收款	2 000	应付银行长期借款利息	2 600
存货	178 400	应付职工薪酬	30 000
流动资产合计	311 200	流动负债合计	271 200
固定资产：		长期负债：	
固定资产原值	200 000	长期银行借款	29 000
减：累计折旧	100 000	负债合计	300 200
固定资产净值	100 000	所有者权益：	
无形及其他资产：		实收资本	110 000
场地使用权	5 000	其中：中方投资	60 000
专利权	3 000	外方投资	50 000
		未分配利润	9 000
无形及其他资产合计	8 000	所有者权益合计	119 000
资产总计	419 200	负债及所有者权益合计	419 200

表 11-1 从经济资源和经济义务两个方面反映了该企业在 20××年半年内的财务状况，即一方面反映了该企业实际所拥有或能控制的资产（经济资源），包括有形

资产和无形资产以及企业经济资源的权利，另一方面反映了企业全部资产的各种资金来源（经济义务），包括债权人和所有者对企业资产的要求权（负债和所有者权益）。从表 11-1 的数字看，该企业实际所拥有的 419 200 元（包括流动资产311 200 元、固定资产净值 100 000 元、无形及其他资产 8 000 元）的资产的资金来源分别为流动负债 271 200 元、银行长期借款 29 000 元、所有者权益合计119 000元。清算机构将根据该表所反映的企业财务状况进行财产和债权、债务的清算工作。

2. 清算全部财产和债权、债务，编制财产目录和债权、债务明细表

在清查过程中，清算人员应按照会计总账科目及明细账科目与财产实物逐项进行核对，将核对结果编制成表。例如，某合资企业清查结果表明，该企业存货总额发生盘盈15 600 元（其中，原材料盘盈 1 100 元，低值易耗品盘亏 600 元，在产品盘盈 5 100 元，产成品盘盈 10 000 元，盈亏相抵，盘盈 15 600 元），其余均账实相符。编制存货清查明细表如表 11-2。

表 11-2　　企业财产和债权、债务清查

项　　目	账面数量	账面金额/元	清查数量	按清查量确定的账面金额/元
原材料		48 900		50 000
甲材料	8 000 千克	40 000	8 200 千克	41 000
乙材料	800 千克	8 000	810 千克	8 100
丙材料		900	50 千克	900
低值易耗品		4 500		3 900
A 工具	10 件	1 500	10 件	1 500
B 工具	15 件	3 000	12 件	2 400
在产品	500 件	85 000	530 件	90 100
产成品	200 件	40 000	250 件	50 000
合　　计		178 400		194 000

从表 11-2 可以看出，按账面价值计算，该企业存货盘点盈亏相抵后还盈余15 600 元。

3. 确定财产的清算价值，编制清算资产负债表

清查工作结束后，重要的问题是确定财产的清算价值。只有在此基础上才能正确编制清算资产负债表。由于企业解散或破产前本着持续经营的原则，一般是按账面价值编制会计报表。但根据解散或破产后清查的情况来看，如果账面价值与实际价值基本符合，可用账面价值作为财产的清算价值；如果账面价值与财产的实际价值距离较大，则应按市场价值重新进行估算。财产重新估价的方法主要有：①现行市价法，即以相同或类似资产的现行市场价格为基础，并根据资产成色进行估计；②招标作价法，即利用发布财产变卖广告，从买主出价中选择较高价进行估价；③收益现值法，即以财产的未来收益进行折现或资本化而求现值；④变现收入法，即以清算财产出售和处理时成交价格或变现收入为依据进行估价。假设某合资企业清

算工作结束后，对本企业清查财产进行审核后认为，流动资产及无形资产的账面价值符合实际，但固定资产的账面价值有些已经失真，需要重新估价。其中，机器设备净值账面为45 000元，重新估价为32 000元；运输车辆净值账面为15 000元，重新估价为8 000元。这样，经重新估价，固定资产净值应为80 000元，比账面价值100 000元减少了20 000元。估价结果如表11-3所示。

表11-3　　某合资企业固定资产估价表　　单位：元

项目	原始价值	累计折旧	净值	估算价值
房屋	80 000	40 000	40 000	40 000
机器设备	90 000	45 000	45 000	32 000
运输车辆	30 000	15 000	15 000	8000
合计	200 000	100 000	100 000	80 000

清算价值确定以后，则可按财产的清算价值重新编制资产负债表。如前例，某合资企业清算资产负债表如表11-4。该表中，资产总计414 800元为按市场价值重新估算后的全部资产的清算价值，比账面价值减少4 400元。其原因在于经财产清查并对失真部分重新估价后，流动资产为326 800元，比原账面价值311 200元增加15 600元；固定资产清算净值为80 000元，比原账面净值10 000元少20 000元。两者相抵后，资产总额比账面价值减少4 400元。与此相适应，负债及所有者权益总额也比原账面总计数减少4 400元。

表11-4　　某合资企业清算资产负债表

20××年7月15日　　单位：元

资　　产		负债及资本	
流动资产：		流动负债：	
货币资金	800	短期银行借款	90 000
银行存款	20 000	应付账款	90 000
应收账款	80 000	应交税费	14 000
应收票据	30 000	其他应付款	44 600
其他应收款	2000	应付银行长期借款利息	2600
存货	194 000	应付职工薪酬	30 000
流动资产合计	326 800	流动负债合计	271 200
固定资产：		长期负债：	
固定资产清算净值	80 000	长期银行借款	29 000
无形及其他资产：		负债合计	300 200
场地使用权	5 000	所有者权益总额	114 600
专利权	3 000	(414 800−300 200)	
无形及其他资产合计	8 000		
资产总计	414 800	负债及所有者权益总计	414 800

清算资产负债表编好之后，清算组应审查有无遗漏和错误，然后提交企业董事

会和有关部门审阅。清算报表一旦通过，就成为企业债务清偿及剩余财产分配的依据。

二、清算接管管理

企业一旦被宣告破产，人民法院便应在自破产宣告日起15天内，组建由企业主管部门、政府财政部门等有关部门和专业技术人员（律师、注册会计师等）组成的破产清算组。清算接管是破产企业与清算组之间各有关事项的移交工作，是破产清算的基础性工作。各移交事项办理是否真实、完整、顺利，手续是否齐备，责任是否分明，直接关系到清算工作的有效性和成败。

（一）资产接管

清算组成立后，在了解破产企业基本情况的基础上，应及时进入破产企业，同破产企业办理交接手续，签订移交书。根据移交书内容，应逐项进行核对。

1. 速动资产的接管

速动资产是指现金、短期投资、应收票据及应收账款等变现迅速的资产的总称。现金在这里是指货币资金，根据出纳员登记的现金日记账与实际结存现金额核对接管。银行存款根据银行存款日记账与银行对账单核对相符后的金额接管。其他货币资金根据外埠存款汇款单、银行汇票正联和解款通知、银行本票申请书的存根以及汇出单位的汇款通知等，确认外埠存款、银行汇票、银行本票、在途货币资金的数额，并加以接管。

短期投资主要指以股票、债券方式对外投出的、可以随时变现且持有时间在一年以内的资金。这类资产根据账面记录与实存股票、债券的数额接管即可。

应收票据根据“应收票据备查簿”，查明各应收票据种类，编号，出票日期，票面金额，交易合同号，到期日，利率以及付款人、承兑人、背书人的名称或姓名，贴现日期，贴现率，贴现净额，收款日期，收款金额等详细事项后，逐一核实、接管。

应收账款根据购销合同或有关发货票存根等进行一一核对，并查明各债务人的地址及通信号码，以备查询、催收。

其他应收款与预付账款因为金额较小，一般不包含在速动资产之内，但作为企业清算的内容之一，也必须全额接管。前者可对各种赔款、罚款凭证，存出保证金的存出依据及汇款凭证，向职工收取的各种垫付款的凭证等进行核实后接管。后者按预付款的购货合同与付款凭证接管。

2. 存货的接管

存货作为企业在生产经营过程中为消耗或耗用而储备的物资，是流动资产中的最重要的项目，具有金额大、易损耗等特点。在存货接管中应注意存货的数量、存货的质量、存货的归属等问题。

3. 固定资产的接管

同存货的接管一样，固定资产接管过程中主要也涉及数量核实、质量认定及归属权三个问题，所不同的是质量认定更为复杂，要从实际技术状态、完好程度与账面净值的结合上进行估计。此外还应对实际已报废但尚未办理报废手续的固定资产单独列示，做好盘存盘亏的记录。

4. 长期投资的接管

第一，股票投资的接管。这里有以下两个问题应该注意：一是购入股票时，计入“长期投资”账户的投资额是否剔除了股票发行公司已宣布发放的股利（购入优先股时，因为其股利率已定，买价中所含优先股股息也应扣除）。二是该企业在计算权益时，是采用成本法还是权益法，前者“长期投资”账户的价值一般不发生变动，只有投资价值发生重大持久性贬值或受资企业支付清算股利时才进行适当调整。后者“长期投资”账户的价值随受资企业所有者权益的变化而同方向变化，其账面价值占受资企业所有者权益净额的比例始终保持不变。

第二，债券投资的接管。应注意在溢价或折价购入时是否正确计算了投资价值，每期进行溢价或折价摊销时计算和记账是否正确等。

第三，其他投资的接管。接管时应注意的问题参见“股票投资”接管部分。

5. 无形资产的接管

接管时主要应注意对无形资产的记账依据的真实性、合理性、合法性的审查以及核对摊销、转让收入的记录等。

6. 其他资产的接管

对于其他资产，应进行实物的盘点或账目核对，对应上交国家部分及时清点后交付国家有关部门。

（二）权益接管

1. 负债的接管

可依据各有关明细科目的记录与债权人清册以及有关合同、债务凭证进行接管。对双方有争议、悬而未决的负债应单独登记，以备查询。

2. 所有者权益的接管

由于企业破产后已终止生产经营活动，所有者权益也变成一种凝固化的权益，且只有在该企业存在剩余财产的情况下才有参与分配的机会，因而其接管也比较简单，按账面记录核实后记入清算账目中即可。

（三）其他接管

1. 未结事项接管

根据《破产法》的规定，企业一旦被宣告破产，便应终止生产经营活动，等待破产清理。但出于保护债权人利益的目的，清算组接管破产企业后，应对有利于增加破产财产价值的在产品继续加工、某些合同的继续履行等做出肯定的决策。其基本界限是，在产品加工或合同继续履行的净收益必须大于在产品马上出售的收入和因合同的解除而付给对方的赔偿额。

2. 档案接管

档案接管包括会计档案、人事档案、文件档案等的接管。对此应根据有关移交清册逐项核对接管。应登记会计凭证移交清册、会计账簿移交清册、会计报表移交清册、传票移交清册、企业登记清册、文件移交清册、人事档案清册等。

三、清算预算管理

清算人会计接管过来的会计报表，只是表明破产企业至破产宣告日的生产经营状况，而清算的主要工作是清理资产债务。至于变现偿债的状况及其结果，一般会计报表并无反应。此外，为了考核清算组清算成绩时有所依据，便于债权人监督，也需要编制清算预算表。这种预算表的作用类似于计划、预计盈亏报表等，但其种类、报表的格式及编制方法等均独具特色，具有自己的体系。这类报表应一式三份，编制完成后分别报送法院和债权人会议各一份，清算组留存一份。编制这些报表的基础工作，是完成企业财产的清理，债权债务的落实，破产财产、分配债权和财产估价方法的确定等，以便取得必要的编表资料。

清算预算表的设计，应以清算内容和清算人、债权人及法院的需要为基础。在清算期间，要对现有财产进行变现，其中必然发生清算收支（如债权的收回、清算费用的支付等），最后还要确定一般债权人实际可受偿额及清算的损益等。为此清算预算报表应包括资产变现预算表、货币收支预算表、破产费用预算表、债务清偿预算表、清算损益预算表和清算资产负债表，如偿债后有剩余财产，还应编制剩余财产分配预算表等。

（一）资产变现预算

资产变现预算指反映清算期初待变现财产、清算期内新增财产与新增收入，期初待清偿债务、清算期内新增债务与新增支出，清算后的不足清偿债务或剩余财产等方面的预算。

资产变现预算表可分为左右两方，左方为“可偿债资产”，右方为“应清偿债务”。左方又分为期初（指破产清算开始时，下同）货币资金、期初待变现资产、期内（指破产清算开始至破产清算结束期间，下同）取得财产、资产不足额四大项；右方分为期初待清偿债务、期内新增债务、资产剩余额三大项。

不难看出，本表不包括所有者资金（因这部分资金不属于债务，不在受偿之列）。另外，本表应以账面价值计价，以反映所有财产与所有债务之间的关系，并为评价后来财产变现的成绩提供依据，因而财产和负债均不区分为担保和无担保。

（二）货币收支预算

货币收支预算是反映清算期初货币资金结余额、期内货币资金收支情况及清算完毕时可用于偿债或可分配的货币资金结余额等内容的预算。

本表可分为左右两方。左方为货币资金期初余额和本期收入，右方为本期支出和期末货币资金结存额。本表应以预计实际收支数填列，以反映清算期间货币资金的运动情况，其中包括所有财产可变现收入、应收账款可收回额及各项应偿债务额。现金结余额即剩余财产额，现金不足额即债权人不能受偿额。

（三）破产费用预算

破产费用是指清算人在破产清算过程中所发生的一切支出。此外，在清算过程中，清算人可能借入一定数额的款项，以此借款来支付清算中的费用，这些借款完全为破产清算而产生，务必在破产财产中全额清偿，否则贷款人是不会贷款的。为此，我们可以将这部分借款称为清算借款，视同破产费用。从广义上看，破产费用应包括清算支出与清算借款余额。当然，如果计划周密，按清算支出额决定清算借款额，一般是不会出现清算借款余额的。但如果事先预借的话，则实际支出额与借款额不一定完全相符，由此就会产生借款余额或借款不足。在借款不足时便要追加借款，以满足支出的需要。

破产费用预算表的格式可以有两种，账簿式和报告式，其样式可参照货币收支预算表。账簿式中，左方列期初货币资金余额和清算借款额，右方列各项破产费用。报告式中，上方列账簿式左方项目，下方列账簿式右方项目。

另外，本预算表的费用项目也可以采用两种方式，按费用的用途分类和按费用的性质分类。前者对债权人的监督和控制有利，后者对清算组的费用控制有利。

（四）资产负债综合预算

本预算通过编制清算资产负债表进行。

本表集中反映各项资产的账面价值、可变现价值、扣除额、可分配价值及各项负债的账面价值、应偿债务、扣除额、破产债务及所有者权益等。

从破产清算是为了偿还债务、维护债权人债务人利益这一目的出发，右方的负债项目应按债务清偿顺序排列于表的右方，左方的资产亦应与此相对应。根据先以抵押财产偿付担保债务，抵消债权债务，再以破产财产拨付破产费用，而后清偿工资、应交劳动保险费、应交税金及其他债务的顺序，将清算资产负债表的项目排列为：左方分为担保财产、部分担保财产、抵消财产、取回财产、破产财产，右方分为担保债务、部分担保债务、抵消债务、取回债务、破产费用、破产债务，左方横栏应列账目价值、可变现价值、扣除额及分配财产（与分配债权对应）四个栏目，右方横栏应列账目价值、应偿债权、扣除额及分配债务（与分配财产对应）四个栏目。

（五）债务清偿预算

债务清偿预算是反映清算结束（财产变现）后各债权人所能得到的债权受偿额的预算。为此，编制此表前必须做到：①清理债权人清册，确定各债权人债权性质及数额；②确定企业财产变现额、破产财产变现额；③明确偿债次序；④计算各债权人受偿比例及受偿额。

本表分为债权人名称（姓名）、债权性质、应偿额、偿还比例、可偿还额等栏目。编制依据是破产企业移交的债权人清册与清算资产负债表中的有关资料。因为担保债务依据担保财产偿还，抵消债务、取回债务与优先债务依法全额偿还，所以本表只反映无担保的破产债务的偿还情况。

（六）剩余财产分配预算

本表应设置投资人、投资比例、投资额、应分配额等栏目。

（七）清算损益预算

清算损益预算是反映清算终了时预计各项财产变现损益和财产偿债后的盈亏情况。清算净收益应视为利润，应缴纳所得税，因此本表也是税务部门所关心的。本表的结构可以考虑分为两种：一种为账簿式；一种为报告式。前者分为左右两方，左方列资产变现损失（变现价值小于账目价值）、破产费用、清算事务损失（清算过程中处理未了事宜的损失）、企业原有亏损账面调整损失（减少资产方账面价值）、资产剩余额等项，右方分为资产变现盈余（变现价值大于账面价值）、债务折让（破产清算时债权人自愿免去折债权额）、清算事务盈余（清算过程中处理未了事宜盈余）、账面调整盈余（增加企业本金的账面价值）、资产不足额等项。

还有一种观点认为，清算预算应由资产负债估测表、资产变现预算、清算费用预算、债务清偿预算、清算损益预算和剩余财产分配预算等组成。其中资产负债估测表分为左右两方，左方分为委托财产、抵消财产、担保财产、清算财产、结算财产、追回财产、未到期财产等项目和账面价值、评估价值两个栏目，右方分为受托债务、抵消债务、优先债务、担保债务、清算债务、所有者权益等项目和账面价值、评估价值两个栏目。

四、清算财产的清理

作为破产企业来讲，其全部财产并非按一个比例清偿债务，按比例偿债后产生的不足清偿债务的资产，仅指破产财产。下面重点阐述破产财产的界定问题。

（一）财产和界定

破产财产是指用以清偿无担保债权（以下简称一般债权）的财产。确定破产财产的目的是计算一般债权人所能得到的清偿比例和数额，以便进一步求出各一般债权人应受偿额。

1. 破产财产

《破产法》中规定用以偿债的破产财产主要由以下几部分构成："宣告破产时破产企业经营管理的全部财产；破产企业在破产宣告后至破产程序终结前所取得的财产。"这是以相关法律为基础，同时考虑破产企业的特殊性所作的法律规定。据此，破产企业的破产财产可以概括为：①企业经营管理的全部财产，包括国拨资金所占用的财产、借入资金所占用的财产、外单位和个人投入的财产等。②破产清算阶段所取得的财产，包括债权收回的货币财产、因破产企业的无效行为而通过法院追回的财产、对外投资（包括对其他单位的货币投资、实物投资、无形资产投资等合营性质的投资）。③其他权利财产，如已经支付货款的在途材料、暂存或暂借于他处的财产、租赁给外单位的财产、委托外单位加工的财产等。④剩余担保财产。这指担保物价款大于所担保债务的金额。担保物对于特定的担保债权人具有排他性。法律上不允许在同一财产上设置双重或多重担保。原则上讲，担保物的支配权和处分权属于特定债权人，但担保物价款超过其担保债务部分的支配权和处分权仍属债务人，故此应并入破产财产。⑤剩余土地变现收入。企业土地转让收入安置职工的剩余部分，可计入破产财产。

2. 非破产财产

除上述财产外，下列财产不应列入破产财产：

（1）担保财产。担保财产指债权人为了确保债权的收回而要求债务人抵押的财产、预交的定金以及债权人留置的财产等。担保财产是专门用以抵偿担保债权的，有的财产担保债权人可以不通过破产程序就担保财产优先受偿。这里的担保财产指与担保债务相等的那部分担保财产，剩余担保财产，如上所述，应并入破产财产，担保债权大于担保财产价款部分则并入破产债权。

（2）工会财产。工会财产包括工会经费和工会组织所占用、使用的财产，这部分财产是独立为职工利益服务的财产，不应用以偿债。从职工利益出发，把工会财产作为破产救济基金交给保险公司或上交国家财政为妥。

(3) 福利财产。福利财产包括企业办学校、办医院、托儿所、俱乐部、职工活动室等。这部分财产带有福利性质，它们的存在可以减少社会损失，为国家分担一部分困难，也不应计入破产财产偿还债务。

(4) 他人财产。他人财产指破产企业里归他人所有的财产，由该财产的权利人通过清算组取回。他人财产包括企业借用、租用的属于他人的财产，他人由于某种原因放置在本企业的财产，本企业代外单位加工的财产等。该财产的权利人必须通过清算组取回其财产，而不得私自将其取回，其他任何单位和个人也无权准许财产权利人将该财产取回。

(二) 清算财产的分类

从财产变现角度来看，根据变现的承担物及可变现程度，清算财产可分为无需变现财产（如现金、银行存款）、可能变现财产（各种实物及应收账款）和不可能变现财产（各种损失、费用）；根据财产性质，清算财产可分为盘存财产（各种实物）、结算财产（应收账款）和损失财产（损失、费用）；根据财产与债务的关系，清算财产可分为担保财产和无担保财产，无担保财产又可分为取回财产、抵销财产与破产财产。

上述财产分类中，除现金、银行存款（以下通称为现金）无需变现（实际已为现金）外，只有可能变现财产或盘存财产、结算财产或扣除损失以外的担保财产和破产财产可以变现。其他如取回财产可依据其原价销账，抵销财产可与其相应的抵销债务对销，待处理财产损失和待摊费用（含递延资产）已没有变现基础，应作为减少利润（增加亏损）处理。

(三) 清算财产的确认

根据上述清算财产的界定，我们划定了不同角度的财产类别，奠定了财产估价变现的基础，但还需要对有关财产进行进一步的确认，理清各类财产的具体内容。

1. 担保财产的确认

如上所述，担保财产是债务人为了保证债务的履行，而将一定的财产作为抵押，约定如不履行债务将以其抵押财产偿债所提供的财产。对此应根据债权人与债务人之间形成债权债务关系时由债务人签署的抵押契约确认。此外，还应对抵押品的实物进行核查，同有关债权人进行核对，确认担保财产的完整、安全。

2. 抵销财产的确认

抵销财产是债权人对破产企业负有债务时，破产企业可以与之对销的应收票据、应收账款或其他应收款等，实际上是破产企业的债权依法抵销，为了同债权人债权相区别，故称为抵销财产，而不称为抵销债权。

破产企业与债权人相互抵销的债务必须是宣告破产前成立的，必须是等额抵销。双方如有差额，应就其等额部分抵销，抵销后如果破产企业有债权余额，则该债权人变为债务人，余额收回后计入破产财产；抵销后如果破产企业有债务余额，该余额应计入破产债务。这里，破产企业与债权人只要是在破产宣告前互负的债务，不论给付种类是否相同（区别于民事抵销），是否已到履行期限，一般可依法抵销。但下列情况不得抵销：一是破产债权人于破产宣告后对破产企业负担的债务，应全额向破产企业清偿，不得与其破产宣告前成立的债权抵销，否则将因为破产企业资不抵债时该债权人的债权通过抵销获得全额受偿，从而损害其他债权人的合法权益；二是破产债权人已得知破产企业停止支付或申请破产而对破产企业负有债务的，如果相互抵销，仍会产生上项不合法、不合理的结果，因而不能抵销，但如果破产债权人所负的这类债务是基于法定原因或基于已知破产企业停止支付或破产申请以前的原因，可以抵销；三是破产企业的债务人在破产宣告后取得他人债权而成为破产企业的债权人时，不得就其受让的债权抵销，否则将损害其他债权人的利益；四是破产企业的债务人在已知破产企业停止支付或申请破产后对破产企业取得的债权，不得与其原有债务抵销，理由如前。

3. 取回财产的确认

取回财产作为破产企业内属于他人的财产，其权利人应通过清算组取回。取回财产主要由三个部分组成：一是借用他人的财产；二是租用他人的财产；三是他人因某种原因暂存于企业的财产。破产企业对这些财产没有处分权，不能将之计入破产财产。清算组对这类财产应验证其证据，如借用书、租用合同、暂存物资收据等，由其权利人向清算组提出取回申请，经确认后交于其权利人。

取回财产权利人取回财产后，应向清算组出具收据，注明收到财产的名称、数量、时间等。

4. 破产财产的确认

作为用于偿还无担保债权人债权的财产，破产财产的认定中除界定上述三类财产外，还应注意以下问题：认真鉴别人民法院受理破产案件前六个月至破产宣告日期间内，破产企业的无效行为所应追回的财产，其中重点确认隐匿、私分、无偿转让财产，提前偿还未到期的债务，故意放弃应收债权，对原来没有财产担保的债务提供财产担保等；认真核实企业对外委托加工材料（产品）的品种、数量、受托单位、联系地址及联系人，核实出租、出借及暂存于他处财产情况，及时尽快收回后并入破产财产，确实无法收回的破产企业的财产，不能列为破产财产分配；对破产企业盘盈和盘亏的财产，应经过认真调查后予以确认，并履行有关书面手续，做到账实相符。

第三节　债务清偿与剩余财产分配

一、债务的清偿

债务清偿是指债务人根据法律或债权人的请求，履行自己的债务以满足债权人利益的以财产为内容的给付行为。

债务清偿在企业清算中具有重要的地位，它直接关系到债权人和债务人的合法权益能否得到切实保证。

在企业清算过程中，进行债务清偿应当注意以下几个问题：

（一）明确债务清偿的基本特征

债务清偿一般是以当事人双方已存在的债权、债务法律关系为前提的。这种法律关系实质上是一种财产法律关系，它的内容和核心是需要债务人偿还债务、履行具有财产内容的给付行为。而且，这种法律关系是一种单方面义务的法律关系。也就是说，债权人只享有接受债务人偿还债务的权利，而债务人只有偿还债务的义务。就破产企业而言，尽管债务人已经严重亏损、资不抵债，不能清偿到期债务，但在企业清算过程中，债务人仍然必须履行偿还债务的义务，使债权人在有限的范围内得到清偿，也使债务人尽快摆脱和了结债务困境。

（二）明确债务清偿的范围

债务清偿的范围主要是指债务人能够用来清偿债权人债务的那些财产。在我国，由于债务主体的性质不同，债务清偿的范围也应有所不同。就集体企业、私营企业、中外合资、合作企业以及外国独资企业而言，债务清偿的范围应是债务人享有所有权的财产以及享有所有权的智力成果。享有所有权的财产主要表现为企业创建时所投资的财产以及后来积累的财产，包括企业的固定资产、流动资产等。享有所有权的智力成果是指企业在科学技术领域中以其脑力劳动所创造的精神财产，如技术发明、专利、商标等。这是一种拥有所有权的无形资产，它同样可以用来偿还债务。就国有企业而言，债务清偿的范围就是债务人享有经营权的财产和享有所有权的智力成果。根据我国法律的有关规定，国有企业的经营权实际上是指国有企业对国家财产依法享有占用、使用、收益和处分的权利。因此，在企业清算中，国有企业可以用其经营的国家财产偿还债务。此外，国有企业享有所有权的智力成果，也属于债务清偿的范围。

无论债务主体的性质如何，债务清偿的范围也应考虑一些例外情况，以下几种情况不应列入债务清偿的范围：①债务人所必需的一定的生活费用和设备；②国家法律特殊规定的不得用于清偿债务的财产，如矿藏、土地、森林、河流、武器、弹药等；③民事诉讼法效力不能涉及的财产。

（三）严格遵守债务清偿的法定顺序

债务清偿顺序是指对债务人的财产进行清理，并依照法律规定的清偿原则以及债权的性质和地位所确定的债权清偿的法定顺序。债务清偿顺序关系到有关债权人能否收回借款或能否足额收回借款原值的问题。在债务清偿的不同顺序中，前一个顺序应优先于后一个顺序受到清偿，只有在前一个顺序的债权全部得到满足后，后一个顺序的债权才有可能得到满足或部分满足。根据我国破产法的有关规定，债务清偿必须在企业破产财产中优先扣除清算费用后方可进行。这样，当企业变现财产拨付清算费用后就有可能出现不足以偿还全部债务的情况。为了依法保证债权人的合法权益，清算组在负责偿还企业债务时，必须依照法定顺序进行，不得擅自进行。对于拒不按照债务清偿顺序履行债务的，人民法院有权采取执行措施，包括冻结、划拨企业的银行存款，查封、扣押企业财产等。

根据民法通则、民事诉讼法及企业破产法的有关规定，企业债务应按下列顺序进行清偿：

（1）应付未付的职工工资、社会保险费。这是债务清偿的第一顺序。职工工资是职工收入的主要来源，是维持职工本人及其家庭成员生活的基本保证。社会保险费则是职工社会保障制度的基本体现。这两项费用能否得到保证，直接关系到职工的物质利益，关系到整个社会的安定团结。我国是建立在生产资料公有制基础上的社会主义国家，职工是企业的主人。无论是经济效益好的企业，还是破产倒闭的企业，都不能忘记职工的主人翁地位和社会主义制度的基本要求。因此，在债务清偿中，必须把职工的利益放在第一位，优先偿付应付未付的职工工资和社会保险费，使职工的基本生活尽可能地少受影响。

（2）应缴未缴的国家税金。应付未付的职工工资和社会保险费清偿之后，企业财产将被用于清偿应缴未缴的国家税金。税收是国家财政收入的主要来源，是国家实现其政治和经济宏观调控职能的物质基础。因此，在债务清偿中，必须把应缴未缴的国家税金同普通的债务区别开来，优先给予清偿。

（3）尚未偿付的债务。债务清偿的最后一个顺序是尚未偿付的普通债权人的债务。之所以将普通债权人的债务放到最后给予清偿，并不意味着普通债权人的利益不重要，而是因为普通债权人债务的性质和形成原因与职工工资、劳动保险费和国家税金不同，普通债权人理应承担更多的风险。因此，这一顺序只有在前两个顺序清偿完之后，才能得以清偿。但是，由于破产财产数量有限，有时可能会不足以清偿全部债务，即处于同一清偿顺序的债务不能全部得到清偿。鉴于此，《企业财务通则》规定，同一顺序的债权人之间受偿权应该平等，如果有关财产不足以偿还全部债务时，应在同一顺序的债权人之间按债权比例进行分配。

在实际工作中，清算组必须严格按上述程序清偿债务。如果出现财产不足清偿全部债务时，可以把处于同一顺序的全部债务累计相加，得到一个债务总额，再去除可供清偿的财产金额，从而求出同一顺序内的债务清偿率，即

$$债务清偿率=\frac{可供清偿的财产金额}{同一清偿顺序的负债总额}\times 100\%$$

然后，将清偿率乘上每个债权人的债务金额，即可求得每个债权人的清偿金额，即

$$清偿金额=清偿率\times 该债权人在同一清偿顺序内的债务总额$$

例 11-1 某股份制企业宣告破产时的资产负债表如表 11-5 所示。

表 11-5 某企业资产负债表 单位：元

资产	金额	负债及所有者权益	金额
流动资产	3 200 000	应付账款	1 200 000
固定资产净值	5 800 000	应付职工薪酬	800 000
		银行借款	1 400 000
		流动负债合计	3 400 000
		第一抵押债券	1 200 000
		长期信用债券	800 000
		优先股	1 200 000
		普通股	4 000 000
		留存盈余	-1 600 000
合计	9 000 000	合计	9 000 000

债权人的借款列于上表右方。假定清算组清理该企业资产，出售流动资产得款 3 500 000元，变卖固定资产得款 4 500 000 元，总计收入 8 000 000 元。在这

8 000 000元中，首先扣除与清算有关的清算费用 820 000 元，其次是扣除拖欠职工工资800 000元，再次扣除应缴未缴国家的税金 2 200 000 元，最后，从出售专项财产收款中扣除有担保的抵押债务 400 000 元，付清上述款项后，其余额 3 780 000 元分配给无担保的债权人。将上述清偿列表如表 11-6 所示。

表 11-6 某企业债务清偿表

单位：元

项　目	金额
合计资产销售收入	8 000 000
其中：出售流动资产收入	3 500 000
变卖固定资产收入	4 500 000
减：清理费用	820 000
应付职工薪酬	800 000
应交税费	2 200 000
从出售专项财产收款中支付抵押债券	400 000
可分配给一般债权人的款项	3 780 000

表 11-6 中可分配给无担保的一般债权人的 3 780 000 元，已不足以清偿它们的全部债务。据查，该企业一般债权人的求偿权包括应付账款 1 200 000 元、银行借款 1 400 000元、偿付第一抵押债券的不足额 800 000 元（债券总额 1 200 000 元减去销售担保品收款 400 000 元）以及长期信用债券 800 000 元，以上一般债权总计 4 200 000元。因此，该企业无担保的一般债权人的求偿权只能按 90% 的清偿率（3 780 000÷4 200 000）偿付，列表如表 11-7 所示。

表 11-7 某企业一般债权人清偿表

单位：元

	一般债权人的求偿权	实际偿付金额
应付账款	1 200 000	1 080 000
银行借款	1 400 000	1 260 000
第一抵押债券	800 000	720 000
长期信用债券	800 000	720 000
合计	4 200 000	3 780 000

（四）偿债方式

一般来说，破产企业的财产应先变现后偿债，但也因债务性质不同而有所区别。具体有以下三种方式：

（1）实物偿债。这主要是指财产抵押债务、取回债务的偿还。财产抵押权人可以依据破产企业抵押的财产折价后获得清偿。当然也可以由该抵押权人将财产变现后以现金抵债。取回债务则只能就取回物偿还。

（2）无形资产偿债。企业破产后，具有一定价值的无形资产，主要是专利权、非专利技术、著作权。商誉已不复存在，商标权一般也因此而灭失。如某些债权人愿以上述有价值的无形资产获得清偿，也可以由清算组决定，在财产分配方案中实施。

（3）现金偿还。定金担保债务、优先债务、破产债务一般应以货币偿还。抵销债务则通过与抵销财产的对销偿还，即采用的是账面核销方式。

二、剩余财产的计算与分配

偿还上述各项债务后，如果有剩余的破产财产，应按所有者出资比例进行分配。有人认为，企业破产清算后必然产不抵债，实际上并非完全如此。因为企业破产界限是“因经营管理不善造成严重亏损，不能清偿到期债务”，并没有资不抵债的界限要求，因此剩余财产分配是完全可能的。

（一）剩余财产的计算

剩余财产是企业清算中的一个重要范畴，它与清算净收益是两个不同的概念。清算净收益是指企业的清算收益扣除清算损失和清算费用后的结余，用公式表示即

清算净收益=清算收益-清算损失-清算费用

根据《破产法》规定，清算净收益应视同企业利润，要按规定所得税税率计缴所得税。因此，剩余财产是指清算净收益中依法缴纳所得税以后的结余部分，用公式表示即

剩余财产=清算净收益×（1-规定所得税税率）

（二）剩余财产的分配

在剩余财产的分配中应注意以下几个问题：

（1）清算损益如发生盈余，其盈余部分应视同企业利润，应按规定所得税率计缴所得税。

（2）合资企业应保持一定的外币储备，以供合营外方提走其资本额。投资各方的剩余财产分配如包括实物财产，其价值应以董事会讨论通过的清算资产负债表的价值为基础，非特殊情况不得任意改变。合营外方分得的剩余财产额超过其投入资本的部分，应按法律规定视同汇出利润缴纳10%的汇出所得税。

如企业并非完全解散或破产，而是实行财产转让，由第三者收买后继续经营的，可以根据资产负债表所列示的资本净额作为转让的依据。资本净额不仅包括实收资本，还包括清查落实的扣除应缴所得税后未分配利润和其他公积金性质的各项准备金，但尚未弥补的亏损应从中扣除。

在实际工作中，剩余财产可用下列公式计算：

剩余财产=（经营期资产负债表所有者权益合计-清算损益借方余额）×（1-规定所得税税率）

公式中的（经营期资产负债表所有者权益合计-清算损益借方余额）即清算净收益。该式计算出的清算净收益中，包括了不能变现的无形资产及其他资产，如果扣除这一部分，即银行存款和现金余额，用公式表示即

银行存款和现金余额=经营期资产负债表所有者权益合计-清算损益借方余额-无形资产及其他资产合计

例 11-2　假定某企业清算费用和清算损益发生如表 11-8 和表 11-9 所示：

表 11-8　某企业清算费用　　单位：元

（借方）		（贷方）	
①支付清算组职工工资	1 000	⑥清算期储款利息	400
②支付清算期辞退补偿金	1 200	⑦结转清算损益账户	3 000
③支付清算期水电费	200		
④支付清算组酬劳	800		
⑤支付清算支出	200		
余　额	0	余　额	0

表 11-9　某企业清算损益　　单位：元

（借方）		（贷方）	
①待摊费用	6 000	③处理原材料收益	1 100
②处理低值易耗品损失	600	④处理在产品收益	5 100
⑤处理机器设备损失	13 000		
⑥处理运输车辆损失	7 000		
⑦处理房屋损失	1 000		
⑧结转清理费用	3 000		
余额	24 000		

根据表 11-1、表 11-9 中的有关数据，该合资企业的清算净收益和银行存款、现金余额分别为

清算净收益＝119 000－24 000＝95 000（元）

银行存款和现金余额＝119 000－24 000－8 000＝87 000（元）

假定清算净收益应交纳的所得税税率为 10%，则

剩余财产＝95 000×（1－10%）＝85 500（元）

（三）剩余财产的分配步骤

按照我国破产法的有关规定，剩余财产的分配应分为两个步骤进行：

（1）确定分配方案。剩余财产的分配方案，应由清算组提出，经债权人会议讨论通过。《破产法》规定，债权人会议拥有审查有关债权的证明材料，确认债权有无财产担保及其数据；讨论和通过和解协议草案；讨论和通过破产财产的处理和分配方案等三种职权。人民法院或债权人会议主席均有权在必要时召集债权人会议。债权人会议的决议一经通过，便对全体债权人产生效力，全体债权人必须执行。剩余财产的分配方案经债权人会议讨论通过之后，还应报请人民法院裁定后执行。

（2）执行分配方案。剩余财产分配方案确定之后，应由清算组立即开始执行。破产财产分配完毕，应由清算组提请人民法院终结破产程序。破产程序终结之后，未得到清偿的债权不再清偿。

在实际工作中，对于不同类型的企业，剩余财产的分配方案应有所不同。

对于有限责任公司，一般是按合同、章程的规定或出资者出资比例进行分配。

如果公司章程、合同中已专门说明了有关财产的分配办法，则应按规定进行分配；如果没有在合同、章程、协议中做出明确规定，董事会也没有就此做出任何决定的，则应按合资法的规定，按投资各方的股权资本比例进行分配。

例 11-3 某合资企业清算组确定的剩余资产总额为 85 140 元，根据表11-1 可知，中方投资的股权资本为 55%，外方投资的股权资本为 45%，则

中方可分配资产总额 = 85 140×55% = 46 827（元）

（其中：场地使用权 5 000 元，现金 41 827 元）

外方可分配资产总额 = 85 140×45% = 38 313（元）

（其中：专利权 3 000 元，现金 35 313 元）

如果上述分配方案已经董事会通过并得到审批机构批准，清算组即可按上述方案实施。

（四）股份制企业剩余财产分配的特点

对于股份有限公司而言，一般是根据股东持有股票的面值，按比例进行分配。如果企业存在优先股，则应根据企业清算的具体情况分别采用不同的分配方案。具体办法是：如果企业清算中未取得清算收益，则在剩余财产分配中，不再支付优先股股利；相反，如果企业清算中获得了清算收益，则应当支付优先股股利，当优先股股利支付之后，再按优先股的面值分配剩余财产。如果剩余财产超过公司发行在外的全部优先股总面值，则可按实际面值进行分配；如果剩余财产不足以支付全部优先股总面值，则可先计算出分配率，据此再计算出每位优先股票股东可分配的财产金额。公式如下：

$$\text{优先股分配率} = \frac{\text{剩余财产总值}}{\text{发行在外的优先股总面值}} \times 100\%$$

$$\text{某位优先股股东所得金额} = \text{优先股分配率} \times \text{该股东优先股面值}$$

如果企业的剩余财产在优先股分配后仍有剩余，则这一剩余财产将在全体普通股之间进行分配。具体办法也应先计算分配率，再据此计算每位普通股股东可分配的财产金额。公式如下：

$$\text{普通股分配率} = \frac{\text{剩余财产总值}}{\text{发行在外的普通股总股数}} \times 100\%$$

$$\text{某位普通股股东所得金额} = \text{普通股分配率} \times \text{该股东的普通股股数}$$

附　表

附表 1　1 元复利终值系数表（FVIF 表）

ni^{-1}/%	1	2	3	4	5	6	7
1	1. 010	1. 020	1. 030	1. 040	1. 050	1. 060	1. 070
2	1. 020	1. 040	1. 061	1. 082	1. 103	1. 124	1. 145
3	1. 030	1. 061	1. 093	1. 125	1. 158	1. 191	1. 225
4	1. 041	1. 082	1. 126	1. 170	1. 216	1. 262	1. 311
5	1. 051	1. 104	1. 159	1. 217	1. 276	1. 338	1. 403
6	1. 062	1. 126	1. 194	1. 265	1. 340	1. 419	1. 501
7	1. 072	1. 149	1. 230	1. 316	1. 407	1. 504	1. 606
8	1. 083	1. 172	1. 267	1. 369	1. 447	1. 594	1. 718
9	1. 094	1. 195	1. 305	1. 423	1. 551	1. 689	1. 838
10	1. 105	1. 219	1. 344	1. 480	1. 629	1. 791	1. 967
11	1. 116	1. 243	1. 384	1. 539	1. 710	1. 898	2. 105
12	1. 127	1. 268	1. 426	1. 601	1. 796	2. 012	2. 252
13	1. 138	1. 294	1. 469	1. 665	1. 886	2. 133	2. 140
14	1. 149	1. 319	1. 513	1. 732	1. 980	2. 261	2. 579
15	1. 161	1. 346	1. 558	1. 801	2. 079	2. 397	2. 759
16	1. 173	1. 373	1. 605	1. 873	2. 183	2. 540	2. 952
17	1. 184	1. 400	1. 653	1. 948	2. 292	2. 693	3. 159
18	1. 196	1. 428	1. 702	2. 206	2. 407	2. 854	3. 380
19	1. 208	1. 457	1. 754	2. 107	2. 527	3. 026	3. 167
20	1. 220	1. 486	1. 806	2. 191	2. 653	3. 207	3. 870
25	1. 282	1. 641	2. 094	2. 666	3. 386	4. 292	5. 427
30	1. 348	1. 811	2. 427	3. 243	4. 322	5. 743	7. 612
40	1. 489	2. 208	3. 262	4. 801	7. 040	10. 286	14. 974
50	1. 645	2. 692	4. 384	7. 107	11. 467	18. 420	29. 457

附表 1（续 1）

ni^{-1}/%	8	9	10	11	12	13	14
1	1. 080	1. 090	1. 100	1. 110	1. 120	1. 130	1. 140
2	1. 166	1. 188	1. 210	1. 232	1. 254	1. 277	1. 300
3	1. 260	1. 295	1. 331	1. 368	1. 405	1. 443	1. 482
4	1. 360	1. 412	1. 464	1. 518	1. 574	1. 630	1. 689
5	1. 469	1. 539	1. 611	1. 685	1. 762	1. 842	1. 925
6	1. 587	1. 677	1. 772	1. 870	1. 974	2. 082	2. 195
7	1. 714	1. 828	1. 949	2. 076	2. 211	2. 353	2. 502
8	1. 851	1. 993	2. 144	2. 305	2. 476	2. 658	2. 853
9	1. 999	2. 172	2. 358	2. 558	2. 773	3. 004	3. 252
10	2. 159	2. 367	2. 594	2. 839	3. 106	3. 395	3. 707
11	2. 332	2. 580	2. 853	3. 152	3. 479	3. 836	4. 226
12	2. 518	2. 813	3. 138	3. 498	3. 896	4. 335	4. 818
13	2. 720	3. 066	3. 452	3. 883	4. 363	4. 898	5. 492
14	2. 937	3. 342	3. 797	4. 310	4. 887	5. 535	6. 261
15	3. 172	3. 642	4. 177	4. 785	5. 474	6. 254	7. 138
16	3. 426	3. 970	4. 595	5. 311	6. 130	7. 067	8. 137
17	3. 700	4. 328	5. 054	5. 895	6. 866	7. 986	9. 276
18	3. 996	4. 717	5. 560	6. 544	7. 690	9. 024	10. 575
19	4. 316	5. 142	6. 116	7. 263	8. 613	10. 197	12. 056
20	4. 661	5. 604	6. 727	8. 062	9. 646	11. 523	13. 743
25	6. 848	8. 623	10. 835	13. 585	17. 000	21. 231	26. 462
30	10. 063	13. 268	17. 449	22. 892	29. 960	39. 116	50. 950
40	21. 725	31. 409	45. 259	65. 001	93. 051	132. 78	188. 88
50	46. 902	74. 358	117. 39	184. 57	289. 00	450. 74	700. 23

附表 1（续 2）

ni^{-1}/%	15	16	17	18	19	20	25	30
1	1.150	1.160	1.170	1.180	1.190	1.200	1.250	1.300
2	1.323	1.346	1.369	1.392	1.416	1.440	1.563	1.690
3	1.521	1.561	1.602	1.643	1.685	1.728	1.953	2.197
4	1.794	1.811	1.874	1.939	2.005	2.074	2.441	2.856
5	2.011	2.100	2.192	2.288	2.386	2.488	3.052	3.713
6	2.313	2.436	2.565	2.700	2.840	2.986	3.815	4.827
7	2.660	2.826	3.001	3.185	3.379	3.583	4.768	6.276
8	3.059	3.278	3.511	3.759	4.021	4.300	5.960	8.157
9	3.518	3.803	4.108	4.435	4.785	5.160	7.451	10.604
10	4.046	4.411	4.807	5.243	5.696	6.192	9.313	13.786
11	4.652	5.117	5.624	6.176	6.777	7.430	11.642	17.922
12	5.350	5.936	6.580	7.288	8.064	8.916	14.552	23.298
13	6.153	6.886	7.699	8.599	9.596	10.699	18.190	30.288
14	7.076	7.988	9.007	10.147	11.420	12.839	22.737	39.374
15	8.137	9.266	10.539	11.974	13.590	15.407	28.422	51.186
16	9.358	10.748	12.330	14.129	16.172	18.488	35.527	66.542
17	10.761	12.468	14.426	16.672	19.244	22.186	44.409	86.504
18	12.375	14.463	16.879	19.673	22.091	26.623	55.511	112.46
19	14.232	16.777	19.748	23.214	27.252	31.948	69.389	146.19
20	16.367	19.461	23.106	27.393	32.492	38.338	86.736	190.05
25	32.919	40.874	50.658	62.669	77.338	95.396	264.70	705.64
30	66.212	85.850	111.07	143.37	184.68	237.38	807.792	2620.0
40	267.86	378.72	533.87	750.38	1051.7	1469.8	7523.2	36 119.0
50	1083.7	1670.7	2566.2	3927.4	5988.9	9100.4	70 065	497 929

附表2　1元复利现值系数表（PVIF表）

ni^{-1}/%	1	2	3	4	5	6	7	8	9
1	0.990	0.980	0.971	0.962	0.952	0.943	0.935	0.926	0.917
2	0.980	0.961	0.943	0.925	0.907	0.890	0.873	0.857	0.842
3	0.971	0.942	0.915	0.889	0.864	0.840	0.816	0.794	0.772
4	0.961	0.924	0.888	0.855	0.823	0.792	0.763	0.735	0.708
5	0.951	0.906	0.863	0.822	0.784	0.747	0.713	0.681	0.650
6	0.942	0.888	0.837	0.790	0.746	0.705	0.666	0.630	0.596
7	0.933	0.871	0.813	0.760	0.711	0.665	0.623	0.583	0.547
8	0.923	0.853	0.789	0.731	0.667	0.627	0.582	0.540	0.502
9	0.914	0.837	0.766	0.703	0.645	0.592	0.544	0.500	0.460
10	0.905	0.820	0.744	0.676	0.614	0.558	0.508	0.463	0.422
11	0.896	0.804	0.722	0.650	0.585	0.527	0.475	0.429	0.388
12	0.887	0.788	0.701	0.625	0.557	0.497	0.444	0.397	0.356
13	0.879	0.773	0.681	0.601	0.530	0.469	0.415	0.368	0.326
14	0.870	0.758	0.661	0.577	0.505	0.442	0.388	0.340	0.299
15	0.861	0.743	0.642	0.555	0.481	0.417	0.362	0.315	0.275
16	0.853	0.728	0.623	0.534	0.458	0.394	0.339	0.292	0.252
17	0.844	0.714	0.605	0.513	0.436	0.371	0.317	0.270	0.231
18	0.836	0.700	0.587	0.494	0.416	0.350	0.296	0.250	0.212
19	0.828	0.686	0.570	0.475	0.396	0.331	0.277	0.232	0.194
20	0.820	0.673	0.554	0.456	0.377	0.312	0.258	0.215	0.178
25	0.780	0.610	0.478	0.375	0.295	0.233	0.184	0.146	0.116
30	0.742	0.552	0.412	0.308	0.231	0.174	0.131	0.099	0.075
40	0.672	0.453	0.307	0.208	0.142	0.097	0.067	0.046	0.032
50	0.608	0.372	0.228	0.141	0.087	0.054	0.034	0.021	0.013

附表 2（续 1）

ni^{-1}/%	10	11	12	13	14	15	16	17	18
1	0. 909	0. 901	0. 893	0. 885	0. 877	0. 870	0. 862	0. 855	0. 847
2	0. 826	0. 812	0. 797	0. 783	0. 769	0. 756	0. 743	0. 731	0. 718
3	0. 751	0. 731	0. 712	0. 693	0. 675	0. 658	0. 641	0. 624	0. 609
4	0. 683	0. 659	0. 636	0. 613	0. 592	0. 572	0. 552	0. 534	0. 516
5	0. 621	0. 593	0. 567	0. 543	0. 519	0. 497	0. 476	0. 456	0. 437
6	0. 564	0. 535	0. 507	0. 480	0. 456	0. 432	0. 410	0. 390	0. 370
7	0. 513	0. 482	0. 452	0. 425	0. 400	0. 376	0. 354	0. 333	0. 314
8	0. 467	0. 434	0. 404	0. 376	0. 351	0. 327	0. 305	0. 285	0. 266
9	0. 424	0. 391	0. 361	0. 333	0. 300	0. 284	0. 263	0. 243	0. 225
10	0. 386	0. 352	0. 322	0. 295	0. 270	0. 247	0. 227	0. 208	0. 191
11	0. 350	0. 317	0. 287	0. 261	0. 237	0. 215	0. 195	0. 178	0. 162
12	0. 319	0. 286	0. 257	0. 231	0. 208	0. 187	0. 168	0. 152	0. 137
13	0. 290	0. 258	0. 229	0. 204	0. 182	0. 163	0. 145	0. 130	0. 116
14	0. 263	0. 232	0. 205	0. 181	0. 160	0. 141	0. 125	0. 111	0. 099
15	0. 239	0. 209	0. 183	0. 160	0. 140	0. 123	0. 108	0. 095	0. 084
16	0. 218	0. 188	0. 163	0. 141	0. 123	0. 107	0. 093	0. 081	0. 071
17	0. 198	0. 170	0. 146	0. 125	0. 108	0. 093	0. 080	0. 069	0. 060
18	0. 180	0. 153	0. 130	0. 111	0. 095	0. 081	0. 069	0. 059	0. 051
19	0. 164	0. 138	0. 116	0. 098	0. 083	0. 070	0. 060	0. 051	0. 043
20	0. 149	0. 124	0. 104	0. 087	0. 073	0. 061	0. 051	0. 043	0. 037
25	0. 092	0. 074	0. 059	0. 047	0. 038	0. 030	0. 024	0. 020	0. 016
30	0. 057	0. 044	0. 033	0. 026	0. 020	0. 015	0. 012	0. 009	0. 007
40	0. 002	0. 015	0. 011	0. 008	0. 005	0. 004	0. 003	0. 002	0. 001
50	0. 009	0. 005	0. 003	0. 002	0. 001	0. 001	0. 001	0	0

附表2（续2）

ni^{-1}/%	19	20	25	30	35	40	50
1	0.840	0.833	0.800	0.769	0.741	0.714	0.667
2	0.706	0.694	0.640	0.592	0.549	0.510	0.444
3	0.593	0.579	0.512	0.455	0.406	0.364	0.296
4	0.499	0.482	0.410	0.350	0.301	0.260	0.198
5	0.419	0.402	0.320	0.269	0.223	0.186	0.132
6	0.352	0.335	0.262	0.207	0.165	0.133	0.088
7	0.296	0.279	0.210	0.159	0.122	0.095	0.059
8	0.249	0.233	0.168	0.123	0.091	0.068	0.039
9	0.209	0.194	0.134	0.094	0.067	0.048	0.026
10	0.176	0.162	0.107	0.073	0.050	0.035	0.107
11	0.148	0.135	0.086	0.056	0.037	0.025	0.012
12	0.124	0.112	0.069	0.043	0.027	0.018	0.008
13	0.104	0.093	0.055	0.033	0.020	0.013	0.005
14	0.088	0.078	0.044	0.025	0.015	0.009	0.003
15	0.074	0.065	0.035	0.020	0.011	0.006	0.002
16	0.062	0.054	0.028	0.015	0.008	0.005	0.002
17	0.052	0.045	0.023	0.012	0.006	0.003	0.001
18	0.044	0.038	0.018	0.009	0.005	0.002	0.001
19	0.037	0.031	0.014	0.007	0.003	0.002	0
20	0.031	0.026	0.012	0.005	0.002	0.001	0
25	0.013	0.010	0.004	0.001	0.001	0	0
30	0.005	0.004	0.001	0	0	0	0
40	0.001	0.001	0	0	0	0	0
50	0	0	0	0	0	0	0

附表 3　1 元年金终值系数表（FVIFA 表）

$ni^{-1}/\%$	1	2	3	4	5	6	7
1	1. 000	1. 000	1. 000	1. 000	1. 000	1. 000	1. 000
2	2. 010	2. 020	2. 030	2. 040	0. 050	2. 060	2. 070
3	3. 030	3. 060	3. 091	3. 122	3. 153	3. 184	3. 215
4	4. 060	4. 122	4. 184	4. 246	4. 130	4. 375	4. 440
5	5. 101	5. 204	5. 309	5. 416	5. 526	5. 637	5. 751
6	6. 152	6. 308	6. 468	6. 633	6. 802	6. 975	7. 135
7	7. 214	7. 434	7. 662	7. 898	8. 142	8. 384	8. 654
8	8. 286	8. 583	8. 892	9. 214	9. 549	9. 897	10. 260
9	9. 369	9. 755	10. 159	10. 583	11. 027	11. 491	11. 978
10	10. 462	10. 950	11. 464	12. 006	12. 578	13. 181	13. 816
11	11. 576	12. 169	12. 808	13. 486	14. 207	14. 972	15. 784
12	12. 683	13. 412	14. 192	15. 026	15. 917	16. 870	17. 888
13	13. 809	14. 680	15. 618	16. 627	17. 713	18. 882	20. 141
14	14. 947	15. 974	17. 086	18. 292	19. 599	21. 051	22. 550
15	16. 097	17. 293	18. 599	20. 024	21. 579	23. 276	25. 129
16	17. 258	18. 639	20. 157	21. 825	23. 657	25. 637	27. 888
17	18. 430	20. 012	21. 762	23. 698	25. 840	28. 213	30. 840
18	19. 615	21. 412	23. 414	25. 645	28. 132	30. 906	33. 999
19	20. 811	22. 841	25. 117	27. 671	30. 539	33. 760	37. 379
20	22. 019	24. 297	26. 870	29. 778	33. 066	36. 786	40. 995
25	28. 243	32. 030	36. 459	41. 646	47. 727	54. 865	63. 249
30	34. 785	40. 588	47. 575	56. 085	66. 439	79. 058	94. 461
40	48. 886	60. 402	75. 401	95. 026	120. 80	154. 76	199. 64
50	64. 463	84. 579	112. 80	152. 67	209. 35	290. 34	406. 53

附表 3（续 1）

ni^{-1}/%	8	9	10	11	12	13	14	15
1	1.000	1.000	1.000	1.000	1.000	1.000	1.000	1.000
2	2.080	2.090	2.100	2.110	2.120	2.130	2.140	2.150
3	3.246	3.278	3.310	3.342	3.374	3.407	3.440	3.473
4	4.506	4.573	4.641	4.710	4.779	4.850	4.921	4.993
5	5.867	5.985	6.105	6.228	6.353	6.480	6.610	6.742
6	7.336	7.523	7.716	7.913	8.115	8.323	8.536	8.754
7	8.923	9.200	9.487	9.783	10.089	10.405	10.730	11.067
8	10.637	11.028	11.436	11.859	12.300	12.757	13.233	13.727
9	12.488	13.021	13.579	14.164	14.776	15.416	16.085	16.786
10	14.487	15.193	15.937	16.722	17.549	18.420	19.337	20.304
11	16.645	17.560	18.531	19.561	20.655	21.814	23.045	24.349
12	18.977	20.141	21.384	22.713	24.133	25.650	27.271	29.002
13	21.495	22.953	24.523	26.212	28.029	29.985	32.089	34.352
14	24.215	26.019	27.975	30.095	32.393	34.883	37.581	40.505
15	27.152	29.316	31.772	34.405	37.280	40.417	43.842	47.580
16	30.324	33.003	35.950	39.190	42.753	46.672	50.980	55.717
17	33.750	36.974	40.545	44.501	48.884	53.739	59.118	65.075
18	37.450	41.301	45.599	50.396	55.750	61.725	68.394	75.836
19	41.446	46.018	51.159	56.939	63.440	70.749	78.969	88.212
20	45.762	51.160	57.275	64.203	72.052	80.947	91.025	102.44
25	73.106	84.701	98.374	114.41	133.33	155.62	181.87	212.79
30	113.28	136.31	164.49	199.02	241.33	293.20	365.79	434.75
40	259.06	337.89	442.59	581.83	767.09	1013.7	1342.0	1779.1
50	573.77	815.08	1163.9	1668.8	2400.0	3459.5	4994.5	7217.7

附表3（续2）

$ni^{-1}/\%$	16	17	18	19	20	25	30
1	1. 000	1. 000	1. 000	1. 000	1. 000	1. 000	1. 000
2	2. 160	2. 170	2. 180	2. 190	2. 200	2. 250	2. 300
3	3. 506	3. 539	3. 572	3. 606	3. 640	3. 813	3. 990
4	5. 066	5. 141	5. 215	5. 291	5. 368	5. 766	6. 187
5	6. 877	7. 041	7. 154	7. 297	7. 442	8. 207	9. 043
6	8. 977	9. 207	9. 442	9. 683	9. 930	11. 259	12. 756
7	11. 414	11. 772	12. 412	12. 523	12. 916	15. 073	17. 583
8	14. 240	14. 773	15. 327	15. 902	16. 499	19. 842	23. 858
9	17. 519	18. 285	19. 086	19. 923	20. 799	25. 802	32. 015
10	21. 321	22. 393	23. 521	24. 701	25. 959	33. 253	42. 619
11	25. 773	27. 200	28. 755	30. 404	32. 150	42. 566	56. 405
12	30. 850	32. 824	34. 931	37. 180	39. 581	54. 208	74. 327
13	36. 786	39. 404	42. 219	45. 244	49. 497	68. 760	97. 625
14	43. 672	47. 103	50. 818	54. 841	59. 196	86. 949	127. 91
15	51. 660	56. 110	60. 965	66. 261	72. 035	109. 69	167. 29
16	60. 925	66. 649	72. 939	79. 850	87. 442	138. 11	218. 47
17	71. 673	78. 979	87. 068	96. 022	105. 93	173. 64	285. 01
18	84. 141	93. 406	103. 74	115. 27	128. 12	218. 05	371. 52
19	98. 603	110. 29	123. 41	138. 17	154. 74	273. 56	483. 97
20	115. 38	130. 03	146. 63	165. 42	186. 69	342. 95	630. 17
25	249. 21	292. 11	342. 60	402. 02	471. 98	1054. 8	2348. 8
30	530. 31	647. 44	790. 95	966. 7	1181. 9	3227. 2	8730. 0
40	2360. 8	3134. 5	4163. 21	5519. 8	7349. 9	30 089	120 393
50	10 436	15 090	21 813	31 515	45 497	280 256	156 976

附表4 1元年金现值系数表（PVIFA 表）

$ni^{-1}/\%$	1	2	3	4	5	6	7	8	9
1	0. 990	0. 980	0. 971	0. 962	0. 952	0. 943	0. 935	0. 926	0. 917
2	1. 970	1. 942	1. 913	1. 886	1. 859	1. 833	1. 808	1. 783	1. 759
3	2. 941	2. 884	2. 829	2. 775	2. 723	2. 673	2. 624	2. 577	2. 531
4	3. 902	3. 808	3. 717	3. 630	3. 546	3. 465	3. 387	3. 312	3. 240
5	4. 853	4. 713	4. 580	4. 452	4. 329	4. 212	4. 100	3. 993	3. 890
6	5. 795	5. 601	5. 417	5. 242	5. 076	4. 917	4. 767	4. 623	4. 486
7	6. 728	6. 472	6. 230	6. 002	5. 786	5. 582	5. 389	5. 206	5. 033
8	7. 652	7. 325	7. 020	6. 733	6. 463	6. 210	5. 971	5. 747	5. 535
9	8. 566	8. 162	7. 786	7. 435	7. 108	6. 802	6. 515	6. 247	5. 995
10	9. 471	8. 983	8. 530	8. 111	7. 722	7. 360	7. 024	6. 710	6. 418
11	10. 368	9. 787	9. 253	8. 760	8. 306	7. 887	7. 499	7. 139	6. 805
12	11. 255	10. 575	9. 954	9. 385	8. 863	8. 384	7. 943	7. 536	7. 161
13	12. 134	11. 348	10. 635	9. 986	9. 394	8. 853	8. 358	7. 904	7. 487
14	13. 004	12. 106	11. 296	10. 563	9. 889	9. 295	8. 754	8. 244	7. 786
15	13. 865	12. 849	11. 938	11. 118	10. 380	9. 712	9. 108	8. 559	8. 061
16	14. 718	13. 578	12. 561	11. 652	10. 838	10. 106	9. 447	8. 851	8. 313
17	15. 562	14. 292	13. 166	12. 166	11. 274	10. 477	9. 763	9. 122	8. 544
18	16. 398	14. 992	13. 754	12. 659	11. 690	10. 828	10. 059	9. 372	8. 756
19	17. 226	15. 678	14. 324	13. 134	12. 085	11. 158	10. 336	9. 604	8. 950
20	18. 046	16. 351	14. 877	13. 590	12. 462	11. 470	10. 594	9. 818	9. 129
25	22. 023	19. 523	17. 413	15. 622	14. 094	12. 783	11. 654	10. 675	9. 823
30	25. 808	22. 396	19. 600	17. 292	15. 372	13. 765	12. 409	11. 258	0. 274
40	32. 835	27. 355	23. 155	19. 793	17. 159	15. 046	13. 332	11. 925	10. 757
50	39. 196	31. 424	25. 730	21. 482	18. 256	15. 762	13. 801	12. 233	10. 962

附表 4（续 1）

ni^{-1}/%	10	11	12	13	14	15	16	17	18
1	0. 909	0. 901	0. 893	0. 885	0. 877	0. 870	0. 862	0. 855	0. 847
2	1. 736	1. 713	1. 690	1. 668	1. 647	1. 626	1. 605	1. 585	1. 566
3	2. 487	2. 444	2. 402	2. 361	2. 322	2. 283	2. 246	2. 210	2. 174
4	3. 170	3. 102	3. 307	2. 974	2. 914	2. 855	2. 798	2. 743	2. 690
5	3. 791	3. 696	3. 605	3. 517	3. 433	3. 352	3. 274	3. 199	3. 127
6	4. 355	4. 231	4. 111	3. 998	3. 889	3. 784	3. 685	3. 589	3. 498
7	4. 868	4. 712	4. 564	4. 423	4. 288	4. 160	4. 039	3. 922	3. 812
8	5. 335	5. 146	4. 968	4. 799	4. 639	4. 487	4. 344	4. 207	4. 078
9	5. 759	5. 537	5. 328	5. 132	4. 946	4. 472	4. 607	4. 451	4. 303
10	6. 145	5. 889	5. 650	5. 426	5. 216	5. 019	4. 833	4. 659	4. 494
11	6. 495	6. 207	5. 938	5. 687	5. 453	5. 234	5. 029	4. 836	4. 656
12	6. 814	6. 492	6. 194	5. 198	5. 660	5. 421	5. 197	4. 988	4. 793
13	7. 103	6. 750	6. 424	6. 122	5. 842	5. 583	5. 342	5. 118	4. 910
14	7. 367	6. 982	6. 628	6. 302	6. 002	5. 724	5. 468	5. 229	5. 008
15	7. 606	7. 191	6. 811	6. 462	6. 142	5. 847	5. 575	5. 324	5. 092
16	7. 824	7. 379	6. 974	6. 604	6. 265	5. 954	5. 668	5. 405	5. 162
17	8. 022	7. 549	7. 102	6. 729	6. 373	6. 047	5. 749	5. 475	5. 222
18	8. 201	7. 702	7. 250	6. 840	6. 467	6. 128	5. 818	5. 534	5. 273
19	8. 365	7. 839	7. 366	6. 938	6. 550	6. 198	5. 877	5. 584	5. 316
20	8. 514	7. 963	7. 469	7. 025	6. 623	6. 259	5. 929	5. 628	5. 353
25	9. 077	8. 422	7. 843	7. 330	6. 873	6. 464	6. 097	5. 766	5. 467
30	9. 427	8. 694	8. 055	7. 496	7. 003	6. 566	6. 177	5. 829	5. 517
40	9. 779	8. 951	8. 244	7. 634	7. 105	6. 642	6. 233	5. 871	5. 548
50	9. 915	9. 042	8. 304	7. 675	7. 133	6. 661	6. 246	5. 880	5. 554

附表 4（续 2）

ni^{-1}/%	19	20	25	30	35	40	50
1	0.840	0.833	0.800	0.769	0.741	0.714	0.667
2	1.547	1.528	1.440	1.361	1.289	1.224	1.111
3	2.140	2.106	1.952	1.816	1.696	1.589	1.407
4	2.639	2.589	2.362	2.166	1.997	1.849	1.605
5	3.058	2.991	2.689	2.436	2.220	2.035	1.737
6	3.410	3.326	2.951	2.643	2.385	2.168	1.824
7	3.706	3.605	3.161	2.802	2.508	2.263	1.883
8	3.954	3.837	3.329	2.925	2.598	2.331	1.992
9	4.163	4.031	3.463	3.019	2.665	2.379	1.948
10	4.339	4.192	3.571	3.092	2.715	2.414	1.965
11	4.486	4.327	3.656	3.147	2.752	2.438	1.977
12	4.611	4.439	3.725	3.190	2.779	2.456	1.985
13	4.715	4.533	3.780	3.223	2.799	2.469	1.990
14	4.802	4.611	3.824	3.249	2.814	2.478	1.993
15	4.876	4.675	3.859	3.268	2.825	2.484	1.995
16	4.938	4.730	3.887	3.283	2.834	2.498	1.997
17	4.988	4.775	3.910	3.295	2.840	2.492	1.998
18	5.033	4.812	3.928	3.304	2.844	2.494	1.999
19	5.070	4.843	3.942	3.311	2.848	2.496	1.999
20	5.101	4.870	3.954	3.316	2.850	2.497	1.999
25	5.195	4.948	3.985	3.329	2.856	2.499	2.000
30	5.235	4.979	3.995	3.332	2.857	2.500	2.000
40	5.258	4.997	3.999	3.333	2.857	2.500	2.000
50	5.262	4.999	4.000	3.333	2.857	2.500	2.000